Buch

Korea 1953. Amerikanische und chinesische Truppen liefern sich am 38. Breitengrad eine erbitterte Schlacht. Mit ohnmächtigem Entsetzen muß Oberst Yen Fei zusehen, wie seine wenigen chinesischen T-34-Panzer von einer mannslangen Rakete zerfetzt werden, die ein geheimnisvolles amerikanisches Kettenfahrzeug mit unfehlbarer Zielsicherheit abfeuert. Die Chinesen haben nur eine Chance: diese Waffe in ihren Besitz zu bringen – und den Offizier, der ihre technischen und taktischen Geheimnisse kennt: Major Philip van Holden, den Mann, der im Zentrum dieses aufregenden Romans steht.
Die Jagd ist eröffnet...

Autor

George R. von Halban wurde in Wien geboren. Nach Dienst in der österreichischen Kavallerie emigrierte er vor Ausbruch des Zweiten Weltkriegs in die USA, wo er als Soldat nach Pearl Harbour eingezogen wurde. Als einer der jüngsten Majore der US Army im Zweiten Weltkrieg und später im Koreakrieg wurde er hoch dekoriert. Danach wirkte er als Dozent für Taktikfragen an der Panzerschule in Fort Knox, später als Generalstabsoffizier und fünf Jahre lang als offizieller Militärberater beim türkischen Generalstab. Colonel von Halban lebt seit 1963 in München, wo er sich dem Studium der Geschichte widmete, bevor er zur Feder griff. »Operation Fuchsjagd« ist sein drittes Buch; von Halban ist Autor des Erfolgsromans »Malik der Wolf« und des vielbeachteten Sachbuchs »Unternehmen Alaska-Pipeline«.

George Halban

Operation Fuchsjagd

Roman

Wilhelm Goldmann Verlag

Die Handlung des Romans ist frei erfunden und enthält keine Anspielung auf wahre Begebenheiten. Jede Ähnlichkeit mit noch lebenden oder verstorbenen Personen wäre rein zufällig.

Ungekürzte Ausgabe
Made in Germany · 10/82 · 1. Auflage · 1.–20. Tsd.
Genehmigte Taschenbuchausgabe

Umschlagentwurf: Atelier Adolf & Angelika Bachmann, München
Umschlagfoto: Fotodesign Mall, Stuttgart
Druck: Mohndruck Graphische Betriebe GmbH, Gütersloh
Verlagsnummer: 6505
Lektorat: Elga Knackfuß · Herstellung: Peter Papenbrok
ISBN 3-442-06505-4

Inhalt

Meiner Schwester Desirée

DIE PERSONEN

Major Philip R. van Holden	Panzeroffizier der US-Army
Jacques Litac	französischer Industrieller
Amanda Litac	seine Frau
Marcel Palmer	sein Schwiegersohn
General de Brigade (e.r.) A. d'Armand	sein militärischer Berater
General de Brigade Jean-Pierre de Bartholomy	Brigadegeneral der französischen Armee
Dr. Eric Feldner	Aerophysiker, Amerikaner
Henry Mansfield	Geschäftsmann, Amerikaner
Brigadier Wm.J. Riley	Offizier im Pentagon
Brigadier J.J. Cobb	Offizier im Pentagon
shang-chiang Chang Chi-chung	Generaloberst der Volksbefreiungsarmee, VBA, China
chung-chiang Fu Chung	Chef des Geheimdienstes der VBA
shang-hsiao Yen Fei	Oberst der VBA
shang-wei Teng Hua	Hauptmann der VBA
Brigadier G.M. Smith	Kommandierender General Camp Irwin, Kalifornien
Captain William J. O'Leary	Ballistik-Experte der US-Army

General M.B. Ridgway	SACEUR – Supreme Allied Commander Europe
Colonel C.W. Percy III	US-Offizier bei der NATO
Generale di corpo d'Armato D. Michelotti	Generalinspekteur für Motorisierung der italienischen Streitkräfte
Generalmajor Bartelotti	im Stab General Michelottis
Agron Butka	Hochkommissar des Distrikts Santi Quaranta, Albanien
Theodos Boçari	Schlossermeister in Santi Quaranta
Marinos Bramos	ein Fischer auf der Insel Korfu

1. Kapitel

Korea

Der 14. Mai 1953 war ein Tag, an dem die Christen in aller Welt eines ihrer hohen Kirchenfeste feierten: Christi Himmelfahrt. Auch in den Städten und Dörfern Südkoreas gingen die Gläubigen zum Gottesdienst. In Majon-ni aber, einem Dorf am Fluß Imjin, nahe am 38. Breitengrad, wagte sich niemand auf die Straße. Vielmehr verkroch man sich, soweit das in den Häusern ohne Keller möglich war. Hier ging es den Menschen nicht um das Heil der Seele, sondern ums nackte Überleben. Nur ein paar hundert Meter vor dem Dorf hatten sich die feindlichen Truppen ineinander verbissen und lieferten sich im dritten Jahr des Koreakrieges eine erbitterte Schlacht, als ginge es um die Entscheidung.

Über den Reisfeldern vor der Stadt und auf den terrassierten Hängen der nahen Berge hing grauer Nebel – ein Gemisch aus dem Dunst, den an dem heißen Frühlingstag die nassen Reisfelder in die Luft sandten, und dem Rauch aus tausend Geschützrohren und Gewehrläufen. Die Luft war verpestet von diesem Gestank.

Die wenigen hundert Einwohner von Majon-ni waren ausschließlich Bauern. An der Schlacht vor ihrer Haustür interessierte sie einzig und allein der Schaden, den sie auf ihren Feldern anrichtete. Politik und Ideologie waren für sie Fremdwörter. Sie wußten nicht einmal genau, wer da gegen wen kämpfte. Hin und wieder wagte es einer von ihnen, auf das Strohdach eines Hauses zu klettern, um dem mit einem Zylinder ge-

schmückten Dorfältesten berichten zu können, wessen Acker gerade von einem Kettenfahrzeug oder von Granateinschlägen zerwühlt wurde.
Auf den Höhen vor Majon-ni waren Sturmtruppen des 39. Armeekorps der Volksrepublik China eingetroffen. Sie sollten eine nordkoreanische Division unterstützen, die sich dort eingegraben hatte, weil sie nicht weiter hatte vordringen können. Diese Division hätte das strategisch wichtige Dorf einnehmen sollen. Majon-ni lag am westlichen Ufer des Flusses und damit an der für den Nachschub wichtigen Straße zwischen Pjöngjang und Wonsan. Zudem riegelte es die durch die Mitte der Halbinsel verlaufende strategische Nord-Süd-Achse des Imjin-Tales ab. Beide Seiten wollten das Dorf wegen seiner taktischen Lage bei Abschluß des Waffenstillstandes – über den bereits verhandelt wurde – in Besitz haben. Bislang hatte der schwere direkte Beschuß amerikanischer Panzer verhindert, daß dies den Nordkoreanern gelang.
Dank der zähen nordkoreanischen Infanterie, die sich aus ihren Stellungen nicht hatte herausschießen lassen, befanden sich die chinesischen Panzereinheiten und Infanteriebataillone in einer günstigen Ausgangsstellung für ihren Angriff auf das Dorf.
Die Chinesen konnten aus ihren Stellungen fast jeden feindlichen Panzer ausmachen und unter Beschuß nehmen, und sie rechneten damit, den Angriff in das nahe Tal hinunter mit Schwung zu führen.
Im Morgengrauen des Christi-Himmelfahrt-Tages begann der Großangriff der Chinesen. Er kam nicht überraschend. Sie hatten ihn am Abend zuvor mit Auf- und Abmärschen vor ihren Stellungen zum Klang von Sing-Sang-Melodien angekündigt. Unmittelbar vor dem Angriff schmetterten Trompetensignale, nicht unähnlich dem amerikanischen Zapfenstreich.
»Hey, Mac«, rief ein amerikanischer Sergeant, in der Kommandantenkuppel seines Panzers stehend, dem Kommandan-

ten des Nachbarpanzers zu. »Hast du schon mal so was gesehen?«
Der gesamte Berghang ihnen gegenüber schien in Bewegung geraten: Eine Menschenwelle nach der anderen flutete die Hänge hinunter, auf das 27. US-Panzerbataillon zu, das, mit einer Fallschirmjägerkompanie zu einer Kampfgruppe verbunden, am Westufer des Imjin Stellung bezogen hatte.
Der Angesprochene vermochte vor Erstaunen nur den Kopf zu schütteln – nein, so was hatte er noch nie gesehen. »Ich hätte heute früh nicht aufstehen sollen«, sagte er schließlich mehr zu sich als zu seinem Kameraden.
»Lightning Six to Able, Baker, Charly« kam ein Funkruf des Bataillonschefs an seine Kompaniekommandeure.
»Able over.«
»Baker over.«
»Charly over.«
Die Kompaniechefs bestätigen ihre Einsatzbereitschaft. »Es scheint, sie wollen uns wieder einmal überrennen, die armen Kerle.« Das war neuerlich die Stimme des ›Old Man‹. ›Der Alte‹ – das war der knapp dreiunddreißig Jahre alte Bataillonskommandeur Major Philip R. van Holden.
»Bewegt eure Panzer nicht von der Stelle, Leute. Ihr wißt ja, was zu tun ist. Schießt sie euch gegenseitig von den Panzern runter. Macht's gut. Ende.«
Dann kam sein Befehl: »Feuer frei, Feuer!« Mit einem erderschütternden, ohrenbetäubenden Knall eröffneten die siebzig Panzer vom Typ ›Patton M 46‹ das Feuer aus ihren 90-mm-Bordkanonen und ihren automatischen Waffen. Aber die Lükken, die sie in die chinesischen Reihen rissen, schlossen sich sofort wieder. Die Wucht des Angriffs war nicht aufzuhalten. Ein Teppich aus Menschenleibern schien über den Berg gezogen zu werden, ein ameisenhaftes Gewimmel ergoß sich hierhin und dahin, erkletterte die Panzer. Die Amerikaner konnten einfach

nicht schnell genug feuern, um des Ansturms der Massen Herr zu werden. Bald befiel die Panzermannschaften das bis zum Koreakrieg unbekannte Phänomen der ›Trigger-Fatigue‹, einer durch das konstante Feuern der Waffen hervorgerufenen Ermüdung.

Es war nicht das erste schwere Gefecht, das dieses Bataillon zu bestehen hatte. Im Sommer, unten am Pusan-Brückenkopf, hatte es schwerere Schlachten gegeben. Den Befehl, sich nicht von der Stelle zu rühren, und, falls nötig, den Angriff über sich ergehen zu lassen, befolgten die Veteranen des Panzerbataillons wörtlich. Sie bewegten ihre Fahrzeuge nicht vom Fleck. Die auf den Fahrzeugen herumkriechenden Chinesen schossen sich die amerikanischen Panzerbesatzungen gegenseitig mit Maschinengewehren ab.

Den Chinesen gelang es jedoch nicht, die Wucht ihres Angriffs zu einem wirklichen Erfolg auszubauen. Zwar handelte es sich um sogenannte ›Modelltruppen‹, die anderen Verbänden der Armee als Vorbild dienen sollten, aber den von innen verriegelten Panzern standen sie ratlos gegenüber. Sie spähten durch die Winkelspiegel in die Panzer hinein, versuchten mit Stemmeisen die Zugangsklappen aufzubrechen oder hieben mit den Kolben ihrer Sturmgewehre auf die Laufräder und Ketten ein. In ohnmächtiger Wut feuerten sie wilde, doch wirkungslose Garben aus ihren Awtomats-Maschinenpistolen vom Typ Kalaschnikow und PPS-43 gegen die Panzer.

Viele Chinesen schienen unter dem Einfluß von Rauschmitteln zu stehen. Sie griffen blindlings und ohne Deckung an, einige stießen die feuernden Maschinengewehre der Fallschirmjäger mit dem Fuß um, als seien es nur lästige Hindernisse. Manche der offensichtlich besser ausgebildeten chinesischen Infanteristen schleppten gebündelte Sprengkörper an, legten sie auf die gepanzerten Rillen über den luftgekühlten Motoren der amerikanischen Panzer und ließen sie dort detonieren. Wenigstens

sie richteten einigen Schaden an.
Der einzige Panzer, der nicht stillstand, war der des Bataillonskommandeurs. Er bewegte sich auf dem Schlachtfeld hin und her, um einen genauen Überblick über die Lage zu haben und gelegentlich mit Feuer dort einzugreifen, wo es nötig war.
Als van Holden aus einer Feuerstellung seinen Panzer zurückrollen ließ, bemerkte er zu seinem Entsetzen, daß vor ihm die plattgewalzten Körper zweier junger amerikanischer Fallschirmjäger auftauchten, die offensichtlich hinter seinem Panzer Deckung gesucht hatten. Nur der Gedanke, daß sie bereits tot waren, als er sie überfuhr, milderte den Schock ein wenig.
Die Temperatur in den Panzern wurde unerträglich. Dazu kam der Gestank von Pulver, Rauch und Schweiß, mit dem die Entlüftungsvorrichtungen nicht mehr fertig wurden. Die grünen Leinenjacken der Männer klebten an den nassen Körpern, die feuchten Hände glitten vom Stahl der Waffen ab. Insbesondere die Kanoniere hatten Mühe, die fast dreißig Kilogramm schweren Granaten der 90-mm-Bordkanonen aus den Halterungen zu heben und in das Rohr zu schieben.
Der Alte meldete die Lage dem Divisionsgefechtsstand über Funk: »*Warrior Three, this is Lightning Six, over.*«
»*Lightning Six, go ahead.*«
»Der Angriff der Chinesen hat begonnen. Bei den Angreifern handelt es sich um schätzungsweise zehntausend Infanteristen mit einem Dutzend T-34-Panzer an der Spitze. Wir hatten nicht genügend Vorfeld, um diese Massen zum Stehen zu bringen. Sie haben uns überrannt. Wir haben vor, nicht zu weichen. Oder sollen wir uns in das Dorf zurückziehen und von dort aus weiterkämpfen? Frage zwei: Können wir mit Verstärkung rechnen? *Over.*«
Die Antwort des G-3 der Division, des Stabsoffiziers für Operation und Einsatz, kam schnell: »Frage eins sollen Sie selbst entscheiden. Nur: das Dorf muß gehalten werden. Zu Frage

zwei: Reservetruppen liegen zwei Kilometer südwestlich von Majon-ni, werden aber vorerst nicht zu einem Gegenangriff eingesetzt. Luftwaffeneinsätze sind nur hinter der feindlichen Linie geplant, da Sie ja mit dem Feind verkeilt sind. Auch ist das Tal zu eng für unsere F-86 Sabre-Jets, so daß wir keine Bombenangriffe im Sturzflug fliegen können. Aber ein TOT steht Ihnen zur Verfügung. Das Ziel: 0–200 Meter weg vom Ostrand von Majon-ni. Zeitpunkt: auf Ihr Kommando. *Over.*«

›TOT‹ ist die Abkürzung von *Time on Target,* ein von mehreren Artillerieeinheiten zum selben Zeitpunkt auf dasselbe Ziel gerichtetes Feuer.

»Roger, out«, beendete Major van Holden das Gespräch. Jetzt war keine Zeit mehr zum Reden oder für lange Überlegungen. Seine Truppe war in ein Gefecht verwickelt, in dem bereits jeder Panzer auf sich allein gestellt kämpfte. Wenn es den Chinesen gelingen sollte, das Dorf anzugreifen, mußte er das Zeichen für TOT-Feuer geben – vorausgesetzt, keiner seiner Panzer hatte sich zurückgezogen und befand sich in weniger als zweihundert Meter Entfernung vom Dorf.

Nicht nur aus taktischen Gründen durfte das Dorf nicht preisgegeben werden. Es gab noch einen anderen gewichtigen Grund. Zwei Panzer des Bataillons waren zu Beginn der Schlacht aus der Gefechtslinie gezogen und in das Dorf geschickt worden, mit dem Befehl, sich auf keinen Fall am Kampf zu beteiligen. Die beiden Panzer waren mit einer Geheimwaffe ausgerüstet, die in den vorangegangenen Tagen eingesetzt und mit Sicherheit vom Feind beobachtet worden war. Diese Waffe durfte unter keinen Umständen in die Hände der Chinesen fallen. Die beiden Panzerkommandanten, Sergeanten, hatten den Befehl, sich notfalls hinter das Dorf zurückzuziehen. Während eines Sturmangriffes hätte einer der Panzer außer Gefecht gesetzt und vom Feind erobert werden können.

Inzwischen war es einigen hundert chinesischen Infanteristen gelungen, die Panzersperre zu überwinden. Nur noch die Hälfte der Panzer feuerte nach vorn, in dem Versuch, den unablässig anstürmenden Feind aufzuhalten. Die übrigen Panzer feuerten nach rückwärts auf die Chinesen, die sich bereits dem Dorf näherten. Dort konnte lediglich der kleine Bataillonsstab mit leichten Waffen und zwei leichten Panzern Widerstand leisten.

Major van Holden entschloß sich, das Zeichen für das TOT-Feuer zu geben. Er vergewisserte sich, daß keiner seiner Leute sich innerhalb des Zielgebiets befand, dann drückte er den Knopf an seinem Mikrofon und sprach langsam hinein:

»Hier spricht *Lightning Six.* Mit TOT sofort beginnen.«

Der Divisionsgefechtsstand antwortete so schnell, als habe er auf diese Nachricht schon ungeduldig gewartet: »Verstanden. Ende.«

Einige Sekunden später war von Süden und Südwesten her ein fernes Donnern zu hören, das mit jedem Augenblick stärker wurde. Es klang wie die Wirbel eines ganzen Trommlerkorps. Dann folgte das Pfeifen und Zischen der heransausenden Geschosse und schließlich die ohrenbetäubenden Explosionen der Granateinschläge. Mit dem geballten Feuer aus hundert Kanonenrohren wütete der TOT-Angriff unter den Chinesen und zwang sie zum ungeordneten Rückzug. Ihre Verluste waren groß: Mehr als dreitausend Tote und Verwundete blieben auf dem Schlachtfeld.

Ein paar Strohdächer im Dorf hatten Feuer gefangen. Die elenden Häuser mit den Wänden aus Lehm und Stroh und den Zwischenwänden aus Papier brannten wie Zunder. In das aufgeregte Geschrei der Dorfbewohner mischte sich das Weinen der Kinder und das Jammern der Verwundeten.

Bei Einbruch der Dunkelheit ließ der Kommandeur kleine Gruppen seiner Einheit versorgen. Verwundete mußten behandelt, Reparaturen vorgenommen und Munition sowie Treibstoff herangeschafft werden. Ein Lkw aus dem Dorf holte die gefallenen Amerikaner weg.

Zum Schlafen war keine Zeit. Die Männer wußten, daß sie weder in dieser Nacht noch am folgenden Tag abgelöst werden würden. Sie wollten für das nächste Gefecht so gut wie möglich gerüstet sein. Wegen der schweren Verluste der Chinesen konnte man mit einer Ruhepause rechnen. Sie mußte genutzt werden.

Der Nachtangriff kam völlig unerwartet. Einer Hundertschaft unter dem Kommando eines shang-wei, eines Hauptmanns, war es gelungen, sich bei Einbruch der Dunkelheit im Schilf am Westufer des Flusses zu verstecken. Sie hatten dort ausgeharrt, bis der Befehl zum Angriff kam.

Die Einheit bestand aus lauter Nahkampfspezialisten. In Gefangenschaft geratene Angehörige der südkoreanischen ›Tiger-Division‹, einer Truppe, die an der Koreafront wegen ihrer brutalen Kampfweise berüchtigt und gefürchtet war, hatten sie in der Technik des Karatekampfs ausgebildet. Sie waren die Elite des 39. Armeekorps.

Auf direkte Weisungen des Obersten Yen Fei vom Generalstab der Volksbefreiungsarmee in Peking sollte der Angriff um Mitternacht beginnen. Ein Kern von zehn Männern sollte im Sog des Gros möglichst ohne Verluste bis zum Ziel mitgerissen werden. Vor Einbruch der Dunkelheit vergewisserte der Hauptmann sich nochmals, daß der gegnerische Befehlspanzer, der durch seine Außenantennen auch in der Dämmerung deutlich auszumachen war, sich am bisherigen Standort befand.

Seine Aufgabe war, den Panzer zu stürmen, die Mannschaft zu töten und den Kommandanten zu überwältigen und als Gefangenen mitzubringen.

Der Angriff kam für die Amerikaner deshalb so überraschend,

weil die Vorposten nur das jenseitige Ufer des Imjin unter Beobachtung gehabt hatten und nicht das ihnen zunächst liegende. Daß feindliche Soldaten sich so lange bewegungslos im kalten Wasser aufhalten konnten, war ihnen unmöglich erschienen.

Der chinesische Angriff verlief wie geplant. Die amerikanische Fallschirmjägereinheit, die die Aufgabe hatte, die Panzer gegen Infanterieangriffe abzusichern, war im Lauf des Tages nahezu aufgerieben worden; was von ihr übriggeblieben war, hatte man aus der Gefechtszone abgezogen. Die Einheit, die sie ablösen sollte, war noch nicht eingetroffen. Die Panzer standen daher dem Angriff der chinesischen Infanterie im Dunkel der Nacht fast schutzlos gegenüber. Die Amerikaner wehrten sich verzweifelt. Jeder schien den Tod im Gefecht einer Gefangenschaft in chinesischen Lagern vorzuziehen.

Der chinesische Hauptmann erreichte mit seinen zehn Nahkämpfern mühelos den amerikanischen Befehlspanzer, der in der letzten Reihe stand. Die Chinesen kletterten hinauf und versuchten, die von innen verriegelten Zugänge aufzubrechen. Captain Cook, der Kompaniechef der ›A‹-Kompanie, dessen Panzer etwa dreißig Meter vor dem seines Kommandeurs stand, hatte im Schein der Leuchtkugeln beobachtet, wie eine Gruppe Chinesen an seinem Panzer vorbeistürmte, und sofort erkannt, daß sie einen gezielten Angriff auf den Befehlspanzer beabsichtigten. Cook schwang seinen Panzerturm und feuerte mit dem Maschinengewehr auf die Chinesen, die auf dem Panzer herumkletterten und versuchten, Sprengsätze anzubringen. Einen Chinesen schoß er mitsamt der Ladung ab, die er gerade an der Sichtklappe des Fahrers deponieren wollte. Es gelang ihnen jedoch, eine zweite Ladung hoch oben auf der Kommandokuppel anzubringen, doch schafften sie es nicht, sie zu zünden. Wer nicht von Cooks Maschinengewehr getroffen wurde, sprang vom Panzer und nahm hinter ihm Deckung.

Cook hielt die ganze Zeit sein Feuer oberhalb der Kettenabdekkung des Befehlspanzers, denn er kannte die Gewohnheiten seines Kommandeurs. Während die Chinesen das Ziel ihres Angriffs im Innern des Panzers vermuteten, wußte Cook, daß van Holden die Nächte unter seinem Fahrzeug verbrachte, damit die drei Männer seiner Mannschaft mehr Platz zum Schlafen hatten. Wie immer hatte er außer dem Schlafsack auch seine Waffen – die MP, die Pistole und zwei Handgranaten – mitgenommen.

Gleich zu Beginn des chinesischen Überfalls hatte van Holden, gedeckt durch die Laufräder seines Panzers, mit seiner MP unentwegt auf die heranstürmenden Chinesen gefeuert. Im Augenblick, so fand er, war ein weiterer Schütze mehr wert als ein Kommandeur am Funkgerät. In den Kampfraum des Panzers zurückkehren konnte er später, um über Funk von seinen Kompaniechefs die Lage zu erfahren.

Doch das MP-Feuer hatte die Aufmerksamkeit der Chinesen erregt, die um seinen Panzer herumschwärmten. Plötzlich sah er, wie ein paar Soldaten ihn durch die Laufräder des Panzers betrachteten und nach einem kurzen Befehl ihres Anführers Anstalten machten, ebenfalls unter den Panzer zu kriechen. Offenbar hatten sie sein Rangabzeichen erkannt. Im Gegensatz zu den Chinesen, die ohne Rangabzeichen waren, trugen die Amerikaner aller Dienstgrade immer das Rangabzeichen an der Uniform.

Vier Chinesen krochen auf van Holden zu. Auf dem Bauch liegend feuerte er eine Garbe auf sie. Tödlich getroffen blieben die beiden vorderen Männer liegen. Die anderen gingen hinter den Körpern der Toten in Deckung. Als die Läufe ihrer Waffen sich auf van Holden richteten, wand er sich in Sekundenschnelle unter dem Panzer hervor. Er richtete sich auf und sah, daß weitere vier Chinesen ihn vor dem Panzer erwartet hatten. Aber anstatt ihn niederzuschießen, stürzten sie sich auf ihn und ver-

suchten, ihn festzuhalten.
Van Holdens Männer im Panzer konnten ihm nicht helfen, sowenig wie Cook. Hätten sie geschossen, so wäre auch van Holden getroffen worden. Jetzt wußte van Holden, daß er gefangengenommen werden sollte.
Er kämpfte mit einer Waffe in jeder Hand. In der rechten hielt er die MP, in der linken seine Browning-Pistole. Es gelang ihm, sich Luft zu verschaffen. Drei seiner Gegner lagen vor ihm auf dem Boden. Die drei verbliebenen, von denen einer eine rote Armbinde trug, legten es jetzt offenbar nicht länger darauf an, ihn unversehrt in ihre Gewalt zu bekommen, sondern versuchten, ihn mit ihren MPs niederzuschlagen. Van Holden gelang es, sich so weit freizukämpfen, daß er den Panzer als Rückendeckung hatte und auf seine Angreifer zielen konnte.
In diesem Augenblick sprang ein Chinese, der von ihm unbemerkt auf den Panzer geklettert war, auf ihn hinunter und riß ihn mit sich zu Boden. Das war das Signal für die anderen, sich ebenfalls auf ihn zu stürzen und ihn zu überwältigen. Van Holden war unter Chinesen begraben. Die Last ihrer Leiber und der mit Knoblauchgeruch vermischte Gestank ihrer schweißgetränkten Uniformen nahmen ihm den Atem. Da gaben Trompetensignale den Befehl zum Rückzug.
Die vier Chinesen, die van Holden entwaffnet hatten, richteten sich auf. Sie machten ihm Zeichen mit den Händen: Er solle vor ihnen herlaufen. Um dem stummen Befehl mehr Nachdruck zu verleihen, stießen sie ihm die Kolben ihrer Maschinenpistolen in den Rücken. Die Schußwaffen im Anschlag marschierten sie los.
Van Holdens Gefangennahme war nicht unbeobachtet geblieben. Einige Panzer der ›A‹-Kompanie schoben sich vor die Gruppe und versperrten ihr den Weg. Von ihren Kameraden war keine Hilfe zu erwarten. Sie hatten sich auf das Trompetensignal hin bereits über den Fluß zurückgezogen. Die vier Chi-

nesen waren einen Augenblick ratlos. Dann schossen sie auf die Panzer, deren MGs auf sie zielten.
Van Holden sprang zur Seite, bückte sich blitzschnell nach der Maschinenpistole eines gefallenen Chinesen und richtete sie auf die vier Männer, bis diese von Soldaten der ›A‹-Kompanie in das Dorf abgeführt wurden. Dann ließ er sich von einem Sanitäter versorgen. Er blutete am linken Arm, und an der rechten Hand hatte er eine üble Fleischwunde.
Der Angriff hatte die ganze Nacht über getobt. Als der Überfall der Chinesen vorüber war, brannten und explodierten mehrere Panzer. Bei Morgengrauen bot sich den Amerikanern ein gespenstisches Bild. Die Wasser des Flusses waren über die Ufer getreten: Ein Damm von Leichen staute ihn auf. Die Chinesen hatten die Körper ihrer Kameraden, die in der Schlacht während des Tages gefallen waren, aufeinandergeschichtet und als Brücke benutzt.
Die Männer des 27. US-Panzerbataillons waren nach vierundzwanzig Stunden Kampf völlig erschöpft. Entsatz war noch immer nicht in Sicht. So mußten sie sich nochmals umgruppieren, um ihre Stellungen am Westufer des Flusses wieder beziehen zu können, eine problematische Sache, denn ein Drittel der Panzer war gefechtsunfähig. Die Panzer, deren Bordkanonen oder Maschinengewehre noch intakt waren, blieben einsatzbereit und in Stellung, auch wenn sie manövrierunfähig waren. Auch einer der beiden Panzer mit der Geheimwaffe wurde wieder eingesetzt.
Der junge Sergeant, der gemeint hatte, er hätte an diesem Morgen besser nicht aufstehen sollen, war tot – verblutet. Eine Granate hatte ihm den rechten Arm abgerissen.
So bot sich den Chinesen am nächsten Morgen bei Sonnenaufgang, als es wieder ein brennend heißer Tag zu werden versprach, erneut das gewohnte Bild: US-Panzer in ungleich gestaffelten Reihen entlang dem Westufer des Imjin und dazwi-

schen eingegrabene Infanterie; eine frische Einheit war am Morgen eingetroffen. Nun konnte das Spiel von neuem beginnen: Die Chinesen, Meister in der Bedienung ihrer schweren 120-mm-Granatwerfer, versuchten die einzelnen Panzer mit direkten Treffern zu zerstören. Die amerikanischen Kommandanten bewegten daraufhin ihre Panzer einige Meter hin und her, um dem nächsten, berichtigten, Schuß auszuweichen. Den ›Tanz der Panzer‹ nannte man das.

Der Großangriff der Chinesen gegen das 27. US-Panzerbataillon hatte als Ziel nicht nur das Dorf Majon-ni gehabt.
Shang-hsiao Yen Fei vom Generalstab in Peking hatte die Angriffe der Sturmtruppen persönlich geleitet. Er wollte zu dem amerikanischen Panzer durchbrechen, der von der hintersten Linie aus, im Schutz einer Bodenwelle, hin und wieder ein Geschoß abfeuerte, dessen Flug man mit bloßem Auge verfolgen konnte. Es war diese mysteriöse Rakete, derentwegen er an die Koreafront abkommandiert worden war.
Oberst Yen Fei erinnerte sich sehr genau an die Besprechung, die zwei Tage vor der Schlacht in der Zentrale des Geheimdienstes der Volksrepublik China in Peking stattgefunden hatte. Dort war ihm klargeworden, wie dringlich die Aufgabe war, mit der man ihn betraute.

2. Kapitel

Peking

Ein Stadtteil Pekings ist die von einer dreizehn Meter hohen Mauer umgebene ›Mandschu-‹ oder ›Tatarenstadt‹. In ihr befinden sich die ehemalige ›Kaiserstadt‹ und in dieser wiederum die von einer roten Mauer eingeschlossene ›Verbotene‹ oder ›Rote Stadt‹, in der von 1279 bis 1912 die Kaiser von China und die kaiserliche Familie residiert hatten.
Die Mauer wie die Häuser der äußeren Stadtteile sind aus roten Backsteinen erbaut. Vielfarbig sind nur die Dächer in der Verbotenen Stadt: Die Paläste sind mit gelben Glanzziegeln gedeckt – der Farbe des kaiserlichen Hauses –, jene der Mandarine und Regierungsbüros mit hellgrünen, und die Tempeldächer sind dunkelblau.
Im innersten Kern der Verbotenen Stadt befindet sich unter einem gelben Dach das Hauptquartier der Volksbefreiungsarmee Chinas, abgekürzt VBA. Eine der Operationsabteilungen des chinesischen Geheimdienstes indes hat ihr Büro außerhalb der Verbotenen Stadt, im Haus Nr. 7 an der San-Li-Tung-Straße, unter einem grauen Dach. Dieses Haus befindet sich unweit vom ›Tor des Himmlischen Friedens‹ in der Nähe des Gesandtschaftsviertels.
Auf der Tagesordnung der wöchentlichen Besprechung des Geheimdienstes stand die gar nicht friedensfreundliche Neuanschaffung von Waffen für die VBA und deren Qualität. Vorsitzender dieser Beratung, die bereits am frühen Morgen stattfand, war General Chang Chi-chung. Er war der Leiter der Ab-

teilung für Forschung im Militärrevolutionsrat des Volkes, der höchsten militärpolitischen Planungsgruppe in der Volksrepublik.

1949 war er während der Friedensverhandlungen am Ende des chinesischen Bürgerkrieges zu Mao Tse-tung übergelaufen. Mitgebracht hatte er seine Kenntnis der Verhältnisse in der nationalchinesischen Armee Tschiang Kai-scheks – vor allem was die Waffen betraf, die zum Großteil amerikanischer Herkunft waren. Sein Freund und Förderer, General Cheng Chien, ebenfalls aus der Nationalarmee desertiert, war inzwischen stellvertretender Vorsitzender des Militärrevolutionsrates. Er hatte dafür gesorgt, daß der Einfluß General Changs und seine Macht unbestritten waren – auch in der Führungsschicht, wo Chang wegen seiner ruhigen, diplomatischen Art geschätzt und beliebt war. Bebrillt und menschenscheu, machte Chang eher den Eindruck eines Gelehrten als eines erfolgreichen Generals.

Den Abschluß der Vormittagsbesprechung bildeten Berichte über eine neuartige amerikanische Rakete von großer Zielgenauigkeit und Durchschlagskraft. Ein Hauptmann der 39. Armee*, der einen Arm in der Schlinge trug, referierte:

Meine Einheit liegt zur Zeit im Zentralabschnitt der Front am Imjin-Fluß, gegenüber einer amerikanischen Kampfgruppe – einer Panzereinheit, begleitet von Infanterie. Wir konnten beobachten, wie von einem feindlichen Panzer eine etwa mannslange Rakete abgefeuert wurde, die einen unserer T-34-Panzer

---

* Eine Armee der VBA besteht aus zwei oder mehr Divisionen. Sie hat zwischen 15 000 und 22 000 Mann, ist also etwa so stark wie ein schwaches Armeekorps einer Westmacht. Zwei oder mehr Armeen sind eine Armeegruppe von 30 000 bis 80 000 Mann. Mehrere Armeegruppen sind eine Feldarmee von 130 000 bis 600 000 Mann. Die 4. Feldarmee kam mit 600 000 bis 780 000 Mann nach Korea. Sie bestand unter anderen aus sechs Armeen mit den Nummern 37, 38, 39, 40, 42 und 66. In den zweieinhalb Jahren, seit dem 5. November 1950, als die VBA über den Yalu in Korea eindrang, wurde die 4. Feldarmee durch Verluste auf 450 000 Mann reduziert.

in 1200 Meter Entfernung genau im Turmdrehkranz traf. Der Turm wurde abrasiert, als sei er aus Pappe, der Panzer explodierte und wurde total zerstört. Ein anderes Mal war das Ziel dieser Rakete ein schußsicherer Beobachtungsunterstand. Die Rakete zerstörte ihn vollständig, der diensthabende Artilleriebeobachter war nicht mehr aufzufinden. Weitere vier Raketen trafen ihr Ziel mit tödlicher Sicherheit.«

Über dem Kopf General Changs hing ein Bild Mao Tse-tungs mit der Inschrift: »Gibt es keine Volksarmee, dann gibt es nichts für das Volk.« Der Große Vorsitzende mit seinem sanften Buddha-Lächeln schien amüsiert auf die Runde zu seinen Füßen herabzusehen. Vielleicht kam ihm der Bericht des Hauptmanns allzu phantastisch vor.

Der Mann unter dem Bild aber blickte ernst, als er sich mit leiser Stimme an den Offizier wandte: »Hauptmann Liu Chun-Jo, wir danken Ihnen für Ihren Bericht. Wir bedauern sehr, daß Sie an der Front verwundet wurden, und wünschen Ihnen rasche Genesung. Andererseits wären Sie ohne diese Verwundung nicht in die Heimat zurückbeordert worden, und wir hätten Ihren Augenzeugenbericht nicht gehört. Wir werden daraus Konsequenzen ziehen müssen.

Diese Rakete«, General Chang wandte sich jetzt an alle Anwesenden, »ist genau die Waffe, die uns zur Unterstützung unserer tapferen Truppen gegen die zahlenmäßige Übermacht der feindlichen Panzer fehlt. Seit unsere Soldaten als Freiwillige in Korea für die gerechte Sache unseres Brudervolkes kämpfen, sind die Panzer des Gegners ihr Hauptfeind. Schon im Winter 1950 waren es die Panzer der UNO-Truppen, vor allem die der Amerikaner, die unsere siegreichen Soldaten daran gehindert haben, den Feind auf seinem Rückzug aus Nordkorea entscheidend zu schlagen. Es waren ihre Panzer, die die Flankenangriffe unserer Truppen abgewehrt und ihre eigenen Verbände vor der Vernichtung gerettet haben. Als der Feind später von neu-

em nach Norden vorstieß, waren es ebenfalls seine Panzereinheiten, die ihm den Weg bahnten. Und nun, da wir seit dem Sommer 1951 mehr oder weniger einen Stellungskrieg am 38. Breitengrad führen, ist es wiederum die gegnerische Panzerwaffe, die uns gleich einer Kette kleiner Festungen aus Stahl am Vorrücken hindert. Und nun«, auf dem Gesicht des Generals erschien zum ersten Mal ein kleines, etwas trauriges Lächeln, »besitzen die Amerikaner neben ihrer Übermacht an Panzern auch noch die Waffe, die allein geeignet wäre, eben dieser Übermacht wirksam zu begegnen. Diese ungleiche Verteilung der irdischen Güter zwingt unsere mutigen und opferwilligen Fußtruppen zu einem ungleichen Kampf. Hätten wir eine Waffe wie diese Rakete in unserem Besitz, dann könnten wir die Panzerkette des Feindes sprengen und seine Infanterie zwingen, sich unseren Fußtruppen ohne Panzerunterstützung zu stellen. Soviel ich weiß, befindet sich bei uns keine Panzervernichtungswaffe dieser Art in der Entwicklung. Was meinen Sie dazu, General Fu Chung? Ist es an der Zeit, umzudenken?«
Der Chef des Geheimdienstes der VBA, ein kleiner, untersetzter Mann mit flinken Augen und heller Stimme, stand auf und ging zu einer Karte von Korea, die grell beleuchtet an der Wand hing:
»Diese roten Punkte, hier, hier und hier«, er deutete auf die feindlichen Stellungen entlang dem 38. Breitengrad, »bedeuten Panzerverbände. Wie Sie sehen, hat der Feind trotz der gebirgigen Landschaftsstruktur Koreas Panzertruppen auch um Bergkuppen herum eingesetzt. Von dort aus beherrschen sie das umliegende Land mit ihren weitreichenden, direktfeuernden Bordkanonen. Mit der von Hauptmann Liu beschriebenen Waffe könnten wir auch diese Stellungen mit Erfolg angreifen. Bislang galt in Theorie wie in Praxis, daß die beste Waffe gegen einen Panzer wieder ein Panzer sei. Das aber setzt voraus, daß der Panzer und seine Waffen den gegnerischen zumindest

gleichwertig sind, daß die Mannschaft mindestens so gut ausgebildet ist wie die des Gegners und daß die Anzahl der Panzer, die an einem Frontabschnitt eingesetzt wird, keinesfalls geringer, sonder eher größer ist als die des Gegners. Von diesen Voraussetzungen trifft keine auf uns zu: Wir haben nur wenige Panzer, und die sind alt und in jeder Hinsicht den Panzern der Amerikaner unterlegen – sogar ihren M4A3E8-›Shermans‹, die sie erst kürzlich in Korea durch die neuen M 46-›Pattons‹ ersetzt haben.
In unserer Armee von zwei Komma sechs Millionen Soldaten hatten wir bis vor kurzem insgesamt sechshundertzweiundzwanzig alte japanische und amerikanische Panzer, die bestenfalls bei einer Parade gezeigt werden durften, um unseren Bauern zu imponieren. Einem Feind hätten sie gewiß keinen Schrecken eingejagt. Nun haben wir einige russische Panzer erhalten und versuchen, die 3. Armeegruppe der 3. Feldarmee zu mechanisieren und aus ihr eine Elitetruppe zu machen. Aber der Weg dahin ist weit.« An dieser Stelle ließ General Fu Chung Fotos von Panzern der erwähnten Typen an die Wand projizieren.
»Auch die Panzer«, fuhr der General mit schriller Stimme fort, »die uns unsere russischen Freunde geliefert haben, sind minderwertig. Sie selber bezeichnen dieses Gerät als veraltet und verwenden es selbst nicht mehr. Es handelt sich um den Typ T 34 – nur eine geringe Anzahl davon befindet sich bis jetzt an der Koreafront. Nach Auskunft der Russen sind weitere Panzer mit der Transsibirischen Eisenbahn zu uns unterwegs. Aber wir wissen nicht, wann sie eintreffen, können also auch den Zeitpunkt ihres Einsatzes nicht bestimmen. Überhaupt ist es um unseren Nachschub am 38. Breitengrad schlecht bestellt. Ich möchte darauf hinweisen, daß die Schuld daran die Russen trifft. Wie Sie wissen, stehen seit dem Chinesisch-Sowjetischen Pakt von 1950 fünfzigtausend Russen in unserem Land, die uns

in allen Phasen der Kriegsführung beraten sollen. Die Nachschubpläne für Korea wurden unter ihrer Leitung ausgearbeitet. Es dürfte Sie außerdem interessieren, daß die Russen die Nordkoreaner mit moderneren Waffen ausgerüstet haben als uns, daß sie die nordkoreanischen Truppen besser ausgebildet und ihren Nachschub besser organisiert haben.«
Fu Chung machte eine kurze Pause und blickte bedeutsam in die Runde seiner Zuhörer. »Aber ich will nicht abschweifen«, fuhr er fort. »Lassen Sie mich zusammenfassen: Eine Waffe, wie sie uns Hauptmann Liu beschrieben hat, würde uns erlauben, die Überlegenheit des Gegners im Panzerbereich zu brechen. Ich möchte Sie fragen«, der General wandte sich an einen der anwesenden Offiziere, »ob Sie, Major Chu Ta-nan, als der für die Panzerwaffe zuständige Offizier im Sonderstab des großen Hauptquartiers, bereit sind, meine Auffassung zu bestätigen?«
Major Chu Ta-nan stand auf und verbeugte sich. »Jedes Wort«, sagte er mit ein wenig zitternder Stimme, »das General Fu Chung sprach, entspricht vollkommen der Wahrheit. Ich habe nichts hinzuzufügen.«
»Nun, Genossen Generäle und Freunde«, ergriff General Chang Chi-chung mit leiser, sanfter Stimme das Wort. »General Fu Chung hat uns vor Augen gehalten, was wir schon seit langem wissen: Unsere Unterlegenheit auf dem Gebiet der Panzerwaffe. Wir müssen überprüfen, ob es gerechtfertigt ist, wenn wir weiterhin unseren sowjetischen Verbündeten für einen alten T 34 einen Preis zahlen, der einem Gegenwert von hundertzehntausend Dollar entspricht – vor allem, wenn man bedenkt, daß ein moderner Panzer, der es mit fünf T 34 aufnehmen könnte, derzeit hundertneunzigtausend Dollar kostet. Leider ist von den Westmächten keine einzige bereit – England vielleicht ausgenommen –, uns moderne Panzer zu liefern. Und selbst wenn man sie uns lieferte, hätten wir vorläufig nicht die

Mannschaften, die die technisch hochentwickelten Geräte bedienen könnten. In diesem Krieg jedenfalls, der, wie wir vermuten dürfen, zu Ende geht, werden wir über keine modernen Panzer verfügen – und wohl auch nicht in absehbarer Zeit danach. Deshalb mache ich folgenden Vorschlag: Solange wir keine eigene moderne Panzerwaffe besitzen, die es mit der des Gegners aufnehmen kann, müssen wir uns mit einer schlagkräftigen Panzerabwehrwaffe begnügen. Sie kostet auf jeden Fall nur einen Bruchteil dessen, was ein Panzer kostet. Sie benötigt nur geringe Wartung und ist außerdem leicht zu bedienen. Leider dürften die Werkstätten unserer eigenen Rüstungsindustrie derzeit nicht in der Lage sein, ein solches Gerät in kurzer Frist zu entwickeln. Dafür fehlen die technischen Voraussetzungen.«

Die sanfte Stimme des Generals wurde eindringlicher. Er sah in die Runde und blickte jeden einzelnen an, bevor er fortfuhr: »Die Rakete ist, wie Sie wissen, eine Erfindung des chinesischen Volkes. Hunderte Jahre vor der ersten Feuerwaffe, vor mehr als dreitausend Jahren, wurden Raketen zur Verteidigung der Stadt Kaifeng eingesetzt. Sie wurden wie Feuerpfeile abgeschossen und vertrieben die Belagerer. Heute, und das ist bedauerlich, Genossen, befinden sich die modernen Waffen dieser Art nicht in unserer Hand, sondern in der des Gegners. Deshalb sollten wir auf die neunte Grundregel unserer Armee zurückgreifen: ›Versorge dich an der Front mit Feindeswaffen‹. Ich betrachte es als unsere Pflicht, im Kampf dem Feind ein Exemplar dieser Waffe zu entreißen und nach ihrem Muster die gleiche Rakete herzustellen. Allerdings müssen wir uns dabei beeilen. Nach Abschluß eines Waffenstillstandes werden wir die Rakete nicht mehr in unseren Besitz bringen können. Unser Vorhaben kann also nur gelingen, solange die amerikanischen Raketenpanzer nicht von der Front abgezogen werden.«

Oberst Yen Fei vom Stab des Generals bat ums Wort: »Herr

General, gestatten Sie mir die Bemerkung, daß es hier nicht nur um die Rakete geht. Von gleicher Bedeutung sind für uns auch die Erfahrungen, die die Amerikaner mit dieser Waffe gemacht haben. Nach der Art ihres Einsatzes befindet sich diese Waffe noch im Versuchsstadium. Erlauben Sie mir darum, einen zusätzlichen Vorschlag machen zu dürfen. Wir sollten versuchen, nicht nur die Waffe, sondern auch ein Mitglied der Bedienungsmannschaft in unsere Gewalt zu bekommen, nach Möglichkeit den für den Einsatz der Rakete verantwortlichen Offizier.«
Die Generäle steckten die Köpfe zusammen und berieten. Nach einer Weile sagte General Chang: »Wir danken Ihnen für Ihren Vorschlag, Oberst Yen Fei. General Fu Chung hält ihn für durchführbar. Die Spezialtruppen, die für eine solche Aktion geeignet sind, liegen zur Zeit genau an dem Frontabschnitt in Reserve, an dem der amerikanische Raketenpanzer uns gegenübersteht. Es handelt sich um den Abschnitt unserer 39. Armee. Die erwähnte Einheit steht bereits in Alarmbereitschaft, um unsere nordkoreanischen Verbündeten, denen die Einnahme des Dorfes Majon-ni nicht gelungen ist, abzulösen. Sie, Oberst Yen Fei, fliegen noch heute an die Front und werden unsere tapferen Truppen in das Dorf führen. Im Verlauf des Angriffs werden Sie die amerikanische Rakete in Ihren Besitz bringen und den verantwortlichen Offizier gefangennehmen. Die notwendigen Befehle werden Sie vorfinden, wenn Sie an der Front eintreffen. Wir wünschen Ihnen viel Erfolg.«
Oberst Yen Fei nahm Haltung an, verbeugte sich und verließ den Sitzungssaal. In Peking war es 11 Uhr 30. Um 14 Uhr saß der Oberst in einem Düsenjägertrainer der chinesischen Luftwaffe und war unterwegs nach Nordkorea. Um 17 Uhr 30 landete er auf dem Flughafen von Pjöng-jang. Er meldete sich telefonisch bei Kim Il-Sung, dem Ministerpräsidenten der Demokratischen Volksrepublik Korea. Kim Il-Sung stellte ihm eine L-15-Maschine amerikanischer Produktion zum Weiter-

flug an die Front zur Verfügung.
Es war tiefe Nacht, als Oberst Yen Fei auf einem Rollfeld außerhalb der Stadt Pyonggang landete. Er wurde von einem nordkoreanischen Offizier begrüßt. In einem Jeep, ebenfalls made in USA, erreichte er im Morgengrauen das Gefechtshauptquartier der 39. Armee der chinesischen Volksbefreiungsarmee.
Die Besprechung in der San-Li-Tung-Straße war noch lange nicht zu Ende. Nach einer kurzen Pause, in der General Fu Chung die Befehle ausgab, die Oberst Yen Fei den Weg an die Koreafront ebneten, wurde die Beratung über die amerikanische Rakete fortgeführt. Man erwog, welche Schritte unternommen werden sollten, falls es Oberst Yen Fei und seinen Truppen nicht gelang, sich an der Front der Waffe zu bemächtigen. Irgendwo auf ihrem Weg aus den Labors der amerikanischen Herstellerfirma zur US-Armee und in die Arsenale der NATO-Staaten mußte an die Rakete heranzukommen sein. Besonders in Europa glaubte man auf Sympathisanten zählen zu können. Das jedoch, darüber waren sich alle im klaren, ging nicht mehr nur die Militärs an, das war auch eine Sache der politischen Führung, der Diplomaten und der Männer in der San-Li-Tung-Straße im Haus Nr. 7.

3. Kapitel

Rocquencourt

Mit Artikel neun der Statuten der North Atlantic Treaty Organization, kurz NATO genannt, wurde am 4. April 1949 die höchste militärische Dienststelle des Verteidigungsbündnisses, Supreme Headquarters Allied Powers Europe, abgekürzt SHAPE, ins Leben gerufen. Am 19. Dezember 1950 ernannte der Atlantikrat den amerikanischen General Dwight D. Eisenhower zum Supreme Allied Commander Europe – SACEUR –, zum Oberbefehlshaber der alliierten Truppen in Europa. Und am 2. April 1951 konnte in seinem Hauptquartier in Rocquencourt bei Paris mit der Arbeit begonnen werden. Es war zum Teil in unterirdischen Anlagen, teils in dreißig langgestreckten Fertigbauten untergebracht. Eisenhower selbst war einige Kilometer von Rocquencourt entfernt im Dorf Marly-le-Roi in einem Schlößchen aus dem 18. Jahrhundert einquartiert.

Bei SHAPE war es üblich, daß sich die Vertreter der einzelnen Mitgliedsstaaten in der Leitung der verschiedenen Gremien turnusmäßig abwechselten. Im Monat Mai 1953 hatte ein französischer Brigadegeneral den Vorsitz im Ausschuß für Forschung, Entwicklung und Bewertung von Waffensystemen übernommen. Dem Franzosen, der bei dem englischen Wort SHAPE eher an die Figur einer Frau dachte als an eine militärische Behörde, hatte es das strahlende Frühlingswetter angetan; er ließ die Sitzung aus einem unterirdischen Raum in den Konferenzsaal Nr. 4 verlegen, durch dessen Fenster man den Blick

über die frühlingsgrünen Gärten des angrenzenden Schloßparks von Versailles schweifen lassen konnte.
Zu diesem Zeitpunkt amtierte Eisenhower bereits seit vier Monaten als 34. Präsident der Vereinigten Staaten im Weißen Haus. Sein Nachfolger als SACEUR war General Matthew Bunker Ridgway, der Held des Koreakrieges, dem es gelungen war, den Ansturm der chinesischen Massen aufzuhalten und mit einer Gegenoffensive der UNO-Truppen den Feind nach Norden zurückzudrängen.
Der neue SACEUR duldete keine Nachlässigkeiten. Er war immer über alle wichtigeren Vorgänge im Hauptquartier unterrichtet und erschien häufig unangemeldet bei den Stabsbesprechungen. Zwei Stunden nach Ende der Besprechung mußte eine schriftliche Zusammenfassung der Besprechungsergebnisse auf seinem Schreibtisch liegen. Die zwölf Offiziere, die als Vertreter ihrer Nationen im Konferenzraum Nr. 4 ihre Plätze einnahmen, ließen sich jedoch durch die straffe Führung und die Allgegenwart ihres Chefs nicht die Laune verderben.
Der siebenunddreißigjährige Brigadegeneral Jean-Pierre de Bartholomy, Vertreter Frankreichs, stammte aus einer alten Offiziersfamilie. Er hatte sich in Korea ausgezeichnet, und man sagte ihm eine große Karriere voraus – und zwar nicht nur eine militärische: Der Junggeselle sah blendend aus, und seine Erfolge beim weiblichen Geschlecht beschränkten sich keineswegs auf den Umkreis von SHAPE. Es wurde von zahlreichen Liaisons mit Damen der Pariser Gesellschaft gemunkelt – auch mit verheirateten. Er eröffnete die Besprechung mit der Anweisung an den Schriftführer, die Gespräche wörtlich aufzunehmen und ihm jede fertiggeschriebene Seite sofort zu überreichen. Er wollte seine Kurzfassung im Büro des SACEUR so schnell wie möglich abgeben.
»Gentlemen,« – wie alle nichtangelsächsischen Offiziere bei SHAPE sprach auch er perfekt englisch – »unser amerikani-

scher Kollege wird uns heute über eine neue Panzerabwehrwaffe von großer Zielgenauigkeit und Durchschlagskraft berichten. Diese Waffe soll billig und so gut wie wartungsfrei sein, und die Ausbildung ihrer Bedienungsmannschaft ist denkbar einfach. Colonel Percy wird uns zu seinem Bericht über diese interessante Entwicklung auch einen Film vorführen. Colonel Percy, bitte.«

Der Amerikaner ließ Fenster und Vorhänge schließen. »Der Film wurde in Kalifornien gedreht«, begann er, »in der Nähe des Werks, das die Rakete entwickelt hat. Wie Sie dem Titel des Films entnehmen können, führt die Waffe die Bezeichnung Arrow-Rakete. Der Mann, der eben jetzt auf der Leinwand erscheint, ist Dr. Eric Feldner, der Vater dieser Rakete. Dr. Feldner ist ein hervorragender Wissenschaftler. International bekannt als Aerophysiker wurde er wegen seiner Arbeiten auf dem Gebiet der gelenkten Raketenwaffen. Jetzt sehen Sie, wie er zusammen mit einem Soldaten die etwa einen Meter fünfundsiebzig lange Rakete auf das Abschußgestell legt. Er bewegt den Richtungshebel des Lenksystems, um zu zeigen, wie einfach es ist, die Rakete zu steuern. Der Hebel ähnelt in Aussehen und Funktionsweise dem Steuerknüppel einer Sportmaschine älterer Bauart. Das Kommando vom Lenkmechanismus zur Rakete erfolgt über Draht und ist somit störungssicher. Der Draht ist so dünn wie das Haar eines Menschen und ist, wenn er abrollt, kaum zu erkennen. Wir wollen hier an dieser Stelle den Film unterbrechen, für den Fall, daß Sie bereits Fragen haben. Licht, bitte!«

Ein englischer Offizier stand auf, ein älterer eleganter Mann, der so lässig sprach, als habe er nur beiläufiges Interesse an einer Antwort: »Wie ich sehe, trägt der Film den Vermerk ›Streng geheim‹. Soll das heißen, daß die Waffe sich noch in der Entwicklung befindet, oder liegt sie schon zur Auslieferung an die Truppe bereit?« Colonel Charles W. Percy III., Westpoint-

Jahrgang 1940, rückte seine randlose Brille zurecht, ein Zeichen, daß er sich unbehaglich fühlte.
»Ohne das britische Ehrgefühl verletzen zu wollen«, sagte er mit etwas gequältem Humor, »möchte ich die Antwort auf diese Frage bis zum Ende der Filmvorführung zurückstellen. Darf ich Sie bitten, meine Herren, Ihre Fragen auf das bis jetzt Gesehene zu beschränken?«
Der Brite hatte sich nicht wieder gesetzt. Nun schoß er seine nächste Frage ab:
»Was können Sie uns über das Gewicht der Rakete und ihre Flügelweite sagen, Colonel?«
»Die abschußbereite Rakete wiegt etwa fünfundfünfzig Kilogramm, den Treibstoff und den zehn Kilogramm schweren Sprengkopf eingerechnet.«
Ein Italiener fragte: »Gehört die Rakete zu dem neuen System, von dem wir gehört haben, also zu dem Konzept eines Jagdpanzers – eines Panzers, der gegen Panzer eingesetzt und mit einer Lenkrakete bestückt wird?« Colonel Percy antwortete kurz: »Ja. Aber wir wollen jetzt den Film zu Ende ansehen.« Er gab dem Mann am Projektor ein Zeichen.
»Sie sehen«, fuhr er fort, als der Film wieder anlief, »wie Dr. Feldner durch das optische Visier blickt und dann die Rakete zündet. Sie startet. Dr. Feldner lenkt jetzt die Rakete auf Sicht mit dem Steuergerät. Ihr Ziel ist eine etwa sechshundertfünfzig Meter entfernte gewölbte Panzerplatte von hundertzwanzig Millimeter Dicke. Sie entspricht der vorderen Turmpanzerung eines russischen Josef-Stalin-III-Panzers. Jetzt sieht Dr. Feldner auf seine Stoppuhr. Gleich wird die Rakete die Platte treffen, denn ihre Flugzeit beträgt bei dieser Distanz 6,97 Sekunden. Treffer! Sie können das große Einschlagloch erkennen. Und hier ist die Rückseite der Panzerplatte. Man sieht, wie sich die Rakete durch den Stahl förmlich durchgeschweißt hat. Bitte stellen Sie jetzt Fragen, falls Sie welche haben.«

Mehrere Offiziere erhoben gleichzeitig die Hand. Die Fragen folgten Schlag auf Schlag.
Wie ist die Zusammensetzung des Raketentreibstoffs? Woraus besteht die Ladung des Sprengkopfes? Auf welche Distanz läßt sich die Rakete optimal einsetzen? Wie ist das Abschußgestell konstruiert? Kann die Rakete mit einem atomaren Sprengkopf ausgerüstet werden? Kann sie auch auf einer ballistischen Flugbahn gesteuert werden? Wie hoch ist ihre Geschwindigkeit?
Colonel Percy notierte die Fragen mit der Sorgfalt des Technischen Offiziers. Er strich sich mit dem Handrücken über die kurzgeschorenen blonden Haare und schob seine Brille zurecht, bevor er antwortete:
»Gentlemen, ich darf Sie vorerst an die Klassifizierung ›Streng geheim‹ erinnern. Machen Sie also bitte keine Aufzeichnungen. Die Russen wären hocherfreut, wenn sie Einzelheiten über diese Waffe erfahren würden. Sie müssen inzwischen nämlich wissen, daß es sie gibt. Die Arrow-Rakete, das möchte ich noch zusätzlich erwähnen, ist zur Zeit auf dem Kriegsschauplatz in Korea eingesetzt und wird im Kampf getestet. Die Berichte aus Korea sind bislang positiv, und wir erwarten, daß das so bleibt. Der Kommandeur der Einheit, die die Waffe an der Koreafront im Kampf erprobt, hat übrigens auch das taktische Konzept für sie ausgearbeitet.«
Ein Raunen des Erstaunens ging durch die Zuhörer.
Colonel Percy hob die Hand:
»Auch darüber können wir noch reden. Aber lassen Sie mich jetzt Ihre Fragen beantworten.« Er blickte auf das Blatt Papier, das auf dem Pult vor ihm lag.
»Also: Der Raketentreibstoff besteht weder aus schwierig zu beschaffenden noch aus kostspieligen Substanzen. Er hat außerdem den Vorteil, daß er keinen Rauch erzeugt im Vergleich zum Artilleriefeuer, bei dem nach jedem Abschuß mehrere Sekunden lang die Sicht auf das Ziel nicht nur durch Staub, son-

dern auch durch Rauch behindert ist, so daß der Richtschütze das Ergebnis seines Schusses nicht sofort erkennen und die Zieleinstellung entsprechend korrigieren kann. Mehr ist über den Treibstoff vorläufig nicht zu sagen. Was den Sprengkopf betrifft, so darf ich die Zusammensetzung des Sprengstoffs nicht bekanntgeben – ich will nur soviel sagen, daß er nach dem Prinzip der Hohlladung konstruiert ist. Das ist, wie wir wissen, der wirksamste Sprengkopf im Einsatz gegen Panzer. Wünscht jemand, daß ich dieses Prinzip kurz erläutere?«
Einige Offiziere nickten mit dem Kopf.
»Okay«, fuhr Colonel Percy fort. »Ich kann es Ihnen in einem Satz erklären: Im Aufschlags- oder Detonationsmoment wird durch die Form der Hohlladung die freiwerdende Sprengkraft auf einen Punkt konzentriert. Dabei wird enorme Hitze erzeugt. Die Ladung brennt sich gewissermaßen in Sekundenbruchteilen durch die Panzerplatte. Um die Temperatur noch weiter zu erhöhen, ist der Sprengkopf der Arrow-Rakete in eine dünne Aluminiumschale eingehüllt – dadurch wird beim Aufprall eine Verbrennungswärme von achthundertdreiunddreißig Grad Celsius erzeugt. Das ist das Dreifache der Aufpralltemperatur von normalen Sprengköpfen. Dieser sogenannte Blitzlichteffekt hat eine besonders zerstörende Wirkung auf das Innere des Panzers und seine Besatzung. Der Sprengkopf kann auch anders ausgestattet werden: Zum Beispiel kann die Geschoßspitze bei schlechter Sicht mit einem Infrarot-Suchkopf – der also auf Wärme reagiert – bestückt werden. Er leitet dann die Rakete auf den Motor oder auf das heiße Kanonenrohr eines Panzers. Die Rakete kann auch einen atomaren Sprengkopf tragen.
Die Rakete mißt zweihundertdrei Millimeter im Durchmesser. Das entspricht dem Kaliber unserer Acht-Zoll-Haubitze, für die es schon seit einiger Zeit einen atomaren Sprengkopf gibt. Nuklear bestückt, könnte die Arrow-Rakete Funktionen an

der Front übernehmen, die bislang wesentlich größeren Waffensystemen vorbehalten waren. Ihr entscheidender Vorteil ist die direkte Flugbahn zum Ziel. Die Rakete könnte zum Beispiel eine exakt berechnete Bresche in feindliche Befestigungen schlagen, was bisher nur mit Bombardements aus der Luft und der entsprechenden Zielungenauigkeit oder mit Artilleriefeuer möglich war. In diesem Zusammenhang möchte ich erwähnen, daß die Rakete durchaus im indirekten, d.h. ballistischen Flug gesteuert werden kann, doch ist ihre Zielsicherheit dabei nur gering.

Die Fluggeschwindigkeit beträgt einhundertsieben Meter pro Sekunde, das sind etwa vierhundert Stundenkilometer, und entspricht der Geschwindigkeit unserer alten P-51-Jagdmaschine. Nun aber zur Flugreichweite der Rakete: Ihre maximale Reichweite beträgt drei Seemeilen, das sind fünftausendfünfhundertsechsundfünfzig Meter. Ihre optimale Distanz liegt jedoch zwischen sechshundert und siebenhundert Metern – denn ihre Aufgabe ist ja die Zerstörung von Panzern. Lassen Sie mich bitte kurz erklären, wie wir diese Distanz als typisch für Panzerabwehrwaffen ermittelt haben, die von einem Fahrzeug oder einem Abschußgestell abgefeuert werden.« Colonel Percy machte abermals eine kurze Pause. Er nahm einen Schluck Wasser aus dem Glas auf seinem Pult, rückte sich wieder die Brille zurecht und fuhr dann in dozierendem Ton fort:

»Zuerst sind wir den Ursachen nachgegangen, die bei dreien unserer Armeen während des Zweiten Weltkrieges unsere Panzer kampfunfähig gemacht haben. Dann haben wir anhand von Lagekarten aus jener Zeit einzelne Panzerduelle zwischen alliierten und deutschen Panzern rekonstruiert, und zwar unter Berücksichtigung von Deckungs- und Tarnmöglichkeiten im Gelände – Bodenwellen, Häuser oder Gehölz zum Beispiel. Danach nahmen wir die Panzer unter die Lupe, von denen wir

wußten, aus welcher Entfernung sie vernichtet wurden. Das Ergebnis der Analyse war, daß vierzehn Prozent der alliierten Panzer durch Direktbeschuß aus einer Entfernung von über tausend Metern getroffen wurden: sechsundachtzig Prozent aller Panzerduelle waren über eine Entfernung von weniger als zweitausend Metern ausgetragen worden. Die häufigste Trefferdistanz betrug dreihundertzwanzig Meter. Diese Tatsache kam den alliierten Panzern zugute, deren Panzerkanonen eine wesentlich geringere Reichweite hatten als die deutschen Kanonen. Diese konnten ihre Überlegenheit in diesem Punkt wegen Sichtbeschränkungen nicht voll ausnutzen. Fazit: Gefechte Panzer gegen Panzer wurden in einer Maximalentfernung ausgetragen, in der sich die Gegner noch gegenseitig sehen konnten. Diese durchschnittliche Maximalentfernung betrug sechshundertsiebenundsiebzig Meter. Das ergab die Formel: Die häufigste Trefferdistanz, gleich dreihundertzwanzig Meter, entspricht ungefähr der Hälfte der durchschnittlichen Sichtdistanz, gleich sechshundertsiebenundsiebzig Meter.«
Colonel Percy seufzte leise. Er blickte in die Runde seiner Zuhörer, die sich seine Ausführungen durch den Kopf gehen ließen, aber keine Fragen dazu hatten. Etwas ermüdet fuhr er fort:
»Ich will noch Ihre Frage das Abschußgestell betreffend beantworten. Die Konstruktion ist denkbar einfach: Es gibt keine Rampe, auch keinen Tisch, nur Schienen auf einem einfachen Gestell, das so gut wie überall plaziert werden kann – auf dem Boden oder auf jedem beliebigen Fahrzeug. Nun aber wollen wir die übliche Kaffeepause einschalten. Wir können dabei ruhig weiterdiskutieren. Wenn Sie nach der Pause noch Fragen haben oder Wünsche äußern wollen, ist dies möglich.«
Damit war die erste Hälfte des Vormittagsprogramms zu Ende. Nach der Kaffeepause rief General de Bartholomy die Gruppe wieder zusammen. Als erster meldete sich erneut der englische

Offizier und stellte dieselbe Frage: Befindet sich die Rakete noch in der Phase der technischen Entwicklung, oder ist sie reif für die Auslieferung an die Truppe?
Colonel Percy stand auf und dozierte von seinem Platz aus: »Die Entwicklung von Wehrmaterial durchläuft üblicherweise sechs Phasen:

1. Die militärische Forderung – im Truppenjargon ›MIF‹ genannt, auch bekannt als das Lastenheft.
2. Die technische Entwicklungsphase, das heißt die Phase der Werksversuche mit Prototypen.
3. Truppenversuche – in Erprobungsstellungen und mit Lehrtruppen.
4. Auswertung der Truppenversuche.
5. Die ›Null-Serie‹, in der einige wenige Exemplare den Lehrtruppen zur Weiterprüfung übergeben werden.
6. Serienreifmachung: Standardisierung für industrielle Massenherstellung und die Auslieferung an die Truppe.

Die Arrow-Rakete befindet sich in der fünften Phase und steht kurz vor der sechsten. Sind Sie mit dieser Antwort auf Ihre Frage zufrieden, Sir?«
»*Yes, Sir. Thank you, Colonel.*«
Colonel Percy schien erleichtert, als sich der Engländer endlich setzte. Als auch noch andere Offiziere Fragen stellen wollten, winkte General de Bartholomy ab und kam auf das zu sprechen, was einige Offiziere mit ihm während der Pause erörtert hatten:
»Gentlemen, Sie können nach der Sitzung weitere Fragen an Colonel Percy richten. Ich bin sicher, er wird Sie gern in seinem Büro empfangen. Jetzt wollen wir sehen, ob wir aufgrund eines gemeinsamen Beschlusses einen Antrag stellen können.«
Er wandte sich an Colonel Percy: »Ich glaube auch im Sinne der anderen Sitzungsteilnehmer zu sprechen, wenn ich die Frage stelle: Ist es geplant, die Waffe in den Panzerabwehreinheiten

der NATO-Verbände einzuführen, oder soll sie der Kontrolle der US-Truppen unterstellt bleiben? Aufgrund Ihrer heutigen Ausführungen dürfen wir annehmen, daß das erstere der Fall ist. Dann möchten wir wissen, wann und wo und unter wessen Aufsicht die Ausbildung der Bedienungsmannschaften stattfinden würde? In diesem Zusammenhang kam uns der Gedanke, daß es für uns NATO-Offiziere von großem Vorteil wäre, wenn der für dieses Waffensystem zuständige Projektoffizier aus Korea nach Europa abkommandiert würde, um uns und unseren Technikern das Grundwissen über die Arrow-Rakete zu vermitteln. Sie sagten eben, daß es ein und derselbe Mann sei, der die Rakete an der Koreafront testet und der das taktische Konzept für sie entwickelt hat. Er wäre deshalb wie kein anderer geeignet, uns in dieses Waffensystem und seine Handhabung einzuführen.«
General de Bartholomy suchte in seiner Uniformtasche und zog einen kleinen Zettel heraus:
»Ja, und noch eine Frage wollte ich an Sie stellen, *mon colonel«*, sagte er mit charmantem Lächeln. »Wie hoch belaufen sich die Kosten einer kompletten Arrow-Rakete?«
Einen heiklen Antrag zugleich mit einer Routineanfrage vorzubringen, war der Versuch des Franzosen, die Bedeutung dieses Antrags herunterzuspielen. Das war sehr geschickt gemacht, doch Colonel Percy blieb davon unbeeindruckt. Er antwortete fast unwirsch, als fände er den Wunsch des Franzosen ganz und gar unvernünftig:
»Aber, aber, *mon général«*, sprach er, den General nachahmend. »Bevor wir über Lieferung und Kosten sprechen, bedenken Sie bitte, daß der Testeinsatz der Rakete noch nicht abgeschlossen ist. Sollten wir nicht lieber warten, bis die taktischen und technischen Versuchsergebnisse vollständig vorliegen? Es könnte ja durchaus noch Rückschläge geben, die die bislang erzielten positiven Testergebnisse in Frage stellen. Und

würden Sie, General de Bartholomy, einen Kommandeur, dessen Einheit in schwere Kämpfe verwickelt ist, von der Front abberufen, nur damit er einen Vortrag in Europa hält? Was würden seine Offiziere, seine Leute davon halten?«
Das Frage- und Antwortspiel war bis jetzt genauso verlaufen, wie Colonel Percy und seine Vorgesetzten es sich gewünscht hatten. Sie verfolgten nämlich zweierlei: Zum einen wollte man den NATO-Offizieren mit Hilfe der ausgegebenen Daten, des Films und der Berichte aus Korea Appetit auf die neue Rakete machen, sich aber gleichzeitig zurückhaltend zeigen. Das sollte den Appetit noch mehr anregen, bis das erstrebte Ziel erreicht war: Die Verbündeten mußten den Wunsch äußern, die Rakete in großer Stückzahl zu kaufen.
Die Zahlungsbilanz der Vereinigten Staaten war negativ, und sie würde sich voraussichtlich noch weiter verschlechtern. Auf Betreiben der amerikanischen Regierung sollte das Pentagon dazu beitragen, das Defizit abzubauen. Sie hatte hinter vorgehaltener Hand intern verkündet, daß noch in diesem Rechnungsjahr so viele amerikanische Waffen wie möglich an verbündete Nationen verkauft werden sollten. Die internationale Geltung des Dollar mußte erhalten werden. Auch fürchtete man in Regierungskreisen, die Position der Vereinigten Staaten als Marktführer könnte durch Produkte aus Billiglohnländern gefährdet werden. Besonders die führende Stellung als Waffenlieferant dürfe aus politischen Gründen nicht verlorengehen. Im Bereich der Panzerabwehrwaffen war Gefahr im Verzug, da auch andere Länder ähnliche Waffen bereits zum Verkauf angeboten hatten: vor allem Frankreich, das die SS-10- und SS-11-Raketen entwickelt hatte, die wie die Arrow-Rakete über Draht gesteuert wurden.
Colonel Percy wunderte sich, daß ausgerechnet der den Vorsitz innehabende Franzose sich für die Arrow-Rakete einsetzte. Gerade von ihm hatte er erwartet, daß er aus nationalem Inter-

esse gegen eine amerikanische Panzerabwehrrakete argumentieren würde; daß er die Vorzüge der französischen Entwicklung herausstreichen und die Waffe zu günstigeren Zahlungsbedingungen anbieten würde. Percy hatte sich auf eine Auseinandersetzung mit dem Franzosen vorbereitet. Er hätte auf den entscheidenden Nachteil der französischen Raketen hingewiesen: daß ihre Steuerung erst nach einer Flugstrecke von zweihundert bis dreihundert Metern möglich war, daß man sie in dieser Entfernung gleichsam erst optisch einfangen mußte, um sie ans Ziel zu lenken. Colonel Percy spürte ein leises Gefühl der Enttäuschung, weil er sich durch das überraschende Verhalten des Franzosen um ein interessantes Wortgefecht gebracht fühlte, und weil ihm das Ergebnis, das seine Vorgesetzten wünschten, allzuleicht in den Schoß gefallen war.
Während er noch überlegte, warum der französische Brigadegeneral sich außerdem zum Wortführer des Antrags gemacht hatte, den Projektoffizier aus Korea kommen zu lassen und damit den wohl überzeugendsten Fürsprecher der Arrow-Rakete vor das NATO-Gremium zu zitieren, wurden seine Gedanken durch eine Frage des italienischen Delegierten unterbrochen:
»Sie haben doch gesagt, Colonel Percy, daß die Rakete zur Zeit noch an der Koreafront getestet wird. Nun, diese Tests müssen spätestens aufhören, wenn ein Waffenstillstand geschlossen wird, und das soll ja unmittelbar bevorstehen. Wäre es nicht möglich, die Testergebnisse jetzt schon bekanntzugeben? Auf die paar Tage mehr oder weniger kann es doch wirklich nicht ankommen.«
Colonel Percy kam diese Frage recht. Hätte der Italiener sie nicht gestellt, dann hätte er selber dem Gespräch die entsprechende Wendung gegeben.
»Was wollen Sie damit sagen?« fragte er den Italiener.
»Ich meine, warum werden NATO-Verbündete der Vereinigten Staaten nicht schneller voll und ganz über ein neues Waffen-

system aufgeklärt, dessen Bedeutung womöglich so groß ist, daß es das taktische Gleichgewicht in Europa beeinflussen könnte? Wie Sie wahrscheinlich wissen, ist meine Nation im Begriff, Teile ihrer Armee zu modernisieren und einen großen Waffenkauf, insbesondere im Panzerbereich, zu tätigen. Wenn die reale Aussicht bestünde, eine Waffe wie diese Rakete zu kaufen, könnte das durchaus zu einem Umdenken in unserer Waffeneinkaufspolitik führen, und unsere finanziellen Mittel könnten für andere Ankäufe verwendet werden.«
Ein norwegischer Offizier unterstützte den Italiener.
»Auch für uns ist die Arrow-Rakete wichtig. Wir haben eine gemeinsame Grenze mit der UdSSR, und dahinter stehen einsatzbereit motorisierte Panzer- und Luftlandedivisionen. In unseren unwegsamen Gebieten wäre eine Panzervernichtungswaffe wie die Arrow-Rakete geradezu ideal. Ich könnte mir zum Beispiel vorstellen, wie sie von einem Jeep aus, der schnell seine Stellung wechselt, abgeschossen wird und dadurch dem Gegner beträchtlichen Schaden zufügt. Ich glaube, wir verlangen nicht zuviel, wenn wir als Auftakt einer Zusammenarbeit im Bereich der Arrow-Rakete den zuständigen Projektoffizier zu uns bitten. Ich jedenfalls stimme diesem Antrag mit voller Überzeugung zu.«
Nun bat ein belgischer Offizier ums Wort:
»Ich stimme dem Antrag ebenfalls zu«, sagte er entschlossen. »Ob dieser Offizier sich noch im Einsatz an der Koreafront befindet, ist doch nebensächlich. Er soll uns so bald wie möglich alles berichten, was er über diese Waffe weiß. Colonel Percy, würden Sie ein solches Gesuch befürworten und weiterleiten? Oder ziehen Sie es vor, daß wir einzeln unser Anliegen über den Dienstweg vorbringen?«
Die Frage des Belgiers konnte man beinahe als kleine Erpressung auffassen. Colonel Percy reagierte darauf mit Zurückhaltung.

»Ich kann nur Ihr Gesuch an meine Vorgesetzten weiterleiten«, sagte er kühl. »Meine persönliche Meinung ist, daß es sehr ungewöhnlich wäre, einen Kommandeur aus diesem Grund von seiner Truppe wegzuholen. Ich bin überzeugt, daß man ebensoviel aus Berichten, Lehrfilmen und dergleichen erfährt. Aber bitte, das ist meine persönliche Ansicht«, beschwichtigte er die Anwesenden, die lautstark widersprachen. »Wie gesagt, ich werde Ihr Anliegen weiterleiten, ohne mich selbst dazu zu äußern. Mehr kann ich für Sie nicht tun.«
Brigadegeneral de Bartholomy schloß als Vorsitzender die Besprechung:
»Colonel Percy, wir danken Ihnen für die Vorführung dieses Films und für Ihre präzisen Auskünfte über diese hochinteressante Rakete. Über den Vorschlag unserer Kollegen aus Italien, Norwegen und Belgien, dessen Initiator ich war, wollen wir jetzt abstimmen. Alle, die dafür sind, erheben bitte ihre Hand.« Alle erhoben die Hand. »Dann dürfen wir wohl davon ausgehen, Colonel Percy, daß unser Anliegen auf offiziellem Weg von SHAPE nach Washington weitergeleitet wird. Unser Antrag lautet: Der Projektoffizier der Arrow-Rakete, der sich zur Zeit als Kommandeur eines Panzerbataillons in Korea befindet, soll nach Paris abkommandiert werden, damit er uns über dieses Waffensystem genauestens informiert. Haben Sie das wörtlich aufgenommen, Schriftführer?« Als der Unteroffizier bejahte, wandte sich de Bartholomy wieder an Percy:
»Falls unser Gesuch bei SHAPE oder in Washington abgelehnt werden sollte, bitten wir Sie, uns darüber möglichst bald zu unterrichten. Ich bitte, uns dies zu bestätigen.«
Colonel Percy schob seine randlose Brille zurecht und murmelte: »Ich bestätige es.« Dann sammelte er seine Schriftstücke ein und verließ den Saal – außerordentlich zufrieden. Washington würde seinen Erfolg zu schätzen wissen. Er wußte – selbst wenn er den Grund dafür nicht kannte – , daß man auch im

Pentagon insgeheim den Wunsch hegte, den Projektoffizier nach Europa zu entsenden.

Brigadegeneral de Bartholomy ging zum nächsten Telefonautomaten im Hauptquartier und wählte eine Pariser Nummer. Die Stimme, die sich meldete, erkannte er sofort.
»Wir hatten Erfolg«, sagte er knapp. »Ihr Wunsch wird in Erfüllung gehen.«
»Ich danke Ihnen«, antwortete die Stimme. »Den Ausdruck meines Dankes werden Sie in Kürze auf dem üblichen Weg erhalten.«
Der General legte den Hörer behutsam auf. Er lächelte vor sich hin. Dann zuckte er die Achseln und verließ die Telefonzelle. Er war mit sich zufrieden. Auch Amanda würde mit ihm zufrieden sein.

4. Kapitel

Pentagon

Es war am Abend des 20. Mai 1953, einem Mittwoch, als die Nachricht aus Paris im Pentagon beim Vereinigten Stab eintraf. Der diensthabende Offizier, ein Oberst der Luftwaffe, las das Fernschreiben, das den Vermerk ›dringend‹ trug und vom SACEUR unterzeichnet war. Der Oberst hielt es jedoch nicht für so wichtig, daß er deswegen den Direktor oder seinen Stellvertreter in ihren Quartieren gestört hätte. Hunderte von Nachrichten mit dem Vermerk ›dringend‹ trafen täglich im Pentagon ein; so entschied er, das Telex aus Paris könne bis zum nächsten Morgen warten. Er versah jedoch das Blatt mit einem roten Merkzeichen, damit sein Chef sofort darauf aufmerksam werden sollte.

Der Vereinigte Stab befand sich in der militärischen Hierarchie der Vereinigten Staaten hoch oben, nach dem Obersten Befehlshaber der Streitkräfte, dem Präsidenten der USA, an dritter Stelle. 1948 war diese Dienststelle vom Kongreß genehmigt worden, zugleich mit den Ämtern der Vereinigten Generalstabschefs der Teilstreitkräfte der USA und deren Vorsitzenden. Der Vereinigte Stab hatte die Aufgabe, die ›Kleinarbeit‹ für die Herren Generalstabschefs zu erledigen, zum Beispiel der strategische Planung für den Einsatz von 5,75 Millionen Soldaten, die im Koreakrieg unter Waffen standen, von 7000 Flugzeugen und 600 Kriegsschiffen. Ursprünglich sollte die Zahl der Mitglieder des Vereinigten Stabs nicht mehr als einhundertachzig betragen; aber bald wurde die Dienststelle auf

vierhundert Offiziere, Techniker und Wissenschaftler erweitert, die zu annähernd gleichen Teilen aus Armee, Flotte und Luftwaffe kamen.
Zwischen dem Präsidenten der USA und den Generalstabschefs stand nur das 1947 gegründete Verteidigungsministerium. Es war mit Verspätung ins Leben gerufen worden und aus der Notwendigkeit, alle Streitkräfte der Vereinigten Staaten endlich unter ein Dach zu bringen. Der jeweilige Vorsitzende der Vereinigten Generalstabschefs saß mit dem Verteidigungsminister und anderen Vertretern höchster Ämter als Sprecher der Militärs im Nationalen Sicherheitsrat, der die Aufgabe hatte, den Präsidenten in Angelegenheiten der nationalen Sicherheit zu beraten.
Als das internationale Gegenstück zu den Vereinigten Generalstabschefs der Vereinigten Staaten wurde in Washington außerdem noch der Vereinigte Generalstab etabliert, in dem Vertreter der NATO-Staaten – mit Ausnahme von Island und Luxemburg, die keine nennenswerten Streitkräfte unterhielten – saßen, die die Aufgabe hatten, engen Kontakt zu den Amerikanern zu halten.
Es gab also in Washington zum ständigen Ärger der dortigen Postämter die Vereinigten Generalstabschefs, den Vereinigten Stab und den Vereinigten Generalstab.
Die Nachricht aus Paris vom 19. Mai 1953 war richtig adressiert. Die folgenden Dienststellen erhielten zur Kenntnisnahme eine Abschrift:

der Militärrat des Ständigen NATO-Rates,
die Military Agency for Standardization (MAS) – die militärische Dienststelle für Normierung,
die Standing Group – die Ständige Gruppe, in der die USA, Großbritannien und Frankreich vertreten waren,
der Vereinigte Generalstab.

Der Chef des Vereinigten Stabes war der Direktor, ein Offizier im Rang eines Generalmajors. Er war es, der am Morgen des 21. Mai das Telex des SACEUR General Ridgway in der Hand hielt und darüber nachdachte.
Der Direktor rief mit gellender Stimme nach seinem Ordonnanzoffizier.
»Manchmal habe ich das Gefühl, als ob der ganze Verein hier schläft«, sagte er zu dem jungen Mann, der vor ihm stand. »Gehen Sie, Captain, wecken Sie den Leiter des Ausschusses für Forschung und Entwicklung und bitten Sie ihn, zu mir zu kommen«, befahl er mit gutmütigem Spott. Der Direktor war ein drahtiger kleiner Mann mit spitzer Nase, einem schmallippigen Mund und Augen, die alles zu sehen und in sich aufzunehmen schienen. Im Generalstab der US-Armee galt er als einer der intelligentesten Männer, ja als geradezu genial. Seine Leidenschaft war Bridge; an internationalen Turnieren nahm er oft als Schiedsrichter teil. Er merkte sich jede Karte, die ausgespielt worden war. Wegen seines fotografisch getreuen Gedächtnisses verblüffte er oft Vorgesetzte und Untergebene. Er las und beurteilte umfangreiche Lageberichte nicht nur in kürzester Zeit, sondern konnte noch Tage danach die Seite nennen, auf der ein bestimmter Passus gestanden hatte.
Der Captain machte kehrt. Minuten darauf erschien ein Brigadegeneral in Zivil. Er nahm vor dem Schreibtisch des Direktors Haltung an, als sei er ein gewöhnlicher Soldat und nicht General. Aber er wußte, wie sehr der Direktor darauf Wert legte.
»Bitte, setzen Sie sich, John.« Das klang eher wie ein Befehl als nach einer Aufforderung oder gar Einladung. »Berichten Sie mir in genau drei Minuten, was Sie über die Arrow-Rakete wissen.«
Trotz dieser sehr dezidiert vorgebrachten Anweisung klang die Antwort des Brigadegenerals John J. Cobb gelassen und überlegt. Jeder im Pentagon wußte, daß der Direktor den militäri-

schen Umgangston liebte. Man nahm es hin. Wichtig war nur, daß die Leistungen der Erwartung des Direktors entsprachen.
»Mit der Entwicklung der Arrow-Rakete wurde von der Armee die Aerodevelopment Corporation in Malibu, Kalifornien, beauftragt.« General Cobb stammte aus dem Mittelwesten der Vereinigten Staaten, und der ›Middlewest-Twang‹ gab seiner Stimme einen näselnden, scharfen Tonfall. »Der bekannte Aerophysiker Dr. Eric Feldner wurde von der Firma zum Leiter des Projektes bestellt. Man holte ihn zu diesem Zweck von der Stanford Universität, wo er Dozent war. In relativ kurzer Zeit hat er die Rakete bis zur Testreife entwickelt. Sie wird zur Zeit vom 27. Panzerbataillon an der Koreafront erprobt. Die bisherigen Berichte sind positiv. Nach Abschluß der Tests in Korea wird sie einer endgültigen Prüfung in Camp Irwin in der Mojave-Wüste unterzogen. Danach soll sie für die industrielle Herstellung freigegeben werden.
Um die Fertigung haben sich schon einige Firmen beworben; der Auftrag wurde nämlich bereits vor der Testphase vorläufig ausgeschrieben, um Zeit zu sparen, denn –«, General Cobb machte eine kurze Pause, um seine Gedanken zu sammeln, »– denn die Arrow-Rakete hat uns durch ihre erstaunliche Leistungsfähigkeit verblüfft.« Er berichtete in knappen Sätzen von der Funktionsweise der Waffe und den Testergebnissen. »Unsere Verbündeten wurden erst vor wenigen Tagen über die Rakete informiert. Allerdings hatten sie bereits herausgebracht, daß wir eine neue Panzerabwehrrakete entwickelt haben, die die D-40-Rakete ersetzen soll. Sie werden sich erinnern, Sir, daß wir mit der D-40-Rakete nicht zufrieden waren: Sie war zu groß und zu schwer. Außerdem wurde sie über Funk gesteuert und war daher nicht störungsfrei. Vor allem aber mußte sie nach der Zündung erst zwei bis drei Meter senkrecht hochsteigen, ehe sie auf ihr Ziel zuschoß. Dadurch gingen wertvolle Sekunden verloren, und der Feind hatte Zeit, die Abschußstelle

zu orten und unter Feuer zu nehmen. Deshalb wurde das Projekt eingestellt. Die dafür vorgesehenen Mittel wurden in die Entwicklung der Arrow-Rakete gesteckt.«

Die tiefliegenden grauen Augen des Direktors starrten einige Augenblicke ins Leere. Dann rief er erneut nach seinem Ordonnanzoffizier. Wieder stand der Captain wie aus Beton gegossen vor dem Direktor. Als er merkte, daß er etwas notieren sollte, fuhr seine Hand ruckartig mit Block und Bleistift nach oben, wie auf dem Exerzierplatz.

»Bitten Sie für 10 Uhr 30 die folgenden Herren in den Sitzungssaal der Generalstabschefs, falls er frei ist. Nein, warten Sie«, unterbrach er sich. »Sie sollen hierher in mein Büro kommen. Es ist Platz genug. Sagen Sie nur, Gegenstand der Besprechung sei die Arrow-Rakete. Den Leiter des Ausschusses für Forschung und Entwicklung brauchen Sie nicht zu verständigen, er steht ja vor uns.«

Wer ihn kannte, wußte, daß solche Witzchen ein Zeichen guter Laune waren. Wer ihn nicht kannte, glaubte allen Ernstes, der Direktor halte den Großteil seiner Mitmenschen für hoffnungslos schwachsinnig. »Verständigen Sie den Leiter der Verbindungsstelle zur Industrie, die Leiter der Komitees für Beziehungen zur NATO und zur SEATO (South East Asia Treaty Organization) und von drüben« – er meinte damit den Trakt im Pentagon, in dem sich die Vertreter der US-Armee aufhielten –, »und von drüben einen Panzerspezialisten und einen Herrn aus dem Personal-Stammamt für Offiziere der Panzerwaffe. Danke, meine Herren.« Die beiden Offiziere salutierten, machten eine militärische Wendung und gingen.

Punkt 10 Uhr 30 eröffnete der Direktor die Sitzung damit, daß er die Teilnehmer über die ihm vom SACEUR per Telex mitgeteilten Wünsche der NATO-Offiziere ins Bild setzte. »Angenommen«, fuhr er fort, »die Tests sind abgeschlossen und die Ergebnisse weiterhin positiv, dann lauten meine Fragen an Sie

wie folgt: Erstens: Wollen wir die Rakete den NATO-Staaten überhaupt überlassen? Und falls ja, zu welchen Bedingungen? Ich meine: Schenken wir sie ihnen oder verkaufen wir sie ihnen? Wer übernimmt die Verantwortung für die Kontingentierung an die einzelnen Staaten und wer für die Ausbildung der Bedienungstruppen? Zweitens: Wie sind die politischen Aspekte für den Fall, daß wir die Rakete den NATO- und SEATO-Staaten zur Verfügung stellen? Drittens: Wer ist unser Projektoffizier? Wäre er für diese Aufgabe geeignet, und ist er abkömmlich? Und schließlich: Was haben wir noch im Feuer in Europa im Bereich von austauschbarer Waffentechnologie, Verkauf von Waffen oder Stornierung von laufenden Geschäften? Sie wissen, welche Fragen in Ihre Kompetenz fallen. Also dann los, meine Herren, unterrichten Sie mich! Ich höre.«
Der Direktor lehnte sich in seinen Ledersessel zurück und ließ seine Augenlider auf halbmast fallen – ein Zeichen für höchste Konzentration. Die knappe, fast unfreundliche Ausdrucksweise stand in auffälligem Gegensatz zu der entspannten Atmosphäre unter den Männern, die in Zivil um einen runden Tisch in einer Ecke des Büros auf übergroßen Stühlen saßen – wie in einem Herrenklub.
Brigadegeneral Cobb war der erste, der antwortete:
»Sir, unser Technischer Offizier bei der NATO, Colonel Percy, hat im Auftrag seiner Vorgesetzten und auf Wunsch des Verteidigungsministeriums die Arrow-Rakete – die ja wirklich hervorragend zu sein scheint – als Superwaffe beschrieben, in der Absicht, unsere Verbündeten zum Ankauf einer größeren Anzahl Raketen zu bewegen. Wie Sie wissen General, besteht zwischen der Politik des vermehrten Waffenverkaufs und der negativen Zahlungsbilanz unseres Landes ein direkter Zusammenhang. Colonel Percy scheint Erfolg gehabt zu haben. Einer Lieferung an verbündete Nationen stünde nichts im Wege, solange die üblichen Vorkehrungen gegen Spionage garantiert

werden. Um Ihre Frage konkret zu beantworten, Sir: Lieferung nur gegen Bezahlung, und zwar nicht in Devisen, sondern in US-Dollar, eben wegen unserer Zahlungsbilanz. Die Verteilung der Raketen an die NATO-Staaten ist allerdings eine heikle Sache. Das sollten die NATO-Staaten besser unter sich ausmachen, aufgrund einer von uns zur Verfügung gestellten Gesamtstückzahl. Auch in der Frage der Ausbildung sollen sie selber bestimmen – nur die Grundschulung ihrer Ausbilder müßten wohl wir übernehmen.«

Der Vertreter des Personal-Stammamtes für Panzeroffiziere bemerkte trocken:

»Immer wieder wird mit der Erprobung von Raketen und anderen Panzerabwehrwaffen, beispielsweise rückstoßfreien Waffen, Personal der Panzerwaffe beauftragt und belastet. Warum nicht einmal die Artillerie oder die Infanterie?«

Der Direktor machte eine abwehrende Bewegung und sagte, ohne die Lider zu heben:

»Ersparen Sie uns Ihre internen Streitigkeiten! Auf dieser Ebene wollen wir darüber nichts hören.«

Nun meldete sich der politische Referent für die NATO-Staaten: »Von einschneidender Bedeutung für die NATO ist – wie Sie alle sicherlich bereits wissen – die Absicht der Franzosen, den Verteidigungspakt zu verlassen. Die Anzeichen sind unmißverständlich. Das heißt, früher oder später werden sie sich aus den gemeinsamen Stäben zurückziehen. Nur im politischen Bündnis der NATO-Staaten wollen sie weiterhin verbleiben, vielleicht als Rückendeckung im Hinblick auf künftige weltgeschichtliche Entwicklungen. Vielleicht nennen sie deswegen die NATO andersherum, nämlich OTAN. General de Gaulle machte eigentlich nie ein Hehl aus seiner Absicht, das militärische Bündnis zu torpedieren. So ließ er kürzlich die Munition für Handfeuerwaffen – Gewehre und leichte Maschinengewehre –, die für den gesamten NATO-Bereich nach Möglichkeit

genormt werden sollte, in einem anderen Kaliber als dem unseren herstellen. Soweit wir wissen, werden er und seine Partei versuchen, die Nationalversammlung Mitte nächsten Jahres zum Austritt aus dem Verteidigungspakt zu bewegen. Diese Entwicklung sollte man vielleicht abwarten, bevor wir neue Waffen – also auch die Arrow-Rakete – an die französische Armee liefern. Wir wissen ja nicht, auf welcher Seite sie im Ernstfall steht.«
Keiner der anderen Herren hatte Fragen, auch der Direktor nicht. Als nächster ergriff der Referent für die SEATO-Staaten das Wort:
»Das politische Bild im Bereich der SEATO-Staaten sieht freundlicher aus als bei der NATO. Nach dem im April getroffenen Abkommen zwischen den Vereinigten Staaten und Nordkorea über den Austausch von Gefangenen – auch wenn es nur wenige waren – steht nun ein Waffenstillstand in Korea unmittelbar bevor. Berichte vom X. Korps aus dem Zentralabschnitt, und von der Achten Armee bestätigt, besagen, daß noch einen, vielleicht auch zwei Monate lang hier und dort Gefechtstätigkeit aufflackern dürfte. Es geht dabei nur noch darum, taktisch günstige Stellungen für die Waffenstillstandslinie zu gewinnen. Wir nehmen an, daß ein Waffenstillstandsabkommen im Juli unterzeichnet wird. Danach werden voraussichtlich für eine zur Zeit noch nicht bestimmte Frist Truppen der Vereinigten Staaten in Korea bleiben, damit der Waffenstillstand garantiert ist. Diese Truppen sollten ein Kontingent Arrow-Raketen bekommen. Ich hielte es aber für verfrüht, die Rakete der südkoreanischen Armee zu überlassen.«
Nach einer kurzen Pause, in der niemand Fragen stellte – es war üblich, Fragen erst nach dem Vorsitzenden oder zumindest erst nach Abschluß der Referate zu stellen –, hatte der G-1-Vertreter der Armee mit dem Aufgabenbereich Personal-Stammamt der Panzeroffiziere das Wort. Er begann, etwas kleinlaut nach

der kleinen Rüge, die der Direktor ihm zuvor erteilt hatte: »Seit Phase eins, der Definitionsphase des Arrow-Projektes, ist Major Philip van Holden der Projektoffizier.«
Er öffnete eine Akte und las daraus vor: »Geboren 14. Juli 1920. Zuerst Leutnant der Kavallerie, später zur Panzerwaffe versetzt. Absolvent der Kavallerieschule in Fort Riley, Kansas, der Panzerschule in Fort Knox, Kentucky, und der Generalstabsschule in Fort Leavenworth, Kansas, wo er anschließend zwei Jahre lang als Dozent für Panzertaktik tätig war. Von Fort Leavenworth wurde er zurück nach Fort Knox versetzt, um an neuen taktischen Konzepten für die Panzerwaffe zu arbeiten. Er soll, wie hier steht, unter anderem die Verteidigungsmethoden im Bewegungskrieg verfeinert haben. In Fort Knox begann er auch das taktische Konzept für die Arrow-Rakete auszuarbeiten; nebenbei hielt er Vorlesungen. Gemeinsam mit einem Offizier der Artillerieschule in Fort Sill, Oklahoma, und Dr. Eric Feldner von der Aerodevelopment Corporation in Malibu, Kalifornien, hat er an der Entwicklung der Arrow-Rakete bis zur Endphase mitgewirkt. Zur Zeit ist Major van Holden Kommandeur des 27. Panzerbataillons in Korea. Seiner Einheit sind zwei Panzer mit Bordabschußgestellen zugeteilt, von denen die Arrow-Lenkraketen als Sturmraketen abgeschossen werden. Die Rakete soll bislang im Einsatz gegen russische T-34-Panzer, die von den nordkoreanischen wie von den chinesischen Truppen in Korea verwendet werden, gute Erfolge erzielt haben.«
Der Mann vom G-1 machte eine Pause, er schien nachzurechnen. »Van Holden muß noch sechs Wochen in Korea verbringen, dann hat er sein Pflichtjahr an der Front abgedient«, sagte er schließlich. »Er hat übrigens mehrere Tapferkeitsauszeichnungen erhalten und spricht neben Englisch mehrere Fremdsprachen: Deutsch, Französisch und Italienisch. Auch sportlich hat er Erfolge zu verzeichnen als Karatekämpfer, im De-

genfechten und Springreiten.«
Mit einem fragenden Blick auf den Direktor klappte der Offizier die Akte zu. Als nächster ergriff der Leiter der Verbindungsstelle zwischen dem Pentagon und der Industrie das Wort:
»General, zu Ihrer Frage, welche Waffengeschäfte wir zur Zeit in Europa im Feuer haben – also, das ist eine lange Liste. Wenn Sie gestatten, werde ich nur die größeren Geschäfte erwähnen. In Großbritannien geht es um einen Hundert-Millionen-Dollar-Auftrag zur Herstellung von Nike-Ajax-Raketen. In Frankreich wird über ein Zweihundert-Millionen-Dollar-Kompensationsgeschäft verhandelt. Die Franzosen wollen ihre AMX-Panzerserie den Italienern verkaufen. Die AMX-Panzer werden, zusammen mit Panzern aus anderen Ländern, von der NATO als Hauptkampfpanzer in Erwägung gezogen. Im Interesse unserer Zahlungsbilanz haben wir uns darum beworben, den AMX-Panzer unter Lizenz in den Vereinigten Staaten herzustellen. Die Norweger und Dänen wünschen einen für die Arktik ausgerüsteten Kampfhubschrauber, von dem aus auch Lenkraketen verschossen werden können. Die Kaufsumme liegt zwischen sechzig und hundert Millionen Dollar. Das wären die wichtigsten Aufträge, über die zur Zeit verhandelt wird.«
»Darf ich hinzufügen, General«, sagte der für die Panzerwaffe zuständige Offizier, zum Direktor gewandt, »daß der AMX-Panzer der Franzosen nicht schlecht ist. Ihr mittelschwerer Panzer, von dem allerdings erst der Prototyp existiert, hat sogar gewisse Vorteile gegenüber unserem M-47-Panzer. Er ist kleiner, leichter, wendiger – übrigens auch billiger – und hat einen größeren Aktionsradius. Alle Fahrzeuge der AMX-Serie sind lufttransportabel. Für unseren Geschmack und im Vergleich zu unseren Panzern haben sie ein zu geringes Stehvermögen – ich meine damit zu wenig Panzerung und Bewaffnung,

und das bedeutet eine geringere Überlebenschance. Trotzdem können wir die AMX-Panzer ruhigen Gewissens empfehlen. Allerdings fürchte ich, daß dieses Zweihundert-Millionen-Geschäft zu einem ›Corporation-War‹, einem Kampf bis aufs Messer zwischen der französischen Herstellerfirma und einer konkurrierenden amerikanischen Gesellschaft führen wird. Anzeichen dafür sind bereits vorhanden.«

Während der Referate hatte der Direktor zusammengesunken, mit halbgeschlossenen Augen, in seinem riesigen Ledersessel gehockt. Doch nun raffte er sich auf und ließ seinen durchdringenden Blick über die Runde schweifen. Präzise faßte er zusammen, was er gehört hatte, und zog seine Schlüsse.

»Es ist offenbar der Wunsch unserer Verbündeten in Europa, so schnell wie möglich über die Arrow-Rakete zu verfügen. Und sie wollen jetzt schon – noch bevor wir entschieden haben, ob wir ihnen die Waffe überhaupt überlassen – erschöpfend über das System unterrichtet werden. Und zwar von niemand anderem als vom Projektoffizier selbst. General Ridgway befürwortet diesen ungewöhnlichen Wunsch und hat, wie ich aus seinem Fernschreiben ersehe, Gott und die Welt davon unterrichtet, um der Sache den nötigen Nachdruck zu verleihen. Im Fernen Osten stehen wir nicht einer Panzerwalze gegenüber wie in Europa, wo die Russen ihre zahlenmäßige Überlegenheit in dieser Waffengattung immer weiter ausbauen. Diese Panzervernichtungswaffe würde also gegebenenfalls mit Vorrang auf einem europäischen Kriegsschauplatz benötigt. Unsere Verbündeten in der NATO sind berechtigt, an unserer Waffentechnologie teilzuhaben, vorausgesetzt, sie halten mit dem Entwicklungstempo Schritt und sind imstande, neue Waffensysteme zu integrieren und erfolgreich anzuwenden. Im allgemeinen können das die Europäer.

Problematisch ist allenfalls Frankreich, und zwar nicht in militärischer, sondern in politischer Hinsicht: Wir sind in letzter

Zeit zum Prügelknaben der Franzosen geworden – unverdient, wenn man bedenkt, was sie uns in zwei Weltkriegen und in den Zeiten des Wiederaufbaus danach zu verdanken haben. Ich stimme dem zu, was Sie sagten« – er wandte sich an den politischen Referenten für NATO-Fragen –, »so ganz sicher sind wir nicht, auf welcher Seite die Franzosen im Ernstfall stehen – wenn sie sich überhaupt für eine Seite entscheiden. Aber die Arrow-Rakete ist eine Verteidigungs-, und keine Angriffswaffe. Ich glaube kaum, daß sie als solche je gegen uns eingesetzt wird, es sei denn, sie fiele in feindliche Hände. Auch bemüht sich unsere Regierung nach wie vor, die unfreundlichen Gesten der Franzosen zu ignorieren und sie mit Gegenmaßnahmen nicht zu reizen, in der Hoffnung, Frankreich eines Tages doch wieder ganz auf unsere Seite zurückholen zu können. Stolz und Moral müssen eben manchmal im Interesse des Staates zurückstehen. Wie dem auch sei: Unsere wirtschaftlichen Beziehungen zu Frankreich sind von den Reibereien auf militärischem Gebiet im allgemeinen unberührt geblieben, und das ist im Interesse unserer finanziellen Investitionen in Frankreich auch künftig von größter Bedeutung. Es wird die Zeit kommen, in der de Gaulles Einfluß nicht mehr bestimmend ist, und dann können wir auf eine positive politische Haltung Frankreichs uns gegenüber hoffen.

Und noch etwas ist von Bedeutung: Die Franzosen haben begonnen, mit den Entwicklungsländern – und nicht zuletzt mit den ölproduzierenden Staaten – immense Waffengeschäfte zu tätigen. Besonders in Afrika erneuert die ehemalige Kolonialmacht auf diese Weise ihren politischen Einfluß. Das schmälert unseren Anteil am weltweiten Waffenmarkt und wirkt sich negativ auf unsere Zahlungsbilanz aus. Wenn nun einmal der Fall eintritt, daß Frankreich uns die Partnerschaft in einem großen Waffengeschäft anbietet, dann sollten wir schon aus Gründen der wirtschaftlichen Vernunft die Möglichkeit einer solchen

Beteiligung wahrnehmen und nicht wegen politischer Zänkereien oder gar aus verletztem Stolz zurückstehen. Das Geschäft mit den AMX-Panzern, meine ich, müßte unter allen Umständen realisiert werden.
Nach den Bestimmungen des Militärischen Beistandsprogramms dürfen nur in den USA hergestellte Güter an die Verbündeten geliefert werden. Darum sollen die AMX-Panzer in Lizenz in den USA gebaut werden. Soweit mir bekannt, sind die Verhandlungen darüber bereits ziemlich weit fortgeschritten. Ein amerikanisches Unternehmen, die United States Forge and Foundry Corporation, führt darüber schon seit längerer Zeit mit Vertretern der französischen Regierung Gespräche. Erster und vorläufig größter Auftraggeber für die AMX-Serie dürfte Italien sein. Wenn sich die Italiener für diesen Panzer entscheiden, wäre das für die anderen NATO-Staaten, die ja auch den AMX-Panzer als Hauptkampfpanzer in Betracht ziehen, von nicht zu unterschätzender Signalwirkung. Die Höhe des möglichen Gesamtauftrags der französisch-amerikanischen Koproduktion ist darum für unsere nationale Wirtschaft von wesentlicher Bedeutung.
Die Franzosen zeigen dafür Verständnis und haben deshalb, was Sie nicht erwähnten –«, der Direktor blickte ohne Mißbilligung, aber mit dem leise triumphierenden Ausdruck des Allwissenden den Leiter der Verbindungsstelle Pentagon-Industrie an, »unserem Wunsch zugestimmt, einen Panzerexperten unserer Armee in ihr Verkaufsteam aufzunehmen. Auch sie sind der Meinung, daß die Italiener einen Panzer, der keine amerikanische Konstruktion ist, günstiger beurteilen werden, wenn er ihnen wenigstens von einem amerikanischen Offizier in offizieller Mission empfohlen wird.
Nun will es der Zufall, daß wir einen Mann haben, der auf beiden Gebieten und also auch für beide Aufträge bestens qualifiziert zu sein scheint – ein Zufall übrigens«, der Direktor lächel-

te zum ersten Mal, »der ganz nach dem Herzen der Rechenkünstler und Sparkommissare in den Budget-Abteilungen sein dürfte. Vielleicht«, fuhr er, wieder ernst, fort, »ist Major van Holden zu unerfahren für diese eher diplomatische als militärische Mission, bei der er natürlich in ein Wespennest stechen wird, aber er ist ein sprachgewandter Offizier und im Rang gerade noch tragbar für das französische Verkaufsteam. Wenn er von uns hier in den komplexen Mechanismus eines Waffengeschäftes zwischen drei Staaten eingewiesen worden ist, glaube ich, daß er der Aufgabe gewachsen sein müßte. Es werden also – wenn wir die Erkenntnisse dieses Morgens zusammenfassen – zwei Waffenexperten in Europa gebraucht: ein Panzerspezialist und ein Offizier, der im technischen und taktischen Einsatz der Arrow-Rakete erfahren ist. Dieser Offizier beherrscht beide Gebiete und wird mit seinen Vorträgen über die Rakete bei den Generalstäblern der NATO, also auch bei den Franzosen und Italienern, sicherlich einen guten Eindruck machen – er wird einfach gut ankommen. Wenn er dann als Mitglied der französischen Verkaufsmannschaft den Italienern die AMX-Panzer anpreist, wird er bereits gut eingeführt sein und als glaubwürdig gelten.

Deshalb werden wir Major van Holden unverzüglich kommen lassen. Die Abberufung von seiner Einheit, auch wenn diese noch in Kämpfe verwickelt ist, läßt sich aus drei Gründen verantworten: Erstens wäre van Holden in jedem Fall in sechs Wochen von dort abkommandiert worden. Zweitens ist anzunehmen, daß die Kämpfe spätestens kurz vor Abschluß des bevorstehenden Waffenstillstandes ganz eingestellt werden, und drittens soll sein Erscheinen in Europa unseren NATO-Verbündeten zu verstehen geben, wie gut wieder einmal das Klima zwischen hüben und drüben ist.

Wohlgemerkt, meine Herren: Major van Holdens Hauptaufgabe in Europa ist seine Teilnahme an den AMX-Verhandlungen. Sein Auftreten als Arrow-Spezialist ist nur Mittel zum Zweck. Ich werde dem Vorsitzenden der Vereinigten Generalstabschefs kurz berichten und dann die nötigen Anweisungen geben. Keine Fragen mehr? Dann danke ich Ihnen, meine Herren!«

Draußen auf dem Gang sagte der NATO-Mann zum SEATO-Mann: »Jetzt weißt du, warum er der Direktor ist, und nicht du!«

5. Kapitel

Korea

Oberst Yen Fei war vom Mißerfolg des Angriffs auf die amerikanische Kampfgruppe tief enttäuscht. Der Angriff war groß angelegt gewesen und hätte ein begrenztes Operationsziel wie das kaum zwei Kilometer entfernte Dorf Majon-ni ohne weiteres überrennen müssen. Aber die 39. Armee war trotz der Tapferkeit der Soldaten am Widerstand der amerikanischen Panzer gescheitert; sie hatte außergewöhnlich hohe Verluste hinnehmen müssen.

Ein neuer Angriff wurde vorbereitet. General Lin Piao, der Kommandierende General der 4. Feldarmee und Oberbefehlshaber der Volksbefreiungsarmee Chinas in Korea, hatte persönlich seine Zustimmung zu dem Plan gegeben, anstelle eines Frontalangriffs, den die Chinesen im allgemeinen vermeiden, ein Umgehungsmanöver mit Truppen der 3. Armeegruppe durchzuführen. Die Truppen sollten nördlich des Dorfes Majon-ni den Übergang über den Imjin-Fluß erzwingen, das Dorf und die amerikanische Kampfgruppe umgehen und schließlich von rückwärts angreifen.

Oberst Yen Fei wollte mit dieser Taktik vor allem verhindern, daß der amerikanische Raketenpanzer, auf den er es abgesehen hatte, aus der Gefechtslinie gezogen werden konnte. Er hatte während der vorangegangenen Schlacht beobachten können, wie der amerikanische Panzer, nachdem er seine Raketen abgeschossen hatte, ins Dorf zurückrollte, als der Angriff der chinesischen Truppen Fortschritte machte. Offenbar würden die

Amerikaner unter allen Umständen dafür sorgen, daß das Fahrzeug nicht in die Hand der Chinesen fiel.
Den Überlebenden der Einheit war es lediglich gelungen, einen verwundeten amerikanischen Unteroffizier gefangenzunehmen. Unter dem Einfluß von Drogen, die nicht nur seine Schmerzen stillen sollten, hatte der Mann während der Nacht die Nummer seiner Einheit und den Namen seines Kommandeurs preisgegeben. Mehr war aus ihm nicht herauszubekommen gewesen. Yen Fei hatte sich den Namen des amerikanischen Majors eingeprägt: Philip van Holden.
Den ganzen Tag über blickte Yen Fei in das Tal hinunter, in dem die amerikanischen Truppen vor dem sporadischen Feuer der Chinesen hinter Behelfsfeldbefestigungen und in Schützenlöchern Deckung suchten. Yen Fei versuchte sich vorzustellen, wie die bevorstehende Schlacht ablaufen könnte. Er würde an der Spitze der angreifenden Truppen sein, um sich persönlich zu vergewissern, daß der Raketenpanzer erbeutet und zumindest ein Mitglied von dessen Besatzung, womöglich ein Offizier oder Unteroffizier, gefangen wurde. Nach dem Scheitern der Sondereinheit, die sich des Kommandeurs des Raketenpanzers hatte bemächtigen sollen, war es nun erst recht sein Ehrgeiz – und der dringende Wunsch der militärischen Führung in Peking –, dieses Mannes habhaft zu werden.
Um sich den chinesischen Einheiten, die nicht wußten, wie er aussah, als Kommandeur zu erkennen zu geben, hatte Yen Fei den Griff seines russischen Magant-Revolvers mit einer roten Binde umwickelt und eine zweite rote Binde um den Vorderarm geschlungen – andere Rangabzeichen gab es in der Volksbefreiungsarmee nicht.
Gegen Abend erregte eine Bewegung unter den amerikanischen Panzern die Aufmerksamkeit von Yen Fei. Ein Schützenpanzer war so dicht an einen Panzer herangefahren, daß seine vordere Kettenabdeckung dessen rückwärtige Kettenabdeckung be-

rührte. Oberst Yen Fei beobachtete die Szene aufmerksam, denn der vordere Panzer schien der Befehlspanzer zu sein: Er hatte vier Außenantennen, während bei den anderen Panzern nur eine oder zwei Antennen zu erkennen waren. Nach einigen Minuten rollte der Schützenpanzer mehrere Meter zurück und machte wieder kehrt, verließ die Kampfzone und verschwand im Dorf. Die chinesische Artillerie nahm während des Vorgangs die beiden Fahrzeuge unter verstärkten Beschuß, konnte aber keinen Treffer erzielen.
Oberst Yen Fei hatte schon in der Whampoa-Militärakademie von der Methode der Amerikaner gehört, mit der sie Verwundete während des Gefechtes von einem Panzer in den anderen schafften. Deshalb richtete er immer wieder sein Glas auf die Szene. Als der Schleier des aufgewirbelten Staubs sich legte, sah er, wie auch der Raketenpanzer wendete und in einer Staubwolke ins Dorf zurückfuhr. Was war hier los? Yen Fei wunderte sich, weil der Raketenpanzer bis jetzt nicht sporadischem Beschuß gewichen war, sondern erst dann zurückgezogen wurde, als die Gefahr bestanden hatte, daß der Ansturm der Chinesen die Amerikaner überrollte. Yen Fei beschloß, in der kommenden Nacht unter allen Umständen einen Gefangenen zu machen.

Der Stab des 27. Panzerbataillons am Imjin-Fluß war in einem Haus im Dorf Majon-ni untergebracht. Er stand unter dem Befehl des Executive Officer, kurz ›Exec‹ genannt – des stellvertretenden Kommandeurs. Die Stabsoffiziere waren der S-1, zuständig für Personal und innere Führung, der S-2 für militärische Sicherheit und Wehrlage fremder Staaten, der S-3 für Operation/Einsatz, Organisation/Ausbildung und Verteidigung und der S-4 für Logistik.
Sie hatten in ihren Kettenfahrzeugen Funkkontakt zu den entsprechenden Stellen im Korpsgefechtsstand – der nächsthöhe-

ren Kommandostufe. Es war die Hauptaufgabe des Stabs, den im Kampf stehenden Kommandeur ständig zu unterrichten und seine Wünsche, soweit dies möglich war, zu erfüllen.
Die Nachricht vom Korpsgefechtsstand war so unglaublich, daß der Exec eine Wiederholung verlangte. Die Nachricht lautete: »Major van Holden ist mit sofortiger Wirkung seines Kommandos enthoben und soll sich möglichst umgehend beim Korpsgefechtsstand melden. Der stellvertretende Kommandeur übernimmt das Kommando des 27. Panzerbataillons.«
Der Exec bestätigte den Empfang der Nachricht und fragte nach dem Grund für die Versetzung seines Kommandeurs. Die Antwort war kurz: »Befehl des Pentagons!«
Auch der Kommandeur konnte die Nachricht nicht glauben, als er sie über Funk hörte. »Mach keine Witze, Swede«, sagte van Holden zum Exec. »Ich bin zu müde zum Lachen.«
»Kein Witz, Phil! Ich habe eine Wiederholung verlangt. Es stimmt, du mußt sofort weg. Ich soll das Kommando übernehmen. Ich komme gleich in meinem M 75 zu Dir. Ende.«
Major van Holden schüttelte den Kopf. Ihm war, als habe er eine kalte Dusche erhalten. Die Wege des Pentagons sind unergründlich, dachte er. Er hatte das Bedürfnis, sich zu strecken, aber bei seiner Länge war dafür auf der engen Kommandantenplattform kein Platz. Er öffnete die Klappe der Kommandantenkuppel und setzte den Stahlhelm auf. Er atmete tief die frische Luft ein, nahm den Stahlhelm wieder ab und genoß ein paar Sekunden lang die warme Sonne auf der Haut. Sein schmales Gesicht zeigte die Spuren der letzten Stunden: Es war mit Staub und Schweiß verschmiert und durch einen zwei Tage alten Bart bläulich verfärbt.
Was konnte der Grund für seine überraschende Abberufung sein? Van Holden überlegte: Hatte er versagt? Kaum. Die Leistung seines Bataillons hatte in den letzten vierundzwanzig Stunden weiß Gott nichts zu wünschen übriggelassen und

konnte nur Lob verdienen. Und auch er hatte in den vergangenen Monaten nur Lobendes von seinen Vorgesetzten zu hören bekommen. Was also war es dann? Keine Fragen stellen, gehorchen, sagte er sich. Es wird dafür gewiß gute Gründe geben.
Van Holden schloß den Deckel des Turms, kehrte auf seinen Sitz zurück und drehte den Turm in Richtung auf das Dorf, von wo der Schützenpanzer seines Exec auf ihn zukam.
Good old Swede Carlson wird jetzt das Kommando übernehmen. Das ist für ihn ein verdienter Sprung nach oben, dachte van Holden. Er hatte volles Vertrauen in die Fähigkeiten seines Stellvertreters. Der Exec war ein Riese von Wuchs, etwas älter als er selbst, ein Panzeroffizier mit Erfahrung und nicht ohne Humor. Van Holden erinnerte sich, wie Swede während des Vormarsches nach Norden zur Belustigung seiner Kameraden in starrer Haltung wie ein ferngesteuerter Roboter durch die Papierwände eines Hauses, in dem sie Quartier genommen hatten, marschiert war, als gäbe es sie gar nicht.
Der Major drehte den Turm wieder zurück. Die A-Kompanie meldete sich über Funk. »Was soll das heißen, Sir«, fragte Captain Cook, der Kompaniechef. »Wir haben die letzten Meldungen mitgehört. Das darf doch wohl nicht wahr sein!«
»Es scheint aber doch wahr zu sein, Cookie«, antwortete van Holden.
Plötzlich überkam ihn ein Gefühl der Wehmut. Er hatte seine Offiziere und die Mannschaften in hartem Training in Fort Lewis und im Yakimo-Manövergelände und dann in den schweren Kämpfen an der koreanischen Front zu einer schlagkräftigen Einheit gemacht. Ja, mehr als das: Sie waren eine Gemeinschaft geworden, in der jeder den anderen genau kannte und wußte, daß er sich auf ihn verlassen konnte.
Innerhalb eines Jahres waren vier seiner Offiziere gefallen und dreiundzwanzig verwundet worden. Von den Mannschaften waren zehn Leute gefallen, fünfundzwanzig waren vermißt

und zweihundertfünf verwundet worden. Bei Beginn der letzten schweren Kämpfe hatte das Bataillon mit 72 Panzern, 37 Offizieren und 735 Mann sogar mehr als die genehmigte Kampfstärke gehabt, denn die Personal-Stammämter hatten es darauf abgesehen, daß so viele Männer wie möglich Fronterfahrung bekamen.

Aber demgegenüber, sagte sich van Holden, lauteten die offiziellen Zahlen der Jahresschlußrechnung auf der Erfolgsseite: 8000 tote Feinde, 5000 Verwundete und 521 Gefangene. Das Bataillon hatte zehn T-34-Panzer, zehn 120-mm-Haubitzen, zweiundzwanzig 75-mm-Panzerabwehrkanonen auf Selbstfahrlafetten, 55 Maschinengewehre, 14 Lkws und mehrere große Munitionslager zerstört.

Der Major verstaute seine Sachen im Musette-Bag, seiner Feldtasche: Rasier- und Waschzeug, Windjacke und die Kartentasche. Dann nahm er das Mikrofon in die linke Hand, die rechte war in einen dicken Verband verpackt: »*Lightning Abel, Baker, Charly over.*« Seine drei Kompaniechefs antworteten der Reihe nach: »*Abel, Roger, Baker, go ahead, Charly, Roger.*«

Van Holden sprach langsam und mit etwas leiserer Stimme als sonst in das Mikrofon: »*Listen, boys.* Ich verlasse euch. *Lightning Five* übernimmt das Kommando ab sofort. Bis zum nächsten Mal. Ich bin stolz auf euch. *Good luck.* Ende.«

Das ist gutgegangen, sagte er sich. Ich glaube, die haben nicht gemerkt, was ich fühle. Aber vielleicht denken sie sich's.

Eine fast unmerkliche Erschütterung ging durch das Fahrzeug. Der Schützenpanzer des Exec hatte den Befehlspanzer berührt. Van Holden nahm wieder das Mikrofon zur Hand: »*Six to five,* wir treffen uns in der Mitte, Swede. Ende.« Dann sagte er zu den drei Männern in seinem Panzer: »*So long, boys, good luck to you*« und gab ihnen zum Abschied die Hand. Er drängte sich am Richtschützen vorbei hinunter in den Munitionsbunker und kletterte von dort bis zur Bodenzugangsklappe. Er brauchte seine ganze Kraft, um die schwere Panzerplatte anzuheben. Mit einer geschickten Drehung des Körpers schlüpfte er durch die Öffnung. Der Fahrer des Panzers warf ihm die Feldflasche zu und das Koppel mit der 45er-Pistole, die Pistolenmunitionstasche, Kompaß und Bajonett. Dann reichte er van Holden zwei Eierhandgranaten hinunter, die jeder Soldat im Koppel stecken hatte.

Van Holden lag jetzt flach auf dem Bauch zwischen den Laufrädern des Panzers und robbte in Richtung auf das andere Fahrzeug. Der Exec kam ihm auf dieselbe Weise vom Schützenpanzer aus entgegen. Sie trafen sich in der Mitte.

Das 120-Millimeter-Geschoß eines chinesischen Granatwerfers detonierte etwa zwanzig Meter entfernt von ihnen. Ohne den Schutz der gepanzerten Laufräder wären sie beide tot gewesen.

»Die Burschen geben doch niemals auf«, sagte van Holden lachend, als er annahm, sein Exec könne ihn nach der ohrenbetäubenden Detonation wieder verstehen.

»Jetzt bist du dran, Swede. Ich weiß, daß das Bataillon bei dir gut aufgehoben ist. Also mach's gut! Ich hoffe für euch, daß es bald zu einem Waffenstillstand kommt. Im Korpsgefechtsstand werde ich dafür sorgen, daß man euch schnellstens Ersatzmannschaften und neue Panzer schickt, falls es mir nicht gelingen sollte, daß ihr überhaupt abgelöst werdet. Die Männer sind völlig erschöpft. Übrigens, kennst du den Grund meiner Abberufung?«

»Befehl des Pentagons – das ist das einzige, was man mir gesagt hat. Es muß irgendwas Wichtiges sein, Phil. Ich hoffe, deine Versetzung –« Der Exec unterbrach sich. Eine Granate war auf der anderen Seite des Panzers eingeschlagen. »Ich hoffe, deine Versetzung bringt dir eine ruhigere Aufgabe als das hier. Ich nehme an, es hat etwas mit der Rakete zu tun. Gleichzeitig mit deiner Abberufung kam auch der Befehl, die beiden Raketenpanzer aus dem Kampfgebiet abzuziehen. Sie sind bereits unterwegs nach Inchon zur Verschiffung in die Staaten. Wir müssen schnell machen. Wie's scheint, haben sie uns eingegabelt – die nächste Rakete könnte ein Volltreffer sein. Also, ich wünsche dir noch schöne Pfingsten – alles Gute!«

Tatsächlich, dachte van Holden, heute ist Pfingstsonntag. »Alter Spaßvogel, mach's gut.«

Sie reichten einander die Hände. Dann krochen sie zu ihren Fahrzeugen weiter.

Im Dorf erwartete van Holden der Bataillonsstab. Der Major hatte noch einiges vor seiner Abreise zu erledigen – die routinemäßige Leistungsbeurteilung seiner Offiziere und andere Verwaltungsangelegenheiten. Danach wusch und rasierte er sich und zog eine frische Uniform an. Nach Einbruch der Dunkelheit kletterte er in einen Jeep, auf dem Rücksitz wurde sein Gepäck verstaut: der Kleidersack und der Musette-Bag. Als er schon im Jeep saß, brachte man ihm noch eine Tasse heißen Kaffee, die ihn auf der Fahrt zum Korpsgefechtsstand warmhalten sollte.

Der Bataillonsstab hatte neben dem Jeep Aufstellung genommen und salutierte, als van Holden abfuhr. Der Major erwiderte den Gruß und winkte zurück. Das wär's, dachte er und hatte das Gefühl, daß ein wichtiger Abschnitt seines Lebens zu Ende gegangen war.

Eine knappe Stunde später traf er im Korpsgefechtsstand ein. Er meldete sich beim G-3, der ihn sofort zum Generalstabschef führte. Hier wurde er über den Grund seiner Abberufung unterrichtet. Swede hatte recht gehabt. Es war die Rakete.

»Auch wir hier wissen nicht viel mehr«, erklärte der Chef des Stabes, ein Brigadegeneral. »Nur daß die Nachricht vom Vereinigten Stab unterzeichnet ist und den Vermerk ›Sehr dringend‹ trägt. Hier ist sie übrigens.« Der General reichte van Holden das Blatt Papier. Das Fernschreiben lautete: »Major van Holden wird mit sofortiger Wirkung vom 27. Panzerbataillon nach CONUS (Continental United States) versetzt und soll sich umgehend beim Vereinigten Stab in Washington, D.C., melden. Abschlußberichte über Arrow-Tests sind vorauszuschicken. Van Holden reist mit Marschbefehl von höchstem Vorrang. Ende.«

»Ich werde mich beeilen, Sir«, sagte van Holden nur. Dann besprach er mit seinem Vorgesetzten die Lage im Abschnitt des 27. Panzerbataillons und erhielt das Versprechen, daß seine Einheit in den nächsten Tagen abgelöst werde.

Van Holden und sein Fahrer übernachteten im Korpsgefechtsstand. Sie erhielten jeder einen frischen Schlafsack und ein Feldbett in den Pyramidenzelten. Nach dem Abendessen in der Offiziersmesse setzte man sich auf Einladung des Korpskommandeurs zu einem Whisky zusammen. Überall standen Wachen, denn es wäre nicht das erste Mal gewesen, daß die Nordkoreaner versucht hätten, in die Nachschubstellungen der Amerikaner einzudringen und dort Zerstörungen anzurichten. Als van Holden darüber eine Bemerkung fallen ließ, fragte ihn der G-3, ein Oberst: »Phil, wie geht es Meathead? Erzählen Sie uns doch die Geschichte.«

Van Holden lehnte sich auf dem Klappstuhl zurück. Er dachte mit einiger Sehnsucht an den frischen Schlafsack, der ihn erwartete, aber die Männer um ihn herum wollten unterhalten werden, und er fühlte sich wohl in der Gesellschaft der Offiziere. Einen Augenblick lang schloß er die Augen. Er spürte die Müdigkeit in allen Gliedern, doch dann zog er die breiten Schultern hoch, setzte sich gerade und begann zu erzählen:

»Es war während unserer letzten Herbstmanöver in der Wüste von Yakimo, da lernte ich eines Abends im Veteranenklub des kleinen Städtchens die Witwe Murphy kennen. Daß Sie mich nicht mißverstehen, Gentlemen: Die Witwe Murphy war eine rassige Schwarzhaarige irischer Abstammung. Sie hatte blaue

Augen, einen Busen wie Jane Russell, war dreißig Jahre alt und hatte ihren Mann durch einen Autounfall verloren. Wir freundeten uns an, und ich lud sie ein, dem Abschluß der Schießübungen meines Panzerbataillons zuzusehen.« Van Holdens Zuhörer grinsten beifällig, als er erzählte, wie es ihm gelungen war, die hübsche Witwe Murphy zu umgarnen. »Nach einem Drink in meinem Zelt fuhr ich sie in die Stadt zurück. Es war unser letzter gemeinsamer Abend, denn am nächsten Morgen kehrte das Bataillon nach Fort Lewis zurück. Zum Abschied schenkte ich ihr eine Spange meiner Waffengattung – und sie gab mir einen drei Wochen alten Welpen. Als ich sagte, ich hätte keinen Platz für den Hund, meinte sie bloß: Dann mußt du eben Platz für ihn schaffen. Er soll dich immer an mich erinnern.

Ich gab den Hund in die Obhut von Sergeant Morvicki, einem meiner Panzerkommandanten, der als Tierfreund bekannt war. Er brachte den Hund nach Fort Lewis zurück. Das Tierchen war wirklich hübsch und drollig und wurde schnell zum Maskottchen des Bataillons. Es war auch ein gescheiter Hund. Schnell fand er heraus, daß jede der vier Kompanien des Bataillons eine Küche hatte, und so ging er täglich von Küche zu Küche und wurde von Tag zu Tag größer. Jeder im Bataillon kannte die Geschichte des Hundes, und wer noch nicht wußte, wo er herkam, erfuhr es umgehend von Sergeant Morvicki.

Der Hund war überall dabei: bei Übungen im Gelände, auf dem Exerzierplatz und auch bei Paraden – nur hatte er da die schlechte Angewohnheit, durch die Reihen der defilierenden Truppen zu laufen. Bei solchen Anlässen wurde er zum großen Ärger von Morvicki eingesperrt. Aus dem drolligen Hündchen war inzwischen ein Ungeheuer geworden, das vorne aussah wie eine Dogge, in der Mitte wie ein braungefleckter Dalmatiner, und hinten hatte es ein Ringelschwänzchen.«

Die Zuhörer lachten. Van Holden machte eine Pause und nahm

einen Schluck Whisky. »Aber Morvicki«, fuhr er fort, »ein Riese polnischer Herkunft mit dem Spitznamen ›More-Whisky‹, liebte das Tier und nannte es sehr treffend ›Meathead‹, denn Meatheads Schädel war wirklich ein Fleischkopf voller Narben, die er sich bei seinen Kämpfen mit anderen Hunden geholt hatte – und obendrein hatte er rote Augen. Dann kam der Tag, an dem wir uns nach Korea einschifften. Morvicki fragte mich, ob er den Hund mitnehmen dürfe; er könnte ihn an Bord verstecken und versorgen. Ich sagte zu ihm: ›Ausgeschlossen, das ist streng verboten!‹ Als ich im Hafen von Tacoma zusah, wie meine Männer an Bord gingen, bemerkte ich, daß sich in Morvickis Kleidersack, den er wie alle anderen auf der Schulter trug, etwas bewegte. Zweifellos habe ich gegen das Reglement verstoßen, als ich mich abwandte und ihn an mir vorbeigehen ließ – aber sollte ich das Bataillonsmaskottchen zurücklassen? Nach unserer Ankunft in Korea war Meathead immer in der Nähe von Morvickis Panzer, der in der Vorpostenkette am Pusan-Brückenkopf eingesetzt war. Wiederholt versuchten nordkoreanische Sturmtrupps, unsere Linien zu durchbrechen. Sie schlichen sich durch die hohen Reisfelder an unsere Panzer heran, bevor sie angriffen. Bei solchen Gelegenheiten kam dann jeweils Meatheads große Stunde. Er roch feindliche Soldaten auf hundert Meter Entfernung und gab jedesmal durch hysterisches Gebell rechtzeitig Alarm. Aus Dankbarkeit beförderten wir Meathead feierlich zum Sergeanten, und er trug die drei Streifen stolz auf seinem Halsband. Unsere Militärzeitung ›Stars and Stripes‹ hatte davon gehört, und so wurde Meathead zu einer Art Berühmtheit. Aber Sie wollten wissen, Sir, was aus Meathead geworden ist?« Van Holden wandte sich an den G-3, der die Frage gestellt hatte. »Meathead lebt nicht mehr. Er starb den Heldentod. Ein Granatsplitter traf ihn in der Schlacht an der ›Punch Bowl‹ zwischen den Augen. Er bekam ein Begräbnis mit militärischen

Ehren, und Morvicki liefen dabei die Tränen nur so herunter. General, ich bin hundemüde. Mit Ihrer Erlaubnis möchte ich mich jetzt zurückziehen.«

Der Drei-Sterne-General stand auf und winkte seinem Ordonnanzoffizier. Der überreichte ihm eine kleine blaue Lederschachtel. »Major van Holden«, sagte der General. »Es ist mir eine Ehre und ein Vergnügen, Ihnen diese hohe Auszeichnung, den Silver Star für Tapferkeit im Kampf gegen den Feind zu verleihen. Wenn ich mich nicht irre, ist dies Ihr dritter Silver Star. Im übrigen macht, was Sie vielleicht gar nicht wissen, ein Wort von Ihnen die Runde: ›Sie werden uns überrennen, *the poor bastards*‹ – besser konnten Sie Ihre Truppe nicht anfeuern.«

Er heftete van Holden den Orden an die Uniform und schüttelte ihm die Hand. »Und das 27. Panzerbataillon haben wir zum dritten Mal wegen seines heldenhaften Standhaltens am Imjin-Fluß für eine offizielle Anerkennung durch den Präsidenten der Vereinigten Staaten vorgeschlagen.«

Die anderen Offiziere schlossen sich der Gratulation an und wünschten dem Major eine gute Nacht.

Van Holden schlief zehn Stunden durch. Er schlief so fest, daß er die Schießerei nicht hörte, die am Rande des Korpsgefechtsstandes während der Nacht stattfand. Wieder einmal versuchten die Nordkoreaner, in das Lager einzudringen. Erst als van Holden am Morgen vier mit Decken verhüllte Körper erblickte, erfuhr er, was sich nachts ereignet hatte.

Zur gleichen Stunde wußte auch Oberst Yen Fei, was er hatte wissen wollen: Die Nachtpatrouille hatte sich durch die feindlichen Linien schleichen können, war bis zum Dorf Majon-ni vorgedrungen, hatte aber keine Amerikaner gefangennehmen können. Die Panzerbesatzungen und die Fallschirmjäger in ihren Schützenlöchern waren auf der Hut gewesen. Kein einzi-

ger leichtsinniger Soldat war in der Nacht herumgewandert, um frische Luft zu schnappen oder Wasser zu lassen. Aber im Dorf war die Vier-Mann-Patrouille nach Mitternacht auf zwei südkoreanische Soldaten gestoßen, die in der Feldküche des amerikanischen Bataillons beschäftigt waren und den Krieg satt hatten. Sie wollten überlaufen. Die Patrouille nahm sie mit.
Sie sagten bei den Chinesen aus, daß der Bataillonskommandeur abberufen worden und bei Einbruch der Dunkelheit mit seinem Gepäck in einem Jeep fortgefahren sei. Sie wüßten das genau, denn sie hatten ihm noch eine Tasse heißen Kaffee bringen müssen, bevor er abfuhr. Sie berichteten ferner, daß auch die beiden ›Buggy-Panzer‹, wie die Amerikaner die Raketenfahrzeuge nannten, Majon-ni verlassen hätten.
Oberst Yen Fei kombinierte: Es hatte sich also um zwei Raketenpanzer gehandelt, nur einer von ihnen war immer im Einsatz gewesen. Ihr Verschwinden stand höchstwahrscheinlich in Zusammenhang mit der Abberufung des Kommandeurs.
Er ging zum Armeegefechtsstand. Er meldete sich ab und bat zu veranlassen, daß ihm die nötigen Transportmittel für seine Rückkehr nach Peking zur Verfügung gestellt werden.

Vom G-3 erfuhr van Holden beim Frühstück die Einzelheiten seiner Weiterreise. »Ihre Berichte über die Arrow-Rakete sind bereits nach Washington unterwegs, Phil. Und die beiden Raketenpanzer sind schon in Inchon. Ich nehme an, Sie werden sie in zwei Wochen in Camp Irwin wiedersehen. Näheres werden Sie in Washington erfahren. Ich habe Ihren Fahrer zum Bataillon zurückgeschickt und werde Sie jetzt mit einem unserer Jeeps zum K-9 bringen lassen. Das ist die nächstgelegene Landepiste. Ihr Marschbefehl ist hier in diesem Umschlag. Wie Sie gelesen haben, reisen Sie mit höchstem Vorrang. Von K-9 nehmen Sie die erstbeste Transportgelegenheit zum nächsten Militärflughafen – in Seoul oder Pusan. Von dort fliegen Sie

nach Washington. Leider können wir Ihnen unsere Maschine nicht zur Verfügung stellen, sie ist bis morgen außer Betrieb. Und der General fliegt heute mit seiner Maschine zur 2. Infanteriedivision. Ich bin sicher, daß Sie von K-9 rasch wegkommen. Also nochmals alles Gute. *So long, Phil.*«
Eine gute halbe Stunde später stand van Holden am Rande der Wiese, die man K-9 nannte. K-9 war tatsächlich nicht mehr als ein langer, gerader Grasflecken. Kein Mensch, kein Gebäude. Nur ein Windsack an einem Mast wehte leicht.
Van Holden setzte sich auf seinen Kleidersack und wartete. Er überlegte, was er tun sollte, falls bis zum Abend keine Maschine landete. Aber er brauchte sich nicht lange Sorgen zu machen. Bald darauf hörte er das Brummen eines einmotorigen Torpedobombers der US-Marine, der nach der ersten Bodenberührung noch ein paarmal hüpfte, bevor er ausrollte. Als der Pilot aus seinem Sitz kletterte, überlegte van Holden einen Augenblick, ob er vielleicht nicht lieber auf die nächste Maschine warten sollte – der Flugzeugführer war ein blutjunger Leutnant zur See.
»*Hi*«, grüßte van Holden.
»*Hi, Major*«, antwortete der Leutnant. »Was machen Sie hier so einsam und allein? Haben Sie etwa auf mich gewartet?«
Die unbekümmerte Art des jungen Burschen gefiel van Holden; offensichtlich mangelte es ihm nicht an Selbstbewußtsein.
»Sie sagen es. Ich bin unterwegs nach Hause und muß zum nächsten Militärflughafen. Können Sie mich mitnehmen?«
Der Leutnant überlegte: »Schon möglich. Im Augenblick scheint das Wetter gut zu sein, aber es ist trügerisch hier in Korea und kann sich schnell ändern. Wenn Sie es riskieren wollen, sind Sie an Bord willkommen. Ich fliege nach Pusan zurück.«
Van Holden blickte nach oben. Wie fast immer, war der Himmel von einer dichten, gleichmäßig grauen Dunstschicht bedeckt.

»Ich komme mit. Wann fliegen wir?«
»Jetzt gleich.«
Van Holden stutzte. Hatte der Mann denn hier nichts zu tun? Es kam ihm auf einmal vor, als habe der Leutnant gewußt, daß er hier unten wartete, und sei nur gekommen, um ihn abzuholen.
Der Leutnant schien seine Gedanken zu erraten. »Das war nur eine Landeübung«, erklärte er lächelnd. »Es geht gleich weiter.«
Van Holden kletterte den einen Flügel hoch und ließ seinen Kleidersack durch die Klapptür fallen. Das bereitete ihm wegen der verbundenen rechten Hand etwas Mühe. Dann glitt er in den Rumpf der Maschine hinein und setzte sich ganz nach hinten in die leere MG-Kanzel des Heckschützen, wo er mit seinen langen Beinen noch am ehesten Platz fand.
»Normalerweise gehören drei Mann zur Besatzung der Maschine«, sagte der Leutnant, der nach ihm eingestiegen war. »Aber ich fliege immer allein – vielleicht will niemand mit mir fliegen«, sagte er halb scherzend, halb nachdenklich.
Sie schnallten sich an.
»Das ist ein alter Torpedobomber. Dieser Typ wurde schon 1941 in den Seeschlachten von Midway, in der Coral Sea und bei den Solomon-Inseln eingesetzt«, rief der junge Mann van Holden zu. »Das Ding fliegt noch immer und macht einen Riesenkrach, besonders beim Starten, wenn der Motor achtzehnhundert PS entwickelt. Also erschrecken Sie nicht. Die Höchstgeschwindigkeit der Kiste ist vierhundertzweiunddreißig kmh – wir werden mit ungefähr dreihundertfünfzig kmh Reisegeschwindigkeit dahinsegeln.«
Van Holden konnte das Gefühl nicht loswerden, daß hier etwas nicht stimmte. Warum redete der Leutnant so viel? Es kam ihm vor, als wollte der Pilot ihn über irgend etwas hinwegtäuschen. Aber der Major verscheuchte seine unbegründeten Ahnungen –

vorerst hatte er ein anderes Problem: Heckschützen müssen kleine Männer sein, dachte er, als er seine Beine unterzubringen suchte. Er hatte die Knie bis unters Kinn hochgezogen, die Arme darumgeschlungen, und den Kleidersack hatte er als Puffer vor sich hingelegt – für alle Fälle. Der Leutnant startete. Er hatte nicht übertrieben. Die Maschine zitterte, als ob sie auseinanderfallen wollte, und als der Pilot Vollgas gab, schleuderte das Heck von links nach rechts. Aber der Start ging glatt. Der Pilot drosselte den Motor auf Reisegeschwindigkeit, und van Holden atmete auf. Aber er blieb angeschnallt. Es war böig.
Der Pilot stieg nur wenige hundert Meter hoch und flog dann geradeaus ein Tal entlang nach Süden in Richtung Pusan. Aus dem Dunst war eine dichte Wolkendecke geworden, die auf die Bergkämme herunterhing und sie zum Teil einhüllte. Der Leutnant hielt die Maschine unter den Wolken und flog weiter geradeaus. Warum steigt er nicht und stößt durch die Wolkendecke durch? fragte sich van Holden, als das Ende des Tals bedrohlich näher kam. Er hat doch Blindfluginstrumente, also braucht er keine Angst zu haben, daß er nicht wieder herunterkommt.
Da war das Tal auch schon zu Ende. Der Pilot riß plötzlich die Maschine in eine steile Linksquerlage. Er stieß den Gashebel nach vorne, brachte den schwer arbeitenden Motor auf Höchstleistung und stellte den linken Flügel senkrecht nach unten. Van Holden konnte durch das dicke Plexiglas der MG-Kanzel den Berghang zum Greifen nahe vorbeirasen sehen.
Die Wendung um hundertachtzig Grad war gelungen. Sie flogen wieder geradeaus, nur ging der Flug in die falsche Richtung – zurück nach Norden.
Van Holden atmete tief durch, als der Pilot nach einigen Minuten in ein Paralleltal abdrehte. Wahrscheinlich suchte er dort einen Durchschlupf. Aber nicht viel später wiederholte sich das erschreckende Manöver. Wieder riß der Leutnant die Maschine

in die steile Querlage, wieder entging er nur knapp dem Aufprall auf dem Berghang. Van Holden verfluchte K-9 und seinen Leichtsinn. Nach all den Kämpfen und Gefahren mußte er ausgerechnet zu einem Flugschüler in die Maschine steigen!
Dieses Mal wählte der Pilot ein mehr nach Westen führendes Tal. Und wieder schien das Ende des Tales in den Wolken zu verschwinden. Van Holden hatte sich losgeschnallt und stand nun hinter dem Leutnant. Er sah, daß dessen Hemd völlig durchgeschwitzt war – er schien am Ende seiner Nervenkraft.
»Jetzt werde ich Ihnen was sagen«, schrie ihm van Holden ins Ohr. Er selber hatte den Pilotenschein für Sportmaschinen und war mit Schlechtwettersituationen durchaus vertraut. »Jetzt wird nicht mehr umgekehrt. Das ist ja heller Wahnsinn! Oder sind Sie lebensmüde? Wir fliegen jetzt in Richtung Seoul und Inchon, also in Richtung Gelbes Meer. Über dem Meer gibt es keine Berge. Wenn wir keine Lücke in den Wolken finden, dann fliegen wir einfach eine Strecke aufs Meer hinaus – ob wir was sehen können oder nicht –, gehen dann über der flachen See herunter und fliegen mit Bodensicht den Flughafen von Seoul an. Aber geben Sie schon jetzt den Leuten dort Bescheid, sonst werden wir noch abgeschossen.«
Der Leutnant nickte und flog weiter. Die erhoffte Lücke in der Wolkendecke blieb aus. Auf van Holdens Rat stieg er durch die Wolken auf zweitausend Meter – damit hatte die Maschine auf jeden Fall eine Flughöhe, bei der ihr kein Berg in dieser Gegend gefährlich werden konnte. Van Holden wußte, daß die Hauptstadt Seoul an der schmalsten Stelle der koreanischen Halbinsel liegt, die dort etwa zweihundert Kilometer breit ist. K-9 lag nordöstlich von Seoul, ungefähr in der Mitte der Halbinsel. Bei einer Geschwindigkeit von dreihundertfünfzig Stundenkilometern müßten sie die hundert Kilometer bis zum Meer in weniger als zwanzig Minuten glatt zurückgelegt haben. Um sicher zu sein, würden sie erst nach zwanzig Minuten Flug in westli-

cher Richtung hinuntergehen.
Seoul meldete sich auf den Ruf des Piloten: »Verstanden. Wir haben Sie auf unserem Bildschirm. In vierzehn Minuten sind Sie über der See. Dann wenden Sie um zweihundertfünfundvierzig Grad und gehen auf vierhundert Meter herunter. Sie werden Inchon sehen können. Landen Sie auf Fox-Piste. Sie wird beleuchtet sein. *Over.*«
»Roger und vielen Dank«, antwortete der Leutnant.
Van Holden empfand Mitleid mit dem Burschen. Es gehörte Schneid dazu, diese alte Maschine zu fliegen. Aber wie konnte die Marine ihm bei seiner mangelhaften Erfahrung überhaupt Starterlaubnis geben? Wahrscheinlich hatte er groß angegeben und geblufft.
Die Maschine schlug bei der Landung zweimal hart auf, aber glücklicherweise mit beiden Rädern zugleich. Als sie aus der Maschine kletterten, war der Pilot in Schweiß gebadet. Mit zitternden Händen zündete er sich eine Zigarette an und blickte unsicher van Holden an.
»Werden Sie mich melden, Major?«
Van Holden antwortete nicht. Er wußte zu wenig von dem jungen Mann, als daß er ein Urteil über ihn hätte abgeben können. Erst auf dem Weg zum Flugeinsatzkommando sagte er:
»Danke, Leutnant, für den spannenden Flug. Eine Zeitlang hatte ich gewisse Zweifel über den Ausgang.«
Ein wenig verlegen gab der Pilot zur Antwort:
»Wissen Sie, Major, ich bin Reserveoffizier und noch nicht im Blindflug ausgebildet. Die meisten Instrumente sind für mich vorderhand ein Rätsel. Solange das Wetter gut ist und ich unsere liebe Erde sehen kann – okay. Aber wenn es zuzieht – na, Sie wissen es jetzt ja. Ich hätte Sie gar nicht mitnehmen dürfen. Nach diesem Flug sollte ich eigentlich die Fliegerei aufgeben. Aber ich werde es nicht tun. Im Gegenteil, ich werde mich für den ›Skyraider‹ melden, für den neuen Einsitzer-Torpedobom-

ber. Es heißt, er sei nur für den Geradeausflug gebaut.«
Die Männer trennten sich lachend – sie waren erleichtert und entspannt. Als van Holden seinen Marschbefehl beim Flugeinsatzkommando vorzeigte, wurde ihm unverzüglich ein Platz in einer Maschine nach Tokio zugewiesen. Von Tokio flog er über Anchorage nach Seattle im Staate Washington und von dort über Chicago nach Washington, D.C.
Von Chicago aus rief er das Personal-Stammamt für Panzeroffiziere im Pentagon an, um seine Ankunft anzukündigen. Ein Fahrer erwartete ihn auf der Andrews Airforce Base in Washington und fuhr ihn zum Apartmenthaus unweit des Pentagons, das durchreisenden Offizieren zur Verfügung stand. Halbtot vor Müdigkeit nach dem über dreißigstündigen Flug duschte van Holden nur noch schnell und ging dann sofort zu Bett. Er schlief zwanzig Stunden durch. Niemand weckte ihn. Das Pentagon hatte – wenn auch nur selten – Momente des Feingefühls.

6. Kapitel

Peking

Zur selben Zeit, als Major van Holden irgendwo zwischen Korea und Washington, D.C., in der Luft schwebte, traf Oberst Yen Fei wieder in Peking ein. Am Tag nach seiner Rückkehr fanden sich dieselben Männer, die ihn zwölf Tage zuvor nach Korea entsandt hatten, im Haus Nr. 7 der San-Li-Tung-Straße, einem Büro des chinesischen Geheimdienstes, zu einer Besprechung ein.
General Chang Chi-chung führte wiederum den Vorsitz. Obwohl er üblicherweise nicht so eng mit dem Geheimdienst zusammenarbeitete, hatte er als Leiter der Abteilung für Forschung im obersten Militärgremium Chinas besonderes Interesse an der neuen amerikanischen Panzerabwehrwaffe. Ohne Umschweife forderte er den Oberst auf, über seine Reise Bericht zu erstatten. Yen Fei faßte die Ereignisse zusammen, angefangen bei dem Großangriff gemäß dem vierten Grundprinzip der VBA, mit sechsfacher Überlegenheit anzugreifen, der aber an den US-Panzern gescheitert war, bis zu dem mißlungenen Versuch der Spezialeinheit, den Kommandeur des amerikanischen Panzerbataillons gefangenzunehmen.
Er begründete vor den versammelten Männern seinen Entschluß, nicht an der von Lin Piao angeordneten Umgehungsoperation teilgenommen zu haben: Die Raketenpanzer, deren Eroberung zum Hauptziel der Aktion geworden war, seien inzwischen abgezogen worden. Auch habe er ermitteln können, daß der Kommandeur, ein Major van Holden, abberufen wor-

den sei. Um jedoch nicht mit leeren Händen zurückzukehren, habe er seinen Vorgesetzten eine Fotoserie mitgebracht. Yen Fei reichte die Fotografien herum.
»Der T 34, den ich als ›Zielscheibe‹ angefordert habe, um die Amerikaner zum Abfeuern ihrer Rakete zu provozieren, konnte nicht mehr schießen. Der Verschluß seiner 85-mm-Bordkanone war kaputt, ein Ersatzteil nicht zu beschaffen. Aber er wäre auch sonst nicht einsatzfähig gewesen, der Drehkranzring hatte sich festgeklemmt. Doch konnte er noch fahren. Die Resultate sind auf den Bildern hier festgehalten: Auf Bild eins wird die Rakete gezündet; auf Bild zwei, drei und vier ist sie deutlich im Flug zu erkennen – wir konnten ihre Geschwindigkeit errechnen, da wir den Flug mit der Stoppuhr gemessen haben und die Entfernung zwischen Abschußstelle und Ziel kannten. Ihre Geschwindigkeit beträgt etwa hundertzehn Meter pro Sekunde oder vierhundert Kilometer in der Stunde. Auf Bild fünf ist der Aufprall zu sehen und auf Bild sechs und sieben das verheerende Resultat des Aufpralls. Genossen Generäle – ich meine, die Bilder sprechen für sich selbst. Wer diese Waffe besitzt, kann einen wegen seiner Panzer überlegenen Feind zum Stehen bringen.«
Oberst Yen Fei hatte stehend berichtet. Nun setzte er sich. Die Generäle mußten jetzt entscheiden, wie es weitergehen sollte. General Chang nahm seine Brille ab und wandte sich an ihn:
»Sie haben tapfer und vernünftig gehandelt, Oberst Yen Fei, und getreu den Prinzipien der Volksbefreiungsarmee. Vor allem das sechste Gebot: ›Fürchte keine Opfer‹ haben Sie befolgt. Sie haben alles unternommen, was möglich war, und die Bilder, die Sie uns mitgebracht haben, bestätigen die Richtigkeit der Schritte, die wir zu unternehmen gedenken. Wir haben die amerikanische Rakete nicht im Kampf erbeuten und den Kommandanten nicht gefangennehmen können, also müssen wir anders vorgehen.«

General Chang setzte seine Brille wieder auf. Hinter den dikken Gläsern wirkten die Augenschlitze noch schmaler. »Wie Sie sich erinnern werden, haben wir uns vorgenommen, mehrere Wege gleichzeitig einzuschlagen, um in den Besitz dieser Waffe zu kommen. Der erste ist, wie ich sagte, mißlungen. Auf einem zweiten Weg versuchen wir in den USA zum Erfolg zu gelangen. Ich glaube jedoch, hier ist nicht der rechte Ort, darüber zu sprechen. Es gibt aber noch einen dritten Weg. Da es sich um ein für die chinesische Armee höchst wichtiges Thema handelt, dürfte es auch Oberst Yen Fei interessieren.«
»Als das ›Reich der Mitte‹ – wie man China im Westen nennt«, fuhr der General fort, »ist unser Land recht abseits gelegen. Schon seit einiger Zeit haben Generäle im Militärrat der Volksrevolution bemängelt, daß wir unsere europäischen Interessen vernachlässigten, und gefordert, wir sollten unsere Präsenz dort augenfälliger machen. Einerseits sind wir – und werden es täglich mehr – ein Machtfaktor im Kräftespiel internationaler Politik. Andererseits haben wir so gut wie nichts unternommen, uns mit den sogenannten Westmächten über Waffenkäufe, militärische Ausbilder oder über Auf- und Ausbau unserer eigenen Rüstungsindustrie zu verständigen. Der Krieg in Korea geht seinem Ende entgegen, und die Stimmung zwischen uns und den Westmächten wird sich verbessern. Wir haben den Amerikanern deutlich zu verstehen gegeben, daß wir sie nicht an unserer Grenze dulden. Jetzt ist ein Umdenken über unsere weltweiten Beziehungen erforderlich. Nicht nur bei uns – auch unsere gegenwärtigen Feinde werden unser Milliardenvolk in ihre Kalkulationen einbeziehen müssen. Wir haben heute das Glück, Ken Biao in unserer Mitte zu sehen. Er ist, wie Sie wissen, der Leiter der Zentralstelle für Auslandskontakte unseres Geheimdienstes. Ich werde ihn jetzt um seinen Rat bitten. Genosse Ken Biao, bitte.«
Der Mann, den General Chang um das Wort bat, stand nicht

auf. Unter den schweren Lidern glitzerten zwei Augen mit hartem, metallischem Glanz. Sein Eierkopf war völlig kahl, und wenn er sprach, hing die Unterlippe herab. Ken Biao war der führende Kopf im militärischen Geheimdienst und hatte großen Einfluß auf alle Nachrichtendienste der Volksrepublik China. Seine Selbstsicherheit grenzte an Arroganz.
Er begann: »Unser Geheimdienst ist zweitausendfünfhundert Jahre alt. Was ich Ihnen zu sagen habe, beruht auf jahrelanger Erfahrung – und daran ist nicht zu rütteln. Im Gegensatz zu den Russen, die große Summen ausgeben, um ihre Agenten in Regierungsstellen des Auslandes einzuschleusen oder um ausländische Beamte zu bestechen oder zu erpressen, gehen wir einen ruhigeren und geduldigeren Weg, um an unser Ziel zu kommen. Wir beobachten, wir sammeln Lehrbücher, Broschüren, Flugblätter und wissenschaftliche Abhandlungen. Wir werten sie aus und ziehen unsere Schlußfolgerungen. Mit dieser Methode haben wir keine schlechten Ergebnisse erzielt: Wir haben weniger Agenten in der Auseinandersetzung mit feindlichen Abwehrorganisationen verloren als irgendein anderer Geheimdienst. Andererseits haben wir in den letzten Jahren allein dreimal die Identität von Leitern des Britischen Geheimdienstes aufgedeckt – zweimal von D 16 und einmal den Leiter von M 15, der britischen Spionageabwehrorganisation. Wir brechen keine Gesetze, auch nicht im Ausland. Aber wo immer wir auf diplomatischem Weg Fuß fassen, da errichten wir auch ein geheimdienstliches Netz in Handelsgesellschaften, Nachrichtenagenturen und kulturellen Vereinigungen. Wir haben auch schon über das Rote Kreuz mit Erfolg – ohne Wissen desselben – gearbeitet, und eine unserer besten Informationsquellen ist und bleibt die NCNA, die ›New China News Agency‹. Im Gegensatz zu den Russen beauftragen wir unser Gesandtschaftspersonal nur sehr selten, und wenn, dann nur sehr vorsichtig mit Geheimdienstangelegenheiten; wir wollen unseren

diplomatischen Dienst nicht unnötigen und schädlichen Angriffen aussetzen. Mit einem Wort, unsere Aktivitäten sind nicht aggressiv, und so fallen wir auch nicht unangenehm auf. Wir haben während Ihrer Abwesenheit, Oberst Yen Fei, aus Paris die Ankündigung erhalten, daß das Pentagon den für die Panzerabwehrrakete zuständigen Projektoffizier nach Paris entsenden wird, damit er Vertretern der NATO-Staaten aus erster Hand Bericht erstattet. Die NATO-Staaten werden sich gewiß freuen, wenn sie von den Amerikanern die Rakete ins Haus geliefert bekommen und ihre kostspieligen eigenen Anstrengungen auf diesem Gebiet einstellen können. Wir sind leider nicht zu diesem Vortrag eingeladen, müssen aber trotzdem versuchen, auf schnellstem Weg mit dem Mann ins ...«, Ken Biao räusperte sich, »ins Gespräch zu kommen, der das technische und taktische Wissen besitzt – auf keinen Fall jedoch auf dem Spionageweg. Das liegt uns nicht. Wenn wir den Mann haben, ist das mehr wert als alle Reißbrettzeichnungen und Entwürfe, die wir mit einer riskanten Spionageaktion in unseren Besitz bringen könnten.«
»Wir danken Ihnen für Ihren weisen Rat, Ken Biao«, sagte Chang. »Wir verstehen, in welcher Art und Weise Sie wünschen, daß wir vorgehen.« Er wandte sich an die anderen im Raum: »Ich halte es für an der Zeit, eine inoffizielle Militärdelegation nach Europa zu entsenden – und zwar in die Schweiz, mit der wir schon seit 1950 in diplomatischen Beziehungen stehen. Man scheint dort nichts dagegen zu haben, wenn wir uns auf schweizerischem Boden etablieren. Von dort, insbesondere von der Stadt Genf aus, wäre es ein leichtes, mit Vertretern der NATO-Staaten im Pariser Hauptquartier Kontakt aufzunehmen.«
General Fu Chung nickte zustimmend: »Auch ich denke, daß jetzt ein Besuch chinesischer Offiziere in Europa – nach unserem guten militärischen Abschneiden in Korea – angebracht

wäre. Das scheint auch die Meinung im Militärrevolutionsrat zu sein, wie mir General Chang mitteilte.«
»Richtig«, stimmte General Chang bei. »Es ist Zeit, daß wir uns in Europa zeigen. Das gilt übrigens nicht nur für die NATO-Staaten und Westeuropa. Auch im sozialistischen Europa sollten wir Fuß fassen. Wie Sie wissen, wird die KPdSU längst nicht mehr überall in der sozialistischen Welt als führende Partei der internationalen Arbeiterklasse anerkannt. Unter der weisen Führung des Vorsitzenden Mao Tse-tung hat die Arbeiterpartei der chinesischen Volksrepublik als erste ihre warnende Stimme gegen die Methoden der KPdSU erhoben. Andere kommunistische Parteien hören auf diese Stimme.
Ich denke jetzt vor allem an Albanien, das vor dem Abbruch seiner Beziehungen zur Sowjetunion steht. Albanien war zwar das letzte osteuropäische Land, das 1949 die Volksrepublik China anerkannt hat, und noch haben wir keine diplomatischen Vertretungen ausgetauscht. Aber es scheint ziemlich sicher, daß Albanien Chruschtschows Versuchen, die Wirtschaft aller Balkanländer unter sowjetischen Einfluß zu bringen, mißtrauisch gegenübersteht. Und überhaupt, die Albaner sind – wie so viele – der Russen müde. Sie sind auf der Suche nach neuen Freunden. Warum sollten nicht wir diese Freunde sein?«
General Ken Biao schaltete sich wieder ein: »Albanien könnte für uns nicht nur ein wichtiges Sprungbrett nach Osteuropa sein, auch zu den Mittelmeerländern und besonders nach Nordafrika. Im übrigen ist Albanien der sechstgrößte Chromexporteur der Welt. Wie Sie sicherlich wissen, wird Chrom für hochwertige Legierungen verwendet und außerdem bei der Herstellung von Nuklearwaffen benötigt.«
»Außerdem wäre Albanien für uns ein idealer Horchposten«, fügte General Fu Chung hinzu.« Unser Nachrichtendienst könnte von dort aus mit Radioabhöranlagen wertvolle Informationen sammeln. Wir könnten dort nicht nur Empfangs-,

sondern auch Sendestationen für Propagandazwecke installieren.«
Als niemand mehr etwas sagen zu wollen schien, faßte General Chang zusammen: »Wir alle halten den Zeitpunkt für richtig, eine Militärdelegation nach Europa zu entsenden, die dort drei Aufgaben hat: Erstens – dem Mann nachzuspüren, der der NATO in den nächsten Tagen über die Panzerabwehrrakete Bericht erstatten wird. Zweitens wollen wir Kontakt zur NATO aufnehmen, um zu erkunden, ob man bereit ist, uns Waffen in Kompensationsgeschäften zu liefern oder uns beim Aufbau unserer Rüstungsindustrie zu unterstützen. Drittens wollen wir in Albanien, das uns freundlich gesinnt ist, unsere Präsenz deutlich machen. Nun mein Vorschlag: Oberst Yen Fei spricht Fremdsprachen und kennt sich in mehreren Sachbereichen aus. Er ist für eine delikate Aufgabe wie diese geeignet und besitzt zudem den nötigen Mut und die Entschlossenheit, sein Ziel nicht aus dem Auge zu lassen. Ich schlage vor, daß Oberst Yen Fei zum Leiter einer inoffiziellen Militärdelegation ernannt und nach Europa entsandt wird. Wer dagegen ist, möge seine Hand heben.«
Als niemand die Hand hob, fuhr General Chang fort: »Oberst Yen Fei, wie viele Offiziere, Sekretäre und Helfer brauchen Sie?«
Yen Fei ließ sich Zeit mit der Antwort. Dann begann er zu sprechen, und was er sagte, war von tiefer Überzeugung getragen: »Verehrte Generäle, liebe Freunde! Die Delegation sollte so unauffällig wie möglich auftreten. Deshalb möchte ich, daß mir nur ein Offizier zugeteilt wird. Er sollte mir nicht nur behilflich sein, sondern auch meinen Platz einnehmen können, falls mir etwas zustoßen sollte. Er muß ebenfalls sprachenkundig sein und sich im Ausland sicher bewegen können. Ich kenne so einen Offizier. Es ist Hauptmann Teng Hua. Er war einer meiner Schüler in der Zeit, als ich noch in der Nordost-Militärpoli-

tischen Akademie von Charbin unterrichtet habe. Er fiel mir damals auf – nicht nur als ein heller Kopf, sondern auch wegen seiner Beharrlichkeit. Wir brauchen keine Sekretäre und Helfer, wir können uns selber helfen.«

General Chang beriet sich eine Weile mit den anderen Generälen, dann sagte er:

»Gut, Oberst Yen Fei. Nehmen Sie Hauptmann Teng Hua mit auf Ihre Mission. Die drei Ziele, die Sie zu verfolgen haben, kennen Sie. Halten Sie uns über Erfolg und Mißerfolg auf dem laufenden. Und beachten Sie immer die Worte des Generals Ken Biao: keine Gewaltanwendung. Der Telegrafenschlüssel sowie eine Liste mit den von uns benötigten Waffen werden Ihnen morgen ausgehändigt. Haben Sie noch Fragen, Oberst Yen Fei? Oder Sie, Genossen?«

Niemand meldete sich. Die Sitzung war beendet.

7. Kapitel

Pentagon

Das Frühstück, das Major van Holden am Morgen nach seiner Ankunft in Washington verzehrte, war so reichhaltig, wie es sich ein Mann nur wünschen kann, der drei Mahlzeiten verschlafen hat: eine Schüssel Kadota-Feigen, Orangensaft, zwei Pfannkuchen mit Butter, zwei Spiegeleier, einmal kurz gewendet, vier kleine Schweinswürstchen, knusprig gebraten, sowie Toast mit Butter und Marmelade und eine Riesenkanne Kaffee. Um 10 Uhr 30 wurde er abgeholt. Der Captain erklärte ihm, daß sie um 10 Uhr 45 im Pentagon sein sollten, denn um Punkt 11 Uhr habe sich van Holden beim Direktor des Vereinigten Stabes zu melden: »Sie dürfen keine Minute zu spät kommen«, erklärte der junge Mann mit etwas übertriebenem Eifer. »Es könnte sonst sein, daß der Direktor den Termin absagt. Und noch etwas möchte ich Ihnen sagen, Sir, wenn Sie nichts dagegen haben.« Van Holden antwortete nicht, darum fuhr der Offizier fort: »Der Direktor legt Wert auf eine korrekte militärische Haltung. Möglicherweise sind seine Eigenarten übertrieben und in einer Dienststelle wie der unsrigen, wo alle sehr eng zusammenarbeiten, nicht ohne weiteres zu verstehen. Aber vielleicht besteht der Direktor gerade darum so nachdrücklich auf militärischen Umgangsformen. Er muß mehrere hundert hochrangige Offiziere im Zaum halten. Sind Sie bereit, Major?«

Van Holden hatte seine Sommeruniform aus Gabardine angezogen – komplett mit den fünf Reihen Ordensspangen, darunter fünfzehn Tapferkeitsauszeichnungen – und die grüne Mütze mit dem Eichenlaub des Stabsoffiziers auf dem Schirm. Sie stiegen in die dunkle Limousine mit der Aufschrift ›Pentagon Nr. 59‹ und fuhren die kurze Strecke zum River Entrance des Pentagons – der Auffahrt am Potomac-Fluß, die von besonders wichtigen Besuchern und Ehrengästen benutzt wird. Auf den Fluß zurückblickend mußte van Holden unwillkürlich an die Pioniere denken, die vor zweihundert Jahren dem Lauf des Flusses westwärts gefolgt waren, um ins Innere des Landes vorzudringen, und die nicht gewußt hatten, was sie erwartete. Er wußte es genausowenig.

Die beiden Offiziere gingen den breiten Treppenaufgang hoch und betraten die Eingangshalle im Erdgeschoß. Wie eine Barriere stand ihnen ein riesiger Schreibtisch im Weg. Die Dame, die dahinter saß, die Empfangsdame des Vereinigten Generalstabes, nickte ihnen freundlich zu. *»Good morning, Jerry«*, begrüßte sie den Captain. *»I know you know where you are going. Have a nice day.«*

Die beiden Offiziere lächelten ihr zu, gingen um den Schreibtisch herum und nach ein paar Schritten den Gang rechts hinunter zu den Räumen des Vereinigten Stabes. Wachtposten in Zivil baten van Holden höflich, sich auszuweisen. Dann mußte er sich in ein Buch eintragen. Hierauf führten sie ihn in das Vorzimmer des Direktors, in dem zwei Sekretärinnen und ein Captain, der Ordonnanzoffizier des Direktors, saßen. Es war 10 Uhr 55. Der Captain bot van Holden einen Stuhl an und bemerkte, daß er ihn um genau 11 Uhr beim General anmelden werde.

Punkt 11 Uhr stand Major van Holden vor dem Schreibtisch des Direktors stramm. Er machte vorschriftsmäßig Meldung: »Sir, Major van Holden meldet sich wie befohlen beim Direktor des Vereinigten Stabes.«

Der General schob eine Akte auf die Seite und erwiderte den

militärischen Gruß mit einem Nicken. Dann betrachtete er van Holden langsam von oben bis unten, ohne etwas zu sagen. Das ist keine Begrüßung, das ist ja eine Inspektion! dachte van Holden. Aber plötzlich änderte sich die Atmosphäre. Der General stand auf und befahl: »Rühren, Major!« Dann ging er um den Schreibtisch herum, faßte van Holden unterm Arm und führte ihn in eine Ecke des getäfelten Raumes. »Setzen wir uns hierher«, sagte er verbindlich. »Wir wollen einige Minuten in Ruhe miteinander reden. Wissen Sie, warum Sie hier sind?«
»Ich glaube schon, Sir. Es geht um die Arrow-Rakete.«
Der General überlegte kurz: Van Holden konnte ja noch gar nicht wissen, was seine wirkliche Aufgabe war – er hatte noch keine Gelegenheit gehabt, mit irgend jemandem in Washington zu sprechen.
»Sie kommen direkt von der Front, Major. Ich habe von Ihrem persönlichen Erfolg gehört und auch von den Leistungen Ihres Bataillons. Zu all dem kann ich Ihnen nur gratulieren. Was haben Sie da übrigens an der rechten Hand?«
»Nur ein Kratzer, Sir. Das Pflaster kann bald runter.«
»So, so. Na, wie gefällt Ihnen diese plötzliche Veränderung?«
»Eigentlich wäre ich gerne bis zum Ablauf meines Dienstjahres in Korea bei meinen Männern geblieben, General. Es ist eine hervorragende Einheit – eine bessere kann es nicht geben.«
»Was halten Sie von der chinesischen Armee? Ist sie so überwältigend, wie man hört?«
»Ich glaube, die Chinesen sind nur durch ihre Anzahl überwältigend und wegen ihrer Todesverachtung. Aber sie sind schlecht ausgebildet und für unsere Begriffe schlecht ausgerüstet.«
Der General nickte. »Was ich Ihnen jetzt zu sagen habe, wird Sie überraschen. Sie werden nach Europa geschickt, und zwar nach Paris zur NATO. Dort melden Sie sich beim SACEUR, bei General Ridgway persönlich. Sie werden zwei Aufgaben

haben, von denen die, welche die Arrow-Rakete betrifft, die unbedeutendere ist. Ihre Hauptaufgabe wird sein, als Mitglied einer französischen Verkaufsgruppe französische Panzer an Italien zu verkaufen. Was die Panzerabwehrrakete angeht, so haben die NATO-Staaten – vom SACEUR unterstützt – offiziell bei uns darum nachgesucht, daß wir ihnen diese Waffe spätestens zum Zeitpunkt der Lieferung an unsere eigenen Truppen zur Verfügung stellen. Als erstes aber wünschen sie, daß der Projektoffizier ihnen über die Waffe ausführlichst Bericht erstattet. Wir haben eine Anzahl Offiziere in unserer Abteilung für Forschung und Entwicklung, die für beide Aufgaben – die Panzer- wie die Raketenangelegenheit – ebenso qualifiziert wären wie Sie. Aber Sie sind nun mal der Projektoffizier der Arrow-Rakete seit Beginn ihrer Entwicklung und der einzige, der sie an der Front erproben konnte, und das wissen unsere Verbündeten. Deshalb haben wir Sie aus Korea geholt und dazu bestimmt, diese Arbeit zu übernehmen. Sie werden in ein Wespennest stechen, Van« – der General nannte van Holden, wie viele andere vor ihm, einfach ›Van‹ – »und sich sehr diplomatisch verhalten müssen. Diese Aufgabe ist genau das Gegenteil von dem, was Sie gerade hinter sich haben. Wir werden Sie eine Woche lang hierbehalten und Sie gründlich in Ihren neuen Arbeitsbereich einweisen. Das wär's für jetzt. Vor Ihrer Abreise werde ich nochmals mit Ihnen sprechen. Dann können Sie auch Fragen stellen. Also bis dann.«
Der General erhob sich und betrachtete van Holden wohlwollend. Der Frontoffizier schien einen guten Eindruck auf ihn gemacht zu haben. Dann rief er nach seinem Ordonnanzoffizier und sagte: »Captain, führen Sie Major van Holden zum Leiter des Ausschusses für Forschung und Entwicklung. *Good day, Major van Holden.*«
Und während van Holden noch über dieses ziemlich einseitige Gespräch mit dem Direktor nachdachte, war er auch schon im

nächsten Büro, im Büro des Brigadegenerals John J. Cobb. Cobb hatte van Holden erwartet und den Leiter der Verbindungsstelle zwischen dem Pentagon und der US-Industrie zu sich gebeten. Der Ordonnanzoffizier des Direktors stellte van Holden den beiden Generälen vor und zog sich daraufhin zurück. Beide Offiziere waren in Zivil. General Cobb, der glaubte, van Holdens überraschte Miene richtig zu deuten, sagte lächelnd: »Im Vereinigten Stab sind wir trotz unterschiedlicher Ränge mehr oder weniger alle gleich. Dazu kommt, daß wir aus allen Teilstreitkräften stammen, und so haben wir die Erlaubnis, während unserer Arbeit Zivil zu tragen. Aber setzen Sie sich, Major. Wir haben viel zu besprechen. General Riley hier wird Ihnen als Leiter unserer Verbindungsstelle zur Industrie die Grundrisse Ihrer Aufgabe in Europa erklären. Im Laufe der kommenden Woche werden wir Sie in unseren Abteilungen über die Einzelheiten unterrichten lassen. Den letzten Tag Ihres Besuches in Washington werden wir wieder zusammen verbringen, um möglicherweise aufgetauchte Fragen zu beantworten. Ich habe diesen Plan für Sie ausarbeiten lassen.« Er reichte van Holden ein Blatt Papier mit einem Wochenplan in graphischer Darstellung. »Daraus können Sie ersehen, wann, wo und mit wem Sie sprechen werden und über welche Themen. Ich möchte Ihnen heute Ihre beiden Aufgaben nur in großen Zügen darstellen, damit Sie Ihr Programm nicht unvorbereitet beginnen. Ich nehme an, der Direktor hat Ihnen bereits einiges gesagt. Nun, erstens – die Arrow-Rakete. In dieser Mappe hier haben wir alles gesammelt, was bislang über die Rakete geschrieben wurde: die Entwürfe und Berichte der Aerodevelopment Corporation, Ihre eigenen Berichte und die der Panzer-, der Artillerie- und der Raketenschule. Ihre letzten Erkenntnisse aus Korea werden Dr. Feldner und Captain O'Leary Ihnen nach Paris nachschicken. Sie kennen die beiden Herren gut, Sie haben ja monatelang mit ihnen zusammengearbei-

tet. Beide sind ebenfalls hierherbestellt worden. Sie werden heute noch eintreffen und voraussichtlich zwei Tage bleiben. Nutzen Sie diese zwei Tage, um mit den beiden alles zu besprechen, was Sie für Ihren geplanten Vortrag in Paris wissen müssen. Dr. Feldner und Captain O'Leary werden von hier nach Camp Irwin in Südkalifornien geschickt. Das Gelände in der Mojave-Wüste ist für diese letzten Tests der Arrow-Rakete besonders geeignet. Sicherlich würden auch Sie gern dabeisein, aber die Zeit reicht dafür nicht – Sie müssen so schnell wie möglich nach Europa. Mehr brauche ich Ihnen über die Arrow-Rakete nicht zu sagen – Sie wissen mehr darüber als ich. Nur das eine müssen Sie sich schon jetzt hinter die Ohren schreiben: Die Rakete ist für Sie nur Mittel zum Zweck. Ihre Kenntnisse über sie sollen dazu dienen, sich bei den NATO-Offizieren – die schließlich Sie persönlich angefordert haben – wirkungsvoll einzuführen. Wir hoffen, daß Ihnen dadurch der Weg geebnet wird für Ihre zweite und wichtigere Aufgabe. Um was es da geht, wird Ihnen General Riley jetzt erklären. Bill, würden Sie bitte übernehmen.«
Brigadegeneral William J. Riley war der richtige Typ, um mit Industriebossen und Starverkäufern zu verhandeln und ihnen die Bedeutung eines Milliardenauftrages des Pentagons mit Nachdruck vor Augen zu führen. Natürlich hatten die Teilstreitkräfte der Vereinigten Staaten ihre eigenen Beschaffungsämter im Pentagon. Aber Bill Riley vom Vereinigten Stab war immer dabei, wenn es hart auf hart ging. Er wirkte mehr wie ein Engländer als ein Amerikaner – mit seinem vollen Schnurrbart, dem tadellos gekämmten Haar und der überkorrekten Kleidung. Natürlich sog er an einer Dunhill-Pfeife und rauchte Mixture-79-Tabak, wie van Holden feststellte. Nur das Monokel fehlte. Aber der Vierzigjährige war ein unnachgiebiger Verhandlungspartner und für seine Stellung hervorragend ausgebildet: Westpoint, Mathematikstudium in Princeton, Busi-

ness Administration in Harvard. Er konnte rechnen wie ein Computer und handeln wie ein Levantiner.
»Major, ich will Ihnen alles so leichtverständlich wie möglich erklären«, begann er. »Obwohl Güterverkehr und Dienstleistungen ein Plus von einer halben Milliarde Dollar aufweisen, hat die Zahlungsbilanz der Vereinigten Staaten in diesem Verrechnungsjahr ein Defizit von eins Komma neun Milliarden Dollar.«
Bill Riley legte van Holden dar, daß die USA daher am Verkauf von Rüstungsgütern ins Ausland ein nationales Interesse hätten. Er erklärte ihm, daß der Verkauf von Waffen, bei dem er mitwirken sollte, ein 200-Millionen-Dollar-Waffengeschäft im Zusammenhang mit der allgemeinen Aufrüstung der NATO darstelle. Es sei der erste Vertrag dieser Art, und er solle mit Italien abgeschlossen werden. »Es wird Ihre Aufgabe sein, als Mitglied eines französischen Verkaufsteams dessen AMX-Panzer als die Hauptkampfpanzerserie der NATO den Italienern anzupreisen. AMX ist die Abkürzung für Ateliers de Construction d'Issy-les-Moulineaux. Das ist der Name des Werks, das die Panzer herstellt. Es liegt in Satory und gehört der Direction des Etudes et Fabrications d'Armement, abgekürzt DEFA. Als Panzerfachmann«, fuhr Riley fort, »müßten Sie diese Aufgabe erfüllen können. Alles Wissenswerte über die AMX-Panzer werden Sie von uns in der kommenden Woche erfahren. Sie werden sich jetzt fragen: Was haben die Amerikaner davon, wenn die Franzosen an die Italiener Panzer verkaufen?«
Van Holden nickte: Das verstand er tatsächlich nicht.
»Nun, die Franzosen scheinen damit einverstanden, daß die Panzer in Lizenz in den USA gebaut werden. ›United States Forge and Foundry Corporation‹ im Staate Pennsylvania soll die Wanne und den Drehturm der Panzer herstellen und ist als unser Generalunternehmer bei diesem Auftrag schon seit einiger Zeit mit den Franzosen in Verhandlungen. Den europäi-

schen Generalvertreter des Werks, Henry Mansfield, werden Sie in Paris kennenlernen. Trotz der hohen Lizenzgebühr, die die Franzosen fordern, ist das Geschäft wegen seiner Größe für uns attraktiv. Nun aber zu den Franzosen: Chefverkäufer ist ein Mann namens Jacques Litac. Der Mann ist Multimillionär, sechzig und sehr eitel. Zum Beispiel ist er Mitglied des hochadeligen Malteser-Ordens – obwohl er nicht adelig ist – und trägt gerne bei entsprechenden Gelegenheiten die glanzvolle Uniform des Ordens zur Schau; natürlich nur als Gratialritter und nicht als Ehren- und Devotionsritter, der einen Ahnennachweis erbringen und katholisch sein muß. Er ist nicht katholisch, und seine Ahnen ... nun, lassen wir das. In diesem Geschäft tritt Litac als Repräsentant der französischen Regierung auf. Er hat mit ihr einen Vertrag abgeschlossen, wonach in seinen Fabriken, der Compagnie des Forges et Ateliers, abgekürzt CFA, die Motore für die Panzerserie hergestellt werden. Auf diese Weise ist die französische Privatwirtschaft eingeschaltet. Es müssen also mit Sicherheit Sondervereinbarungen getroffen werden. Litacs persönliches Interesse an diesem Geschäft und an späteren Verkäufen von AMX-Panzern an andere NATO-Staaten sowie an außereuropäische Länder – vor allem an ölproduzierende Staaten – ist also sehr groß. Er wird alles versuchen, damit dieses Geschäft zustande kommt. Seine Methoden sind nicht immer einwandfrei. Er wird Leute bestechen – zumindest wird er es versuchen – und wird mit Erpressung arbeiten, wo er kann. Lassen Sie sich dadurch nicht in Ihrer Rolle als Panzerexperte beeinflussen. Es ist nicht Ihre, sondern Litacs Sache, wie er das macht. Litac besitzt außerdem eine Fabrik, in der Raketen hergestellt werden. Auch da will er seinen Gewinn einstreichen. Er will als Kompensation für das Panzergeschäft die Lizenz für die Arrow-Rakete von uns erwerben, die ja alle NATO-Staaten haben möchten. Er will sie in Frankreich in seiner Fabrik Société d'Etudes des Projectiles, abgekürzt SEP, herstellen. Daß Litac dies wünscht, könnte für Sie, zumindest vorübergehend, von Vorteil sein. Aber wohlgemerkt: In dieser Sache ist von unserer Seite noch nichts entschieden worden. Hier möchte man den Verlauf des Panzergeschäfts abwarten, bevor man eine Entscheidung über den Bau der Rakete in Europa trifft. Nun zu den kritischen Punkten im AMX-Geschäft: Vor allem droht die Gefahr, daß ein Firmenkrieg zwischen dem französischen und einem Hersteller amerikanischer Panzer ausbricht. Die Italiener werden bereits von beiden Seiten umworben, wobei die eine Seite die andere nach Leibeskräften herunterzusetzen versucht. Zweitens sind da die üblichen Gefahren eines Vertrages zwischen zwei Nationen, besser gesagt zwischen zwei Verteidigungsministerien. Am Nationalstolz ist schon manches Geschäft gescheitert. Und schließlich haben die Franzosen zur Zeit erst den AMX 13, das heißt den Dreizehn-Tonnen-Panzer und die dazugehörige Familie wie Krankenpanzer, Bergepanzer, Befehlspanzer, gepanzertes Munitionsfahrzeug, Artillerie-Selbstfahrlafette, Flak-Panzer und natürlich den Schützenpanzer. Der mittlere AMX 30, der dreißig Tonnen schwere Panzer, existiert erst als Prototyp; sein Fahrgestell soll der Träger für die Pluton-Atomrakete und für die 15,5-Zentimeter-Haubitze werden. Die Franzosen wollen nicht, daß das Geschäft wegen einer Verzögerung in der Auslieferung an Konkurrenzfirmen verlorengeht. Deshalb bieten sie schon jetzt nicht nur den leichten, sondern auch den noch nicht lieferbaren mittleren Panzer an. Das werden die entscheidenden Schwierigkeiten sein, die ich sehe und mit denen Sie zu tun haben werden.«

»Litac«, ergänzte General Cobb, »ist ein schlauer Fuchs. Er war derjenige, der einen amerikanischen Panzerfachmann in seinem Verkaufsteam haben wollte, weil er sich sagte, daß es auf die Italiener einen guten Eindruck machen müßte, wenn ein erfahrener amerikanischer Offizier französische Panzer anbie-

tet. Besonders zu einem Zeitpunkt, an dem die Italiener noch einige hundert US-Panzer der Serie M 47 an der Hand haben. Die Franzosen jedenfalls wollen den M 47 durch den AMX 30 ablösen. Und noch etwas, das Sie allerdings nicht stören darf: Die Franzosen werden sich allem Anschein nach nächstes Jahr aus dem Verteidigungsbündnis der NATO zurückziehen. Das hat in unseren Augen jedoch mit diesem Großprojekt nichts zu tun. Deshalb gehen wir allen Reibungsmöglichkeiten geflissentlich aus dem Weg. Auch Sie sollten sich mit den Franzosen nicht in politische Streitgespräche einlassen.«
Jetzt ergriff wieder General Riley das Wort: »Die Franzosen wollen den Italienern ihre Panzer gegen harte Münze verkaufen. Aus diesem Grund war ihr Vorgehen bislang höchst ungewöhnlich: Sie haben einen Verhandlungsschritt übersprungen, nämlich die grundlegende Einigung zwischen den verantwortlichen Offizieren beider Verteidigungsministerien über die militärischen und die taktisch-technischen Forderungen. Infolgedessen konnten die Fachleute auf beiden Seiten keine gemeinsame Kostenkalkulation aufstellen. Die Kalkulation wurde nur von den Franzosen erstellt; das wird noch zu Schwierigkeiten führen, die die Verkaufsgruppe mit Sicherheit in Rom bereinigen muß. Aber das ist Litacs Job – und nicht Ihrer.«
General Cobb drückte auf einen Knopf auf der Armlehne seines Stuhles: »Ich glaube, wir haben Sie mit Daten und Fakten überfüttert, Major. Es ist kaum möglich, daß Sie sich alles merken konnten. Ich gebe Ihnen deshalb dieses Tonbandgerät mit, das unser Gespräch aufgezeichnet hat. Spielen Sie es, bis Sie es auswendig können, und geben Sie mir dann Gerät und Tonband zurück. Aber jetzt wollen wir zum Mittagessen gehen. Wir laden Sie ein, Major. Und erzählen Sie uns armen Schreibtischsoldaten von Ihren Erfahrungen in Korea.«
Als sie die Messe betraten, eilte ihnen ein Mann entgegen. Es war Dr. Eric Feldner, einer der leitenden Wissenschaftler der

Aerodevelopment Corporation, die in ihren Labors bei Malibu am Pazifik westlich von Los Angeles mit Geheimaufträgen für die amerikanischen Streitkräfte beschäftigt war, so zum Beispiel auch mit der Arrow-Rakete. Bei ihrer Entwicklung und Herstellung hatte Dr. Feldner die wissenschaftliche Generalaufsicht. Er war soeben aus Kalifornien eingetroffen und schien sich über das Wiedersehen mit van Holden besonders zu freuen. Den beiden Generälen nickte er nur flüchtig zu, van Holden aber streckte er beide Hände entgegen.

»Phil, alter Junge«, rief er. »Wie geht es Ihnen? Wir haben uns lange nicht gesehen. Sie haben wieder einmal den Helden gespielt, wie ich höre. Ich freue mich, daß ich wieder mit Ihnen zusammenarbeite. In Kalifornien glaubt man sogar, wir sollen gemeinsam nach Europa fliegen, um dort unsere Rakete zu verkaufen. Stimmt das?«

Dr. Feldner war mittelgroß und ein wenig nachlässig gekleidet. Wie viele Wissenschaftler legte er auf Äußerlichkeiten wenig Wert. Sein Kopf war etwas zu groß für seine Gestalt, doch vielleicht schien das nur so, weil er ihn tief zwischen den Schultern trug. Der graumelierte Vollbart des Vierzigjährigen war kurzgeschoren, aber das struppige Haar stand ihm nach allen Seiten wirr um den Kopf. Er hatte graugrüne Augen, die ständig in Bewegung waren, seine Gesichtsfarbe war von einem rötlichen Braun. Mit linkischen Bewegungen forderte er die drei Offiziere auf, sich zu ihm zu setzen.

Auch van Holden freute sich, Dr. Feldner wiederzusehen. Er hatte die interessanten Gespräche mit dem intelligenten Mann und seine freundliche, zuvorkommende Art während ihrer Zusammenarbeit schätzengelernt. Offensichtlich wußte Feldner noch nicht, überlegte van Holden, daß er nicht mit nach Paris kommen würde, sondern die Tests in Kalifornien zu leiten hatte. Van Holden hoffte, daß Feldner darüber nicht allzu enttäuscht war, denn er kannte Feldner als sensiblen Menschen.

Die nächsten beiden Tage verbrachte van Holden überwiegend mit Feldner und Captain William O'Leary, der inzwischen ebenfalls in Washington eingetroffen war. Willy, wie er genannt wurde, war ein gutmütiger Hüne. Er war Footballstar an seiner Universität gewesen, hatte aber seitdem Speck angesetzt, denn gutes Essen liebte er über alles. Willy war Ballistik-Experte und an der Artillerieschule von Fort Sill im Staate Oklahoma als Dozent tätig. Für Spezialaufgaben wie die Arrow-Rakete wurde er von seinen Vorgesetzten freigestellt.
Während ihrer engen Zusammenarbeit, die sie durch mehrere US-Staaten geführt hatte, waren die drei Männer als die Arrow-Musketiere bekannt geworden. Nur abends waren O'Leary und van Holden oft allein. Sie tranken noch gerne ein Glas Wein oder Whisky und unterhielten sich nicht nur über ihre Arbeit. Dr. Feldner zog sich dann zurück. Er erklärte, er trinke keinen Alkohol, weil er ihm nicht bekomme. Die beiden anderen aber hegten insgeheim den Verdacht, daß Feldner früher Alkoholiker gewesen war und nicht wieder in Versuchung geraten wollte. Dafür schätzten sie ihn.
Einmal allerdings hatte Feldner einen heftigen Streit mit einem Ingenieur in den Aberdeen Proving Grounds, dem Testgelände der Armee im Staate Maryland. Aus Wut hatte er einige Gläser Whisky getrunken; danach war er völlig verändert gewesen – ein wahrer Mr. Hyde. Er war gereizt und ausfallend geworden, und die beiden anderen hatten schon befürchtet, es könne zu Handgreiflichkeiten kommen. Doch zum Glück zog er sich rechtzeitig zurück.
Ein weiterer Grund, warum Feldner mit Phil und Willy abends nicht ausging, war der, daß er verheiratet war. Er schien seine Frau und seine kleine Tochter sehr zu lieben. O'Leary und van Holden hingegen waren Junggesellen, luden gerne Mädchen ein und führten sie ins Theater, ins Kino oder in den Zirkus, den O'Leary wie ein kleiner Junge liebte. Natürlich wurde

auch geflirtet – und zu all dem paßte Dr. Feldner nicht. Während die anderen zwei abends ausgingen, war Dr. Feldner gewöhnlich allein. Aber das gute Einvernehmen der drei Männer wurde dadurch nicht gestört.

Nach dem Mittagessen am zweiten Tag in Washington – es war ein Freitag – wurden Dr. Feldner und Captain O'Leary zu Brigadegeneral Cobb gerufen. Cobb eröffnete ihnen, daß sie nach Camp Irwin reisen sollten, wo am Montag die Raketenpanzer aus Korea eintreffen würden. Sie sollten dort die von van Holden aus Korea gelieferten Daten am Teststand prüfen und graphisch festhalten. Wenn sie es wünschten, konnten sie aber das Wochenende noch mit ihrer Familie oder mit Freunden verbringen.

Captain O'Leary hörte das mit Vergnügen, denn er hatte auch in Kalifornien ein Mädchen. Dr. Feldner dagegen schien sich über diese Nachricht sehr aufzuregen. Als Zivilist stand ihm das Recht auf Widerspruch zu. Wie groß seine innere Erregung war, verriet ein nervöses Zucken unter seinem linken Auge.

»Das ist doch nicht möglich«, protestierte er. »Ich war darauf vorbereitet, mit Major van Holden nach Europa zu fliegen. Meine Familie hat sich darauf eingerichtet, und auch meine Firma rechnet nicht damit, daß ich schon so bald wieder zurückkomme. Was sollen die sich nun denken? Sie können doch van Holden nicht allein fahren lassen, das schafft er doch nicht.«

Der General war von diesem Ausbruch überrascht.

»Ich verstehe Ihre Erregung nicht, Doktor. Die Tests in Kalifornien sind wichtig und unumgänglich und werden voraussichtlich im Laufe von zwei Wochen abgeschlossen sein. Danach sollten Sie und Captain O'Leary sich bereithalten, Major van Holden nach Europa zu folgen. Der Zeitpunkt ist noch ungewiß. Er hängt davon ab, wie sich das Panzergeschäft anläßt, mit dem Major van Holden in erster Linie in Europa beschäftigt sein wird, und davon wiederum hängt es ab, ob wir die Arrow-

Rakete in Frankreich in Lizenz herstellen lassen. Ist dies der Fall, werden Sie beide dort gebraucht. Nicht aber schon jetzt. Ich danke Ihnen und wünsche Ihnen eine gute Reise!«

8. Kapitel

Malibu – Camp Irwin

Dr. Feldner fuhr vom Flughafen Los Angeles direkt zu seiner Familie nach Malibu, Captain O'Leary zu seiner Freundin nach Santa Barbara. Feldner hatte die Erklärung von General Cobb, weshalb er und Captain O'Leary nicht mit van Holden nach Paris reisen sollten, nach seinem ersten Protest kommentarlos hingenommen. Er wußte aus Erfahrung, daß es keinen Sinn hatte, sich den Beschlüssen der Militärs zu widersetzen. Nach außen hin schien er sich der Anordnung gefügt zu haben; innerlich aber kochte er vor Wut.
O'Leary, der auf dem langen Flug zur Westküste neben ihm saß, fiel nur auf, daß der sonst so gesprächige Feldner die meiste Zeit stumm und in sich gekehrt dasaß.
Feldners Firma hatte aus dem Pentagon von der Absicht gehört, die Arrow-Rakete in Europa vorzuführen. Derartige Nachrichten sickerten häufig durch. Wenn sie wertvoll waren, wurden die Informanten von der Firma honoriert. Die Firma hatte die Neuigkeit Dr. Feldner wissen lassen – und da er nach Washington zitiert wurde, glaubte Feldner mit Sicherheit, daß er von dort nach Europa geschickt würde. Er hatte sich darauf vorbereitet und auf die Reise gefreut. Plötzliche Änderungen des Programms störten ihn, den exakt denkenden Wissenschaftler, von jeher maßlos. Er hatte Mühe, innerlich damit fertig zu werden.
Und noch etwas quälte Dr. Feldner seit langem. Obwohl er nach außen hin der liebende Familienvater war, langweilte ihn

sein Familienleben entsetzlich. Nicht genug damit – er war auch seiner Arbeit in der Firma überdrüssig geworden. Die tägliche Routine im Labor und die eintönige Arbeit am Reißbrett und am Prüfstand waren für ihn nahezu unerträglich geworden. Er sehnte sich immer stärker nach Abwechslung. Sein Erfindergeist brauchte mehr Freiheit. Er wünschte sich manchmal, er wäre Firmenchef und könnte nur die Programme bearbeiten, die ihn interessierten. Aber solche Gedanken verwarf er schnell wieder – das finanzielle Risiko war ihm zu hoch. Reisen bedeuteten ihm noch eines der wenigen Vergnügen. Sie lösten ihn aus dem Alltag und gaben ihm, wenn auch nur vorübergehend, das Gefühl, frei zu sein.
Sein Mißmut machte sich immer häufiger in Nörgeln und Kritisieren Luft. Die Kollegen fanden, er werde allmählich unerträglich und gingen ihm aus dem Weg. Klagen über ihn wurden von der Firmenleitung jedoch nicht zur Kenntnis genommen. Man verzieh ihm sein schlechtes Benehmen, denn in seinem Fachbereich, dem Gebiet der Flugkörper mit Rückstoßantrieb, war er eine international anerkannte Koryphäe.
Daß ihn seine Arbeit nicht mehr befriedigte, hatte sich herumgesprochen – auch außerhalb der Firma. So hatte die ›gelbe Mafia‹ davon gehört, deren bezahlte Spitzel in den meisten Forschungsinstituten an der Westküste saßen. Die Leute nannten sich selbst die ›Gelbe Bande‹ und hatten ihren Hauptsitz in der Chinatown von San Francisco. Aber auch in Los Angeles waren sie aktiv; dort operierten sie ebenfalls von dem, allerdings wesentlich kleineren, Chinesenviertel aus. Am Gin Ling Way – der ›Straße des Goldenen Palastes‹ – hatten sie ihr Hauptquartier.
Die Gelbe Bande hatte ihren Ursprung in den Elendsvierteln von Hongkong. Inzwischen gehörten der Organisation auch Weiße an. Sie trieb überall dort ihr Unwesen, wo sie sich menschliche Leidenschaften dienstbar machen konnte. Ihre

Geschäfte waren vielseitig: sie reichten vom Taschendiebstahl bei Baseballspielen im Dodger-Stadion bis zum Betrieb von Bordellen, Spielkasinos und Spelunken und zum Rauschgifthandel. Ihre Millionengeschäfte aber machte sie sowohl mit Taiwan als auch mit Rotchina.

Die Gelbe Bande hatte sich vorsichtig an Dr. Feldner herangemacht. Sie hatte zwei Amerikaner – und nicht etwa Asiaten – zu ihm geschickt, die ihm eine sehr verlockende Offerte unterbreiteten. Sie handelten im Auftrag der Volksrepublik China, die ständig auf der Suche nach Wissenschaftlern aus dem Westen und bereit war, Interessenten hochbezahlte Stellungen mit besonderen Vergünstigungen anzubieten. Die beiden Mittelsmänner stellten Feldner ein großes Gehalt in Aussicht und versuchten, ihn mit eindrucksvollen Titeln und ungewöhnlich günstigen Arbeitsmöglichkeiten zu ködern.

Das war vor einem Jahr gewesen. Dr. Feldner hatte nicht abgelehnt. Er wollte sich die Möglichkeit offenlassen. Für den Fall seiner Zusage aber hatte er zwei Bedingungen gestellt: Er hatte sich vorbehalten, den Ort und den Zeitpunkt seines Verschwindens aus den USA zu bestimmen und ebenso die Art und Weise, wie dies geschah.

Seiner Familie zuliebe, die er nicht in die Freiheit mitzunehmen beabsichtigte, wollte er in den Augen der Öffentlichkeit nicht als ehrloser Überläufer dastehen. Frau und Tochter liebten ihr Vaterland – insbesondere seine Frau, deren Vorfahren noch als Pioniere mit Planwagen in den Westen gezogen waren, fühlte sehr patriotisch. Sie hätte seinen Verrat als Schande für die ganze Familie angesehen und darunter gelitten. Deshalb – so verlangte er – müsse der Anschein erweckt werden, daß er entführt worden sei. Die Gelbe Bande hatte seine Wünsche akzeptiert. Es wurde vereinbart, daß Feldner mindestens vierundzwanzig Stunden im voraus den Ort und die Zeit seiner Entführung bekanntgeben sollte.

Die unerwartete Absage des Pentagons war für Feldner wie ein Schlag ins Gesicht. Er fühlte sich zurückgesetzt. Er, der ›Vater‹ der Arrow-Rakete, sollte nun einem anderen die Genugtuung überlassen, seine – Feldners – Rakete den Europäern vorzustellen und anzubieten. Das hätte man ihm nicht antun dürfen. Er allein hatte diese Waffe konzipiert: Wie konnte man jetzt plötzlich ohne ihn weitermachen? Mit wachsendem Haß dachte er an van Holden, den Mann, den er für seinen Freund gehalten und der nun zweifellos gegen ihn intrigiert hatte, um ihm die Schau zu stehlen und den Ruhm allein einzuheimsen. Das werde ich ihm nie vergessen, schwor er sich.
Bei seiner Ankunft in Malibu am Samstag morgen hatte sich Feldner in eine solche Wut hineingesteigert, daß er sich vornahm, mit der Gelben Bande Kontakt aufzunehmen. Jetzt oder nie ist der richtige Moment gekommen, sagte er sich. Und Camp Irwin war der ideale Ort; nur der exakte Zeitpunkt mußte noch festgelegt werden. Nach dem Frühstück sagte er seiner Frau, er wolle ein paar Schritte zu Fuß gehen, und zwar allein, um sich nach dem anstrengenden Nachtflug ein wenig zu entspannen. Er ging zu einer öffentlichen Telefonzelle und wählte die vereinbarte Nummer.

Zu Hause empfand er plötzlich eine unbändige Freude über seinen Entschluß, sich endlich auf das Abenteuer eingelassen zu haben. Der Überdruß, den er angesichts des alten, etwas schäbigen Mobiliars, aber auch beim Anblick seiner Frau und seiner Tochter empfand, bestätigte ihn in seinem Verlangen, sich von all dem zu lösen, endlich frei zu sein, etwas Neues zu beginnen und nicht noch weitere zwanzig Jahre zwischen Labor und Familie dahinzuvegetieren.
Am Sonntag morgen holte er seinen Landrover aus der Garage und fuhr in die Mojave-Wüste nach Camp Irwin. Er werde dort etwa zwei Wochen lang zu tun haben, hatte er seiner Frau er-

klärt, aber das nächste Wochenende zu Hause verbringen, um mit der Familie gemeinsam etwas zu unternehmen. Vielleicht würden sie zum Lake Arrowhead hinauffahren und in dem kühlen Wasser schwimmen. Er hatte seine Frau und seine Tochter zärtlich geküßt und zurückgewinkt, als er losfuhr.

Gegen Mittag meldete sich Dr. Feldner in Camp Irwin beim Kommandierenden General. Er erfuhr, daß Captain O'Leary noch nicht eingetroffen sei. Auf die Frage des Generals nach seinen Wünschen für die bevorstehenden Tests der Arrow-Rakete antwortete Dr. Feldner, daß er sich vorerst mit Captain O'Leary absprechen wolle, bevor der Stab des Generals eingeschaltet werde. So hatten es die Arrow-Musketiere immer gemacht: zuerst ihr Vorhaben untereinander abgesprochen und erst dann ihre Wünsche bekanntgegeben. Auf diese Weise war nach außen hin nie eine Unstimmigkeit zwischen ihnen gewesen.

Es war heiß in der Wüste. Camp Irwin war mit 260 000 Hektar das größte Panzerübungsgelände der USA, vielleicht der Welt. Es lag am Südrand des berüchtigten ›Death Valley‹, wo im Laufe der Jahrhunderte zahllose Menschen verdurstet waren, wenn sie die Orientierung verloren hatten. Dr. Feldner begab sich in das Quartier für Junggesellen, schloß sich in sein Zimmer ein, zog sich aus und legte sich auf das Bett. Er überlegte: Wenn O'Leary heute noch ankam, dann konnten sie morgen ins Gelände fahren, sich nach einem geeigneten Prüfstand umschauen und je nach den Bedingungen des Geländes beim Stab Material und Leute anfordern. Das wäre am Montag, dem Tag, an dem auch die Raketenpanzer aus Korea eintreffen sollten. Am Dienstag morgen würde er mit O'Leary ins Gelände fahren, um es gemäß den Erfordernissen in einzelne Teststände aufzuteilen. Danach würden die von ihnen angeforderten Mannschaften und Techniker eintreffen. Seine Entführung müßte al-

so vor dem Eintreffen dieser Leute stattfinden.
Mit einem Ruck setzte sich Feldner auf. Das bedeutete ja, daß er heute noch die Gelbe Bande von dem genauen Zeitpunkt in Kenntnis setzen mußte. Vierundzwanzig Stunden, so hatten sie gesagt, brauchten sie mindestens für die Vorbereitungen. Was aber sollte mit O'Leary geschehen? Er würde im Weg sein. Er mußte es ihnen sagen – sie sollten selbst entscheiden. Er zog sich rasch an und ging zum Offiziersklub, wo es ein Telefon gab. Patterson hatte sich der Mann genannt, mit dem er am Tag zuvor von Malibu aus gesprochen hatte.
»Ich bin es wieder«, sagte Feldner am Telefon, ohne seinen Namen zu nennen. »Sind Sie Patterson?«
»Ja«, antwortete ein Mann. »Ich erkenne Ihre Stimme. Was gibt's?«
»Übermorgen vormittag zwischen zehn und zwölf Uhr am Silverlake in der Wüste – etwa zwölf Kilometer nördlich von Camp Irwin. Die genaue Stelle muß ich Ihnen jetzt nicht sagen. Ich bin sicher, wir werden um diese Zeit die einzigen dort sein. Es dürfte keine Schwierigkeiten bereiten, uns zu finden.«
»Wen meinen Sie mit ›wir‹?«
»Wenn ich ihn nicht vorher abschütteln kann, ist ein Captain mit mir dort.«
»Was sollen wir mit ihm tun?«
»Es wäre sinnlos, ihn vorübergehend unschädlich zu machen. Denn wenn er wieder zu sich kommt, würde er alles berichten. Also werden wir ihn mitnehmen müssen.«
»Es gibt noch eine andere Lösung.«
Feldner begriff sofort. »Die lehne ich ab – wir müssen ihn mitnehmen.«
»Davon wissen die Bosse nichts. Es wird ihnen nicht gefallen.«
»Was schlagen Sie dann vor?«
»Versuchen Sie alles, um ihn vorher loszuwerden. Falls ich Sie beide am Silverlake finden sollte, dann habe ich bis dahin meine

Weisungen von oben erhalten und weiß, was zu tun ist. Prägen Sie sich bitte folgende Wellenlänge ein, auf der wir uns mit Ihnen über das Sprechfunkgerät Ihres Jeeps in Verbindung setzen werden.«

Feldner notierte im Geiste die Ziffern, die ihm Patterson nannte, bevor dieser fortfuhr: »Der Zeitpunkt Ihrer Flucht ist günstig. Einer unserer Frachter liegt im San-Pedro-Kanal vor Long Beach!«

»Der Captain ist ein Ballistik-Spezialist. Auch er könnte für Ihre Auftraggeber interessant sein.«

»Gut. Ich werde es weitergeben. Also dann bis übermorgen.«

Dr. Feldner legte den Hörer auf. Wie konnte er O'Leary loswerden? Ihm zu sagen, daß er allein in die Wüste hinausfahren wolle, war sinnlos – damit wäre Willy niemals einverstanden. Andererseits, überlegte Feldner, wenn auch Willy verschwand, erschiene seine eigene ›Entführung‹ um so glaubwürdiger. Am besten wartete er ab und ließ die Dinge auf sich zukommen.

Am Sonntagabend war auch O'Leary da. Nachdem er sich beim diensthabenden Offizier gemeldet hatte, ging er direkt zu Dr. Feldners Zimmer.

»*Hi*, Professor«, rief er in der Tür. »Wollen wir essen gehen? Ich sterbe vor Hunger.« Für O'Leary war Dr. Feldner ›der Professor‹.

»Ja, Willy. Ich habe auf Sie gewartet. Ich leiste Ihnen Gesellschaft, während Sie einen Drink an der Bar nehmen.«

An der Bar erzählte Willy von seiner Eroberung in Santa Barbara. *»Boy o boy, professor. What a gal that was!* Dieses Mädchen in Santa Barbara – ich sage Ihnen, Professor, sie ist eine Bombe mit dem Gesicht einer Nonne und hat eine Figur wie Ginger Rogers mit dem Busen der Ekberg. Und sie liebt mich! Aber wie ist es Ihnen ergangen? Alles in Ordnung zu Hause?«

»Alles bestens, Willy. Wir können mit der Arbeit hier beginnen – es sei denn, Sie wollen die ersten zwei Tage blaumachen bis

zum Anfang der Tests. Ich kann ohne weiteres die Gegend allein nach einem geeigneten Testgelände absuchen.«
»Soll das ein Scherz sein, Professor?«
»Nein, Willy, nur ein freundschaftliches Angebot. Im Ernst! Warum fahren Sie nicht zurück zu Ihrer Sexbombe – oder nach Las Vegas, wenn Sie genug von ihr haben?«
O'Leary sah Feldner verblüfft an. So frivol hatte er ihn noch nie reden gehört. Er winkte entschieden ab.
»Kommt nicht in Frage! Das wäre das erste Mal, daß wir ein Projekt nicht gemeinsam angehen würden.«
»Also gut. Dann fahren wir morgen früh zusammen in die Wüste zu unserem alten Silverlake, um einen guten Prüfstand zu finden. Ich meine, wir sollten für diese Tests keinen der vorhandenen Schießplätze benutzen, sondern für unsere speziellen Zwecke einen neuen einrichten. Einen, auf dem wir die Rakete gemäß den verschiedenen Testbedingungen, die Phil uns aus Korea geliefert hat, überprüfen können. Was meinen Sie dazu?«
»Ich bin ganz Ihrer Meinung, Professor«, stimmte O'Leary zu. »Wir suchen uns einen geeigneten Platz aus. Dreitausend Meter müßten genügen, einschließlich Zielgebiet und Sicherheitszone. Der Silverlake ist so groß, daß wir keine Schwierigkeiten haben werden, das richtige Gelände zu finden. Gehen wir jetzt essen?«
O'Leary leerte an der Bar seinen Dry Martini in einem Zug. Dann gingen sie in den Speisesaal des Offiziersklubs – das einzige richtige Haus in Camp Irwin, das aus Steinen der Wüste erbaut war. Alle anderen Gebäude waren einfache Holzbaracken. Der langgestreckte Raum schloß sich unmittelbar an die offene Küche an. Man saß auf schlichten Holzstühlen. An den Wänden hingen Farbdrucke mit Schlachtenszenen aus der Geschichte der amerikanischen Armee. Das Essen war einfache Soldatenkost, aber hervorragend: riesige Steaks mit gebacke-

nen Kartoffeln, Salat in Schüsseln, so groß wie Futternäpfe, und zum Abschluß eine Auswahl verschiedener Kuchen. O'Leary aß alles, was es gab, Dr. Feldner von jedem Gericht nur ein wenig. Nach dem Essen saßen sie noch eine Weile mit ein paar Offizieren zusammen, bevor sie schlafen gingen.
Den nächsten Tag verbrachten Dr. Eric Feldner und Captain William J. O'Leary damit, eine geeignete Testschießstätte für die Arrow-Rakete ausfindig zu machen. Um die Mittagszeit waren sie sich über das Gelände einig. Als das Thermometer auf vierzig Grad kletterte, kehrten sie ins Camp zurück. Den Nachmittag verbrachten sie im Schwimmbad des Offiziersklubs.
Am Morgen des folgenden Tages fuhren die beiden Männer wieder in die Wüste hinaus, um das von ihnen gefundene Gelände für die verschiedenen Tests abzustecken. Dem Hauptquartier von Camp Irwin hatten sie mitgeteilt, daß sie zu Mittag wieder zurück sein würden und daß, wie am Vortag, das Sprechfunkgerät in ihrem Jeep nach den Regeln des Camps ständig eingeschaltet bliebe.

Das FBI stand in der Mojave-Wüste in Südkalifornien vor einem Rätsel. Ein Offizier und ein Wissenschaftler waren spurlos verschwunden. Aus der Bezirkshauptstadt San Bernardino waren zwei junge Beamte gekommen. Sie saßen im Hauptquartier von Camp Irwin dem Kommandierenden General, Brigadier Gerald M. Smith, gegenüber und hörten sich seinen Bericht an:
»Heute morgen gegen sieben Uhr sind Captain William O'Leary und Dr. Eric Feldner in ihrem Jeep zum ›Silverlake-Range‹ gefahren, einem etwa zehn Kilometer vom Camp entfernten riesigen Trockensee, der den Panzern als Schieß- und Manövergelände dient, aber auch als Notlandeplatz für Maschinen vom benachbarten Versuchsfliegerhorst Edwards Airforce Ba-

se. O'Leary und Feldner wollten das Gelände für die Tests vorbereiten, von denen ich Ihnen einleitend berichtet habe. Als sie zu Mittag nicht wie angekündigt zurückkehrten und auf Funkspruch nicht antworteten, wurde eine Suchaktion mit einem Armeehubschrauber eingeleitet. Als dieser neben dem Fahrzeug der beiden landete, war von ihnen nichts zu entdecken – auch nicht in einem Umkreis von mehreren Kilometern. Mit Ausnahme von ein paar haushohen Felsbrocken gab es in der Einöde nichts zu sehen.«

»Haben Sie eine Erklärung für diesen merkwürdigen Vorfall, General?« fragte einer der FBI-Leute.

»Nein. Ich verstehe es einfach nicht. Der Offizier, der die Suchaktion leitete, meldete mir, es habe weder Radspuren noch andere Spuren gegeben. Die beiden können sich doch nicht einfach in Luft aufgelöst haben!«

»Ist Ihnen hier jemals ein ähnlicher Vorfall zu Ohren gekommen?« fragte der zweite Beamte.

»Ich bin seit zwei Jahren auf diesem Posten. Es hat Fälle gegeben, in denen wir Zivilisten retten mußten, die einen Ausflug in die Wüste gemacht und sich verirrt hatten. Besonders oft auf dem Weg zu Scotty's Castle, dem Schloß, das der verrückte Millionär gebaut hatte, um mitten in der Wüste Orgel spielen zu können. Sie wissen ja davon. Es hat auch Fälle gegeben, in denen Soldaten sich mit ihren Fahrzeugen verirrt haben und wir sie aus der Wüste holen mußten. Die Wüste kann tückisch sein, wenn man der Hitze für längere Zeit ausgesetzt ist. Panzermannschaften haben schon ihr Frühstück – Eier mit Speck – auf dem Stahl ihrer Fahrzeuge abbraten können, so heiß kann es da werden. Es ist auch vorgekommen, daß wir Menschen erst tot bergen konnten. Sie hatten sich vor der Hitze in eine Höhle geflüchtet und sind dort von Klapperschlangen gebissen worden, von denen es Hunderte da draußen gibt. Bis man die Leute findet, können oft Wochen vergehen. Aber daß zwei

Männer, die sich in dieser Wüste auskennen, nur wenige Kilometer vom Camp entfernt einfach verschwinden – das kann ich Ihnen beim besten Willen nicht erklären.«

»Wissen Sie, ob es zwischen den beiden Männern einen Streit gegeben hat? Etwa wegen ihrer Arbeit oder wegen einer Frau oder aus irgendeinem anderen Grund?«

»Ich habe mich danach bereits erkundigt. O'Leary und Feldner haben in den letzten zwei Tagen ihre Mahlzeiten friedlich miteinander eingenommen, sind zusammen im Schwimmbad gesehen worden und haben sich gemeinsam mit meinen Offizieren unterhalten. Wegen ihrer bekannt guten Zusammenarbeit hat man ihnen den Spitznamen ›Die Arrow-Musketiere‹ gegeben; Arrow ist, wie bereits erwähnt, der Name der Sturmrakete, an der sie gemeinsam arbeiten. Der dritte ›Musketier‹ ist zur Zeit an anderer Stelle tätig. Niemand hat etwas von Streitigkeiten zwischen O'Leary und Feldner bemerkt.«

»General, wir danken Ihnen für Ihre Auskünfte. Wir werden den Sheriff in Barstow bitten, mit Ihnen in Verbindung zu bleiben. Bitte benachrichtigen Sie auch uns, wenn es etwas Neues geben sollte. Wir werden jetzt mit den Angehörigen der beiden Männer sprechen. Vielleicht kommt dabei etwas zutage. *Good day, Sir.*«

9. Kapitel

Silverlake – Balboa – Camp Irwin

Um sieben waren sie unterwegs in die Wüste. Dr. Feldner wäre gerne schon eine Stunde früher losgefahren, um die Hitze zu vermeiden, aber er hatte O'Leary nicht wachbekommen können. Das erste, was sie sahen, als sie eine knappe Stunde später in dem von ihnen ausgewählten Gelände ankamen, war eine große Klapperschlange. Sie hatte sich um die Stange eines der Fähnchen gewunden, mit denen sie am Vortag den Platz markiert hatten. O'Leary erschlug sie mit einem Stein. Dann packte er die tote Schlange hinter den Kiefern und hob sie hoch.
»Fast zwei Meter«, sagte er und ließ sie wieder fallen. »Nichts Besonderes. Hab' schon längere gesehen.«
Er schnitt die Klappern ab und steckte sie in seine Tasche. »Die schenke ich meinem schwarzen Burschen in Oklahoma. Sie sollen ihm Glück bringen.«
Dr. Feldner hatte O'Leary nur über die Schulter beobachtet. Es interessierte ihn nicht, was er mit seiner Klapperschlange tat. Im Augenblick beschäftigten ihn ganz andere Dinge. Er überlegte, wie die gelbe Mafia es wohl anstellen würde, ihn aus der Wüste zu holen. Es kann doch nur mit einem Flugzeug gelingen, dachte Dr. Feldner. Das Landen auf dem Silverlake ist ja eine Spielerei, leichter als auf jedem Flughafen. Aber jeder Flug im Luftraum über diesem militärischen Sperrgebiet wird genau registriert und auf Radarschirmen verfolgt. Man weiß, wer aufsteigt und warum, sonst gibt es keine Starterlaubnis. Und wie wird O'Leary sich verhalten? Wird der aufrechte Offizier

Schwierigkeiten machen? Schließlich war er immer noch der einfache, zufriedene *Countryboy*, der sich gerne mit Pflanzen und Tieren beschäftigte, wie eben jetzt mit seiner toten Schlange. Feldner machte sich auf den Weg ins Gelände – da meldete sich das Funkgerät im Jeep.
»Nanu«, sagte O'Leary scherzend, »sind die Jungs schon wach im Camp?«
Beide gingen zum Jeep. »*Go ahead, Irwin, over*«, sagte O'Leary ins Mikrofon.
»Doktor Feldner, Captain O'Leary. Hier Irwin. Sie werden in Kürze abgeholt und zu einer Besprechung gebracht. General Smith weiß Bescheid. Folgen Sie den Weisungen, die Sie erhalten werden. Irwin, Ende.«
Nach einigen Sekunden schüttelte O'Leary den Kopf und sagte: »Das war aber kurz und bündig! Verstehen Sie das, Professor? Was heißt ›hier abgeholt werden‹? Von wem? Zu welcher Besprechung?«
»Ich glaube, die Armee wird schon wissen, Willy, was sie mit uns vorhat. Warten wir ab!«
»Ich finde, wir sollten ein Repeat verlangen. Zumindest eine Erklärung, um was es hier geht.«
»Nur Irwin kann wissen, daß wir hier sind, und nur Irwin kann uns hier erreichen. Also wozu jetzt schon ein Repeat. Vielleicht später. Abwarten, Willy, abwarten.«
Etwas mürrisch setzte sich O'Leary im Schatten des Jeeps in den Sand. Er schob seine Feldmütze nach vorne, bis der Schirm auf dem Nasenrücken lag, und tat, als schlafe er. Dr. Feldner war unruhig. Er stieg auf die Motorhaube und spähte von dort aus in die zitternde Luft über dem Silverlake. Nach einigen Minuten war das ferne Klappern eines Hubschraubers zu hören. Natürlich, dachte Feldner. Nur so konnte man unentdeckt von Radarschirmen hierher kommen. Dicht über dem Erdboden fliegend waren sie nicht zu sehen. O'Leary kletterte zu Feldner

auf die Motorhaube. Sie sahen, wie ein Hubschrauber unmittelbar über einem der großen Felsbrocken auftauchte und zwei Meter über dem Boden fliegend auf sie zukam.
»Hat der hinter dem Felsen auf uns gewartet?« fragte O'Leary mehr sich selber als Dr. Feldner.
»Das glaube ich nicht. Es schien nur so, als ob er von dort aufgestiegen wäre. Er war vom Felsen verdeckt, als er auf uns zuflog.«
Sie hatten keine Zeit, länger darüber nachzudenken. Der Hubschrauber, eine Zivilmaschine, kam schnell näher. Zwanzig Meter vor ihnen landete er, aber der Pilot ließ den Rotor weiterlaufen.
Zwei Männer sprangen aus der Maschine, gebückt, um von dem Drehflügel nicht getroffen zu werden. Sie waren gut gekleidet und kamen lächelnd auf O'Leary und Feldner zu.
»Meine Herren«, begrüßte sie der eine und zog einen Personalausweis aus seiner Tasche. »Wir sind Angestellte der Firma Aeropropulsion and Mechanics. Ich heiße Patterson, und das hier ist Ed Lawrence. Wir haben den Auftrag, Sie zu einer wichtigen Besprechung mit zwei Herstellungsfirmen Ihrer Rakete zu bringen. Die eine beschäftigt sich mit dem Raketenantrieb, die andere mit Zubehörteilen. Wir hatten Mühe, die Direktoren der beiden Firmen zusammenzubringen. Aber es ist uns gelungen. Nur ging alles sehr schnell. Deshalb dieser ›Überfall‹ hier in der Wüste. Die Direktoren wollten unbedingt, daß Sie, meine Herren, die die Rakete entwickelt und getestet haben, bei der Konferenz dabei sind. Sie wurde kurzfristig für heute mittag auf einer Yacht im Hafen von Balboa angesetzt. Die Zeit ist knapp«, Patterson schaute auf seine Armbanduhr, »wir können es gerade noch schaffen. Deshalb ersparen Sie uns jetzt bitte nähere Erläuterungen. Ihr Kommandeur weiß Bescheid und wünscht, daß Sie uns bis zu Ihrer Rückkehr heute abend zur Verfügung stehen. Darf ich Sie bitten einzu-

steigen.«
O'Leary überlegte: Höchst ungewöhnlich das Ganze. Aber die Firma Aeropropulsion & Mechanics war ihm ein Begriff, sie hatte mit Feldners Aerodevelopment Corporation etwas zu tun. Er blickte zu Feldner hinüber. Feldner nickte ihm ermunternd zu. Und dann war da ja der Funkspruch von Camp Irwin, in dem ihnen mitgeteilt worden war, daß sie abgeholt würden. O'Leary zögerte nicht länger und stieg ein.
»Der Hubschrauber ist ein Sikorsky vom Typ S-51«, sagte der Mann, der sich als Patterson vorgestellt hatte. »Er ist für vier Personen mit Gepäck konstruiert. Da wir kein Gepäck haben, können wir den kurzen Flug zu fünft riskieren. Ich hoffe, Sie haben nichts dagegen einzuwenden, auch wenn dieser Herr hier«, er zeigte auf O'Leary, »für zwei Personen zählen könnte. Wir müssen eben ein bißchen zusammenrücken.«
Dr. Feldner und Captain O'Leary setzten sich auf den Rücksitz. Patterson und Lawrence quetschten sich neben den Piloten.
Als der Hubschrauber abgehoben hatte, schrie Patterson Feldner ins Ohr: »Wir fliegen zum Orange County Airport und steigen dort in einen Wagen um.«
Feldner gab diese Mitteilung an O'Leary weiter, der etwas besorgt wegen der Überbelastung der Maschine zum Fenster hinausschaute.
»Hoffen wir, daß alles gut geht«, sagte er nur.
Als der Pilot nach Norden abdrehte – in die Richtung, aus der er gekommen war –, bemerkte O'Leary zu Dr. Feldner: »Warum fliegen wir nicht über das Camp? Das wäre doch die direkte Fluglinie nach Balboa.«
»Der Pilot wird schon seine Gründe haben. Vielleicht ist es einer Zivilmaschine untersagt, über Militäranlagen zu fliegen. Ich weiß es nicht, Willy.«
»Warum fliegen wir so nah zum Boden? Wir könnten doch hö-

hersteigen, das ist doch verdammt gefährlich so.«
Jetzt klopfte Dr. Feldner Patterson auf die Schulter: »Mein Kollege möchte wissen, warum wir nicht höher fliegen. Würden Sie oder der Pilot ihm das bitte erklären.«
Patterson sprach kurz mit dem Piloten, dann schrie er zurück: »Der Pilot sagt, daß schon einige Meter höher ein starker Gegenwind von See her bläst. Wir fliegen so nahe am Boden, um nicht verspätet anzukommen.«
O'Leary schien sich mit dieser Erklärung zufriedenzugeben. Bis zur Landung wurde kein weiteres Wort gewechselt. Kaum war der Hubschrauber über dem Barstow Freeway und hatte das militärische Sperrgebiet verlassen, stieg er auf zweihundert Meter und flog über den fünfzehnhundert Meter hohen Cajon-Paß in das Becken von Los Angeles hinunter. Von San Bernardino folgte der Pilot dem Riverside Freeway bis zum Orange County Airport, einem beliebten Landeplatz für Sportflieger. Am Ende der Hangarreihe wartete ein weißer Chevrolet-Kombi auf sie.
»Sie hätten mich wenigstens eine anständige Uniform anziehen lassen können«, murrte O'Leary vor sich hin, als er in den Wagen umstieg. »Wir fahren in das nobelste Viertel von ganz Kalifornien, und ich schaue aus, als ob ich gerade vom Sondereinsatz zur Reinigung des Kasernenhofes käme.«
Der Kombiwagen bog auf die zweispurige Bundesschnellstraße Nr. 55 in Richtung Pazifik ein. Nach zehn Kilometern ließen sie die Hafenstadt Newport Beach links liegen und fuhren über die Rialto-Brücke auf die Halbinsel Balboa. Hier ankerten die Yachten der Reichen Südkaliforniens, der Filmstars, der Ölmagnaten, der Konzernmanager. Neuntausend Segel- und Motoryachten waren an den Liegeplätzen von Newport Beach und Balboa vertäut – die größten, schönsten und teuersten an der ›Goldküste‹ der kleinen Halbinsel Lido.
Vor Liegeplatz dreiundsechzig auf Lido Island hielt der Che-

vrolet an. Dr. Feldner und Captain O'Leary, begleitet von Patterson und Lawrence, gingen an Bord der Yacht, die MARMI-I hieß. Am Ende des schmalen Anlegesteges begrüßte sie – ohne sich vorzustellen – ein elegant gekleideter Asiate mittleren Alters mit den Worten: »Bitte nehmen Sie Platz, meine Herren. Wir gehen unverzüglich in See.«
Als sich das Boot vom Land löste, erhob sich Captain O'Leary und ging auf den Asiaten zu, der bereits am Steuerruder stand, um Fragen zu stellen. In seinem Gesicht mischten sich Staunen und Protest, als der Mann, der sich Patterson nannte, eine Pistole aus einem Schulterhalfter zog und gelassen sagte: »Gentleman, Sie sind entführt worden. Jeder Widerstand ist zwecklos. Machen Sie uns keine Schwierigkeiten. Wenn Sie sich ruhig verhalten, werden Sie gut behandelt und nach einiger Zeit wieder freigelassen. Den Grund für Ihre Entführung werden Sie noch heute abend erfahren. Bis dahin bitte keine Fragen.«
O'Leary starrte Patterson an. Als er erkannte, daß das kein Scherz, sondern bitterer Ernst war, setzte er sich auf die Bank neben Dr. Feldner, der zunächst eine empörte Miene zur Schau trug, aber dann schicksalsergeben mit den Schultern zuckte.
»Aber der Funkspruch von Camp Irwin, Professor – wie erklären Sie sich den?«
Patterson hatte O'Learys Frage gehört. Mit einem überlegenen Lächeln sagte er: »Der Funkspruch kam nicht von Camp Irwin, er kam von unserem Hubschrauber. Es war nicht schwer für uns, die Wellenlänge zu erfahren, auf der Sie mit Camp Irwin in Verbindung standen. So, und jetzt bitte Ruhe.«
Der Asiate hatte mit Recht auf ein schnelles Auslaufen des Bootes gedrängt. Bei gutem Wetter konnte man von Balboa die hundert Kilometer entfernte Insel San Clemente sehen – aber, wie so oft an der pazifischen Küste, waren auch an diesem Tag dichte Nebelschwaden von See her im Anzug. Die MARMI-I besaß jedoch volle Radarausrüstung und hatte daher die Er-

laubnis, auch bei Schlechtwetter auszulaufen.
Sie fuhr im Newport Channel an den eleganten Yachtklubs vorbei, passierte das querliegende Bay Island und kam in den Balboa-Hauptkanal, der am Ende in einer scharfen Rechtsbiegung in die Hafenzufahrt mündet. An dieser kritischen Stelle der Wasserstraße, dem Corona del Mar Bend, lagen die Büros und die Boote der Hafenmeisterei, der Hafenpolizei und der US-Küstenwache.
Als die MARMI-I im Begriff war, aus dem Hauptkanal in die Hafenausfahrt einzubiegen, waren die Schwaden bereits da – ihnen voran die Segler und Motoryachten, die sich beeilten, rechtzeitig ihre Liegeplätze zu erreichen, bevor der Nebel den ganzen Hafen zudeckte. Die Hafenpolizei war bereits – wie immer in solchen Situationen – in voller Stärke auf dem Wasser, um bei Kollisionen oder sonstigen Unfällen sofort an Ort und Stelle zu sein.
Als die MARMI-I vorschriftsmäßig in die Hafenausfahrt einbog, kam ihr ein Sportfischer vom Typ Bertram entgegen, der seinerseits in den Balboa-Hauptkanal einfahren wollte. Am Steuer war ein junger Mann, ganz oben auf dem Tuna-Turm. Zu spät sah er die MARMI-I aus dem Nebel vor sich auftauchen. Er hatte die Kurve etwas geschnitten, wahrscheinlich in der Annahme, daß bei diesem Wetter mit keinem auslaufenden Boot mehr zu rechnen war. Für ein Ausweichmanöver war es zu spät. Der Bertram rammte die MARMI-I knapp hinter dem Bug und scheuerte an ihrer Steuerbordseite weiter. Beide Bootsführer ließen die Schrauben rückwärts laufen und stoppten ihr Schiff. Nur wenige Augenblicke später kam eines der Polizeiboote längsseits. Patterson und Lawrence warfen ihre Waffen über Bord. Zwei Beamte kletterten auf die MARMI-I hinüber.
»Irgendwelche Verletzte?« fragte der eine der beiden Männer. Captain O'Leary war es, der antwortete: »Verletzte nicht«,

sagte er ruhig, »aber zwei Entführte.«
Zuerst glaubten die Polizisten an einen Scherz. »Das ist kein Witz«, sagte O'Leary, »glauben Sie mir, dieser Gentleman und ich sind entführt worden. Bitte helfen Sie uns.«
Die Polizisten sahen einander kurz an und nahmen ihre 38er-Revolver aus dem Gürtel. Resigniert bedeutete der Kapitän der MARMI-I seinen Männern, sich zu fügen. Jeder Widerstand wäre unter diesen Umständen ebenso sinnlos gewesen wie ein Fluchtversuch. Hier gab es nur eins: den Spielregeln zu folgen, nämlich alles abzuleugnen und es auf Aussage gegen Aussage ankommen zu lassen.
Die MARMI-I wurde ins Schlepp genommen und zur Hafenpolizei gebracht. Feldner, O'Leary und die anderen Männer von der MARMI-I wurden anschließend zur Stadtpolizei in Newport Beach gefahren, wo die Aussagen protokolliert wurden. Aufgrund von O'Learys Aussage, welcher Dr. Feldner mit einem vielleicht nur für den Captain erkennbaren Zögern zustimmte, wurden der Asiate sowie Patterson und Lawrence von Newport Beach zur näheren Überprüfung ihrer Person in das Orange County Gefängnis in Santa Ana gebracht. Dort schaltete die Staatspolizei das FBI ein, da Kidnapping – Menschenentführung – ein Verbrechen war, das in die Zuständigkeit der Bundespolizei fiel.
Der Kapitän des Frachters, der außerhalb der Zwanzig-Meilen-Grenze lag, um die zwei Männer von der Yacht zu übernehmen, wartete noch zwei Stunden über die vereinbarte Zeit hinaus. Dann berichtete er seinen Auftraggebern in einem verschlüsselten Funkspruch, daß die Aktion offensichtlich fehlgeschlagen war, und dampfte ab.
Von Newport Beach aus rief Captain O'Leary Camp Irwin an, erstattete General Smith Bericht und bat darum, zusammen mit Feldner abgeholt zu werden.
»Captain«, antwortete der General, »nach Ihrem Verschwin-

den in der Wüste haben wir das FBI eingeschaltet. Warten Sie jetzt, wo Sie sind, bis das FBI Sie verhört hat. Ich werde die Staatspolizei bitten, Sie anschließend zurückzubringen, damit sich Ihre Rückkehr nicht unnötig verzögert. Grüßen Sie Dr. Feldner von mir, und sagen Sie ihm, wie sehr ich diesen Zwischenfall bedauere. Ich werde umgehend seine Firma anrufen und berichten, daß ihm nichts zugestoßen ist. Das stimmt doch, nicht wahr?«
»Ja, sicherlich, General. Er ist okay. Danke, Sir.«
»Melden Sie sich bei mir, gleich zu welcher Stunde Sie hier eintreffen. *Good day, Captain.*«
O'Leary fand Dr. Feldner ausgestreckt auf einer Liege in einem der Zimmer des Polizeireviers. Er hatte die Arme unter dem Kopf verschränkt und starrte an die Decke.
»Ich habe mit General Smith gesprochen«, berichtete O'Leary. »Er hat sich nach Ihrem Befinden erkundigt und läßt Sie grüßen. Er sagte, er habe das FBI eingeschaltet, um uns suchen zu lassen. Nun sollen wir hier auf die Beamten warten und unsere Aussagen machen. Dann wird uns die Staatspolizei nach Irwin zurückbringen.«
Dr. Feldner antwortete nicht. Was hat er denn? fragte sich O'Leary. Er sollte sich doch freuen, daß wir diesen Ganoven noch im letzten Moment durch die Maschen geschlüpft sind. Wenn es nicht diesen Unfall gegeben hätte, wer weiß, wo wir gelandet wären.
Er holte sich auf dem Flur eine Dose Bier aus dem Automaten, setzte sich an den Tisch neben Feldners Liege, riß den Deckel auf und nahm einen langen, kühlen Schluck. O'Leary wollte die Geschehnisse des Tages noch einmal vor seinen Augen ablaufen lassen, und zwar langsam und so genau wie möglich. Punkt für Punkt ging er in Gedanken die letzten Stunden durch und versuchte, sich ein zusammenhängendes Bild von dem zu machen, was sich von dem Funkspruch in der Wüste bis zu dem

Augenblick der Kollision ereignet hatte. Eine Menge rätselhafter Dinge waren geschehen. O'Leary warf sich die Leichtfertigkeit vor, mit der er – der Offizier – immer wieder jeden Verdacht und jeden Zweifel, der sich hatte regen wollen, unterdrückt hatte, nur weil Dr. Feldner stets mit beruhigenden Erklärungen zur Hand gewesen war. Hatte dieser Wissenschaftler, ein Mann mit kritischem Verstand, denn nichts gemerkt? Verwundert beobachtete O'Leary den Mann, der da vor ihm, anscheinend in tiefer Niedergeschlagenheit, auf der Liege ausgestreckt war. Dieser Doktor ist das größte Rätsel von allem, dachte der Captain und trank den letzten Schluck Bier. Ich werde ihm einen Haufen Fragen stellen müssen. Vorsichtig versuchte er Feldner zum Reden zu bringen:
»Wollen Sie nicht Ihre Familie anrufen, Eric?«
Feldners Augen weiteten sich. Er gab keine Antwort. O'Leary spürte, wie er langsam die Geduld verlor: »Verdammt noch mal, Doktor, interessiert Sie denn das alles nicht? Sind Sie krank – oder ist es Ihnen wirklich völlig gleichgültig, warum wir überhaupt entführt werden sollten – und von wem?«
Mit einem Ruck hob Feldner den Kopf: »Lassen Sie mich gefälligst in Ruhe, Willy! Ich bin nicht in der Stimmung, Konversation zu machen. Es wird sich alles früh genug klären«, antwortete er unfreundlich. Dann legte er sich wieder zurück und verharrte in Schweigen, bis eine halbe Stunde später ein FBI-Mann aus Santa Ana eintraf und den ganzen Vorfall zu Protokoll nahm.
Dieses Verhör war bereits das zweite, und Dr. Feldner wurde zunehmend unruhig. Auf Fragen nach dem möglichen Grund ihrer Entführung gaben Feldner und O'Leary übereinstimmend an, daß ein Interesse an ihrer Person allenfalls im Zusammenhang mit ihrer gemeinsamen Arbeit an der Arrow-Rakete, einem geheimen Projekt, gegeben sein könne.
Die Fragen des Beamten nach der Arrow-Rakete schienen

Feldner besonders zu reizen. Er gab immer unwirschere Antworten, so daß O'Leary bereits fürchtete, das Verhör könnte einen für sie ungünstigen Ausgang nehmen. Schließlich bat er, Fragen nur noch an ihn zu richten, da Dr. Feldner offensichtlich unter Schockeinwirkung stehe. Der Beamte zeigte Verständnis dafür und beendete seine Fragestunde mit der Bemerkung, daß er sich nötigenfalls später nochmals an sie wenden werde.
Am Abend waren sie wieder in Camp Irwin. Dr. Feldner hatte während der Fahrt kein Wort gesprochen, und O'Leary gab die Versuche auf, ihn aus seiner Lethargie zu reißen. Er würde später in Ruhe mit Feldner reden. Nach ihrer Ankunft meldeten sie sich bei General Smith, der wünschte, bereits im Laufe des nächsten Morgens einen Bericht O'Learys auf dem Tisch zu haben. Anschließend gingen O'Leary und Feldner in den Offiziersklub, um noch etwas zu essen.
O'Leary bestellte seinen üblichen Martini, nur verlangte er diesmal einen doppelten. Dr. Feldner, der grübelnd neben O'Leary saß, setzte sich plötzlich gerade und rief ebenfalls nach einem doppelten Martini. Aber dann widerstand er der Versuchung und zog seine Bestellung zurück. Er wußte, daß Alkohol sein ärgster Feind war. Nicht etwa, weil er Alkoholiker gewesen wäre – das war er nie, sondern weil Alkohol in ihm etwas Böses freisetzte, weil er den unwiderstehlichen Trieb verspürte, Böses zu tun; weil er ihn aus einem Dr. Jekyll in einen Mr. Hyde verwandelte.
Er erinnerte sich an den Tag vor zehn Jahren, als seine Tochter geboren wurde. Es war ein Tag der Freude gewesen, und Eric Feldner hatte vor Stolz gestrahlt. Während seine Frau noch im Krankenhaus lag, hatten einige Freunde ihn zu Hause besucht und mehrere Flaschen kalifornischen Champagner mitgebracht. Nach dem dritten Glas hatte ihn einer der Männer scherzend gefragt: »Nun, Eric, bist du zufrieden, oder hättest

du lieber einen Sohn gehabt?« Diese Frage löste bei Feldner einen unvermittelten Wutausbruch aus. Wut und Haß steigerten sich in wenigen Augenblicken dermaßen, daß er seinem Freund an die Gurgel sprang. Er hätte ihn erwürgt, wenn die anderen ihn nicht mit Gewalt zurückgehalten hätten. Am nächsten Tag war Feldner zutiefst beschämt und entschuldigte sich. Es hatte ähnliche Fälle gegeben, in denen er bereits nach dem Genuß von geringen Mengen Alkohol bei nichtigsten Anlässen andere beleidigte und bedrohte. Er hatte versucht, das Teufelsgetränk unter allen Umständen zu meiden. Aber besonders in Augenblicken der Enttäuschung hatte er immer wieder den Drang verspürt, Zuflucht im Alkohol zu suchen.
Feldner wußte, wie unberechenbar und unbeherrscht er werden würde, wenn er jetzt trank, wenn er dem unseligen Drang nachgab, den die Enttäuschungen der letzten Tage in ihm geweckt hatten: zuerst die geplatzte Europareise, dann die gescheiterte Entführung – Feldner wurde sich bewußt, daß sein Traum von Macht und Freiheit in wenigen Stunden zerronnen war. Die Erfüllung seines sehnlichsten Wunsches war in unbestimmte Ferne gerückt. Er lechzte nach einem Glas Whisky, aber er wußte auch: In seiner gegenwärtigen Lage durfte er es nicht riskieren.
Captain O'Leary glaubte den richtigen Augenblick gekommen, Dr. Feldner die Fragen zu stellen, die seine Vermutungen entweder bestätigen oder widerlegen sollten.
»Eric, ich muß Sie jetzt etwas fragen, sonst kann ich heute nacht kein Auge schließen«, begann er freundlich.
Dr. Feldner, der stumm vor sich hingeblickt hatte, hob die Augen: »Muß das sein, Willy? War der heutige Tag nicht aufreibend genug? Sollen wir uns jetzt noch mit Fragen und Antworten quälen?«
»Es muß sein, Doc. Ich sehe mich sonst gezwungen, in meinem Bericht Dinge zu erwähnen, die Sie belasten könnten. Um un-

serer alten Freundschaft willen möchte ich Ihnen jedoch vorher Gelegenheit geben, mich über diese Dinge aufzuklären und mich möglicherweise von deren Harmlosigkeit zu überzeugen.«

Dr. Feldner sagte nichts. Er starrte O'Leary an, als habe er nicht richtig zugehört.

»Erklären Sie mir bitte, Eric, wieso die Entführer den genauen Ort und den Zeitpunkt kannten, an dem wir mit unseren Tests beginnen wollten. Ich kann mich des Eindrucks nicht erwehren, daß der Hubschrauber hinter dem Felsen auf uns gewartet hatte.«

Dr. Feldner reagierte, als sei er aus einem Trancezustand geweckt worden.

»Was sagten Sie da gerade?«

»Erklären Sie mir, wie die Entführer wissen konnten, wann und wo wir uns zum Zeitpunkt der Entführung aufhalten würden«, wiederholte O'Leary.

»Das kann ich nicht beantworten. Das weiß ich nicht.«

»Eric, verstehen Sie mich doch bitte. Außer Ihnen und mir wußte das niemand. Wir haben unseren Tagesplan bei allen Tests immer für uns behalten, um nicht gestört zu werden. Auch hier in Camp Irwin haben wir niemandem etwas davon gesagt und erst um sieben Uhr haben wir uns über Funk beim Hauptquartier abgemeldet.«

»Sind Sie verrückt geworden, Willy? Glauben Sie etwa, ich hätte die Entführer da draußen hinbestellt?« Feldners Ton war aggressiver geworden. »Was soll der Unsinn mit dem Tagesplan? Von jedem im Camp haben die Entführer erfahren können, daß wir den ganzen Tag da draußen sind.«

»Schön, Eric. Aber die genaue Stelle, die kannte keiner. Die sollten die Techniker von uns erst später erfahren.«

»Was ist hier eigentlich los? Soll das ein Verhör sein? Von einem meiner besten Freunde? Hören Sie auf, mir solche Fragen zu stellen, Captain! Fragen, die deutlich darauf abzielen, mir etwas zu unterstellen!«

O'Leary schlürfte geräuschvoll den Rest Martini aus seinem Glas. Dann aß er die Olive. Das machte Feldner rasend.

»Kellner«, befahl er mit schriller Stimme. »Bringen Sie mir einen doppelten Scotch mit Eis.«

O'Leary, der bereits zu essen begonnen hatte, blickte überrascht auf: »Nanu, Eric! Wieso das?«

Feldner antwortete nicht. Ungeduldig wartete er auf den Whisky. Als er kam, leerte er das halbe Glas mit einem Zug.

»Sie meinen doch nicht im Ernst, Captain, daß ich etwas mit der Entführung zu tun gehabt habe? Machen Sie sich nicht lächerlich!«

»Dann beantworten Sie endlich meine Fragen, Doktor.«

O'Leary redete Feldner jetzt nicht mehr mit dem gezielt schmeichelnden Titel ›Professor‹ an, auch nicht mehr mit dem Vornamen. »Ich habe nämlich noch einige andere, die ich an Sie stellen möchte. Und ich fürchte, die dazu passenden Antworten kenne ich bereits. Warum haben Sie nicht zugelassen, daß wir um ein *Repeat* baten, als der seltsame Funkspruch kam? Weil Sie wußten, daß wir nie eine Bestätigung erhalten hätten. Warum haben wir den Hubschrauber erst gehört, als er über dem Felsbrocken erschien? Weil er dahinter auf uns gewartet hatte und erst von dort startete.

Und warum stand er hinter dem Felsbrocken? Weil die Besatzung wußte, daß wir in der Nähe arbeiten würden.

Und von wem wußte sie das, Doktor? Wußte sie das vielleicht von dem Mann, der mir gut zuredete, als ich nicht gleich einsteigen wollte, dem es gelungen ist, mit beschwichtigenden Worten jeden Argwohn bei mir zu zerstreuen? Wußte sie das von Ihnen?

Und warum haben Sie von sich aus keine Erklärung über den gefährlichen Tiefflug und den seltsamen Kurs des Hubschrau-

bers verlangt? Weil Ihnen schon alles klar war?«
Feldners Augen quollen ihm aus dem Kopf. Sein Gesicht lief rot an, und unter dem linken Auge zeigte sich das nervöse Zukken. Mit aller Kraft hieb er die Faust auf den Tisch, daß die Teller und das Besteck hochsprangen.
»Wer sind Sie denn schon, Captain, daß Sie sich das Recht anmaßen, mich, Doktor Eric Feldner, Träger vieler Ehrentitel aus dem In- und Ausland, hier ins Kreuzverhör zu nehmen?« Er stürzte den Rest seines Whiskys hinunter. O'Leary wurde die Lage peinlich. Die Offiziere an den Nebentischen hatten aufgehorcht.
»Beruhigen Sie sich doch, Doktor. Und hören Sie mir zu. Ich bin Offizier der US-Army. Ich habe morgen dem General einen ausführlichen schriftlichen Bericht abzuliefern. Darin muß ich nach bestem Wissen und Gewissen meine sämtlichen Beobachtungen festhalten und bewerten. Die Fragen, die ich an Sie stelle, können Sie hoffentlich alle auf zufriedenstellende Weise beantworten. Wenn nicht, geraten Sie zwangsläufig in den Verdacht, von der Entführung bereits vorher gewußt zu haben. Ich habe der Polizei und dem FBI in Newport News gegenüber keine derartigen Vermutungen geäußert, weil ich vorerst mit Ihnen, meinem alten Freund, darüber sprechen wollte. Falls Sie jetzt nicht antworten wollen, haben Sie es sich selbst zuzuschreiben, wenn Sie von den Beamten aufs neue ins Verhör genommen werden. Also, was haben Sie zu sagen?«
»Allein die Tatsache, daß Sie mich verdächtigen, Captain, erübrigt jeden weiteren Kommentar von meiner Seite.«
»Dann wollen wir uns jetzt hinhauen, Doktor. Voraussichtlich müssen wir morgen wieder ins Gelände. Wir haben heute einen ganzen Tag verloren. Wenn wir in Verzug kommen, wird unser Freund Phil in Paris unsere Berichte nicht rechtzeitig erhalten. Gehen wir!«
Als O'Leary den ›Freund Phil‹ erwähnte, begannen Feldners

Hände zu zittern. »Noch einen Whisky, Joe«, schrie er zum Barkeeper hinüber. »Wie können Sie diesen Schuft van Holden als unseren Freund bezeichnen, Captain? Er hat nicht nur mich hintergangen, auch Sie! Er wollte allein nach Europa reisen, allein den Ruhm ernten. *Unsere* Rakete ist das, verstehen Sie? Nicht die des großen Helden Major van Holden. Ich hasse den Mann!«
O'Leary erkannte Feldner nicht wieder. Seine Züge waren vor Wut verzerrt, die Lippen bebten.
»Ich gehe jetzt zu Bett«, sagte er und stand auf. »Bleiben Sie noch, oder kommen Sie mit?«
Als Antwort hob Dr. Feldner sein Glas O'Leary entgegen. Ein hämisches Grinsen erschien auf seinem Gesicht. Dann wandte er ihm den Rücken zu.

Captain O'Leary verließ den Klub. Tief in Gedanken ging er zu seinem Quartier. Er hatte das Bedürfnis nach einem Bad.
Kurz bevor er das Gebäude betrat, machte er noch einmal kehrt und ging zu dem umzäunten Gelände, wo die Fahrzeuge des Camps, Lastwagen, Kettenfahrzeuge und Jeeps, in langen, ordentlichen Reihen abgestellt waren.
»Sir?« Ein Wachsoldat trat aus der Dunkelheit, salutierte und sah den Captain fragend an.
»Ich möchte in meinem Jeep etwas nachsehen. Begleiten Sie mich und bezeugen Sie gegebenenfalls, daß ich nichts berühre, und sorgen Sie dafür, daß nach mir niemand das Fahrzeug berührt.«
Der Wachsoldat folgte O'Leary durch den Eingang des Abstellgeländes. Seinen Jeep fand er leicht; er erkannte ihn an den bewimpelten Absteckstangen, die über den Rücksitz hinausragten. Sie haben ihn also aus der Wüste geholt, dachte er, als er sich in den Wagen beugte. Das Licht der schwankenden Lampen über den Fahrzeugreihen genügte für seine Zwecke voll-

kommen.
Dr. Feldner spielte mit seinem Whiskyglas – auch den zweiten doppelten Whisky hatte er bereits halb ausgetrunken. O'Learys Fragen beunruhigten ihn mehr, als er sich zunächst eingestehen wollte. Dr. Feldner hatte Angst. Was wird O'Leary tun? fragte er sich. Die Ankündigung des Captains, daß er morgen einen Bericht schreiben werde, in dem alles stand, was er wußte, war keine leere Drohung. Dazu kannte Feldner den pflichtbewußten Offizier zu gut.
Die Folgen mußten entsetzlich sein. Bei einer Entführung mitgewirkt zu haben, bedeutete in den Vereinigten Staaten mit Gewißheit eine lange Zuchthausstrafe. Seine Gedanken überschlugen sich. War das Hochverrat, was er begangen hatte? Wie würde seine Familie das verkraften?
Feldner trank seinen Whisky aus. Er konnte nicht länger in diesem Raum bleiben, an diesem Tisch sitzen. Das beklemmende Gefühl der Ungewißheit trieb ihn hinaus in die kühle Luft der Wüste.
Nach einigen Minuten war sein Kopf einigermaßen klar. Und nun überfiel ihn die volle Erkenntnis seiner Lage. Captain O'Leary würde ihn anzeigen. Morgen schon! Er wird General Smith über alles berichten. Daraufhin würden Patterson und seine Leute vom FBI natürlich verschärft in die Zange genommen. Auch er, Dr. Eric Feldner, der bekannte Wissenschaftler, der an streng geheimen Projekten für die amerikanischen Streitkräfte arbeitete, würde vom FBI so lange verhört, bis alles zutage gekommen war. Feldner wußte, daß er zu schwach war, um diese Verhöre zu überstehen. Die Zeitungen würden täglich berichten – und wie sollten seine Frau und seine Tochter die Schande ertragen? Dieser Gedanke quälte ihn ganz besonders.
Panik überkam ihn. Ich muß mit Willy sprechen, dachte er gehetzt. Und zwar jetzt sofort. Ich muß ihn überzeugen, daß sein Verdacht unbegründet ist. Willy wird mir schon glauben. Er ist

mein Freund, und er ist gutmütig. Er könnte keiner Fliege ein Leid antun. Er wird auch mir kein Leid zufügen wollen.

Feldner ging direkt zum Apartment des Captains, klopfte an und trat ein, als O'Leary ›Herein‹ rief. Feldner ging durch den Wohnraum und das Schlafzimmer und fand O'Leary in der Badewanne sitzend, den Kopf voll Seifenschaum.

»*Hello, Doc!* Ich wasche nicht nur den Staub von meinem Körper. Ich will den ganzen elenden Tag wegwaschen. Was führt Sie zu so später Stunde noch zu mir? Ich kann Ihnen hier keinen Platz anbieten. Wollen Sie im Wohnzimmer warten? Ich bin gleich fertig.«

»Nein, nein, Willy, lassen Sie sich nicht stören! Ich wollte Ihnen nur sagen, daß auch ich am liebsten den ganzen Tag vergessen würde. Ich habe mich darüber geärgert, weil wir soviel Zeit verloren haben, und war wütend darüber, daß wir uns wie dumme Jungs haben kidnappen lassen. Deshalb habe ich Ihnen vorhin diese törichten Antworten gegeben. Morgen sprechen wir darüber weiter, nicht wahr? Wir sind doch noch Freunde, Willy?«

Captain O'Leary hatte sich, während Feldner sprach, die Seife vom Kopf gespült. Jetzt legte er sich ins Wasser zurück und sah Feldner einige Sekunden lang ernst an.

»Wissen Sie, Doktor«, begann er, »die Geschichte, wie ich sie mir vorstelle, ist gar nicht so unwahrscheinlich. Warum sollte ein bedeutender Wissenschaftler wie Sie nicht ein gutes Angebot aus dem Ausland bekommen, und warum sollten Sie nicht als Gegengabe Ihr Wissen über unsere Geheimaufträge mitbringen? Warum Sie eine Entführung vortäuschen wollten – ja, dafür gäb's auch eine Erklärung: Sie wollten Ihre hochverräterischen Absichten tarnen. Auf diese Weise wären Sie der allgemeinen Verachtung entgangen. Und ich wurde mit entführt, weil Sie mich nicht losgeworden sind oder weil Sie die Aufmerksamkeit von sich ablenken wollten. Verstehen Sie mich jetzt richtig, Doktor: Das sind Hypothesen, und in meinem Bericht werden sie natürlich nicht erscheinen. Aber als Offizier habe ich die Pflicht, alles was ich über den Vorfall weiß, zu berichten. Was dann mit meinem Bericht geschieht, ist nicht meine Sache, sondern die der Untersuchungsbehörde. Ich kann leider nicht umhin, Zusammenhänge zu erkennen, die darauf hinweisen, daß Sie über die Entführung bereits vorher Bescheid wußten. Aber überschlafen wir jetzt das Ganze. Wir haben einen schweren Tag gehabt, finden Sie nicht?«

Dr. Feldner war verzweifelt. Seine Befürchtungen hatten sich bewahrheitet. Der Captain war fest entschlossen, ihn morgen ans Messer zu liefern. Er versuchte es nochmals mit einem Appell an ihre Freundschaft: »Captain O'Leary, kann ich aus Ihren Worten den Schluß ziehen, daß wir uns morgen noch einmal unterhalten, bevor Sie Ihren Bericht abliefern? Würden Sie mir im Hinblick auf unsere alte Freundschaft diese Bitte gewähren? Ich bitte Sie!«

»Doktor, Sie haben es selber gehört: Der General wünscht morgen meinen Bericht. Darüber gibt es nichts mehr zu reden. Es wird sich ja herausstellen, was Sie mit der Sache zu tun haben. Aber Sie können von mir nicht verlangen, Gehörtes nicht gehört und Gesehenes nicht gesehen zu haben. Gute Nacht, Sir. Ich möchte jetzt aus der Wanne steigen.«

Die Kälte und Entschlossenheit des Offiziers, der einmal sein Freund gewesen war, verletzten Feldner tief.

»Sie Narr«, schrie er höhnisch. »Sie werden vor aller Welt als Idiot dastehen. Man wird Sie auslachen wie einen kleinen Jungen, der Detektiv spielen will.«

»Dr. Feldner«, sagte O'Leary ruhig, »auf welcher Wellenlänge sprechen wir eigentlich mit dem Camp, wenn wir draußen in der Wüste sind?«

»Sechsundneunzig Meter!« Feldner sah O'Leary verblüfft an. »Warum?« Eine Sekunde später erkannte er, daß er einen

schweren Fehler gemacht hatte.
»Das Bordfunkgerät unseres Jeeps ist auf elfhundert eingestellt, Doktor. Das dürfte die zwischen Ihnen und Patterson vereinbarte Wellenlänge sein, auf der wir vom Hubschrauber aus angesprochen wurden. Sie jedenfalls waren der letzte, der sich an unserem Gerät zu schaffen gemacht hat.«
»Woher wollen Sie wissen, ob nicht inzwischen ein anderer daran gedreht hat?« Feldner versuchte Zeit zu gewinnen. Der Mann ist mein Feind, dachte er. Er will mir Leid zufügen – mir und meiner Familie. Er will sich mit seiner verdammten Rechtschaffenheit bei seinen Vorgesetzten hervortun, und ich gehe dabei unter. Ich muß ihn unschädlich machen!
Diese Gedanken rasten durch Dr. Feldners Gehirn. Während er mit Kopfschütteln seine Verzweiflung über O'Learys Worte vortäuschte, sah er sich im Badezimmer um. Er erkannte die Todeswaffe sofort und zögerte nicht eine Sekunde.
Feldner tat einen Schritt zum Waschbecken. Der elektrische Rasierapparat O'Learys lag auf dem Brett unter dem Spiegel. Die Schnur steckte in der Dose. Feldner ergriff blitzschnell den Apparat, schaltete ihn ein und zerschlug am Badewannenrand die Plastikhülle des Apparats.
»Catch, O'Leary« – fang's auf! rief er dem erstaunten Mann in der Badewanne zu. Mit einer Reflexbewegung fing O'Leary den Apparat auf. Als der elektrische Strom durch den nassen Körper des Hünen floß, verkrampften sich die Sehnen an Hand und Unterarm. Die Finger konnten den Apparat nicht mehr freigeben. O'Leary bäumte sich auf, die weitaufgerissenen Augen starrten Feldner entsetzt an. Aus seinem Mund kamen kaum verständliche Worte: *»You goddam son of a bitch.«* Einige Sekunden später war O'Leary ohnmächtig, dann tot.
Feldner hatte wie versteinert dem Todeskampf O'Learys zugesehen. Nach einer Weile fuhr er sich über die Stirne, als wolle er einen bösen Traum verscheuchen. Dann riß er die Schnur aus

der Steckdose und beugte sich über den toten Mann. Er packte seine Beine und zog sie hoch, bis O'Learys Kopf unter der Wasseroberfläche lag. Er wollte sich seiner Sache ganz sicher sein. Anschließend steckte er die Schnur wieder in die Dose. O'Leary war das Opfer eines Unfalls geworden.

10. Kapitel

Washington – Paris

Je intensiver Major van Holden sich in seine bevorstehende Aufgabe vertiefte, desto mehr Fragen tauchten auf. Es waren nicht nur die technischen Details, in die er sich einarbeiten mußte. Auch Kenntnisse über die wirtschaftlichen und rechtlichen Hintergründe seiner Europamission mußte er sich erwerben.

Als erstes hatte van Holden zwei Vorträge über die Arrow-Rakete ausgearbeitet: den einen für die NATO-Offiziere, den anderen als Grundlage für etwaige Gespräche mit Raketenfachleuten aus Litacs Fabrik Société d'Etudes des Projectiles, abgekürzt SEP genannt.

Van Holden wurde eingeschärft, er dürfe mit Litac und seinen Leuten erst dann in ernsthafte Beratungen über die Rakete eintreten, wenn der SACEUR oder General Riley ihm die Erlaubnis dazu erteilt hätten. Es sei noch gar nicht sicher, ob das Pentagon gewillt sei, die Rakete in Europa – zum Beispiel bei Litac – in Lizenz herstellen zu lassen. Die Rakete, die alle haben wollten, sollte vorerst nur als Köder benutzt werden, damit der Lizenzvertrag über die Herstellung der AMX-Panzer in den USA zu günstigen Bedingungen zustande käme.

Van Holden hatte ermittelt, was Colonel Percy den NATO-Vertretern in Paris bereits über die Rakete berichtet hatte. Er wollte in seinem Fünfzig-Minuten-Vortrag weder wiederholen, was Percy bereits gesagt hatte, noch Daten nennen, die im Widerspruch zu Percys Angaben stehen könnten. Van Holden

wollte über den Einsatz der Rakete an der Koreafront sowie über die Reaktion des Feindes berichten, genaue Angaben über das Anvisieren und über die Treffsicherheit liefern, die Gefahren für den Richtschützen darstellen und die Bedienung des Steuergeräts erklären.
Aber auch über die Handhabung der fünfundfünfzig Kilogramm schweren Rakete, die Nachschubprobleme nach Abschuß der zwölf vom Raketenpanzer mitgeführten Raketen und Fragen der Ausbildung wollte er seine Zuhörer unterrichten.
Um seinen Vortrag möglichst anschaulich zu gestalten, ließ er im Pentagon einige Tafeln anfertigen und an Litacs Büro in Paris vorausschicken. Zum Abschluß wollte er über die Testergebnisse aus Camp Irwin informieren, die Dr. Feldner und Captain O'Leary ihm nachzusenden versprochen hatten. Er hatte die beiden Männer über das Konzept seines Vortrages unterrichtet und es mit ihnen abgestimmt. Nur die kühle Art, die Dr. Feldner ihm entgegenbrachte, fand er befremdend. Aber van Holden hatte keine Zeit, sich über die Launen des Doktors lange Gedanken zu machen.
Nach Abreise der beiden zur Westküste stürzte er sich auf seine Hauptaufgabe – das Panzergeschäft. Er arbeitete mit den Fachleuten zusammen, die die Generäle Cobb und Riley ihm zur Verfügung stellten. Sie fertigten Vergleichstabellen zwischen amerikanischen, russischen und englischen Panzerserien an, um die Vor- und Nachteile der französischen AMX-Serie festzustellen. In seinen Verkaufsgesprächen mit dem italienischen Generalstab sollten nicht nur die Vorzüge der AMX-Panzer hervorgehoben, sondern auch ihre Schwächen erwähnt werden.
Van Holden prägte sich vor allem die Leistungsmerkmale des AMX-13-Panzers ein: ein niedriges, nur 251 Zentimeter hohes Fahrzeug mit großem Turm und einer 75-mm-Langrohrbord-

kanone, die auf kurze und mittlere Entfernungen gleiche Durchschlagsleistung wie höhere Kaliber haben sollte; ein stark ausladendes Turmheck mit automatischer Ladevorrichtung, die den Ladeschützen ersparte – daher eine Besatzung von nur drei Mann; ein einfaches und erprobtes Fahrgestell für viele Verwendungsmöglichkeiten.
Nach Ansicht von General Riley drohte die größte Gefahr von einem US-Hersteller in Kalifornien, der zur Zeit den preisgünstigsten und vielleicht auch besten Schützenpanzer herstellte. Falls die Italiener sich für diesen entschließen sollten, würde wahrscheinlich das gesamte AMX-Geschäft platzen, denn dann wäre die AMX-Serie zerrissen. Es bliebe nur noch der leichte AMX 13, der sofort angeboten werden konnte, während der mittlere AMX-30-Panzer noch nicht produktionsreif war. Ein Vertrag mit der kalifornischen Firma würde sich in der Zahlungsbilanz der Vereinigten Staaten lange nicht so positiv niederschlagen wie das Geschäft mit den AMX-Panzern. Deshalb hatte das AMX-Geschäft die inoffizielle Unterstützung des Pentagons und der amerikanischen Regierung.
Nur an einem Abend fand van Holden Zeit, nach der Arbeit mit alten Kameraden zu einem ›*Happy Hour*‹-Cocktail zu gehen, wo die Drinks weniger als sonst kosteten, die Stimmung aber um so ausgelassener war. An den übrigen Abenden saß er über seinen Büchern und Berichten. Er mußte wenigstens so viel wissen, daß er am nächsten Tag mit seinen Gesprächspartnern mithalten konnte. Außerdem machte er sich stenografische Notizen auf kleine Kärtchen, die er für den Notfall in der Brusttasche bereithielt.
Am sechsten Tag nach seiner Ankunft in Washington wurde er zu General Cobb gerufen. Van Holden erfuhr, daß er in zwei Tagen nach Paris fliegen solle, an Fronleichnam, im katholischen Frankreich ein Feiertag, den man für die Reise benutzen sollte, um keinen Arbeitstag zu verlieren. »Morgen um neun

Uhr erwartet Sie der Direktor«, teilte ihm General Cobb mit. »Falls Sie noch Fragen oder irgendein Problem haben, sollten Sie noch vor Ihrem Gespräch mit dem Direktor mit mir darüber reden. Sie verstehen: Er würde Fragen, die Sie ihm stellen, an mich weitergeben, und das würde nur Zeitverlust für uns alle bedeuten. Wir haben uns ja mehrmals in dieser Woche gesehen und über vieles gesprochen. Gibt es noch etwas, das Ihnen Sorge bereitet?«

»Nein, General. Ich möchte mich bei dieser Gelegenheit für Ihre großzügige Unterstützung bedanken. Während meiner Anwesenheit in Ihrer Abteilung hatte ich das Gefühl, Ihr gesamter Stab stünde mir zur Verfügung.«

»Schön. Dann gehen Sie jetzt zu General Riley hinüber. Der morgige Nachmittag steht Ihnen für persönliche Dinge zur Verfügung. Sicherlich wollen Sie noch einmal zu Ihrem Personal-Stammamt gehen und in Erfahrung bringen, wie Ihre militärische Zukunft aussieht. Ihrer Beförderung wird mit Sicherheit nichts im Wege stehen, das versichere ich Ihnen. Also dann auf Wiedersehen bis morgen – nach Ihrem Abschiedsbesuch beim Direktor.«

Major van Holden salutierte und ging den langen Gang zu General Rileys Büro entlang. Die Sekretärin ließ ihn sofort eintreten; offensichtlich wurde er bereits erwartet. General Riley, in einer rostfarbenen Tweedjacke und einem Seidenschal im offenen Sporthemd, legte seine Pfeife beiseite, als van Holden eintrat und sich zur Stelle meldete.

»Nun, Major«, Riley wies mit einer höflichen Handbewegung auf einen Stuhl neben dem Schreibtisch, »wie ich von meinen Leuten höre, haben Sie sie wie Zitronen ausgequetscht. Im Gesamtbild wissen Sie jetzt mehr als sie.«

Der riesige Schreibtisch des Generals war völlig leer – nicht einmal ein Blatt Papier lag darauf. Hatte der Mann alles im Kopf? Die vielen Zahlen, Berichte, Memoranden über wichtige Gespräche? Ordnung, Organisation und Intelligenz – all das war General Riley, dachte van Holden, als er sich setzte.

»Nein, General«, sagte er, »mit Sicherheit nicht. Das Fachwissen Ihrer Leute geht weit über das hinaus, was sie mir auf meine vielen Fragen geantwortet haben. Denn die bezogen sich ja lediglich auf meine Aufgabe. Im übrigen habe ich nicht gewagt, zu tief in Bereiche einzudringen, in denen ich mich verlaufen hätte wie ein Kind im Wald. Zum Beispiel in Probleme des internationalen Rechts und des Transportwesens. Danach habe ich mich nur am Rande erkundigt.«

Der General lachte: »Ist auch nicht wichtig für Sie. In solchen Dingen können Sie jederzeit Experten hinzuziehen. Der SACEUR oder unsere Botschaft wird sie Ihnen zur Verfügung stellen. Wichtig ist vor allem, daß Sie genauestens über die AMX-Serie Bescheid wissen. Denn die Auskünfte, die Ihnen Monsieur Litac geben wird, könnten lückenhaft sein. Ich weiß, daß Sie zu diesem Zweck einen ganzen Tag in der Panzerabteilung der Armee verbracht haben. Auch daß Sie sich von der Person des Monsieur Litac ein Bild machen konnten und sich über seine beiden Fabriken und deren Kapazität unterrichten ließen.

Litac wird versuchen, Sie auf seine Seite zu ziehen, Sie zu beeinflussen, dafür plädieren, daß seine Firmen die Aufträge erhalten. Es ist nicht Ihre Aufgabe, mit ihm darüber zu verhandeln. Sie sollten ihm nur zu verstehen geben können, daß Sie über genügend Wissen verfügen, um mit ihm über seine Vorschläge zu sprechen.

Mißverstehen Sie mich nicht, Phil! Auch ich will Sie nicht im vorhinein beeinflussen. Ich möchte nur, daß Sie auf etwaige Tricks von Litac in dieser Richtung vorbereitet sind und von ihm nicht überrumpelt werden oder ihm ins Netz gehen. Dieses Geschäft ist für Litac von großer Bedeutung. Wir erwarten, daß er alle Verkaufskünste seiner griechischen Vorfahren aufbieten wird, um sein Ziel zu erreichen. Haben Sie noch Fragen?«

»Nur eine, General. Ihren Worten darf ich entnehmen, daß Monsieur Litac nicht zögern würde, notfalls auch mich zu bestechen. Ich muß natürlich sein Angebot ablehnen. Andererseits darf ich dieses Waffengeschäft in keiner Weise stören, weil es auch uns zugute kommt. Eine Ablehnung könnte Litac verstimmen und ihn mir gegenüber mißtrauisch machen. Das möchte ich vermeiden. Würden Sie es billigen, wenn ich ein etwaiges Angebot zum Schein annähme, um ihn nicht zu verärgern? Natürlich würde ich es dem SACEUR melden, dem ich ja direkt unterstellt bin.«

General Riley überlegte kurz: »Gut, daß Sie das erwähnen, Phil. Ich meine ja – nehmen Sie das Angebot an. Aber melden Sie es zuerst mir. Sie können mich jederzeit telefonisch erreichen. Lassen wir den SACEUR aus dem Spiel. Sie sind ihm nur pro forma unterstellt, damit nicht irgendeiner seiner Offiziere, der im Rang über Ihnen steht, dazwischenfunken kann. Der SACEUR weiß von Ihrer Reise nach Europa – er hat sich ja dafür eingesetzt, daß Sie persönlich die Arrow-Rakete vorstellen. Er weiß auch über das AMX-Geschäft Bescheid und kennt Ihre Rolle dabei. Aber er ist nicht unmittelbar beteiligt. Also lassen wir ihn aus dem Spiel. Sonst noch Fragen?«

»Nein, Sir. Erlauben Sie mir nur noch, Ihnen meinen Dank für Ihre Unterstützung auszusprechen.«

»Also gut. Dann bis morgen.«

Am nächsten Morgen um Punkt neun stand Major van Holden vor dem Direktor.

»Na, Major«, begrüßte der ihn freundlich, »wie haben Sie Ihre Woche in Washington denn verbracht?«

»Sir, ich habe sie nicht in Washington verbracht, sondern im Pentagon.«

Ein Lächeln huschte über das schmale Gesicht des Direktors.

»Das gilt auch für mein Leben hier«, sagte er leise. »Fühlen Sie sich für Ihren Auftrag gewappnet?« fragte er dann sachlich. »Antworten Sie ganz offen. Es ist wichtig.«
»Ja, Sir. Ich gehe mit Zuversicht nach Europa.«
»Dann bleibt mir nur noch, Ihnen Erfolg zu wünschen. Sie gehen wieder in die Schlacht, allerdings in eine andere als in Korea. Aber auch diese Schlacht kann gefährlich werden. Glauben Sie nur ja nicht, weil ein bißchen Wasser zwischen uns sein wird, daß Sie drüben nicht mehr mit uns rechnen können. Wir werden Ihnen zur Seite stehen, wo wir können. *Good luck to you, Major van Holden.*«
Van Holden salutierte stramm und verließ den Raum. Draußen im Vorzimmer erhob sich der Ordonnanzoffizier, um den Major zur Tür zu begleiten. Aber van Holden ging zu der Sekretärin, die für ihn einige Schreibarbeiten erledigt und die er bei der ›*Happy Hour*‹ näher kennengelernt hatte. Ostentativ beugte er sich zu ihr hinunter, um sich für ihre Hilfe zu bedanken. Dann flüsterte er:
»Mary, dies ist mein letzter Abend in Washington. Würden Sie mit mir zu Abend essen?«
Sie nickte lächelnd.
»Dann treffen wir uns um sieben Uhr im Klub?«
Sie reichte ihm die Hand wie zum Abschied und drückte die seine zärtlich. »Um sieben Uhr«, flüsterte sie. An der Tür verabschiedete van Holden sich von dem Ordonnanzoffizier. Mary war ein hübsches blondes Mädchen mit einer Stupsnase und wasserhellen Augen. Eigentlich zu jung, dachte van Holden, um schon Sekretärin bei einem so bedeutenden Mann zu sein. Sie war klein und schmal und sehr zärtlich – van Holden sollte das bald erfahren.
Um sieben Uhr saß sie neben ihm an der Bar des Offiziersklubs. Sie tranken Manhattan-Cocktails. Dann aßen sie *Fried Chicken* und Maiskolben. Später gingen sie in ein Lokal, das

Mary kannte, tanzten und tranken ungarischen Wein bei Kerzenlicht. Van Holden war während des Jahres in Korea nur einmal mit einer Frau zusammen gewesen. Im Winter, nach der Gegenoffensive der UNO-Truppen, war er mit einigen anderen Frontkommandeuren für vier Tage nach Tokio geflogen worden. In der Armee hieß das *R & R – rest and recuperation:* Rast und Ruhe. Doch davon konnte wirklich keine Rede sein: Die Offiziere waren in einem der besten Hotels einquartiert worden; sie wurden von Geishas gebadet, es wurde viel getrunken, und dann folgte eben das übliche.
Als van Holden Mary später zu ihrem Apartmenthaus brachte, versuchte sie gar nicht erst, ihn an der Tür zu verabschieden.
»Phil, wollen Sie noch einen kleinen Drink vor dem Schlafengehen? Ich glaube, ich habe Scotch, Bourbon und Gin da.«
»Gerne, Mary. Ich nehme *Scotch on the rocks.*« Er schloß für sie die Tür auf.
»Soll ich die Eiswürfel holen?« fragte er, als sie eingetreten waren. Sie schüttelte den Kopf. »Nein, Phil. Das ist mein Job. Sie setzen sich jetzt gemütlich in diesen Sessel. Ich komme in ein paar Minuten mit dem Eis wieder.« Van Holden nahm die Tageszeitung, die auf dem Tisch lag, in die Hand, las sie aber nicht. Er sah sich im Raum um. Die Längswand war hellblau gestrichen, ein hübscher Hintergrund für die schwarzgerahmten Reproduktionen, die dort hingen. Der Glastisch vor ihm stand auf Messingfüßen. Eine Muranoschale, mit künstlichen Früchten gefüllt, stand darauf. Das Sofa und die Stühle, die um den Tisch standen, waren mit taubenblauem Wollstoff bezogen. Der Raum wirkte behaglich und kultiviert.
Mary kam mit dem Eis. »Verzeihen Sie, daß es länger gedauert hat, Phil. Aber ich hatte das Bedürfnis, es mir ein wenig bequem zu machen. Würden Sie die Drinks mixen? Ich nehme einen Gin Tonic.«
Mary hatte ein Negligé angezogen. Es war zartrosa, tiefdekol-

letiert, mit Spitzen besetzt und sehr, sehr durchsichtig. Nun wußte van Holden, daß Mary bereit war, auf jeden seiner Wünsche einzugehen. Er bereitete die Drinks und setzte sich neben Mary auf das Sofa. Sie tranken sich zu. Gesprochen wurde nicht mehr. Van Holden nahm Mary in die Arme und küßte sie. Sie erwiderte jeden Kuß mit Leidenschaft, und sie liebten sich auf dem kuscheligen Sofa. Dann nahm sie ihn bei der Hand und zog ihn in ihr Schlafzimmer.
»Was willst Du zum Frühstück?« fragte sie Phil am nächsten Morgen.

Auf ihrem Weg zum Pentagon setzte sie van Holden vor seiner Wohnung ab. Am Nachmittag wurde er von einer Limousine des Pentagons abgeholt und zur Andrews Airforce Base gebracht.
Seine Maschine, eine Superconstellation der US-Airforce, startete erst um zwanzig Uhr. Es waren noch einige Offiziere an Bord, und so verging der vierzehnstündige Flug – nur durch eine Zwischenlandung auf den Azoren unterbrochen – recht angenehm mit Gesprächen, Lesen, Essen und Schlafen. Die Maschine landete zuerst in Le Bourget. Dort verließ van Holden das Flugzeug; es flog mit den anderen Offizieren zum Fliegerhorst Villacoublay weiter, fünfundzwanzig Kilometer südwestlich von Paris.
Major Philip van Holden, der vor knapp zwei Wochen noch an der koreanischen Front in einer mörderischen Schlacht gestanden hatte, betrat das Rollfeld in einem englischen Flanellanzug, in der Linken eine schwarze Aktentasche, über dem Arm einen Burberry-Regenmantel, rechts trug er seinen Koffer. Er schickte sich an, zum Flughafengebäude zu gehen, da kam ein livrierter Chauffeur auf ihn zu und wollte ihm das Gepäck abnehmen. Van Holden widersetzte sich zuerst. Aber der Mann ließ nicht locker, sagte immer wieder: *»Please, please, please«*

und deutete auf einen großen schwarzen Packard, der nur einige Schritte von der Airforce-Maschine entfernt parkte.
Van Holden hatte erwartet, von einem Wagen des Militärattachés abgeholt zu werden. Er verstand deshalb nicht, was der Chauffeur und der schwarze Packard mit ihm zu tun haben sollten. Und wie waren sie auf die Landepiste gekommen? Es mußte sich um eine Verwechslung handeln.
Um die Sache zu klären, überließ er dem Chauffeur sein Gepäck und ging mit ihm zu der Limousine. Als sie sich dem Wagen näherten, stieg ein älterer Herr aus dem Fond. Seine Erscheinung verblüffte van Holden. Der Mann war groß, hager und bleich. Mit seinen traurigen schwarzen Augen und dem dunkelgrauen Anzug hätte er der wohlhabende Inhaber einer Bestattungsfirma sein können, wäre nicht das Monokel über der großen Hakennase gewesen und das Bändchen der *Légion d'honneur* im Knopfloch.
Mit leiser Stimme stellte sich der Herr als Jacques Litac vor. Er forderte van Holden auf, rechts neben ihm im Fond des Wagens Platz zu nehmen. Während der Fahrt von Le Bourget nach Paris erklärte Litac in fließendem Oxford-Englisch: »Ich sehe, Sie sind überrascht, daß Sie von mir abgeholt werden und nicht von Ihrer Botschaft, wie Sie vielleicht erwartet haben. Ich hatte den Botschafter gebeten, mir dieses Vergnügen zu gönnen. Als Beauftragter der französischen Regierung in der Angelegenheit, in der Sie hier sind, wollte ich der erste sein, der Sie in Frankreich begrüßt. Ich werde Sie als Gast der Regierung in Ihr Hotel bringen. Hatten Sie einen guten Flug, Major? Sind die Airforce-Maschinen erträglich?«
»Danke, Sir. Der Flug war recht angenehm – nicht erstklassig natürlich. Sie haben recht, Sir – ich bin überrascht, daß Sie mich abholen, aber ich muß dazu sagen: angenehm überrascht, Monsieur Litac, und ich freue mich, daß Sie mir die Ehre erweisen.«

»Sie werden müde sein, Major. Ruhen Sie sich in Ihrem Hotel aus. Haben Sie für heute abend schon etwas vor?«
Als van Holden verneinte, sagte Litac: »Dann werde ich Ihnen meinen Wagen um neunzehn Uhr schicken. Madame Litac und ich möchten Sie bitten, mit uns zu Abend zu essen.«
Der Chauffeur konnte schnell fahren, da kaum Verkehr auf den Straßen war. Viele Pariser hatten den Feiertag zu einem verlängerten Wochenende auf dem Lande benutzt. Die Stadt war wie ausgestorben. Hinter St-Denis fuhren sie den Boulevard Ney entlang über die Place de Clichy in Richtung Place de l'Etoile. Von dort waren es über die Champs-Élysées nur noch wenige Minuten bis zu van Holdens Hotel. Der Wagen bog in die Avenue George V ein und hielt vor dem Hotel gleichen Namens. Es war 15 Uhr 30 in Paris.
Litac stieg mit van Holden aus und begleitete ihn zur Reception. Er wollte sich vergewissern, daß Major van Holden auch das Zimmer bekam, das er persönlich für ihn hatte reservieren lassen.
Jacques Litac verabschiedete sich mit einem kurzen ›*à bientôt*‹.
Van Holden wurde zu seinem Zimmer geleitet. Er war von dem Glanz des Hotels beeindruckt, von der großen Halle mit ihren venezianischen Kronleuchtern, den wertvollen Teppichen, Gobelins, Bildern und Möbeln. In seinem Zimmer ließ er sich mit einem Seufzer der Befriedigung auf die Seidendecke des Doppelbetts fallen. Der Soldat genoß den ungewohnten Luxus.
Er sah dem Abend bei Litac mit Neugier, ja fast mit Spannung entgegen. Ihm fiel ein, was er im Pentagon über das Ehepaar Litac gehört hatte: Von ihm hieß es in Paris, er habe den Einfluß eines Regierungsmitgliedes – gleichgültig, welche Regierung gerade am Ruder war; sein Vermögen wurde auf über zweihundert Millionen Dollar geschätzt. Von seiner Frau Amanda wurde behauptet, sie stamme aus einem spanischen Dorf, und Litac

habe sie dort entdeckt, als er als Gast der spanischen Regierung in der Gegend zur Jagd war. Für die Pariser Boulevard- und Modeblätter aber bedeutete Amanda dieselbe Attraktion wie eine regierende Fürstin.
Als der schwarze Packard in Neuilly an der Ecke Boulevard Bineau und Boulevard du Château in die Parkeinfahrt der Villa einbog, vorbei an gepflegten Rasenflächen, die von Robinien mit ihren feinfiedrigen Blättern und von efeubewachsenen Kastanienbäumen bestanden waren, ging van Holden sein letztes Gespräch mit General Riley durch den Kopf: Waren dies bereits die Präliminarien einer Bestechung? Der Wagen hielt vor der Treppe, die zum Eingang der zweistöckigen weißgetünchten Villa führte. Im selben Augenblick öffnete sich die Haustür wie von Geisterhand – es war die Hand eines älteren Dieners in Frack und weißen Handschuhen, der van Holden durch die große Empfangshalle geleitete.
Er bat van Holden in einen kleinen Salon. Vier Herren erhoben sich, als er eintrat. Jacques Litac stellte mit seiner leisen Stimme vor: Mr. Henry Mansfield, ein amerikanischer Geschäftsmann aus New York, General Bartelotti vom italienischen Generalstab und General *en retraite* François d'Armand – »mein persönlicher Berater in militärischen Dingen«.
Bei Sherry und Whisky wurde einige Zeit belanglose Konversation gemacht. Um neun Uhr erschien Madame Litac, in einem türkisfarbenen, schulterfreien Dinnerkleid. Das großzügige Dekolleté ließ den Ansatz ihrer üppigen Brüste sehen, der raffinierte Schnitt betonte die vollschlanke Figur.
Van Holden starrte sie hingerissen an. Donnerwetter, war das eine Frau! Schwarzes Haar zu milchweißer Haut und großen dunkelblauen Augen, die durch den pechschwarzen Lidstrich exotisch wirkten. Und diese Augen waren von derselben Farbe wie das Aquamarin-Collier, das um ihren Hals lag. Nur der Lippenstift paßte nicht in diese Farbharmonie. Sein Zyklamen-

rot stand in gewolltem Gegensatz dazu.
Amanda Litac blieb der Eindruck, den sie auf Major van Holden machte, nicht verborgen. Sie reichte ihm lächelnd die Hand zur Begrüßung. Er drückte sie nur leicht, verzichtete auf den in Europa üblichen Handkuß.
»Willkommen in Paris, Major. Wir freuen uns, Sie in unserem Haus begrüßen zu können. Ich hoffe, Sie werden sich hier wohl fühlen.« Ihr Blick verwirrte van Holden. Es verschlug ihm die Stimme. Er verbeugte sich nur stumm.
»Darf ich zu Tisch bitten, meine Herren.« Amanda Litac ging voraus zu einer breiten Doppeltür, die der befrackte Diener vor ihr öffnete. Das Speisezimmer war ein ovaler Raum mit einem ovalen Tisch und Stühlen mit oval geformten Lehnen. Vorhänge, Stühle, Tischdecke – alles war in demselben Chartreusegrün gehalten. Zwei sechskerzige Silberleuchter auf der Tafel erfüllten den Raum mit sanftem Licht, das über Wände und Decke tanzte.
Van Holden, dem jüngsten unter den Gästen, wurde der Ehrenplatz angewiesen. Das Essen entsprach dem Raum: Es war superb. Bei Kaviar und Schildkrötensuppe sprach man über die Unterschiede zwischen europäischer und amerikanischer Lebensart, es ging um das Essen, das Trinken, die Art zu tanzen, die Art sich zu unterhalten.
»Wußten Sie, daß es in Amerika verpönt ist, über Politik oder Religion zu sprechen?« fragte Henry Mansfield.
»Nein«, sagte Madame Litac. »Warum?«
»Man kann deswegen sogar seine Stellung verlieren oder nicht die bekommen, die man anstrebt«, erklärte Mansfield. »Es gibt in den USA Menschen, die fanatische Anhänger einer politischen Partei oder einer Religion sind, sich aber nach außen nicht dazu bekennen. Leuten mit anderer Gesinnung zeigen sie ihr Mißfallen, indem sie ihnen Schaden zufügen, zum Beispiel im Beruf oder im gesellschaftlichen Leben.«

»Das ist aber häßlich«, sagte Madame Litac. »Doch hier in Frankreich tun wir Ähnliches schon aus geringeren Beweggründen.«
Da man nicht in Amerika war, wurde bald über Politik gesprochen, vor allem über de Gaulle, von dem man nie wußte, mit welchen Überraschungen er wieder aufwarten würde.
Der Amerikaner Henry Mansfield war van Holden auf Anhieb sympathisch. Er war um die Fünfzig, eine sportliche Erscheinung, und seine Manieren waren weder europäisch noch amerikanisch – sie waren lässig, aber höflich. Die Lachfältchen um seine Augen verrieten gute Laune und Humor.
»Wenn ich mich nicht irre, Major«, sagte Mansfield, »standen Sie vor zwei Wochen noch als Kommandeur eines Panzerbataillons in Korea. Würden Sie uns davon etwas erzählen?«
»Was möchten Sie hören? Meine Erfahrungen als Soldat oder meine Meinung über den ganzen Koreakrieg?«
»Sprechen Sie über das, was Sie interessant finden.«
»Nun, über meine Erfahrungen als Soldat kann ich vor allem sagen, daß ich seit dem Zweiten Weltkrieg als Offizier der Panzerwaffe in Korea eine Menge dazulernen konnte. Wir mußten unsere Taktik im gebirgigen Korea gegen einen zahlenmäßig überlegenen Feind radikal ändern. Zum Beispiel haben wir aus Berggipfeln mit unseren Panzern wahre Festungen gemacht. Und in enge Täler sind wir mit Panzern gezielt eingedrungen, auch wenn der Feind die Hänge auf beiden Seiten beherrschte. Ohne Flankenschutz wäre das im Zweiten Weltkrieg noch undenkbar gewesen. Auch mit Straßensperren und Minen konnte der Gegner unser Vordringen nicht verhindern.
Meine allgemeine Meinung über den Krieg, den die Vereinten Nationen in Korea führen, ist die: Er soll der Welt zeigen, daß einem militärischen Überfall eines stärkeren Landes auf ein schwächeres mit entschiedenem Widerstand begegnet wird. Er soll ein Zeichen sein für die Menschen in Berlin und überall

dort, wo die Kommunisten ihre Expansionspolitik verfolgen möchten. Übrigens, ein französisches Freiwilligen-Bataillon hat Seite an Seite mit uns in Korea gekämpft und sich durch seine Tapferkeit besonders ausgezeichnet.«

»Bravo!« sagte Litac leise. Auch General Bartelotti zollte van Holdens kurzer Rede Beifall. General d'Armand wiegte den Kopf bedächtig hin und her:

»Panzer auf Berggipfeln – das kann doch nicht wahr sein. Die könnte man doch abschießen wie Spatzen auf dem Dach.«

»Sie müssen umlernen, *mon cher général*«, sagte Litac gutmütig. »Sie sind noch von der alten Schule.«

»Militärisch gesehen gibt es zweierlei Gipfel, General«, erklärte van Holden. »Es gibt den topographischen Gipfel, das ist die Bergspitze, an die Sie wohl gedacht haben. Und es gibt den sogenannten militärischen Bergkamm, der etwa fünfzig oder hundert Meter unterhalb des Gipfels um den Berg verläuft. Dort hatten wir unsere Panzer plaziert, teils getarnt, teils eingegraben. Sie waren kaum zu sehen.«

»Danke, Major. Jetzt verstehe ich besser, was Sie zuerst meinten. Können Sie mir sagen ...« Amanda Litac unterbrach General d'Armand: »Jetzt bitte Schluß mit militärischen Gesprächen, solange ich noch bei Ihnen bin. Darüber können Sie später sprechen oder morgen oder in den nächsten zwei Wochen.«

Der Diener, flankiert von zwei Mädchen, brachte das Hauptgericht, einen Lammbraten.

»Was mich interessiert, Major van Holden«, fuhr Amanda Litac fort, als sie sich von der Silberschüssel bediente, »kennen Sie eigentlich Paris? Falls nicht, dann sollten Sie unsere schöne Stadt nicht nur kennenlernen, sondern auch wirklich erleben. Sie werden doch etwas freie Zeit haben?«

Die Frage war mehr an ihren Mann gerichtet als an van Holden, und es war auch Litac, der darauf antwortete:

»Mit Sicherheit, Amanda. Major van Holden wird in den zwei

Wochen in Paris zwar viel zu tun haben. Er wird aber genügend Zeit finden, sich in unserer Stadt umzusehen. Waren Sie schon einmal in Paris, Major?«

»Ich bin das Produkt eines holländischen Vaters und einer Mutter, die aus Österreich stammte – aus dem alten Österreich, zu dem auch noch die Tschechoslowakei gehörte. Als Kind haben meine Eltern mich einmal auf eine Frankreichreise mitgenommen – auch nach Paris. Die Eindrücke von damals sind natürlich inzwischen recht verblaßt. Ich erinnere mich nur noch an den Eiffelturm und daß ich im Restaurant Fouquet zum Entsetzen der Kellner den Kaffee meines Vaters ausgeschüttet habe. Auch an unser Hotel erinnere ich mich. Es war ein kleines Hotel. Ich glaube, es hieß Hotel de la Trémoille.«

»Das gibt es heute noch«, sagte General d'Armand und nahm sich von den frischen Walderdbeeren, die der Diener eben herumreichte. »Es ist ein vornehmes, ruhiges Hotel.«

»Das ist nicht viel, Major.« Madame Litac ergriff ihr Rotweinglas und trank zuerst van Holden, dann den anderen Herren zu:

»Ich trinke auf einen erfolgreichen Aufenthalt in Paris, Major van Holden. Wenn Sie wünschen, stelle ich Ihnen meinen Wagen mit Chauffeur für das kommende Wochenende zur Verfügung.« Sie erhob sich: »Kaffee und Cognac werden in der Bibliothek serviert, meine Herren.«

Den Kaffee nahm Madame Litac noch mit den Gästen ein. Dann verabschiedete sie sich: »Ich werde Sie jetzt allein lassen. Ich muß morgen vormittag zu einer Wohltätigkeitsveranstaltung. Als Vizepräsidentin kann ich mich wohl nicht davor drücken. Noch einen schönen Abend, meine Herren.«

Als sie van Holden die Hand reichte und er sich für den Abend bedankte, sagte sie:

»Major, ich weiß noch nicht, welche Pläne ich für das Wochenende habe. Aber wenn ich Zeit habe und es Ihnen recht ist,

würde ich mich gern als Fremdenführerin zur Verfügung stellen und Ihnen Paris zeigen. Oder fahren Sie lieber allein herum? Mein Chauffeur könnte Ihnen einiges erklären, nur spricht er nicht gut englisch.«
»Es wäre mir eine besondere Freude und Ehre, wenn Sie mir ein wenig von Ihrer Zeit opfern würden, Madame.«
»Gut. Dann gebe ich Ihnen morgen im Lauf des Vormittags Bescheid. *Bonne nuit*, Major.«
Sie hatte, während sie mit van Holden sprach, seine Hand nicht losgelassen. Und ehe sie ging, schenkte sie ihm wieder einen langen Blick, der diesen erneut verwirrte.
Die Männer setzten sich in bequeme Ledersessel. Jacques Litac hatte den Diener entlassen und bot selber Armagnac und einen Croizet Fine Champagne Bonaparte Cognac an.
»Sie werden müde sein, Major, und wir wollen Sie nicht mehr lange in Anspruch nehmen. Ich möchte nur den Toast meiner Frau wiederholen.« Er trank dem Major zu.
»Wie Monsieur Litac bereits angedeutet hatte«, sagte General d'Armand und setzte sein Glas auf den Tisch, »werden wir in Paris noch etwa zwei Wochen verbringen, um uns auf Rom vorzubereiten. Montag vormittag neun Uhr dreißig wird Sie ein Wagen abholen und in unser Büro bringen. Wir wollen zuerst nur über unsere Tätigkeit während der nächsten beiden Wochen sprechen: Wie wir in Rom vorgehen sollen, was wir benötigen werden, was wir anbieten können. Dank Monsieur Litacs Verbindungen und dank General Bartelottis Vorarbeiten beim italienischen Generalstab ist uns der Weg in Italien bereits etwas geebnet.«
Bartelotti wandte ein: »Ganz einfach wird es trotzdem nicht gehen. Es gibt eine Reihe von Herren in der italienischen Regierung – im Verteidigungs- und im Außenministerium und im Generalstab –, die wir noch nicht für die AMX-Panzer gewonnen haben. Es wird in Rom noch viel zu tun geben für uns.«

Litac räusperte sich. Er nahm einen Schluck aus seinem Glas: »Meine Herren, vergessen Sie bitte nicht, daß der Major zwei Aufgaben in Paris hat und daß die eine vor der anderen erledigt werden muß. Ich habe mir erlaubt, Major, im Einvernehmen mit General Ridgway Ihren ersten von möglicherweise zwei Vorträgen über die Arrow-Rakete, die Sie vor dem NATO-Stab halten werden, auf Mittwoch um zehn Uhr in Rocquencourt anzusetzen. Sind Sie damit einverstanden ?«

»Natürlich, Monsieur Litac. Ich habe diesen Vortrag vorbereitet und kann ihn jederzeit halten. Allerdings wußte ich nur von einem Vortrag. Warum wurden zwei angesetzt? Ein zweiter war nur für zwanglose Besprechungen gedacht.«

»Der zweite muß kein Vortrag sein. Er kann auch ganz wegfallen, falls in der Frage- und Antwortzeit nach Ihrem Vortrag am Mittwoch alle Fragen beantwortet werden können. Der SACEUR hat Ihnen Colonel Percy zur Verfügung gestellt und sein persönliches Erscheinen angesagt. Können wir Ihnen vorher in irgendeiner Weise behilflich sein?«

»Danke nein, Monsieur Litac. Ich habe alle grafischen Darstellungen, die zur Erläuterung nötig sind, im Pentagon anfertigen und an Ihr Büro schicken lassen. Ich nehme an, das Paket ist inzwischen angekommen. Es wurde mit Kurier über unsere Botschaft gesandt.«

»Ja, es ist da«, bestätigte General d'Armand.

»Darf ich Ihnen in bezug auf diesen Vortrag noch etwas sagen, Major?« Jacques Litac war aufgestanden.

»Ich bitte Sie darum, Monsieur.«

»Ich weiß nicht, ob das Pentagon Sie ins Bild gesetzt hat. Es geht nicht nur darum, dem NATO-Stab mit Ihrem Vortrag einen Gefallen zu erweisen. Es geht auch darum, daß Sie die Bekanntschaft dieser Offiziere machen. Mit hoher Wahrscheinlichkeit handelt es sich um dieselben Leute, mit denen wir – und auch Sie – später über die AMX-Serie verhandeln müssen. Und es geht darum, daß mein Werk, die SEP, den Auftrag erhält, die Arrow-Rakete in Europa herzustellen. Wir wollen sie als Bordwaffe der AMX-Panzer, der zukünftigen Hauptkampfpanzer der NATO, unseren Alliierten anbieten. Bitte, behalten Sie diese Ziele im Auge, wenn Sie am Mittwoch mit den NATO-Leuten sprechen.«

Henry Mansfield hatte seit dem Essen kein Wort gesagt. Er war beeindruckt von der Sicherheit, mit der der junge Offizier in dieser Gesellschaft auftrat. Er gefiel ihm.

»Wenn ich richtig informiert bin, Major van Holden, sprechen Sie mehrere Sprachen, darunter Französisch und Italienisch.«

»Ja, das stimmt. Ich bin zwar etwas außer Übung, aber nach ein paar Tagen in Frankreich und Italien werde ich mich schon verständigen können. Erlauben Sie, daß ich mich jetzt in mein Hotel zurückziehe, Monsieur Litac? Ich glaube, mir fallen die Augen zu.«

Im Hotel begab sich van Holden trotz seiner Müdigkeit nicht sofort zu Bett. Er ging in die Hotelbar und bestellte einen Scotch, um nach all den neuen Eindrücken – zu denen nicht zuletzt Amanda Litac gehörte – ein wenig innere Ruhe zu finden. Vor zwei Wochen hatte er noch die Nächte in einem Schlafsack unter seinem Panzer verbracht, und die Granateinschläge hatte er gar nicht mehr gehört, weil er todmüde war, so wie jetzt. Seine Gedanken gingen zurück zu seinem Bataillon, zu den Kameraden, die er von einem Augenblick auf den anderen verloren hatte, die verwundet wurden oder gefallen waren. Er dachte an seinen Freund Swede, den Exec. Wie es ihm wohl ging? Sicherlich planten die Chinesen einen neuen Angriff, nach der schweren Schlappe, die sie am Imjin-Fluß erlitten hatten.

Er sah sich in der eleganten Bar unter Leuten sitzen, die nicht wußten und auch nicht wissen wollten, was sich zur gleichen Zeit in Korea abspielte. Vor zwei Wochen noch hatte er mit der

Präzision des Berufssoldaten töten lassen oder selbst getötet. Er dachte an Morwicki und an die anderen Veteranen, die die Stütze des Bataillons waren. Würden sie heil nach Hause kommen? Er wäre jetzt gern bei ihnen gewesen und hätte die Gefahr mit ihnen geteilt. Und er wünschte, er hätte als Kommandeur mehr für seine Leute getan.

Jacques Litac hatte seine Gäste verabschiedet und stieg nun die Treppe zu den Schlafräumen im ersten Stock hinauf. Amanda und er hatten getrennte Schlafzimmer; dazwischen lag ein kleiner Ankleidesalon. Als er eintrat, saß Amanda noch vor ihrem Toilettentisch. Sie war gerade mit dem Abschminken fertig. Litac zog sein Jackett aus und hängte es über den ›Stummen Diener‹. Dann vertauschte er die Schuhe mit Pantoffeln und setzte sich in einen der Louis-Seize-Stühle.

»Wie gefällt dir unser junger Freund aus Amerika, Amanda?« fragte er beiläufig.

»Gut«, antwortete sie und hängte ihren Morgenrock auf. »Er sieht gut aus und ist wohlerzogen. Er wirkt gar nicht amerikanisch.«

»Wußtest du, daß er einer der tapfersten Offiziere der amerikanischen Armee ist?«

»Es ist oft so, daß gerade diese Typen ihr Heldentum nicht zur Schau tragen. Nicht wahr, *chéri?«*

»Mir gefällt er auch. Ich will versuchen, ihn für unsere Zwecke zu gewinnen. Vielleicht biete ich ihm eine Stellung an.«

»François d'Armand wird das nicht gern sehen.«

»François soll froh sein, wenn er seinen Posten behalten kann. Wirst du van Holden morgen die Stadt zeigen?«

»Ja. Ich wollte nur nicht gleich allzu eifrig erscheinen. Hast du was dagegen?«

»Im Gegenteil, Liebling. Wenn du ihn in meinem Sinne beeinflussen kannst, wenn du ihn dazu bringst, daß er bei diesem

Geschäft in erster Linie die französischen Interessen berücksichtigt, dann bekommst du von mir ein Geschenk. *Compris?*«

»Du brauchst mich nicht so zu verwöhnen, Jacques. Ich würde es auch ohne Geschenk für dich tun. *Bonne nuit, chéri.*«

Sie küßte ihn auf die Stirn und zog sich in ihr Schlafzimmer zurück.

Van Holden hatte ihr weit besser gefallen, als sie ihrem Mann eingestanden hatte. Sie freute sich darauf, mit ihm allein zu sein, und war neugierig, was sich daraus entwickelte. Was wohl Jean-Pierre dazu sagen würde, der junge Brigadegeneral? Wird er eifersüchtig sein? Natürlich! Wie sonderbar: Er war es, dem sie es zu verdanken hatte, daß der Amerikaner nach Europa geschickt worden war. Es war der Wunsch ihres Mannes gewesen, und der junge General hatte dafür gesorgt, daß der Wunsch erfüllt wurde. Dafür wurde er bezahlt und belohnt. Bezahlt von Jacques Litac, belohnt von Amanda Litac.

Ob der Amerikaner sich verführen ließ? Undenkbar, daß er ihr widerstehen könnte. Manchmal dauerte es länger, das war dann besonders aufregend.

Wenn sie erreichte, was Jacques Litac von ihr wünschte, dann würde er sie großzügig beschenken. Ein teures Schmuckstück? Ein neuer Pelzmantel? Ein neues Auto? Für Jean-Pierre de Bartholomy hatte sie die ›rote Garnitur‹ bekommen: Ohrringe, Brosche und zwei herrliche Armreifen mit Rubinen und Brillanten. Sie öffnete den kleinen Safe in der Wand, entnahm ihm eine Schmuckschatulle und ließ die rote Garnitur zärtlich durch die Finger gleiten. Wie eine Liebkosung war es.

Jetzt fehlte ihr nur noch ein grünes Set, ein Set aus Smaragden. Ja, für den Amerikaner würde sie sich ein Smaragd-Set wünschen. Von Harry Winston hatte sie vor kurzem eines für einen Abend geliehen bekommen, damit sie für ihn Reklame machte. Dieses Set würde sie sich wünschen, wenn Harry es noch hatte.

11. Kapitel

Paris – Dijon

Als van Holden am nächsten Morgen um halb zehn Uhr sein Frühstück bestellte, sagte ihm das Mädchen in der Zentrale, daß ein Anruf für ihn gekommen sei: Madame Litac bitte um Rückruf.

»*Allo, Major*«, begrüßte ihn Amanda am Telefon. »Haben Sie ausgeschlafen? Ich habe mich doch vor der Wohltätigkeitsveranstaltung drücken können. Es ist ein wunderschöner Tag heute, und ich wollte Sie fragen, ob Sie nicht ein bißchen mit mir herumfahren möchten?«

»Aber gerne, Madame.«

»*Bon.* Dann hole ich Sie gegen elf Uhr ab. Okay, Major?«

»Okay, Madame. Bis dann.«

Amanda Litac hatte ihren eigenen Chauffeur und ihren eigenen Wagen, einen silbergrauen Rolls-Royce. Sie trug ein kittfarbenes Hemdblusenkleid aus fließendem Crêpe de Chine. Über die Manschetten hatte sie – als reizvollen Gegensatz zu dem einfachen Kleid – kostbare Armreifen, mit Rubinen und Diamanten besetzt, gestreift. Die Ohrklipse und die Brosche auf dem runden, schmalkrempigen Hütchen paßten zu den Armreifen, farblich dazu abgestimmt waren das rubinrote Seidenband um den Hut und der breite Ledergürtel.

»Hier, Major, sehen Sie meine Hausaufgabe.« Amanda zog einen Zettel mit ihrem Zeitplan aus der Tasche. »Jacques hat mir gesagt, Sie bleiben zwei Wochenenden in Paris, dieses und das nächste. Sie sollten die Zeit vernünftig nützen, und ich möchte Ihnen dabei helfen. *D'accord?«*

»*D'accord, Madame«*, antwortete van Holden lachend.

»Also für heute, *cher Major«*, fuhr Amanda fort, »ist folgendes Programm vorgesehen: eine halbe Stunde Rundfahrt durch die Stadt. Am Wochenende ist wenig Verkehr – wir werden viel sehen. Dann der Eiffelturm und danach Lunch bei Fouquet. Wir wollen doch sehen, ob der Kaffeefleck noch da ist! Nach dem Lunch fahren wir in den Bois de Boulogne und gehen ein bißchen spazieren. Von dort sind es fünf Minuten bis zu uns nach Hause, wo wir im Garten Kaffee trinken. Und da können wir uns überlegen, ob wir Lust haben, noch mehr zu sehen. Wie gefällt Ihnen das?«

»Sehr gut, Madame! Aber darf ich Sie so sehr in Anspruch nehmen? Sie haben doch sicherlich andere Verabredungen, die Sie einhalten müssen?«

»Das muß ich nur, wenn ich es will. Ich kann mich auch völlig freimachen. Der Haushalt läuft von selber, und mein Mann lebt in erster Linie für seinen Beruf – nur abends verlangt er gelegentlich, daß ich meinen gesellschaftlichen Verpflichtungen nachkomme. Meine Freunde und ihr Gesellschaftsleben – das alles dreht sich mehr um mich. Ich schalte sie nach Belieben aus – so wie heute. Machen Sie sich also deswegen keine Gedanken.« Sie lächelte ihm halb beruhigend, halb kokett zu. »Es ist nicht schierer Altruismus, wenn ich Ihnen Paris zeige.«

Sie fuhren über die Place de la Concorde, und Amanda zeigte ihm den Obelisk und die Tuilerien. »Ganz am Ende sehen Sie den Louvre – um den kommen Sie nicht herum, Major. Es wäre eine Schande, wenn Sie in Amerika gestehen müßten, Sie hätten die Mona Lisa nicht gesehen.« Sie fuhren über die Seine, vorbei an der Chambre des Députés und dem Invalidendom. »Da liegt ein berühmter Kollege von Ihnen begraben.«

Van Holden lachte: »Welch ein Vergleich, Madame!«

Sie fuhren mit dem Aufzug zur obersten Aussichtsplattform

des Eiffelturms. Amanda schien sich wie ein Kind zu freuen. Van Holden war angenehm überrascht von diesem Wandel – das war ja gar nicht mehr die große Dame vom Abend zuvor! Was war nun ihr wahres Wesen? Eifrig zeigte sie ihm die wichtigsten Straßen und Gebäude, die tief unter ihnen lagen. »Sehen Sie die großen Boulevards? Die sind das Werk des Baron Haussmann, der im Auftrag Napoleons III. das moderne Paris gebaut hat. Nur die wenigsten wissen, daß der Bau dieser breiten Straßen auch der Arbeitsbeschaffung gedient hat und bei Aufständen den Barrikadenbau unwirksam machen sollte«, fügte sie mit einem plötzlich sarkastischen Unterton hinzu. »Aber jetzt zum Lunch. Auf zu Fouquet!«

Der Chauffeur hatte die Eintrittskarten für den Eiffelturm gelöst – aber wie wird das bei Fouquet sein, einem der teuersten Restaurants von Paris? dachte van Holden etwas besorgt. Der Tagessatz, den ihm das Pentagon gewährte, war in solchen Lokalen schnell ausgegeben.

Seine Frage beantwortete sich von selbst. Sie betraten nicht einfach das Restaurant: Es war ein Einzug! Der Maître d'hôtel ließ alles stehen und liegen, als Madame Litac erschien. Die Kellner standen Spalier, während sie an ihnen vorbeirauschte. Das Essen mußte im voraus bestellt worden sein, denn es wurde sofort nach dem Apéritif aufgetragen. Es war leicht und hervorragend. Wie hätte unter diesen Umständen ein so unwürdiger Vorgang stattfinden können wie das Vorlegen und das Bezahlen einer Rechnung. Niemals! Man stand auf und verließ das Lokal unter den Verbeugungen der Angestellten und des Maître d'hôtel, der die Rechnung an das Büro von Monsieur Litac schicken wird – entsprechend gepfeffert, *ça va sans dire*.

Sie fuhren nicht direkt zum Bois de Boulogne, sondern auf Umwegen, um mehr von der Stadt zu sehen. Als sie nach einem halbstündigen Spaziergang im Bois in der Villa Litac ankamen, wurden ihnen Kaffee und Petit fours im Park unter einem gro-

ßen Sonnenschirm serviert.
»Möchten Sie heute noch etwas sehen?« fragte Amanda.
»Ich glaube, für heute ist es genug, Madame. Ich kann die vielen Eindrücke sonst gar nicht mehr auseinanderhalten. Auch will ich Sie nicht zu sehr in Anspruch nehmen.«
»*Bon.* Dann machen wir morgen weiter. Auf dem Programm stehen Versailles und Malmaison. Ich brenne schon darauf, Ihnen das dreihundert Jahre alte Schlößchen zu zeigen, das Joséphine nach ihrer Hochzeit mit Bonaparte gekauft hat. Die Dekoration, die Möbel, die Kunstgegenstände und der Rosengarten sind exquisit. Die Erinnerung an Joséphine ist in dieser friedvollen Residenz noch ganz lebendig. Und auf dem Rückweg in die Stadt fahren wir zum *Marché aux Puces* – dem Flohmarkt.«
Der Diener rief Madame Litac ans Telefon. Als sie zurückkam, sagte sie: »Mein Mann hat gerade angerufen. Er möchte heute abend mit Ihnen im Maxim dinieren. Er bringt noch einen Herrn mit, dem er Sie vorstellen möchte. Sagen Sie zu, Major, sonst ist er enttäuscht, und ich muß dann seine schlechte Laune ertragen.«
»Das darf natürlich auf keinen Fall geschehen. Eine Einladung ins Maxim ist keine Strafe. Ich nehme sie gern an. Das Maxim war für mich schon immer Inbegriff höchster kulinarischer Kultur. Aber leider eben nur ein Begriff. Für einen armen Major der US-Armee ist so ein Drei-Sterne-Restaurant unerschwinglich. Ich werde Sie jetzt verlassen, Madame. Auf Wiedersehen.«
Amanda Litac blieb noch eine Weile im Garten sitzen. Sie hatte ihren Hut abgenommen und dachte über ihr Leben nach. Es war kein übles Leben, abgesehen davon, daß sie ihren Mann nicht liebte, ja manchmal sogar verabscheute; zum Beispiel wenn er seine geschäftlichen Interessen über alles andere stellte, sie in seine Machenschaften einbezog und von ihr Dinge ver-

langte, die ihr widerstrebten.
Andererseits hatte sie alles, was sich eine Frau wünschen konnte: Kleider, Schmuck, sogar Macht. Ihr Vater war vor zwei Jahren in Spanien an der Schwindsucht gestorben. Ihn hatte sie geliebt, nicht aber ihre Mutter, die noch in dem kleinen Dorf in Spanien lebte – gut versorgt von Litac –, mit der sie jedoch so gut wie keinen Kontakt hatte. Die alte Frau war bigott und verurteilte das elegante Leben ihrer Tochter in Paris. Sie hatte es als eine Gotteslästerung empfunden, daß die Tochter ihren Namen Maria-Amanda verkürzte, indem sie den heiligen Namen Maria fallenließ und sich nur noch Amanda nannte – die zu liebende, die Geliebte.
Wirkliche Freundinnen hatte Amanda in Paris nicht. Nur gesellschaftlich ambitionierte, mit ihrem Besitz beschäftigte Frauen gab es in ihrem Kreis, die sich gegenseitig mit ihren neuesten Errungenschaften zu übertrumpfen suchten. Diese Frauen langweilten Amanda nach einiger Zeit. Sie war lieber mit Männern zusammen, sofern sie klug, witzig, mutig oder nur einfach schön waren. Eine dieser Eigenschaften genügte ihr. Den Supermann, der alle besaß, gab es nicht. Das wußte sie. Aber eines verlangte sie, wenn sie mit einem Mann das Bett teilte: Er mußte auf seine Art eine Persönlichkeit sein.
Dieser Amerikaner gefiel ihr. Seine gelassene, höfliche Art, sein Auftreten Männern gegenüber, vor denen andere zitterten, und nicht zuletzt sein gutes Aussehen hatten Eindruck auf sie gemacht. Der Diener unterbrach sie in ihren Gedanken. Jean-Pierre war am Telefon.
»Amanda – du hast auf meine Anrufe nicht zurückgerufen! Es ist jetzt fast eine ganze Woche her, seit wir uns das letzte Mal gesehen haben. Was ist denn los?«
»Nichts, Jean-Pierre. Im Moment habe ich keine Zeit für dich. Das ist alles. Mein Mann hat mir einige Aufgaben übertragen, und die beschäftigen mich jetzt. Ich werde dich anrufen, sobald

ich wieder kann.«
»Betrügst du mich?«
»Nein, *chéri*. Noch nicht.«
»Mit solchen Dingen scherzt man nicht, Amanda! Hörst du?«
»Aber, aber, Jean-Pierre, du wirst doch nicht sentimental werden! Das kann ich nicht leiden. Also warte, bis ich dich anrufe.«
»Ich liebe dich, Darling.«
»Sollst du auch, Jean-Pierre. *Au revoir.*«
Amanda legte den Hörer auf. Jean-Pierre ist ein netter Junge, dachte sie. Und leidenschaftlich. Aber jetzt muß er warten. Nach Rom werde ich ihn vielleicht wiedersehen. Vorher kaum.

Van Holden fand das Essen bei Maxim's hervorragend, die Gesellschaft jedoch langweilig. Der Mann, den Jacques Litac mitgebracht hatte, war ein alter Herr, ein Maréchal im Ruhestand, mit dem Litac sich wahrscheinlich aus Eitelkeit gern zeigte. Er war halbtaub, halbblind und wiederholte sich ständig. Er redete die ganze Zeit und verdarb einem die Stimmung.
Der Sonntag mit Amanda in den prachtvollen Schlössern von Versailles und Malmaison war für van Holden ein unvergeßlicher Tag. Amanda gestand ihm, daß sie sich vor dem Besuch der Schlösser in deren Geschichte eingelesen hatte. Geschichte oder Kunstgeschichte – das wäre es, was sie gerne studiert hätte, sagte sie.
»Warum tun Sie es jetzt nicht?« fragte van Holden.
»Dazu bin ich durch meinen Mann denn doch zu sehr in Anspruch genommen. Und wenn ich etwas tue, dann tue ich es ganz.«
Den Sonntagabend verbrachte van Holden allein. Er wolle sich auf den ersten Arbeitstag in Litacs Büro vorbereiten, hatte er erklärt, und Amanda hatte, heiter drohend, eingewilligt: »Aber die Bistros, Boîtes und Klubs in Paris werden Ihnen nicht er-

spart bleiben, Major! Ich werde Ihnen alle zeigen, die ich besonders gern mag.«

Ein Citroën mit einem Angestellten Litacs am Steuer holte van Holden um 9 Uhr 30 vom George V ab. Die Büros der Firmen CFA und SEP sowie Litacs zahlreicher Berater und deren Sekretärinnen waren in einem vierstöckigen Gebäude am Boulevard Haussmann 126 untergebracht.
Die Fahrt dauerte nur wenige Minuten. Van Holden beschloß, in Zukunft zu Fuß zu gehen. Durch eine Einfahrt gelangten sie in einen Hof, in dem ein Dutzend teurer Autos stand. Ein Portier in Uniform öffnete eine große Glastür zu einem Treppenhaus, das mit einem roten Teppich ausgelegt war. Im Hochparterre befanden sich die Direktionsräume. Von dort brachte einen ein Aufzug in die oberen Stockwerke, zu den Arbeitsplätzen der Firmenangestellten.
Am Ende eines Salons mit einem herrlichen Aubusson-Teppich – beides hätte auch einer Madame de Staël Ehre gemacht – saß eine Empfangsdame. Sie thronte dort so vornehm, war so elegant gekleidet und empfing für gewöhnlich die Besucher so gebieterisch, daß jeder das Gefühl hatte, sich vor ihr verbeugen zu müssen. Als van Holden auf sie zuschritt, geschah etwas in diesem Raum Außergewöhnliches: Die Dame stand auf, kam ihm entgegen und reichte ihm die Hand:
»Sie sind Major van Holden, nicht wahr? Ich bin Madame de Brissac, Anne-Louise de Brissac, Monsieur Litacs Chefsekretärin. Mein Bruder war ein Jahr in Korea und hat viel von Ihnen erzählt. Ich bin entzückt, Ihre Bekanntschaft zu machen, *mon commandant.*«
Van Holden war von diesem Empfang überrascht. Die Frau, Mitte Dreißig, war schön – eine gallische Schönheit mit ihrer leicht gebogenen, schmalen Nase, dem schmalen Gesicht und dem dunkelblonden, hochgesteckten Haar.

»Ich bringe Sie zu Monsieur Palmer, er möchte Sie kennenlernen.«
Sie führte van Holden durch mehrere Räume, die mit ihren antiken Möbeln, den Gobelins und Gemälden an den Wänden eher Museumssälen als Büros glichen. In einem kleinen Raum, in dem gerade ein Schreibtisch noch Platz gefunden hatte, saß hinter Papierstößen ein junger blonder Mann mit einem etwas zu hübschen und zu weichen Gesicht.
»Ah, Major van Holden«, begrüßte er van Holden und beeilte sich, seinem Besucher entgegenzugehen. Van Holden bemerkte, daß er klein und schmächtig war und eine feuchte Hand hatte.
»Ich freue mich, Sie kennenzulernen. Ich bin Marcel Palmer, der Schwiegersohn von Monsieur Litac und so etwas wie sein Privatsekretär. Bitte setzen Sie sich doch.«
Van Holden zwängte sich in ein vergoldetes Sesselchen in der Ecke des Zimmers. Marcel Palmer setzte sich vor ihm auf die Schreibtischkante. »Ja, ich bin sein Privatsekretär, das kann man wohl sagen«, fuhr Marcel Palmer ein wenig wichtigtuerisch fort. »Ich erledige seine persönlichen Wünsche: Reservierungen in Restaurants und Theatern, ich schreibe Einladungen, et cetera, et cetera. Meine Frau ist leider nur selten in Paris. Sie ist lieber in New York und Beverly Hills. Aber dorthin kann ich natürlich nicht mit, meiner Arbeit wegen. Ich kann doch Jacques nicht im Stich lassen.«
»Nett, Sie kennenzulernen, Monsieur Palmer. Aber ich glaube, ich muß jetzt anfangen zu arbeiten. Können Sie mich zu General d'Armand bringen?«
»Aber mit Vergnügen, *mon commandant.*« Marcel Palmer sprang auf die Füße und öffnete die Tür mit einer einladenden Geste. Er sprach unentwegt, als er van Holden durch eine Flucht weiterer Räume zu General d'Armands Büro führte.
»Also, bis später dann«, verabschiedete er sich und winkte im

Rückwärtsgehen, bis er fast über einen Stuhl gefallen wäre.
»Auf Wiedersehen«, erwiderte van Holden, etwas verblüfft über diesen Auftritt.
»Nehmen Sie es Marcel nicht übel«, sagte General d'Armand, als er van Holden aufforderte, sich zu setzen. »Er ist übereifrig in seinem Bestreben, jedem gefällig zu sein. Haben Sie das Wochenende angenehm verbracht?«
»Ja, danke!« Van Holden hatte General d'Armand gegenüber ein ungutes Gefühl, hätte aber nicht sagen können, weshalb. Vielleicht war es der lauernde Blick des Generals. Hinter der harmlosen Frage spürte van Holden ein unverhohlenes Interesse an seinen Ausflügen mit Madame Litac.
»Darf ich fragen, General d'Armand, ob außer den Tabellen für meinen Vortrag weitere Unterlagen über die Arrow-Rakete aus Kalifornien oder Washington eingetroffen sind?«
»Soviel ich weiß, nicht, Major.«
»Dann möchte ich Sie bitten, Washington anrufen zu dürfen. Ich muß wissen, ob ich mit diesen Berichten noch für meinen Vortrag rechnen kann.«
Armand griff zum Telefon. »Ich möchte ein Blitzgespräch anmelden.«
Einige Minuten später war General Cobb in Washington am Apparat. »Es tut mir leid, Major. Die Berichte aus Kalifornien werden Sie nicht rechtzeitig bekommen. Captain O'Leary ist einem bedauerlichen Unfall zum Opfer gefallen. Er wurde durch einen elektrischen Schlag in seiner Badewanne getötet. Die Ermittlungen sind noch im Gange, doch ist man sicher, daß es ein Unfall war. Und Dr. Feldner ist so erschüttert, daß er gebeten hat, die Tests um eine Woche zu verschieben; er ist zu seiner Familie zurückgekehrt.«
Van Holden war einige Sekunden unfähig zu sprechen. Dann bedankte er sich für die Auskunft und legte den Hörer auf. Zu General d'Armand, der ihn während des Anrufs scharf beob-

achtet hatte, sagte er: »Es werden keine zusätzlichen Berichte kommen.«
»Schade«, sagte d'Armand. »Je mehr Daten wir den NATO-Offizieren über die Arrow-Rakete hätten liefern können, desto überzeugender hätten wir die AMX-Serie anbieten können.«
»Sprechen Sie nicht so vorschnell im Konjunktiv, General. Der Vortrag wird auch so ein Erfolg sein.«
Die scharfe Bemerkung dem Ranghöheren gegenüber war van Holden unbedacht entschlüpft. Aber er war von O'Learys Tod sehr betroffen, und die Bemerkung des Franzosen hatte ihn gereizt. Van Holden entschuldigte sich nicht.
»Wo darf ich mich niederlassen, General? Ich möchte mich für den Vortrag vorbereiten.«
»Hier nebenan«, sagte d'Armand, noch verdutzt wegen van Holdens heftiger Antwort. »Bitte folgen Sie mir. Meine Sekretärin sitzt ein Zimmer weiter. Sie steht Ihnen jederzeit zur Verfügung.« Er öffnete die Tür zum nächsten Raum und stellte van Holden dem Mädchen flüchtig vor.
»Hier ist die Rolle, die aus Washington gekommen ist. Ich überlasse Sie nun sich selbst, Major van Holden. Lassen Sie es mich wissen, wenn ich etwas für Sie tun kann.«
Van Holden war froh, allein zu sein. Er starrte zum Fenster hinaus, auf die grünen Bäume des Boulevard Haussmann. Von weit her drang der Lärm der Straße zu ihm. Aber ganz nahe vor sich sah er die riesige Gestalt von Captain O'Leary, sein freundliches Gesicht, sein Lächeln. Er hörte, wie er im Armeeslang sagte: ›Schon gut, alter Junge. Es war TS – *tough shit* – Pech‹.
Van Holden schüttelte den Kopf, um die Vision zu verscheuchen. Mein Gott, wie schnell konnte so etwas geschehen! Dann wollte er die Rolle öffnen, um die Tabellen herauszunehmen. Er bemerkte, daß sie bereits geöffnet worden war. Das konnte nur d'Armand gewesen sein. Denn die Rolle war mit diploma-

tischer Post gekommen, also von einem Kurier der Botschaft gebracht worden und nicht mit dem normalen Posteingang. Eine Frechheit – aber ohne Belang, denn d'Armand hätte den Inhalt ohnehin erfahren.
Van Holden arbeitete den Vormittag durch. Zu Mittag stahl er sich weg – er wollte niemanden sehen. O'Learys Tod beschäftigte ihn noch immer. Er setzte sich in ein Straßencafé, kaufte sich eine Herald Tribune und aß einen leichten Lunch. Er dachte an Dr. Feldner, den freundlichen, aber empfindlichen Wissenschaftler, der sich den Tod O'Learys offenbar so zu Herzen genommen hatte, daß er nicht imstande war, weiterzumachen. Die Berichte, die die beiden ausarbeiten sollten, beruhten auf seinen Angaben. Van Holden benötigte sie nicht unbedingt. Vielleicht war es sogar besser, den NATO-Offizieren nicht schon gleich zu Anfang so viel Material zu überlassen.
Am Nachmittag erhielt van Holden einen Anruf von Amanda.
»Hätten Sie Lust, *mon commandant,* mit mir heute abend Choucroute garni zu essen – Schlachtplatte mit Sauerkraut? Ich kenne ein Lokal auf dem Montparnasse, wo es das gibt.«
»O ja, Madame. Gern.«
»Gut. Dann hole ich Sie um acht Uhr ab. Adieu.«
Etliche Herren, pensionierte Generäle und Direktoren, kamen zu ihm ins Zimmer, um sich mit ihm zu unterhalten. Später brachte Marcel Palmer einige Fachleute aus den oberen Stockwerken. Auch Madame de Brissac sah am Nachmittag zu ihm herein und brachte ihm eine Tasse Kaffee. »Ich habe sie der Sekretärin aus der Hand genommen, um zu sehen, wie es Ihnen geht.«
Litac ließ sich nicht blicken. Van Holden wußte nicht, ob er überhaupt ins Büro gekommen war.
Der Abend mit Amanda war entspannend und angenehm. Sie aßen in der Coupole. Es ging dort zu wie in einer Bahnhofsgaststätte, doch waren auch elegante Leute unter den Gästen.

Junge Künstler und Schauspieler waren allerdings in der Mehrzahl. Nur eines beunruhigte van Holden: Amandas Armreif, der einen Doppelmord wert gewesen wäre. Er bestand aus vier riesigen Smaragden, die ihr Handgelenk umspannten. Er fragte sie, warum sie gerade in diesem Lokal ein so kostbares und auffallendes Schmuckstück zur Schau trug.

»Aber Major!« sagte sie lachend. »Kein Mensch wird glauben, daß solche Steine echt sind.«

»Ich würde mich wohler fühlen, wenn Sie den Armreif nicht anhätten.«

»Wenn ich ihn jetzt abnehme, würde das auffallen. Ich nehme an, Phil – darf ich Phil sagen? Wenn ja, dann müssen Sie auch Amanda zu mir sagen – ich nehme an, daß Sie am Abend vor Ihrem Vortrag früh zu Bett wollen. Also wollen wir uns morgen nicht sehen. Aber am Mittwoch abend gehen wir zu Lassere.«

»Wer oder was ist Lassere?«

»Mein Lieblingsrestaurant. Da wollen wir Ihren Vortrag feiern. Einverstanden?«

»Einverstanden, Amanda. Übrigens, ist Ihr Mann eifersüchtig? Auch wenn er es nicht ist, meine ich, sollten wir uns vor ihm nicht mit Vornamen anreden.«

»Jacques ist nur auf gewisse Typen eifersüchtig. Dann ist er gemein und gefährlich. Sie könnten so ein Typ sein. Also, in seiner Gegenwart keine Vornamen!«

»Geben Sie ihm oft Grund, eifersüchtig zu sein?«

»Aber Phil, so eine Frage stellt man nicht, und so eine Frage beantwortet eine Frau auch nicht.«

»Wo gehen wir jetzt hin?«

»Gehen wir ins ›Elephant Blanc‹. Dort gibt es ein kleines Programm – es soll nicht schlecht sein.«

Als sie ihn später zum George V fuhr, saß sie dicht neben ihm und legte ihre Hand auf die seine. Van Holden nahm ihre Hand und hielt sie fest. Er küßte sie nicht, obwohl er glaubte, er hätte es ruhig wagen können.

Am folgenden Morgen sah er im Büro eine Einladung auf seinem Schreibtisch liegen: Monsieur et Madame Litac bitten Major Philip van Holden zum Dinner um zwanzig Uhr am Donnerstag, den 11. Juni 1953. Abendkleidung. Der Vermerk R.s.v.p. war durchgestrichen.
Komisch, dachte van Holden, daß Amanda die Einladung gestern nicht erwähnt hat. Plötzlich stand Marcel Palmer vor ihm:
»Sie können gar nicht absagen«, sagte Palmer lachend, als er van Holden mit der Einladung in der Hand sah. »Sie sind die Hauptperson. Ich nehme an, daß Sie keinen Smoking in Ihrem Gepäck haben? Ich könnte Ihnen behilflich sein. Unser Schneider macht Ihnen einen Smoking in einem Tag – selbstverständlich auf Monsieur Litacs Rechnung.«
»Nein, danke, Marcel. Ich habe einen dunklen Anzug dabei. Wenn Sie mir eine schwarze Fliege leihen würden, dann wirkt er wie ein Smoking. Natürlich komme ich. Danke sehr.«
Den Tag und den Abend verbrachte van Holden mehr oder weniger allein. Er hatte seinen Vortrag gut einstudiert, war auf alle denkbaren Fragen vorbereitet. Am Nachmittag brachte General d'Armand zwei Herren vom Ministerium der Landstreitkräfte zu ihm. Sie wollten wissen, ob van Holden etwas dagegen habe, wenn sie beim Vortrag anwesend seien. Van Holden erklärte, sie müßten die Genehmigung beim Hauptquartier SACEUR einholen, er selber habe gegen ihre Anwesenheit nichts einzuwenden.
Dann sprach er noch einmal mit Colonel Percy, um den kommenden Tag mit ihm zu koordinieren. Der SACEUR persönlich und etwa vierzig Offiziere würden kommen, sagte Percy; van Holden solle damit rechnen, den ganzen Tag in Rocquen-

court zu verbringen.
Am nächsten Morgen wurde er um acht Uhr dreißig von General d'Armand abgeholt. Die Fahrt dauerte vierzig Minuten. Van Holden hatte nach der Ankunft genügend Zeit, um seine Unterlagen und Tabellen im Vorlesungssaal zu ordnen und mit Colonel Percy noch eine Tasse Kaffee zu trinken, während General d'Armand sich mit seinen französischen Kollegen unterhielt. Der SACEUR war vorzeitig erschienen – er wollte die Gelegenheit benützen, mit einigen Offizieren zu sprechen.
Punkt zehn begann van Holden seinen Vortrag. Er sprach sicher, fließend, deutlich. Zahlen, Daten, Erfahrungen – das alles brauchte er lediglich aus seinem Gedächtnis abzurufen. Nur als er den Namen von Captain O'Leary erwähnte als den für die Rakete verantwortlichen Ballistik-Experten, war es für einen Augenblick mit seiner Konzentration vorbei. Aber es waren nur Bruchteile von Sekunden, in denen die Menschen im Saal weit von ihm fortrückten und ihm das Gesicht O'Learys erschien. Die Anwandlung ging vorüber, und van Holden wandte sich wieder seinen Tabellen zu. Niemand hatte bemerkt, daß der Major für kurze Momente mit seinen Gedanken woanders gewesen war.
Der Vortrag wurde zu dem vom Pentagon gewünschten Doppelerfolg: Van Holdens überzeugende Darstellung, untermauert durch seine persönlichen Erfahrungen in Korea, ließ ihn im höchsten Maße glaubwürdig erscheinen und bekräftigte den Wunsch der NATO-Offiziere, die Arrow-Rakete für ihre Truppen zu erwerben.
Die beiden Herren vom französischen Ministerium brachten, unterstützt von General d'Armand, ihren Wunsch vor, die Rakete auf französische Spezialpanzer zu montieren. Die NATO-Offiziere nahmen dies zur Kenntnis, ebenso wie die Haltung der anwesenden Amerikaner, die sich zu diesem Wunsch nicht äußerten.

Der SACEUR selbst hielt sich aus allen Diskussionen heraus. Auch er hatte Weisungen aus Washington bekommen. Kurz nach Beendigung des Vortrages verabschiedete er sich persönlich von van Holden.
Van Holden verbrachte den ganzen Tag in Rocquencourt. Nach dem gemeinsamen Mittagessen baten ihn einige Offiziere zu ergänzenden Auskünften in ihr Büro. Colonel Percy blieb bis zum Schluß an seiner Seite.
»Ich glaubte schon, Ihre Zuhörer würden Sie gar nicht mehr freigeben«, sagte General d'Armand während der Rückfahrt nach Paris am Spätnachmittag. »Sie haben auf diese Leute den besten Eindruck gemacht, Major. Ich bin überzeugt, daß Sie uns im AMX-Geschäft eine große Hilfe sein werden. Monsieur Litac wird sehr zufrieden sein mit dem, was ich ihm berichten kann.«
»Danke, General. Ich kam mir vor, als stünde ich wieder vor meinen Schülern in der Panzerschule von Fort Knox. Ein gutes Gefühl.«
Sie trennten sich vor dem George V. Amanda hatte angerufen und gebeten, van Holden möge noch vor sechs Uhr zurückrufen. Er mußte sich mit dem Anruf beeilen.
»*Allo, Phil.* Gut, daß Sie jetzt noch anrufen. Ich wollte mit Ihnen sprechen, bevor mein Mann nach Hause kommt. Es bleibt bei heute abend, *n'est-ce pas?*«
»Aber sicher. Wollten Sie mich nicht um acht Uhr abholen?«
»Acht Uhr ist ein bißchen früh für Lassere. Ich komme um halb neun. Und dann erzählen Sie mir, wie es Ihnen heute ergangen ist. Adieu!«
Von außen sah das in der Nacht beleuchtete schneeweiße Gebäude mit seinen hohen französischen Fenstern wie eine herrschaftliche Villa aus. Es lag nur ein paar Schritte von der Avenue des Champs-Élysées entfernt in der Avenue Franklin Roosevelt.

René Lassere selbst begrüßte Madame Litac schon in der Eingangshalle und geleitete sie und van Holden zum Aufzug, der sie einen Stock höher in den Speisesaal brachte. René Lassere hatte 1943 mit einem kleinen bescheidenen Restaurant begonnen und es zu einem der feinsten Drei-Sterne-Restaurants gemacht, das zusätzlich die Auszeichnung ›Cinq Fourchettes Rouges‹ erhalten hatte. Hier traf sich auch der exklusive ›Club de la Casserolle‹, in dem die Litacs Mitglieder waren.
Der Speisesaal mit seinen etwa fünfundzwanzig Tischen für einhundertzehn Personen war im Louis-Quinze und Louis-Seize-Stil gehalten. Er war in zwei Hälften geteilt, die durch einige Treppenstufen und eine klassizistische Balustrade mit stets frischen Blumen getrennt waren. Die beiden prachtvollen Kronleuchter sowie die Wandleuchten waren ein Werk des achzigjährigen Kunstschmieds Bouvier und spendeten das meiste Licht. Eine Deckenmalerei stellte in hellen Farben Himmel, Wolken und Winde dar – und an schönen Sommerabenden öffnete sich der Plafond, und der echte Nachthimmel mit Mond und Sternen ersetzte das gemalte Firmament.
Ein Tisch bei Lassere mußte von gewöhnlichen Sterblichen drei Monate und länger im voraus bestellt werden. Zweiundzwanzig Köche sorgten für das Essen, das auf speziell für Lassere angefertigtem Limoges-Porzellan serviert wurde. Der Wein, aus einem Kellerbestand von 180 000 Flaschen, wurde aus Kristallgläsern getrunken.
Van Holden bestellte das klassische amerikanische Essen, wie es Amanda nannte: Langusten-Cocktail Chevassu, Steak Dumas avec Moelle, Fraises de Bois. Sie wählte: Melon sur Jambon de Parme, Rougets Barbets ›Lassere‹, Sorbet des Tropiques.
Nach dem Essen fuhren sie noch ins ›Florence‹. Dort sang die Besitzerin, eine Amerikanerin. Amanda hatte gedacht, das würde Phil Spaß machen.

Auf der Fahrt zum George V lehnte sich Amanda an van Holden. Sie hatte ihren Arm unter seinen geschoben. Als sie sich dem Hotel näherten, legte sie die Hand auf seinen Schenkel. »Phil – ich mag Sie«, flüsterte sie. »Mein Mann vernachlässigt mich. Sie verstehen?«
Van Holden hatte etwas Ähnliches erwartet, war aber von dem unumwundenen Angebot überrascht. Der Wagen hielt, der Türsteher des Hotels hatte bereits die Tür geöffnet. Van Holden antwortete nicht. Er küßte Amanda auf die Wange und verabschiedete sich. In Wirklichkeit hätte er sie gerne gebeten, mit ihm zu kommen. Aber er zögerte noch – eine Affäre mit Amanda könnte womöglich dem Geschäft schaden. Jetzt, wo sie ihm ohne Umschweife ihren Wunsch zu verstehen gegeben hatte, wollte er diese Möglichkeit trotzdem überdenken. Es war ja nicht der letzte gemeinsame Abend.

Acht Gäste waren zu den Litacs geladen. Die Damen waren in großer Toilette erschienen, die Herren in Dinnerjackets. Amanda trug ein rubinrotes Taftkleid mit weitem Rock und trägerloser enger Korsage und um den schlanken Hals eine dreireihige Perlenkette. An den Ohren baumelten glitzernde Gehänge mit Tropfperlen.
Amanda strahlte wie ein frischverliebtes Mädchen. Links von ihr hatte der stellvertretende französische Verteidigungsminister Platz genommen, neben ihm Signora Bartelotti, dann kam Major van Holden und neben ihm und zur Rechten von Jacques Litac die Frau des italienischen Drei-Sterne-Generals; links von Litac saß die Frau des französischen Vizeverteidigungsministers, neben ihr der Zwei-Sterne-General Bartelotti vom italienischen Generalstab, dann Mrs. Mansfield, die für einige Tage nach Paris gekommen war, um Kleider zu kaufen – unglücklicherweise war ihr Mann zur selben Zeit von seiner Firma kurzfristig in die USA zurückgerufen worden –, neben ihr und

zur rechten Seite von Amanda der Drei-Sterne-General aus Italien, der für einige Tage nach Paris gekommen war. Ihm zu Ehren wurde das Essen gegeben – Bartelotti hatte es zuwege gebracht, daß er die Einladung annahm. Die d'Armands waren nicht geladen. Aus Rücksicht auf Mrs. Mansfield und van Holden wurde englisch gesprochen.

Als alle saßen, sagte Jacques Litac: »Ich bitte um Ihre Aufmerksamkeit, meine Damen und Herren. In Ihren Servietten steckt eine Überraschung für jeden.«

Die Gäste öffneten behutsam ihre Servietten – verwunderte Ausrufe wurden laut. Jacques Litac hatte in den Servietten der Damen je einen ungefaßten Diamanten verborgen, in denen der Herren goldene Pillendöschen von Cartier.

Als der Drei-Sterne-General protestieren wollte, schnitt Litac ihm das Wort ab: »Keine Angst, meine Freunde! Damit ist nicht die geringste Bestechungsabsicht verbunden. Madame Litac und ich wollten Ihnen so nur unsere Dankbarkeit für Ihr Kommen erweisen.« Lächelnd wandte er sich der Frau des Italieners zu und begann sich mit ihr zu unterhalten. Seinen verblüfften Gästen nahm er damit jede Möglichkeit zu weiteren Protesten.

Van Holden sagte sich, das Geschenk sei zu unbedeutend, als daß er durch seine Annahme ernstlich in den Verdacht der Bestechlichkeit geraten könne und es besser meldete. Vielleicht würde er später einmal das Döschen General Riley zeigen. Nach dem Essen und den üblichen Trinksprüchen hob Madame Litac die Tafel auf. Man begab sich in den Nebenraum, in dem Kaffee und andere Getränke serviert wurden. Litac trat zu van Holden: »Der Italiener« – er meinte den Drei-Sterne-General – »wird in Rom für uns eine wichtige Rolle spielen. Unterhalten Sie sich mit ihm ein bißchen über Panzer.«

Amanda hatte es gehört und führte van Holden zu dem dickbäuchigen Mann, der in Zivilkleidung keine besonders gute Fi-

gur machte. »Major van Holden war vor einigen Tagen noch in Korea, und jetzt ist er auf Wunsch der NATO in Paris. Er ist Spezialist für Raketen und Panzer – ist das nicht großartig?«
»Ich habe schon von Major van Holden gehört, Madame. Ich höre, Sie werden nach Rom kommen, Major?« Amanda sah, daß der Kontakt hergestellt war, und ließ die beiden allein.
»Ich konnte gestern leider nicht zu Ihrem Vortrag über die Panzerabwehrrakete kommen«, fuhr der Italiener fort. »Man sagte mir, er sei auf Tonband aufgenommen worden. Ich werde versuchen, eine Kopie davon zu bekommen.«
»Falls das nicht klappen sollte, General, bin ich gerne bereit, Ihnen in Rom darüber zu berichten. Darf ich fragen, welcher Waffengattung Sie angehören?«
»Ich komme von der Artillerie. Jetzt bin ich Leiter der Materialbeschaffungsstelle im italienischen Generalstab.«
Der stellvertretende französische Verteidigungsminister gesellte sich zu ihnen. »Der General spricht das vorletzte Wort bei militärischen Anschaffungen. Das letzte Wort spricht – wie bei uns und bei Ihnen, Major – der Finanzminister.«
Die drei Männer lachten. Der General wandte sich wieder an van Holden:
»Ich weiß, Sie haben die Arrow-Rakete erfolgreich in Korea erprobt, Major. Frage: Wann bekommen wir die Rakete?«
»Diese Frage kann ich nicht beantworten, General. Darüber wird in Washington entschieden. Ich weiß aber, daß Sie sie bekommen werden. Nur wann, kann ich Ihnen nicht sagen.«
Der Franzose mischte sich wieder ein: »Auch wir werden die Rakete übernehmen und in unsere sämtlichen Heeresverbände integrieren. Wir wollen sie auf den AMX-Jagdpanzer – den zukünftigen NATO-Hauptkampfpanzer – montieren. Beides zusammen ergibt eine hervorragende Waffe, hervorragend, ganz hervorragend«, wiederholte er einige Male.
»Was meinen Sie dazu, Major?« Der Italiener wandte sich an

van Holden.
»Die Rakete kann von Panzern, von Jeeps, vom Boden, von überall abgeschossen werden – und zwar mit derselben verheerenden Wirkung.«
Der Italiener lächelte. Die ausweichende Antwort van Holdens schien ihm gefallen zu haben. Der Franzose starrte van Holden an, als könne er so viel Dummheit nicht begreifen. Um ihn nicht zu sehr zu verstimmen, fügte van Holden hinzu:
»Die AMX-Panzer haben gewisse Vorteile gegenüber anderen Panzer-Serien« – das Gesicht des Franzosen hellte sich auf –, »aber auch Nachteile natürlich, wie jedes Gerät, wenn man es mit einem anderen vergleicht. Die Arrow-Rakete benötigt keine besondere Abschußrampe – sie kann überall gezündet werden.«
»Kennen Sie Rom, Major?« fragte der General, ohne näher auf das Panzergespräch einzugehen. Er hatte das Beschwichtigungsmanöver van Holdens durchschaut.
»So gut wie nicht, General. 1944 bin ich als Leutnant in der 1. US-Panzerdivision durch Rom gefahren, ohne viel von der Stadt zu sehen. Nach vier Monaten auf dem Anzio-Brückenkopf wären wir gerne eine Weile in Rom geblieben, aber der Krieg ging weiter.«
»Lassen Sie es mich wissen, wenn ich Ihnen mit einem Wagen und einem Begleiter behilflich sein kann, Major.«
»Herzlichen Dank, General. Wenn es die Zeit erlaubt, komme ich gerne darauf zurück.«
Um elf Uhr verabschiedeten sich die Gäste. »Kommen Sie morgen um 10 Uhr 30 in mein Büro«, sagte Litac zu van Holden. »Ich möchte mit Ihnen über einiges sprechen.«
»*Very well,* Mr. Litac. Gute Nacht.«
Van Holden war der letzte an der Tür, die vom Diener offengehalten wurde. Amanda stand dicht hinter ihm:
»Morgen abend gibt es Zwiebelsuppe. Ich kenne das Lokal, wo

es die beste Zwiebelsuppe in ganz Paris gibt. Einverstanden?«
»Einverstanden.«
»Ziehen Sie sich nicht elegant an, Major. Das Lokal ist in den Hallen – unsere Tischnachbarn werden Lastkraftwagenfahrer sein. Ich hole Sie um acht Uhr ab. *Au revoir.*«

Am nächsten Morgen um zehn Uhr dreißig führte Madame de Brissac van Holden zu Litacs Büro. Zwei Sekretärinnen saßen vor dem Allerheiligsten. Van Holden wurde sofort vorgelassen.
Zu seiner Überraschung war Litacs Büro klein und eng. Ein schmaler Schreibtisch stand an einer Wand mit einem flämischen Gobelin. Eine Klimaanlage summte leise an dem einzigen Fenster, durch das kaum Helligkeit kam – es mußte in einen Lichtschacht führen. Litacs fahles Gesicht war von einer kleinen Messingstehlampe mit rotem Stoffschirm halb beleuchtet. Er sah gespenstisch aus – wie ein Aasgeier, dachte van Holden. Litac legte einen goldenen Füllfederhalter nieder, als van Holden eintrat.
»Ah, Monsieur le Major. Bitte setzen Sie sich.«
Es gab nur einen Stuhl im Raum. Er stand am anderen Ende des länglichen Schreibtisches, fast zwei Meter von Litac entfernt. Van Holden setzte sich.
»Ich habe Sie heute zu mir gebeten, weil ich einiges mit Ihnen besprechen möchte«, begann Litac. »Aber vorerst: etwas zu trinken? Rauchen Sie? Ich werde eine Tasse Espresso zu mir nehmen. Vielleicht möchten Sie auch eine Tasse?«
»Sehr gern. Danke nein, ich rauche nicht.« Van Holden schob die goldene Zigarettendose wieder Litac zu, während dieser Kaffee über Haustelefon bestellte.
Litac betrachtete van Holden wohlwollend: »Wie hat Ihnen der gestrige Abend gefallen?«
»Hervorragend. Ich möchte mich nochmals für die goldene

Dose bedanken. Ich weiß gar nicht, ob ich so ein Geschenk annehmen darf.«

»Es ist ja bloß eine kleine Aufmerksamkeit. Ich habe nur Gutes über Sie gehört: Der italienische General hat mir dazu gratuliert, daß ich Sie in meiner Mannschaft für Rom habe. Sie haben auf ihn einen guten Eindruck gemacht. Das freut mich. Ebenso erfreulich fand ich General d'Armands Bericht über Ihren Vortrag. Er hat Sie sehr gelobt. Bravo!«

Der Kaffee kam. Nachdem sie einen Schluck getrunken hatten, fuhr Jacques Litac fort: »Sie sind Berufsoffizier, nicht wahr?«

Van Holden bejahte, und Litac fuhr fort: »Sie müssen ein Idealist sein. Denn reich wird man in Ihrem Beruf nicht. Ich will nicht lange um den Brei herumreden. Sie gefallen mir, und ich achte Sie – und das schon nach so kurzer Zeit. Ich möchte Ihnen ein Angebot unterbreiten: Quittieren Sie den Dienst, Major van Holden. Kommen Sie zu mir. Ich gebe Ihnen einen langfristigen Vertrag und das Zehnfache Ihres jetzigen Gehalts. Ihre Arbeit, die Sie zu lieben scheinen, wird sich nur wenig ändern. Nur Krieg führen werden Sie in Zukunft nicht mehr. Was halten Sie davon?«

Van Holden mußte an die Worte General Rileys denken. Genau das, was Riley prophezeit hatte, war nun eingetreten – nur eher, als er angenommen hatte.

»Ihr Angebot, Monsieur«, sagte er, »überrascht mich nicht nur, es ehrt mich auch. Und ich danke Ihnen dafür. Gestatten Sie mir, daß ich Ihnen meine Antwort erst nach Abwicklung dieses Geschäftes gebe. Noch gehöre ich der US-Armee an, in der man den Dienst nicht von einem Tag auf den anderen quittieren kann. Auch kennen wir uns noch nicht lange. Es könnte sein, daß Schwierigkeiten bei der Realisierung unseres Vorhabens eintreten und unser Verhältnis trüben. Deshalb bitte ich Sie, Ihr Angebot offenzuhalten, bis wir von Rom zurück sind.«

»Es wird offenbleiben, das verspreche ich Ihnen, Major van

Holden, denn ich respektiere Ihre Einstellung. Und nun sagen Sie mir: Wie gefällt Ihnen Paris? Ist Amanda eine gute Fremdenführerin? Sie berichtet mir hin und wieder, was sie mit Ihnen alles unternimmt. Was haben Sie heute abend vor?«

»Zwiebelsuppe! Mehr hat sie mir nicht gesagt.«

Die beiden Männer lachten. Litac überlegte: »Dann weiß ich, wo Sie hingehen – ins ›Pied de Cochon‹ in den Hallen.«

»Madame Litac hat mir ihre Zeit sehr großzügig gewidmet«, fuhr van Holden fort. »Sie kennt Paris wirklich gut – sowohl das historische wie das moderne. Nun, Monsieur Litac, nachdem ich über die Arrow-Rakete gesprochen habe, möchte ich mich voll und ganz dem AMX-Geschäft widmen. Ich habe mich schon in Washington eine Woche lang damit befaßt, bin also auf Gespräche mit Ihren Leuten nicht unvorbereitet. Mit wem, meinen Sie, soll ich mich hier darüber unterhalten?«

»Am besten mit meinen Mitarbeitern im ersten Stock. Dort finden Sie die Leute, die sich in meiner Firma ›Compagnie des Forges et Ateliers‹ nicht nur mit der Herstellung von Motoren, sondern auch mit der Produktion von Panzern beschäftigen. Ich werde gleich alles Nötige veranlassen. Aber Sie sollten auch die Gelegenheit benützen, Major, noch einen Stock höher zu gehen und sich mit den Wissenschaftlern in meiner Firma ›Société d'Etudes des Projectiles‹ über ihre Erfahrungen mit Panzerabwehrraketen zu unterhalten. Sie werden in einigen meiner Herren sicher interessante Gesprächspartner finden und überrascht sein, wieviel wir davon bereits verstehen. Und noch etwas, Major: Der italienische General, der Leiter des Beschaffungsamts, ist unser Freund. Um unsere Sache zu unterstützen, hat er veranlaßt, daß sechs Offiziere aus seinem Amt in Rom während des kommenden Wochenendes hier eintreffen. Sie sollen sich über die Möglichkeiten der Produktion von AMX-Panzern an Ort und Stelle unterrichten und die Fertigungsstätten besuchen. Ich habe daher angeordnet, daß sie am kommen-

den Montag durch das Werk CFA und am Dienstag durch das der SEP geführt werden. Ich meine, Sie sollten die Gruppe begleiten, um den Kontakt zu den Italienern zu vertiefen, aber auch, um selber das Ausmaß meiner Produktionsmöglichkeiten kennenzulernen.
Mein Schwiegersohn Marcel Palmer und General d'Armand werden diese Reisen vorbereiten. Setzen Sie sich mit ihnen in Verbindung. Am Mittwoch nach diesen Besichtigungen gebe ich für die italienische Gruppe und für einige meiner Leute ein Abendessen bei Lassere. Sie sind natürlich eingeladen. Und nun wünsche ich Ihnen noch eine angenehme und gewinnbringende Zeit in Paris. Und lassen Sie es mich wissen, wenn Sie irgendwelche Wünsche haben. *Au revoir* – spätestens in Rom.«

Nach dem Essen in den Hallen wurde van Holden von Amanda nicht gefragt, ob er noch irgendwohin gehen wollte. Sie befahl dem Chauffeur einfach: »Closerie des Lilas!«
Zu van Holden sagte sie: »Es ist ein ruhiges Lokal. Nur ein Klavierspieler – er spielt gut und was man verlangt. Hemingway geht dorthin, Yves Montand und andere Schauspieler. Wir wollen noch eine gute Flasche Wein zusammen trinken. Einverstanden?«
Als sie das Lokal betraten, gab Amanda dem Maître d'hôtel eine kurze Anweisung, worauf er sich verbeugte und voranging. Er führte sie in eine stille Ecke, von der man noch sehen, aber kaum gesehen werden konnte.
Das Klavierspiel war leise und zärtlich, der Rotwein angenehm berauschend. Als Amanda van Holden zutrank, lagen plötzlich ihre Lippen auf den seinen. Ihr Kuß wurde immer leidenschaftlicher und schien nicht enden zu wollen.
»Phil«, flüsterte sie mit dunkler Stimme. »Die Zeit für uns ist gekommen. Ich liebe Sie und möchte mit Ihnen schlafen.«
»Wie stellen Sie sich das vor, Amanda! Sie sind zu bekannt. In

meinem Hotel würde es der Hausdetektiv bemerken, wenn Sie mit mir im Aufzug hochfahren. Es könnte einen Skandal geben. Soll ich ein Zimmer in einem kleinen Hotel nehmen?«
»Nein, Phil. Ich habe eine Freundin, die uns helfen wird. Ich werde Ihnen Bescheid geben.«
»D'accord, Madame.«
Van Holden hatte es sich überlegt. Er war zu dem Entschluß gekommen, daß das Panzergeschäft durchaus Schaden leiden könnte – wenn er die einflußreiche Amanda mit einer Absage verärgerte. Auch müßte eine Frau wie Amanda gewandt und erfahren genug sein, sich während einer Affäre mit ihm keine Blößen zu geben – ausgenommen im Bett. Von Litacs Angebot wollte er ihr nichts erzählen – wenn eine Affäre, dann nur eine kurze. Erführe sie, daß Litac ihm eine Stellung angeboten hatte, könnte sie auf andere Gedanken kommen.
»Morgen und übermorgen werden wir unser zweites Wochenende gemeinsam verbringen, Phil. Unser erstes Jubiläum!« begann Amanda nach einem längeren Schweigen. »Im Programm ist vorgesehen: Samstag vormittag ein Stadtspaziergang im Madeleine-Opéra-Viertel. Ich werde Ihnen schöne Geschäfte zeigen. Die Juweliere Cartier, Boucheron, van Clefs et Arpels haben dort ihre Läden. Aber auch die Eglise de la Madeleine müssen Sie sehen. Sie hat die schönsten Bronzetore von ganz Paris und keine Fenster. Das Licht kommt nur von oben. Am Nachmittag möchte ich mit Ihnen einen Apéritif bei der Sacré-Cœur-Kirche auf dem Montmartre trinken. Von dort hat man einen herrlichen Blick über die Stadt. Sonntag vormittag der Louvre. Für unseren Lunch habe ich einen Tisch im Crillon bestellt. Am Nachmittag zeige ich Ihnen Notre Dame, die Ile de la Cité und das Palais du Luxembourg, das die schönsten Gärten hat. Sie sehen, ich habe meine Hausaufgabe wieder brav gemacht. Wollen wir gehen?«
Amanda redete gegen die Spannung und Aufregung an, die sich

ihrer bemächtigt hatten. Sie wollte diesen Mann haben! Sie ertrug es nicht, länger in seiner Nähe sein, ohne mit ihm geschlafen zu haben.
Der Samstag verlief wie geplant. Als sie auf dem Montmartre ihren Apéritif getrunken hatten, sagte Amanda: »Ich fürchte, Phil, mein Mann könnte Verdacht schöpfen, wenn wir jeden Abend zusammen ausgehen. Es wäre besser, wenn ich heute schön brav zu Hause bleibe.«
»Ich dachte, er wollte, daß Sie mir die Stadt zeigen?«
»Ja, schon. Aber nicht, daß wir jeden Abend ausgehen. Er hat einen unheimlichen Spürsinn. Er darf nicht auf Sie eifersüchtig werden. Denn dann wird er gefährlich – sehr gefährlich, wie ich Ihnen schon sagte. Also, der Abend heute darf leider nicht uns gehören.«
»Ich verstehe, Amanda. Werden wir uns morgen sehen?«
»Ja. Das ist in Ordnung.«
Van Holden wechselte das Thema – es schien Amanda zu bedrücken: »Sagen Sie mir, Amanda, was ist mit Marcel Palmer? Er ist doch ein netter junger Mann und der Schwiegersohn Mr. Litacs. Trotzdem scheint es mir, daß er bewußt kleingehalten wird.«
»Sie haben recht, Phil. Litac hält Marcel für einen Erbschleicher, der seine Tochter aus erster Ehe schwanger machte und zur Ehe zwang. Das Mädchen war anfangs in Marcel verliebt und wollte das Kind auch haben. Heute kann sie ihn nicht mehr ausstehen. Sie hält ihn für schwach und unmännlich und verdächtigt ihn homosexueller Neigungen. Jacques denkt dasselbe. Sie ist die meiste Zeit mit ihrem Kind in Amerika, wo sie an der Ost- wie an der Westküste einen Freund hat ... Ich bin traurig, Phil, daß wir heute nicht zusammen sein können. Ich muß jetzt zurück.«
Am Sonntag sagte Amanda nach einem Spaziergang mit van Holden in den Gärten des Palais du Luxembourg zu ihrem

Chauffeur: »Fahren Sie uns zur Place Vendôme und lassen Sie uns dort aussteigen, François. Ich möchte unserem Gast das Viertel zeigen. Holen Sie uns in zwei Stunden vor dem Plaza Athénée ab.«
Vor dem Hotel Ritz stiegen sie aus. Sie gingen in Richtung Avenue Montaigne, in der das Plaza Athénée liegt – eines der elegantesten Hotels von Paris. Vor Nr. 13 hielt Amanda plötzlich an und blickte sich um. Dann sagte sie zu van Holden: »Komm, Phil. Wir sind da.«
Im obersten Stockwerk des Hauses befand sich eine Wohnung mit Dachgarten. Es war das Penthouse ihrer Freundin. Kaum waren sie eingetreten, warf Amanda ihre Arme van Holden um den Hals: »Wir werden jetzt sehr glücklich sein, Phil. Aber möchtest du etwas trinken? Einen Campari-Soda vielleicht? Dann mach uns etwas zurecht.«
Van Holden wollte nichts trinken und Amanda auch nicht. Sie hatte begonnen, sich auszuziehen, während sie sprach. Er hatte ein Gefühl, als führe ihm jemand langsam mit einem Stück Eis das Rückgrat entlang. Als auch er nackt war, zog er Amanda an sich und küßte sie lange und leidenschaftlich. Sie vergaßen die Welt, als sie einander in den Armen lagen und nichts spürten – nur noch sich. Amanda war wie ausgehungert, und van Holden wurde von ihrer Lust entflammt und gab ihr, wonach sie verlangte.
Später saßen sie in der Bar Anglais des Hotel Plaza Athénée und tranken Americano-Cocktails. Sie sprachen nicht. Ihre Gedanken waren noch ganz bei den Erlebnissen der letzten Stunde. Schließlich stand Amanda auf:
»Ich muß jetzt gehen, Phil. Bleib du noch ein bißchen länger. Dein Hotel ist nur fünf Minuten zu Fuß von hier entfernt. *Adieu, chéri.*«
Sie wußten nicht, daß sie sich erst in Rom wiedersehen sollten.

Den Montag und Dienstag verbrachte van Holden mit den italienischen Offizieren und ihren französischen Begleitern. Sie besichtigten Litacs Fabriken, große, moderne Werke, die mit Aufträgen ausgelastet zu sein schienen. Van Holden fragte sich, warum Litac sie den Italienern zeigen ließ. Die AMX-Panzer sollten doch in Lizenz in den USA hergestellt werden. Wollte er jetzt schon seine amerikanischen Partner hintergehen? Anscheinend wußten die Italiener nichts von seiner Vereinbarung mit den Amerikanern. Van Holden nahm sich vor, mit Henry Mansfield darüber zu sprechen, der von New York direkt nach Rom zu den Verhandlungen mit den Italienern fliegen sollte.
An beiden Tagen fand van Holden nach seiner Rückkehr ins Hotel die Nachricht vor, er möge Amanda bis achtzehn Uhr anrufen, doch war er jedesmal erst spät am Abend zurückgekehrt. Als er am Mittwoch vormittag anrief, war sie nicht zu Hause. Sie sei, hieß es, in die Stadt gefahren, um noch ein paar Einkäufe für Rom zu machen. Sie rief auch nicht zurück, denn sie wußte, daß am Abend das Herrenessen bei Lassere stattfand.
Litac hatte sich etwas Besonderes einfallen lassen, um die Italiener zu beeindrucken. Links von der länglichen Vorhalle befanden sich zwei kleine Speisesäle für je zehn Gäste. Sie waren durch eine Wand getrennt, die von Françoise Estachy bemalt war. Auf der einen Seite zeigte sie eine Szene der Commedia dell'arte, auf der anderen ein ländliches Motiv aus dem 18. Jahrhundert mit einem Loire-Schloß im Hintergrund.
Jacques Litac hatte die Italiener mit zwei Betreuern eine halbe Stunde nach dem Eintreffen ihrer französischen Gesprächspartner – unter ihnen auch van Holden – in das Restaurant bestellt. Kurz nach dem Dessert, als die Gläser mit dem Louis Jadot 1949 zum letzten Trinkspruch erhoben worden waren, versank die Wand zur großen Überraschung der Italiener in den Boden. Aus zwei Sälen wurde einer. Das war das Signal für

Jacques Litacs Auftritt: »So wie diese Wand in den Boden versunken ist, so sollen etwaige Zweifel zwischen uns verschwinden«, rief er dramatisch aus. Das gefiel den Italienern; sie klatschten stürmisch Beifall.
Auch die italienischen Offiziere von den NATO-Stäben waren anwesend. Sie – und einige ihrer Kollegen aus Rom – hatten sich um van Holden geschart und unterhielten sich mit ihm über Korea, Fort Knox, über die AMX-Panzer. Van Holden vertrat die Ansicht, daß die Vorteile der AMX-Serie ihre Schwächen überwogen – und daß es kein Gerät ohne Schwächen gebe. Die Italiener waren der Meinung, daß die Entscheidung für oder gegen die AMX-Serie eher aus politischen als aus anderen Gründen fallen werde. Auf seine Frage, was sie unter politischen Gründen verstünden, sagten sie: Geld. Es gehe um den Preis pro Stück, um den Gratis-Service, den sie für eine Dauer von einigen Jahren erwarten würden – das hieß: kostenlose technische Beratung von seiten des Herstellers, kostenlose Betriebshandbücher, und vor allem sollten Ersatzteile im Preis inbegriffen sein, und zwar in einer Menge von zehn Prozent der gesamten Teile. Van Holden beschloß, am nächsten Morgen mit Litac und d'Armand über diese ihm äußerst wichtig erscheinenden Mitteilungen zu sprechen und Mansfield zu informieren.
Am nächsten Morgen erwähnte van Holden die Erwartungen der Italiener gegenüber General d'Armand, der Lassere früh verlassen hatte. Der General stimmte ihm zu, daß man mit der Kenntnis der italienischen Forderungen besser vorbereitet in die römischen Verhandlungen gehen könne, vorausgesetzt, daß die ganze Transaktion auf Grund dieser Bedingungen noch einmal durchgerechnet würde. Als sie ihre Ansicht später Litac unterbreiteten, lehnte dieser ab:
»Sehen Sie diese dicke Aktenmappe hier, Major. Sie ist voll von Korrespondenzen mit Persönlichkeiten in Europa und Ameri-

ka, die mir ihre Unterstützung für unser Vorhaben in Italien versprochen haben; sogar der Malteserorden mit seinem großen Einfluß im katholischen Italien hat mir seine Hilfe zugesagt. Das ist wichtig. Nicht wichtig ist, was diese kleinen Stabsoffiziere daherreden – und ihre Chefs habe ich längst gekauft.« Damit war der Fall für ihn erledigt. Sein Weg zum Ziel war eben nicht der direkte.

Litac wollte das Wochenende für Vorbereitungen an Ort und Stelle verwenden. Deshalb flog die ganze Gruppe bereits am Freitag nach Rom. Es waren elf Personen: Monsieur und Madame Litac, General d'Armand, Henry Mansfield, van Holden, Marcel Palmer, Madame de Brissac, zwei Sekretärinnen und je ein Fachmann aus den Werken der CFA und SEP. Alle waren im Excelsior untergebracht, dem teuersten Hotel Roms, in dem Marcel Palmer einen halben Flügel auf unbestimmte Zeit hatte reservieren lassen. Der Packard und ein Chauffeur waren nach Rom vorausgeschickt worden.
Am Abend vor dem Abreisetag hatte van Holden vor achtzehn Uhr noch einmal kurz mit Amanda telefonieren können.
»Allo, chéri!« Ihre Stimme hatte fröhlich geklungen. »Morgen fliegen wir nach Rom. Vielleicht erlaubt mir Jacques, dir auch Rom zu zeigen. Ich freue mich, dich dort wiederzusehen. Hier geht es im Augenblick arg zu. Es wird gepackt. Alles ist durcheinander. Ich sehne mich nach dir. *Je t'adore, chéri.«*

Oberst Yen Fei und Hauptmann Teng Hua waren an demselben Sonntag in Genf eingetroffen, an dem Dr. Feldner und Captain O'Leary in Camp Irwin angekommen waren und Major van Holden seine Weisungen in Washington erhalten hatte. Sie waren im Hotel Richmond abgestiegen und hatten sich unverzüglich mit ihrem Chefagenten in Europa, der unter dem Decknamen ›Fox‹ operierte, telefonisch in Verbindung gesetzt.

Fox verabredete sich mit ihnen für Sonntag, den 7. Juni, um 15 Uhr im Hotel Post in Dijon, der Hauptstadt von Burgund. Sie sollten aber schon Samstag nach Dijon fahren, um ihn noch rechtzeitig verständigen zu können, falls etwas schiefgehen sollte. Auch fände am 6. Juni dort ein Volksfest zu Ehren des Burgunderweines statt; ihre Anwesenheit würde nicht auffallen. Sie sollten per Leihwagen die Grenze nach Frankreich bei dem Schweizer Dorf Gy überschreiten. Dort sei die Grenze so gut wie nicht überwacht. Falls man sie anhalte, sollten sie sagen, sie hätten sich verfahren. Fox nannte ihnen noch den Namen eines Frauenarztes in Genf und eines Bankiers in Lausanne; mit beiden könnten sie sich in der Zwischenzeit über Waffeneinkäufe verständigen.

Wie verabredet trafen sie sich am nächsten Sonntag in Dijon. Fox unterrichtete die Chinesen über van Holdens Reisepläne. »Nach seinem NATO-Vortrag«, schloß er seinen Bericht, »wird er nach Rom fliegen, um dort am Abschluß eines großen Waffengeschäfts mitzuwirken.«

»Geht es dabei um die Rakete?« fragte Oberst Yen Fei. »Denn vorerst geht es für uns darum, in den Besitz dieser Rakete zu kommen. Nicht etwa in den Besitz der Unterlagen – der Konstruktionspläne, Materialanalysen und so weiter. Die können wir jederzeit bekommen – die sind sozusagen« – er lächelte Fox fein an – »schon zu uns unterwegs. Wir wollen das komplette Paket haben: die Rakete, das Steuergerät, die Abschußrampe. Und wir wollen den Major nach Peking mitbringen. Halten Sie es für möglich, daß er freiwillig mitkommt?«

»Ausgeschlossen. Van Holden ist ein Berufsoffizier, der seiner Fahne die Treue hält. Sie können ihn nur mit Gewalt mitnehmen. Auch das ließe sich arrangieren. Aber ich glaube nicht, daß das im Sinne Ihrer Regierung wäre.«

»Das stimmt. Wenn Major van Holden nicht bestechlich ist oder auch nicht aus ideologischen Gründen mit uns kommen möchte, müssen wir ihn fallenlassen – schade. Aber eine Katastrophe ist das nicht: Wir haben noch ein anderes Eisen im Feuer. Und schließlich halten Sie es ja für durchführbar, eine komplette Rakete aus einem Arsenal in Europa zu beschaffen und uns zukommen zu lassen.«

»Richtig. Es ist mit Sicherheit anzunehmen, daß die Rakete nach Europa geliefert wird. Aus irgendeinem NATO-Staat werden wir Ihnen eine komplette Rakete beschaffen können. Das verspreche ich Ihnen heute.«

»Wann können wir damit rechnen?«

»Nicht, bevor die Rakete in Amerika oder in Europa in die Serienproduktion gegangen ist. Wahrscheinlich innerhalb eines Jahres.«

Fox erteilte den Chinesen detaillierte Anweisungen, wie, wann und mit wem sie in der NATO Kontakt aufnehmen sollten. Ein zweites Treffen wurde für Samstag, den 13. Juni, ebenfalls in Dijon, vereinbart.

Für den Augenblick waren Oberst Yen Fei und Hauptmann Teng Hua zufrieden.

12. Kapitel

Kalifornien

Dr. Eric Feldner war nach seiner Mordtat innerlich zerrüttet. Er hatte sich in seinem Heim in Malibu verkrochen und für die Durchführung der Tests in Camp Irwin um eine Woche Aufschub gebeten. Als er auch nach einer Woche dort nicht erschienen war, hatte General Smith ihn angerufen und ihn gebeten, entweder unverzüglich zu kommen oder die Arbeit einem Mitarbeiter seiner Firma zu übertragen; alles sei für ihn vorbereitet, alle warteten auf ihn – seine Assistenten und die Mannschaften. Feldner hatte ihn weiter hingehalten.
Auch seine Firma, die Aerodevelopment Corporation, wollte wissen, was mit ihm los sei, wie lange er noch brauche, um sich von seinem Schock zu erholen. Aufträge und Verträge müßten erfüllt und eingehalten werden, und deswegen solle er umgehend Bescheid geben, wann er wieder seine Arbeit aufnehmen werde.
Als Dr. Feldner schroff erwiderte, der Zeitpunkt seiner Rückkehr sei nicht abzusehen, bekam er einen Anruf von Dr. Lipscomb, dem Präsidenten der Firma: In knappen Sätzen teilte Lipscomb ihm mit, daß seine langjährige Mitarbeit in der Firma wertvoll gewesen sei, aber auch zu seiner eigenen Förderung beigetragen habe. Daß er zur Zeit noch für Projekte verantwortlich sei, die abgewickelt werden müßten. Falls er nicht imstande sei, Termine einzuhalten, sehe man sich gezwungen, diese Projekte einem anderen Mitarbeiter zu übertragen. »Das Pentagon drängt, und die Konkurrenz ist groß«, schloß Dr.

Lipscomb. »Und noch etwas: Hier brennen junge Wissenschaftler darauf, einmal Ihren Platz einzunehmen, Dr. Feldner. Bedenken Sie das! Guten Tag!«
Dr. Feldner wußte, was dieser Anruf bedeutete. Die versteckte Drohung war nicht zu überhören gewesen. Sogar den Rückhalt, den er immer in seiner Firma gehabt hatte, war er im Begriff zu verlieren – ein weiterer Grund für Feldner, endgültig die Brücken hinter sich abzubrechen.
Vor allem aber waren es die wiederholten Besuche des FBI, die ihn stets von neuem niederwarfen, wenn er glaubte, sich etwas erholt zu haben. Immer wieder fragten ihn die Beamten über die kleinsten Einzelheiten der Entführung, über die daran beteiligten Personen und über O'Learys Tod aus. Die Fragen danach schienen ihn besonders zu erregen. In den Augen des FBI war er jedoch über jeden Verdacht erhaben. Es fehlte jegliches Motiv, das ihn mit dem Tod seines Freundes in Verbindung gebracht hätte.
O'Leary hatte der Stadtpolizei von Newport Beach die Entführung so geschildert, wie sie sich abgespielt hatte. Dr. Feldner, der während dieses Verhörs und auch später einen Schock vorgetäuscht hatte, um nicht direkt gegen die Gelbe Bande aussagen zu müssen, hatte erklärt, er könne sich nur den Aussagen des Captains anschließen und habe diesen nichts hinzuzufügen.
Dem FBI war Feldners Haltung zuerst unglaubwürdig vorgekommen, doch glaubte man ihm nach einiger Zeit. Sein guter Ruf, die Leumundszeugnisse, die man über ihn einholte, und sein schwieriger Charakter, von dem man ebenfalls Kenntnis hatte – dies alles führte schließlich dazu, daß man seine Unterschrift unter der von O'Leary akzeptierte.
Einer der FBI-Beamten hatte Anspielungen gemacht, Feldner könne womöglich in irgendeiner Weise aktiv an der Entführung beteiligt gewesen sein. In Wahrheit wollte der Beamte nur Feldner provozieren, um aus ihm mehr herauszuholen. Er hat-

te lediglich den Verdacht, daß Feldner jemanden schützen wolle. Aber zuletzt gab auch dieser Mann auf, und Feldner begann sich zu fragen, ob ihm tatsächlich der perfekte Mord gelungen war.

Wer jedoch nicht aufgab, das waren die Beamten, die Patterson, Lawrence und den Chinesen – den Kapitän der Yacht MARMI-I – im Orange-County-Gefängnis in die Zange nahmen. Die drei Männer blieben hartnäckig dabei, daß es keine Entführung gewesen sei. Dr. Feldner habe vielmehr über einen Freund im Chinesenviertel von Los Angeles – den man aber nicht ausfindig machen konnte – um eine Fahrt nach Lajolla, einen Badeort an der Küste bei San Diego, gebeten, weil er dort mit einem befreundeten Wissenschaftler habe zusammentreffen wollen. Es sei ein fester Termin gewesen, der auch bei schlechtem Wetter habe eingehalten werden sollen.

Eine Überprüfung dieser Behauptungen bei General Smith in Camp Irwin ergab, daß weder Dr. Feldner noch Captain O'Leary ihm gegenüber irgend etwas davon erwähnt hatten. Dr. Feldner antwortete darauf stereotyp, daß er den Aussagen von Captain O'Leary, seinem Freund, nichts hinzuzufügen habe.

Das FBI glaubte den drei Männern kein Wort. Es hatte inzwischen natürlich gemerkt, daß die drei damit rechneten, hier stünde Aussage gegen Aussage. Dann mußte man sie schließlich aus Mangel an Beweisen freilassen. O'Learys Tod und Feldners zurückhaltende Aussagen unterstützten das. Das FBI aber nahm sich vor, die Männer trotz des Einspruchs ihrer Anwälte solange wie möglich festzuhalten, in der Hoffnung, auf diese Weise doch noch ein Geständnis zu erlangen. Der Bezirksdirektor von Santa Ana hatte dem zugestimmt und den Antrag, sie gegen Kaution freizulassen, vorläufig abgelehnt; immerhin waren die drei Männer des Menschenraubes bezichtigt worden.

Dr. Feldner konnte also nicht auf die Hilfe der Gelben Bande zählen. Solange die Untersuchung gegen ihre drei Leute lief, wagte sie keine weiteren Schritte. Das hatte man ihn wissen lassen. Feldner aber drängte es aufgrund der letzten Ereignisse heftiger denn je, die USA zu verlassen. Er überprüfte jede Möglichkeit. Zum Beispiel könnte er einfach verschwinden, nach Mexiko fliegen und sich von dort nach China absetzen. Aber dann würde das FBI mit Sicherheit seinen Verdacht bestätigt sehen, daß er mit der Entführung zu tun hatte – und ihn womöglich auch mit O'Learys Tod in Verbindung bringen. Auch wollte er noch immer nicht seiner Frau und seiner Tochter als Überläufer – oder gar als Mörder auf der Flucht – erscheinen.

Am Morgen des 11. Juni trat seine Frau in sein Zimmer. Er war gegenüber seiner Familie unleidlicher denn je. Schon wollte er seine Frau anherrschen, weil sie ihn gestört hatte. Da sah er, daß sie ein Telegramm in der Hand hielt.

Er riß es auf und las als erstes die Unterschrift: Philip van Holden. Bitterkeit stieg in ihm auf: Van Holden. Das war der Name, mit dem sich für Feldner die enttäuschendste Erfahrung der jüngsten Vergangenheit verband. Was wollte er?

Feldner las: Tief bestürzt über Willys Tod. Habe von offizieller Seite bislang nichts Näheres erfahren können. Bitte schreiben Sie mir alles, was Sie wissen, per Adresse Jacques Litac, Excelsiorhotel, Rom.

Feldner stutzte. Jacques Litac. Den Mann kannte er. Jedenfalls kannte er einen Mann, der so hieß. Jacques Litac in Paris. Aber hier stand Rom – wieso Rom? Und was hatte van Holden in Rom zu suchen – und mit Litac zu tun? Wenn es dieser Litac war ...

Feldner rief in seiner Firma an und ließ sich mit dem Mann verbinden, der ihm auch die aus dem Pentagon durchgesickerte Mitteilung weitergegeben hatte, er, Feldner, sei für eine Euro-

pareise vorgesehen. Unter dem Vorwand, sich dringend wegen der abgebrochenen Tests mit van Holden in Verbindung setzen zu müssen, erfuhr er von dem Mann alles, was man in der Aerodevelopment Corporation über van Holdens Zeit- und Reiseplan, über seine Beziehung zu Litac und über dessen Rolle in Waffenhandel und Rüstungsindustrie wußte.
Für Feldner stand außer Zweifel: Dieser Litac war *sein* Litac. Und noch etwas stand für ihn zweifelsfrei fest: Litac war der Mann, der ihm helfen konnte, der ihm helfen mußte, denn es blieb ihm keine andere Wahl.
Feldner hatte Litac vor fünfzehn Jahren im Stadtteil Queens in New York kennengelernt. Litac war damals nach New York gekommen, um von einem Erfinder die Patente für einen neuen Einspritzmotor zu erwerben, den der Mann im Schuppen seines bescheidenen Hauses im Stadtteil Queens entwickelt hatte.
Es ging um mehrere Modelle dieses Motors, den Jacques Litac für seine kürzlich in Frankreich erworbene Motorenfabrik haben wollte: einen 270-PS-Acht-Zylinder-Vielstoff-Motor, in dem jeder Treibstoff, von Rohöl bis Benzin, verbrannt werden konnte – einschließlich Dieselöl, Kerosin und Spezialtreibstoffen. Die militärische Bedeutung eines solchen Motors war groß: Eine Armee, deren Fahrzeuge mit diesem Motor ausgerüstet waren, konnte überall auf der Welt mit lokal vorhandenem Treibstoff operieren.
Auch einen 600- bis 800-PS-12-Zylinder-Prototypmotor hatte der Erfinder im Entwurfstadium, sowie einen 135-PS-Vier-Zylinder-Vielstoff-Motor. Die vierzehn eingereichten Patente stützten sich auf Neuerungen in der Zylindergestaltung des Vielstoff-Motors: eine Vorkammer von variablem Inhalt und ein Verbrennungsraum von variablem Umfang zwischen der Vorkammer und dem Hauptzylinder. Diese Erfindung, genannt ›Gasurator‹, kontrollierte die Menge der Gase, die von

der Kammer zum Hauptzylinder strömen und verhinderte somit einen Druckanstieg im Hauptzylinder. Diese revolutionären Umgestaltungen waren zukunftsweisende Erfindungen auf dem Gebiet des Motorenbaus.
Aber der Mann wollte nicht an Jacques Litac verkaufen. Er hatte seine Erfindung Firmen der amerikanischen Automobilindustrie angeboten, mit denen er nun über einen wesentlich höheren Preis feilschte, als Litac ihm bieten konnte. Aber Litac hatte es sich in den Kopf gesetzt, in den Besitz dieser Patente zu kommen.
Feldner, der in Queens geboren war und dort lebte, arbeitete damals an seiner Dissertation. Er war mit dem Erfinder befreundet. Weil Feldner ein bißchen französisch sprach und der Erfinder mit Litac nicht mehr selber reden wollte, bat er Feldner, Litac auszurichten, er habe nicht die geringste Aussicht, diese Patente zu erwerben. Er bat darum, künftig in Ruhe gelassen zu werden.
Litac erkannte in Feldner sofort den mittellosen, ehrgeizigen Mann. Es gelang ihm, ihn nach einigen Gesprächen zu kaufen – für zweitausend Dollar. Als Gegenleistung hatte Feldner das Versteck der Dokumente ausfindig zu machen und zur verabredeten Stunde den Erfinder aus seinem Haus zu locken.
Alles klappte wie geplant. Jacques Litac bekam die Dokumente und flog nach Frankreich zurück. Weder er noch Feldner wurden des Diebstahls verdächtigt. Der Mann verkaufte seine Erfindung einer amerikanischen Automobilfirma. Als Litac mit einer ähnlichen Erfindung – er hatte sie etwas abändern lassen und konnte sie in Frankreich unter den Nummern 2.970-345 und 2.989.678 patentieren lassen – kurz darauf auch auf dem Markt erschien, kam es zu einem langjährigen Prozeß, in dessen Verlauf nur die Anwälte reich wurden.
An all das erinnerte sich Dr. Feldner. Er hatte Litacs Werdegang verfolgt und wußte, daß er inzwischen mehrere Fabriken

und ein großes Vermögen in Frankreich besaß. Feldner beschloß, Litac an seinen Einbruch in Queens zu erinnern und ihn gleichzeitig um seine Hilfe zu bitten: Er sollte ihn aus den USA herausholen und später nach China schleusen.
Zehn Tage nach dem Mord in Camp Irwin rief Feldner Paris an. In Litacs Büro sagte man ihm, Monsieur Litac sei in einer geschäftlichen Besprechung und dürfe nicht gestört werden. Als Feldner darauf bestand, mit Litac zu sprechen, nannte man ihm Marcel Palmers Namen – Feldner sollte versuchen, über ihn an Monsieur Litac heranzukommen.
Marcel Palmer überbrachte Litac die Nachricht, daß ein Dr. Feldner von der Aerodevelopment Corporation in Kalifornien seinen baldigen Rückruf erwarte. Palmer war über Litacs Reaktion auf diese Botschaft erstaunt: Sein Schwiegervater schien sehr erschrocken, als er den Namen hörte. Er ließ sofort ein Gespräch anmelden. »Doktor Feldner«, rief er jovial, als die Verbindung zustande gekommen war. »Welch eine Überraschung, von Ihnen nach so langer Zeit zu hören! Wie geht es Ihnen? Welchem Umstand verdanke ich Ihren Anruf?«
Feldner zögerte eine Sekunde.
»Monsieur Litac, ich brauche Ihre Hilfe. Ich muß weg von hier, weg aus den USA. Nicht daß ich etwas verbrochen hätte«, Feldner lachte, »meine Beweggründe möchte ich jetzt nicht ausführlich nennen – nur, daß ich das Verlangen nach einem größeren Wirkungsbereich habe, in einem anderen Land, möglichst weit weg von hier. Ich möchte die Brücken hier abbrechen und ein neues Leben beginnen. Verstehen Sie?«
Litac runzelte die Stirn.
»Ich verstehe, Doktor Feldner. Aber ich bin gerade im Begriff, mit meinen Leuten nach Rom zu fliegen, um ein wichtiges Geschäft mit der italienischen Regierung auszuhandeln. In zwei bis drei Wochen bin ich wieder in Paris. Dann können wir in Ruhe darüber reden.«

»So lange kann ich nicht warten, Mister Litac. Erinnern Sie sich an unser – sagen wir – Abenteuer in Queens – vor ein paar Jahren? Damals war ich Ihnen sehr behilflich. Jetzt brauche *ich* Ihre Hilfe. Sie sollten meine Bitte nicht abschlagen, Mister Litac.«

Litac entging die versteckte Drohung nicht. Er überlegte kurz. Der Mann ist gefährlich, dachte er. Wenn die Angelegenheit von damals zutage kommen sollte, würde es zu einem Skandal kommen, der ihn ruinieren könnte. Die Presse würde die Geschichte aufgreifen, und dann war er erledigt. Verträge würden storniert werden, die Regierung würde ihn fallenlassen, die Italiener und andere NATO-Staaten aus laufenden Verhandlungen aussteigen. Jetzt Feldner vor den Kopf zu stoßen, hieße ein unnötig großes Risiko einzugehen. Er kannte den Mann und erinnerte sich an seine wechselnden Stimmungen, an seine plötzlichen, im Zorn gefaßten Entschlüsse.

»Also gut«, antwortete Litac. »Ich werde sofort veranlassen, daß Sie eine Stellung in meiner Firma ›Société d'Études des Projectiles‹ bekommen. Aber können Sie überhaupt bei Ihrer Firma kündigen? Sie sind doch sicher mit Geheimaufträgen für die amerikanischen Streitkräfte beschäftigt«, wandte Litac ein.

»Das stimmt. Ich werde um Beurlaubung nachsuchen, und zwar mit der Begründung, es gehe um die Förderung des Arrow-Projektes in einem verbündeten Staat – in Frankreich. Und Sie schreiben Ihrerseits einen entsprechenden Brief an die Aerodevelopment Corporation. Da Major van Holden mit Sicherheit bald aus Frankreich abberufen wird, wünschten Sie ihn durch mich zu ersetzen, um die Kontinuität zu wahren. Dagegen kann niemand Einwände haben. Aber schreiben Sie nicht, daß Sie mir eine Stellung anbieten. Schreiben Sie nur, daß Sie mich als Vertreter der Corporation für einige Zeit in Frankreich haben wollen. *Compris?*«

»*Compris*, Doktor Feldner. Zwei Briefe werden heute noch abgehen: einer an Ihre Firma und einer an Sie. Wann werden Sie voraussichtlich hier eintreffen?«

»In etwa zehn Tagen. Ich habe hier noch etwas zu erledigen. Bitte geben Sie mir in Ihrem Schreiben an mich Ihr Angebot in großen Zügen bekannt sowie die Geldanweisungen, die ich nach meiner Ankunft in Paris benötigen werde. Meine Adresse in Malibu ist: 42123 Pacific Coast Highway. Sobald ich kann, werde ich mich bei Ihnen melden, Mister Litac, egal wo Sie sind, um mich persönlich für Ihre Hilfe zu bedanken. *Good bye, Sir.«*

Litac war empört über die Unverschämtheit dieses Mannes. Mußte er gerade jetzt, in diesen kritischen Tagen, nach so vielen Jahren auftauchen? Aber es schien Litac besser, ihn in der Nähe zu haben. Hier konnte man zumindest versuchen, ihn unter Kontrolle zu halten. In einem anderen Erdteil konnte man sich mit ihm nur schwer verständigen, und wenn es ihm einfiel, packte er womöglich plötzlich aus. Er wird es bei *einer* Erpressung nicht belassen, dachte Litac. Ich muß eben sehen, wie ich später mit ihm fertig werde.

Litac rief nach Madame de Brissac. »Anne-Louise«, sagte er zu ihr, als sie mit Stenoblock und Bleistift eintrat, »wir haben wieder einmal Glück gehabt. Einer der angesehensten Wissenschaftler Amerikas hat mich gerade um eine Stelle gebeten: Doktor Eric Feldner wird in etwa zehn Tagen aus Kalifornien in Paris eintreffen. Veranlassen Sie, daß eine Stelle in der Forschungsabteilung der SEP für ihn eingeräumt wird, mit einem Jahresgehalt von vierzigtausend Dollar. Er wird sich vor allem mit dem Arrow-Projekt befassen. Und entwerfen Sie zwei Briefe: Der erste geht an ...«

Es war nicht Feldners Art, Angefangenes unvollendet zu lassen. Sein guter Ruf sollte keinen Schaden leiden. Er rief General Smith in Camp Irwin an und teilte ihm mit, daß er schon am folgenden Tag eintreffen und voraussichtlich eine Woche bleiben werde, um die Arrow-Tests abzuschließen. Ein anderer Auftrag werde gleich danach folgen, deshalb bat er um jegliche Unterstützung, um die Arbeit im Zeitraum einer Woche beenden zu können. Seinen Firmenchef benachrichtigte Dr. Feldner ebenfalls. Er beglückwünschte ihn zu seinem Entschluß, das Projekt zu Ende zu bringen – aber er benachrichtigte auch das FBI. Dort nämlich wünschte man, über alle Dr. Feldner betreffenden Neuigkeiten unverzüglich unterrichtet zu werden.

13. Kapitel

Rom

Ursprünglich hatten dreizehn Personen auf der Teilnehmerliste der Litac-Gruppe gestanden, die nach Rom reisen sollte. Als der abergläubische Litac das hörte, ließ er den Dolmetscher und den Sicherheitsmann streichen. Die restlichen elf Personen kamen am frühen Nachmittag im Hotel Excelsior an und zogen sich sofort in ihre Zimmer zurück. Man wollte sich erst wieder um 19 Uhr 30 an der Bar treffen.

Die Litacs bezogen ein Appartement mit zwei Schlafzimmern und einem geräumigen Salon dazwischen. General d'Armand, Henry Mansfield und Major van Holden hatten jeweils große Einzelzimmer mit Bädern aus Marmor und in den Boden eingelassenen Wannen. Die Tageskosten im Hotel beliefen sich für die Gruppe auf über zwei Millionen Lire – ohne Verpflegung.

Um achtzehn Uhr läutete van Holdens Zimmertelefon. Es war Litac. Er wollte mit ihm allein sprechen und bat ihn in seine Suite. Als van Holden den Salon betrat, kam ihm Litac entgegen. Amanda blieb unsichtbar.

»Ich wollte Sie allein sprechen, *mon commandant.*« Mit einer Handbewegung forderte er van Holden auf, sich zu setzen. »Ich habe Sie in den letzten Tagen in Paris nicht mehr gesehen. Da hier sehr viel von Ihnen abhängen wird, möchte ich Sie bitten, mir zu erklären, wie Sie sich den Ablauf unseres großen Tages im italienischen Verteidigungsministerium vorstellen.«

Van Holden brauchte nur kurz zu überlegen: »Ich denke es mir so: General d'Armand, Mr. Mansfield und ich werden dem Generalstab das AMX-Programm unterbreiten. General d'Armand wird die einleitenden Bemerkungen dazu machen. Danach gehe ich auf die technisch-militärischen Aspekte der AMX-Serie ein, und Mr. Mansfield spricht zum Abschluß über die finanzielle Seite des Geschäfts sowie über die Beteiligung seiner Firma.«

Jacques Litac wiegte den Kopf hin und her: »Und ich bleibe im Hintergrund und helfe nur da nach, wo es nötig ist. Ich finde Ihren Plan so gut wie jeden anderen. Wie denken Sie sich Ihre Darstellung der AMX-Fahrzeuge?«

»Ich habe in Washington Tabellen anfertigen lassen, auf denen die Vor- und Nachteile der AMX-Panzer im Vergleich zu ähnlichen Panzern anderer Hersteller – vor allem den amerikanischen M-47- und M-48Al-Typen – verzeichnet sind. Sie wissen ja, daß ich jedes Detail dieser amerikanischen Panzer kenne, und zwar aus der Praxis. Über die einzelnen Modelle der AMX-Serie habe ich mich in Washington und in Paris genauestens unterrichtet. Ich habe vor, auch ihre schwachen Seiten zu erwähnen, damit kein einseitiges Bild entsteht und entsprechende Fragen gar nicht erst vorgebracht werden. Ich denke, daß ich etwa fünfzig Minuten Redezeit brauche. General d'Armand müßte mit fünf bis zehn Minuten, Mr. Mansfield mit zwanzig Minuten auskommen.«

»Exzellent! Unsere große Stunde im Generalstab ist auf Mittwoch 9 Uhr 30 angesetzt. Bis dahin könnten wir das Ganze ein- oder zweimal proben.«

»Einmal würde mir genügen, Monsieur Litac. Ich bin jederzeit dazu bereit, und hätte selbst darum gebeten, wenn nicht Sie die Sprache darauf gebracht hätten. Mir ist wichtiger, daß Sie mich vorher kritisieren, als nach unserer großen Stunde – wie Sie es nennen.«

»Ich wünschte, Sie gehörten schon jetzt zu meiner Firma, Major. Aber ich halte mich daran: Erst in Paris wird wieder dar-

über gesprochen. Ich danke Ihnen.«
Die Tür eines der beiden Schlafzimmer öffnete sich. Amanda erschien in einem tiefdekolletierten Hauskleid von strahlendem Gelb. Ihr Haar war offen.
»Hallo, Major«, sagte sie freundlich, aber kühl, und reichte van Holden die Hand. »Hier sehen wir uns also wieder. Jacques, ich habe dem Major versprochen, ihm auch etwas von Rom zu zeigen. Wann gibst du ihn mir frei?«
»Morgen oder übermorgen für einen halben Tag, Amanda.«
»Schön«, sagte Amanda. »Dann wird der Major mich morgen um die Mittagszeit begleiten. Auch ich möchte etwas von dieser Reise haben, Jacques«, fügte sie schmollend hinzu.
»Aber ja, *chérie«*, beruhigte sie Litac. »Du wirst schon auf deine Kosten kommen. Und wenn das Geschäft gelingt, wird groß gefeiert. Dann kannst du alle Arrangements für das Fest treffen.«
Van Holden verabschiedete sich. Auf dem Gang traf er Henry Mansfield. »Schon die erste Konferenz gehabt?« begrüßte ihn Mansfield freundlich. »Ich bin erst heute früh aus New York angekommen und habe bis jetzt geschlafen. Wie wär's mit einem Drink, Major? Ich brauche einen, damit ich wach werde.«
»Danke, Mr. Mansfield. Vor Sonnenuntergang keinen Alkohol, hat meine Mutter immer gesagt, und ich halte mich daran. In einer Stunde treffen sich alle an der Bar. Dann trinke ich gerne einen mit Ihnen.«
Die Cocktails an der Bar neben der Halle wurden großzügig gemixt, und das Essen im Speisesaal war hervorragend. Auch die Stimmung war gehoben. Natürlich trugen dazu das elegante Milieu bei und die prickelnde Spannung, die sich aller wegen der kommenden Ereignisse bemächtigt hatte. Nach dem Essen entschuldigte sich van Holden. Er wolle vor dem Schlafengehen noch einen kleinen Spaziergang machen. Henry Mansfield

fragte: »Darf ich mich Ihnen anschließen, Major? Auch ich möchte mich noch ein wenig auslüften.«
Sie traten durch den Haupteingang hinaus auf die Via Veneto. Unter der überdachten Wagenzufahrt blieb van Holden stehen. Er legte die Hand an einen der Pfeiler, die das vorspringende Dach trugen. »Sehen Sie diesen Pfeiler hier, Mr. Mansfield? Als meine Einheit, die 1. US-Panzer-Division, im Juni 1944 in Rom einzog, war ich mit meiner Aufklärungsabteilung einer der ersten in der Stadt. Ich erinnere mich genau: Es war am 4. Juni, zwei Uhr nachmittags. Unser Weg führte hier an diesem Hotel vorbei, das ich aus früheren Tagen kannte. Nun sind junge Leutnants in Aufklärungsabteilungen freche Burschen und immer zu irgendwelchem Unfug bereit. Ich wollte ins Hotel gehen, um zu sehen, ob der alte Portier noch da war, der sich einstens so rührend um mich gekümmert hatte. Als der Fahrer meines M24-»Chaffee«-Spähpanzers vor dem Hotel auf der Straße hielt, um mich absitzen zu lassen, sagte ich: ›Nichts da! Fahren Sie vor, wie es sich gehört.‹ Der Junge wußte, daß er das nicht schaffen würde, aber er führte meinen Befehl aus und lenkte den Panzer in die Einfahrt. Dabei stieß er mit dem Heck gegen diesen Pfeiler hier und beschädigte ihn. Fragen Sie nicht, wie er das Ding wieder aus der Einfahrt herausbekam!«
Henry Mansfield lachte. Es waren diese Burschen, die mit ihrem Schneid zum Sieg beigetragen hatten. Deshalb verzieh man ihnen gern, wenn sie in den Gefechtspausen verrückte Sachen anstellten.
Van Holdens Erinnerungen wurden wach. Er fuhr fort zu erzählen:
»Dieses Hotel wurde kurz nach der Einnahme Roms zum ›Rest-Hotel‹ für Offiziere der US-Streitkräfte erklärt. Nach unserem triumphalen Durchmarsch durch die Stadt lagerte meine Division einige Kilometer nördlich von hier um den Lago Bracciano herum. Wir durften uns dort einige Tage lang von

den Strapazen der vier Monate währenden Kämpfe am Brükkenkopf von Anzio ausruhen und wurden neu ausgerüstet. Als einer der ersten Offiziere wurde ich ins Excelsior kommandiert. Ich werde meinen Einzug hier nie vergessen. Mein Fahrer und ich waren von der Fahrt noch völlig verstaubt. Eine weiße Kruste hatte sich auf unseren Gesichtern gebildet, nur nicht um die Augen herum – wegen der Schutzbrille. Wir sahen aus wie Eulen am Tag. Trotzdem wurde ich wie ein Fürst empfangen und zum Aufzug geleitet, wobei mir nicht entging, daß einige hübsche Signorinas in der Halle herumsaßen und mich beäugten. Man gab mir ein Zimmer – größer als die Zimmer, die wir jetzt haben – und ein nicht viel kleineres Badezimmer aus Marmor mit der gleichen versenkten Badewanne wie in unseren Bädern oben. Mein Gepäck bestand aus einem Musette-Bag mit meinem Rasierzeug, einem frischen Hemd, Unterwäsche und einer Flasche Velva-Cognac. Ich ging schnurstracks in das Badezimmer und ließ Wasser ein, um als erstes den Staub loszuwerden. Als ich in der Wanne saß, hatte ich das Gefühl, beobachtet zu werden. Ich blinzelte durch den Seifenschaum, der mir übers Gesicht gelaufen war, nach oben und sah drei Mädchen, die sich am Rand der Wanne niedergelassen hatten und mich anschauten, als wollten sie mich verzehren. Das waren noch Zeiten, Mr. Mansfield.«

Sie waren vor einer kleinen Bar angekommen, setzten sich an eines der Tischchen im Freien und bestellten Whisky mit Soda. Van Holdens Gedanken waren immer noch in der Vergangenheit. »Das Excelsior kam bald unter Beschuß. Ich meine, von seiten der Heimatfront«, erklärte er, als Mansfield ihn verwundert anblickte. »Einige Wochen nach seiner Übernahme durch die Amerikaner fiel nämlich ein Mädchen aus einem der Fenster. Sie war auf der Stelle tot. Die Zeitungen in Amerika berichteten darüber. Sie nannten die Via Vittorio Veneto die Via Gonorrhoe. Mütter und Bräute beschwerten sich bei ihren Abgeordneten im Kongreß über das Verhalten der amerikanischen Soldaten in Italien und verlangten, daß das Hotel geschlossen würde. Aber General Mark W. Clarc verhinderte das. Nur strengere Hausregeln führte man ein.«

Die beiden Amerikaner schwiegen und tranken von ihrem Whisky.

»Was halten Sie von unserer Sache hier, Phil?«

»Ich weiß nicht, Henry. Einiges gefällt mir nicht.«

»Was?«

»Ich finde, es wird nicht sachlich genug vorgegangen. Zum Beispiel will man sich die Forderungen der Italiener gar nicht erst anhören. Ob sie berechtigt sind oder nicht, müßte doch erst einmal geprüft werden! Und sind sie berechtigt, muß man sich fragen, ob sie erfüllbar sind oder nicht. Aber statt dessen überhört man einfach alles, verläßt sich auf Protektion von oben und versucht, mit Bestechung das gewünschte Resultat herbeizuzwingen.«

»Ich habe davon gehört und mit Jacques darüber gesprochen. Er sagte nur, das sei nicht das erste Geschäft, das er auf diese Weise erfolgreich abgeschlossen hätte. So vorzugehen, ist eben seine Art. Nun, wir werden ja sehen.«

»Der Vereinigte Stab im Pentagon ist sehr daran interessiert, daß dieses Geschäft über die Bühne geht. Sollten Sie nicht doch noch einmal mit Mr. Litac sprechen und versuchen, ihn dazu zu bewegen, nicht ein-, sondern zweigleisig vorzugehen und die Italiener wenigstens anzuhören?«

»Okay. Ich werde nochmals mit ihm sprechen. Leider ist er, mich ausgenommen, von lauter Ja-Sagern umgeben, die ihn in seinen Meinungen bestätigen, um ihn nur ja nicht zornig zu machen.«

Van Holden unterdrückte ein Gähnen. »Ich gehe jetzt schlafen, Henry.«

»Gute Nacht, Phil, ich bleibe noch ein bißchen hier. Die

Drinks gehen auf meine Rechnung.«
Ein hübsches Mädchen hatte sich in Mansfields Nähe gesetzt. Es schien ihm zu gefallen.

Am Samstag wurde in einem kleinen Konferenzzimmer des Hotels geprobt. Alle, mit Ausnahme von Amanda, waren anwesend. General d'Armand, van Holden und Mansfield brauchten für ihre Referate genau die von van Holden vorgesehene Zeit. Litac hörte sich alles an. Er war im großen und ganzen zufrieden, machte nur gelegentlich Bemerkungen, die zu unwesentlichen Änderungen führten. Die anderen Zuhörer fanden alles gut.
Am Sonntag vormittag rief Amanda bei van Holden an. Ihre Stimme klang dunkel und lockend. »Phil, wir können heute zusammensein. Jacques ist bei einem Essen mit dem Malteserorden und hat mir freigegeben. Ist es dir recht, wenn wir schon um zehn Uhr losfahren? Ich habe viel vor heute, denn ich fürchte, wir werden hier nicht viel Zeit füreinander haben.«
»Also um zehn in der Halle, Amanda.« Van Holden freute sich auf die Ausfahrt. »Ich habe ein Bedürfnis nach frischer Luft und bin froh, aus diesem goldenen Käfig herauszukommen.«
Als er in die Halle herunterkam, ließ sich Amanda eben vom Portier einen ganzen Packen Prospekte der verschiedenen römischen Sehenswürdigkeiten geben. General d'Armand stand neben ihr und gab ihr offensichtlich Ratschläge.
Als van Holden zu ihnen trat, begrüßte ihn d'Armand kühl und mit verschlossenem Gesicht: *»Good morning, Major.«* Er wandte sich wieder Amanda zu. »Sind Sie sicher, Madame, daß Sie mich nicht mitnehmen wollen? Wie gesagt, ich kenne die Stadt sehr gut und könnte Ihnen beiden ein guter Führer sein.«
»Vielen Dank, General«, antwortete Amanda mit jenem Augenaufschlag, der müde Männer munter machte oder völlig entmutigte. »Ich habe mich für unsere kleine Tour de Ville gut

vorbereitet und möchte Sie wirklich nicht in Anspruch nehmen. *Au revoir, Monsieur.«*
Sie reichte ihm die Hand zum Kuß und rauschte davon. Van Holden folgte ihr. Der Packard stand in der Einfahrt. »Das ist nicht mein Chauffeur, Phil. Also keine Vornamen und keine Vertraulichkeiten«, flüsterte sie schnell, bevor sie einstiegen.
»Guten Morgen, Alexander«, begrüßte sie den Chauffeur. Der Mann war ein Weißrusse, angeblich ein Graf, und es hieß, er kenne sich in Rom gut aus. »Bitte fahren Sie uns zum Petersplatz. Danach über die Piazza Venezia zum Kolosseum. Dort halten wir, steigen aber nicht aus. Dann fahren wir an der Kirche Santa Maria Maggiore vorbei und von dort zu Bulgari in der Via Condotti. Ich werde Ihnen immer das jeweils nächste Ziel angeben, Alexander, damit Sie sich den Weg dorthin zurechtlegen können.«
»Sehr wohl, Madame«, war alles, was der Graf dazu zu sagen hatte. Sie fuhren über die Via del Tritone und die Via del Coronari zur Vatikanstadt. Amanda begann mit ihren Erklärungen.
»Der Papst ist der Regierungschef dieses Staates von 440 000 Quadratmetern und mit fünfzehnhundert Einwohnern. Seine Truppe ist die ›Schweizer Garde‹, die noch heute die von Michelangelo entworfene Uniform trägt.« Sie berichtete mit dem Eifer eines Schulkindes, das seine Geographielektion gut gelernt hat.
Als sie aus der Sixtinischen Kapelle traten, sagte sie: »Schade, daß wir nicht genug Zeit für das Vatikanische Museum haben. Ein andermal vielleicht«, fügte sie hinzu, obwohl sie daran zweifelte, daß sie je wieder mit Philip van Holden zusammen Rom besuchen würde.
»Dort auf dem Balkon«, erklärte sie, als sie hinter den Sightseeingbussen langsam über die Piazza Venezia fuhren, »hielt Mussolini seine flammenden Reden an das Volk. Seine Schwarzhemden standen darunter. Auf ein Zeichen rissen sie

ihre Dolche aus den Scheiden und schrien ›Duce, Duce, Duce‹. Und jetzt kommen wir zum Foro Romano ...« Der Wagen hielt an. Amanda kurbelte das Fenster zum Fahrer hoch und nahm aus einem Fach in der Trennwand zwischen ihnen und dem Fahrer zwei Gläser, Eis und eine Flasche Campari. Sie übergoß den Campari und das Eis mit dem Wasser aus einer Syphonflasche und schwatzte zwischen kleinen Schlucken weiter: »Ich bin romantisch veranlagt, Phil, ich denke mich gerne in Geschehnisse der Vergangenheit hinein. Schließen Sie die Augen, Phil, und Sie werden hören, wie die 50 000 Menschen im Kolosseum dem Hinschlachten der Christen auf dem blutigen Sand der Arena zujubeln.«
Der Major hörte höflich zu, fand allerdings wenig Geschmack an der Vorstellung hingeschlachteter Christen. Er hatte genug Blut gesehen, von Anzio bis Majon-ni.
Sie saßen eine Weile stumm nebeneinander. Als die Gläser leer waren, fuhren sie langsam weiter: Santa Maria Maggiore, dann die Piazza di Spagna mit der Spanischen Treppe und schließlich die Via Condotti mit dem berühmten Juweliergeschäft Bulgari, wo Amanda seit Jahren Kundin war. Sie wollte van Holden dem amüsanten Juwelier vorstellen, mit beiden eine Tasse Kaffee trinken und den herrlichen Perlenschmuck bewundern, der Bulgari berühmt gemacht hatte. Aber Bulgari war nicht da. Weiter unten auf der Via Condotti kaufte Amanda für van Holden eine Bronzini-Krawatte und überreichte sie ihm mit den Worten: »Jedesmal, wenn du diese Krawatte anziehst, sollst du an mich denken, Phil.«
Nach dem Mittagessen fuhren sie zur Fontana di Trevi. Sie stiegen aus und setzten sich auf den Brunnenrand.
»Hast du ein paar kleine Geldstücke da, Phil?« fragte Amanda. »Wir müssen sie über die Schulter in den Brunnen werfen. Es heißt, daß man dann wieder nach Rom zurückkehren wird.«
Van Holden hatte das schon im Kino gesehen und wirklich: Als

er sich über das Wasser beugte, sah er eine Unmenge kleiner Münzen auf dem Boden des Brunnens liegen. Er warf ein Geldstück hinein. Amanda beobachtete ihn, dann warf auch sie eines hinein. »Hast du dir etwas gewünscht, Phil?«
»Viele so schöne Tage wie heute. Und du?«
»Ich habe mir Zufriedenheit gewünscht. Ein Wunsch, der einem kaum je erfüllt wird, ich weiß. Morgen nacht komme ich zu dir, Phil.«
»Was hast du gesagt?« Van Holden glaubte nicht richtig gehört zu haben.
»Wenn wir noch einen Apéritif im Hassler-Medici nehmen wollen, dann müssen wir uns beeilen«, sagte sie, ohne auf seine Frage einzugehen. »Ich muß spätestens um sieben wieder im Hotel sein und mich für den Abend herrichten.«
Als sie kurz darauf oberhalb der Spanischen Treppe auf Hasslers Terrasse saßen und Rom im Licht der sinkenden Sonne zu ihren Füßen liegen sahen, sagte sie: »Du hast mich vorher schon richtig verstanden, Phil. Morgen nacht werde ich zu dir kommen. Jacques nimmt seine Schlaftabletten zwischen zehn und elf Uhr nachts. Dann liest er noch eine Weile. Eine Stunde danach ist er so gut wie bewußtlos. Dann komme ich zu dir hinüber. Laß deine Tür offen.«

Die Litac-Gesellschaft nahm ihre Drinks bei Kerzenlicht in der Blauen Bar der Hostaria dell'Orso ein. Danach stiegen sie die enge Treppe aus dem 14. Jahrhundert zu einem der drei kostbar eingerichteten kleinen Speisesäle hinauf. Für van Holden war die Fremdenführung immer noch nicht zu Ende. Die Hostaria, erfuhr er, war um 1300 als ein kleiner Gasthof erbaut worden, in dem der heilige Franziskus von Assisi übernachtet und Dante gewohnt hatte. Später bekam sie einen schlechten Ruf: In dem alten Gemäuer sollten grausige Verbrechen verübt und die Leichen in den Wänden eingemauert worden sein. Später wurde sie ein beliebtes Restaurant der internationalen Gesellschaft: Rabelais, Montaigne, Goethe waren hier oft zu Gast. Und heute sitzen hier Leute wie Litac, dachte van Holden amüsiert, und wie ich selber.

Monsieur Litac mochte es nicht, wenn seine Gäste lange herumsuchten, bevor sie sich für ein Gericht entschieden. Er bestellte das Essen daher immer schon vorher. Sagte es einem Gast nicht zu, konnte er umbestellen, aber gewartet wurde auf ihn nicht. Als Litac nach dem Essen fragte, ob noch jemand in den Nachtklub ›La Cabala‹ im obersten Stock gehen wolle, verneinten alle. Die Stimmung während des Abends war nervös gewesen; man wollte ins Hotel zurück.

Nur Henry Mansfield und van Holden nahmen noch wie gewohnt im Club 84, einer Bar in der Nähe des Hotels, ihren Nightcup. Zwischen ihnen hatte sich eine freundschaftliche Beziehung entwickelt, und sie konnten offen miteinander reden. Mansfield zeigte sich zunehmend bedrückt von Litacs allzu durchsichtigen Versuchen, Personen in hohen Stellungen zu bestechen.

Am nächsten Morgen erhielt van Holden einen Anruf von der Amerikanischen Botschaft: Der Botschafter würde sich freuen, wenn er und Mr. Mansfield ihn gegen Mittag besuchen würden. Um elf Uhr tranken die beiden Amerikaner noch einen Ristretto an einem Tischchen vor dem Hotel. Dann gingen sie die Via Veneto hinunter zu dem imposanten Gebäude der US-Botschaft, einem Besitz der Regina Margherita di Savoia, der Mutter des letzten Königs von Italien, Vittorio Emanuele III.

Der Botschafter empfing sie sofort. »Mr. Mansfield, Major van Holden, guten Morgen. Ich danke Ihnen, daß Sie meiner Einladung folgen konnten, obwohl sie so kurzfristig erfolgt ist. Sie haben sicher nicht viel Zeit. Darf ich Ihnen einen Kaffee anbieten?«

»Danke, Mr. Ambassador«, antwortete Mansfield. »Wir haben

eben einen getrunken.«
»Wie geht es Mr. und Mrs. Litac? Ich habe sie zuletzt im vorigen Jahr bei einem Empfang in Paris gesehen. Ist er noch reicher und sie noch schöner geworden?«
Sie lächelten über die Bemerkung. Der Botschafter fuhr ernster fort: »Welche Chancen räumen Sie dem Panzergeschäft ein, Gentlemen?«
Henry Mansfield als der ältere antwortete zuerst: »Ich rechne kaum mit einer günstigeren Chance als Fifty-fifty.« Er wandte sich an van Holden: »Was meinen Sie, Phil?«
»Wenn wir alles richtig machen würden, stünden die Chancen besser. Aber, wenn ich so sagen darf – und ich glaube Mr. Mansfield ist meiner Meinung –, wir machen nicht alles richtig.«
Der Botschafter lehnte sich vor. »Darf man wissen, was Sie damit meinen?«
Mansfield ergriff das Wort. »Wir meinen, Mr. Litac habe nicht die richtigen Methoden angewendet. Er will das Geschäft mit Gewalt über die Runden bringen – indem er Druck von innen und von außen ausübt. Von innen mit Bestechungsversuchen, die so durchsichtig sind, daß es nachgerade peinlich ist. Litac macht sich hemmungslos an jeden heran, von dem er glaubt, daß er ihm von Nutzen sein könnte. Ich fürchte, das wird sich herumsprechen, bis in die obersten Regierungskreise dringen und uns schließlich schaden. Von außen versucht er Druck auszuüben, indem er halb Europa mobilisiert hat. Einen Haufen einflußreicher Personen hat er dahingebracht, daß sie seine Bemühungen in Italien unterstützen. Er hat die Italiener mit zahllosen Namen bombardiert und sie dadurch verärgert.«
Van Holden schaltete sich ein: »Wir haben in Paris erfahren können, welche Bedingungen die Italiener stellen werden: Sie wünschen, daß die Franzosen ihnen für eine noch zu vereinbarende Frist kostenlos Techniker und Instrukteure zur Verfü-

gung stellen. Auch sollen – im Stückpreis inbegriffen – Ersatzteile in einer Menge von zehn Prozent der Gesamtteile geliefert werden. Wir haben Mr. Litac davon berichtet. Aber er fand diese durchaus nicht ungewöhnlichen Forderungen absurd und lehnt jedes Entgegenkommen in diesen Punkten rundheraus ab. Er ist davon überzeugt, daß er auch so ans Ziel kommt.«

Der Botschafter überlegte eine Weile. Dann sagte er: »Washington hat mir aufgetragen, Sie, meine Herren, in jeder Hinsicht zu unterstützen und alles zu unternehmen, damit der Vertrag zustande kommt. Er soll als Modell für kommende Verträge dieser Art dienen – für internationale Transaktionen, an denen die Vereinigten Staaten als Lizenzinhaber oder Lizenzgeber beteiligt sind, und die folglich Devisen ins Land bringen. Wäre es möglich, diesen Mann, der seine Regierung in dieser Sache vertritt, irgendwie zu beeinflussen? Halten Sie es für sinnvoll, wenn ich mit ihm spreche oder wenn ich meinen Kollegen, den französischen Botschafter, bitte, mit Litac ein vernünftiges Wort zu sprechen? Was glauben Sie? Sie kennen den Mann.«

Mansfield war über diesen Vorschlag fast erschrocken. »Ich habe mit Jacques Litac schon seit einigen Jahren zu tun. Ich kenne ihn geschäftlich und auch persönlich gut. Und ich weiß, daß er auf mich hört. In diesem Fall aber hat er nicht auf mich gehört, auch nicht auf den Major, der ein Fachmann in Panzerfragen ist. Litac ist von diesem Geschäft wie besessen. Er ist bereit, es mit allen Mitteln durchzuboxen, denn es bedeutet sehr viel für ihn: Seine Fabriken würden einen unerhörten Aufschwung nehmen, seine Vielstoff-Motoren würden in den AMX-Panzer der NATO eingebaut, an dessen Produktion er auch beteiligt ist. Wenn Sie oder der französische Botschafter sich einschalten, wird er höchstens renitent – und das würde die Lage nur verschlimmern. Ich schlage vor, daß ich – wenn ich übermorgen die Vertragsbedingungen mit den Italienern bespreche – auf ihre Forderungen insofern eingehe, als ich sie nicht gleich ablehne. Litac wird mich dann fragen, was ich damit bezwecke, und das gibt mir die Möglichkeit, noch einmal mit ihm darüber zu sprechen. Man darf ihn nicht reizen. Deshalb, meine ich, sollten weitere Personen sich im Augenblick nicht einschalten.«

Im Hotel fanden van Holden und Mansfield die Nachricht vor, daß Litac sie zu sprechen wünsche.
»Was wollte der Botschafter?« fragte Litac mißtrauisch.
»Er wollte uns die Wichtigkeit unserer Aufgabe vor Augen führen«, antwortete Mansfield, indem er sich scheinbar lustig machte. »Washington wünscht, daß dieses Geschäft klappt und daß wir alles dafür tun.«
»Das werden wir ohnehin«, sagte Litac mürrisch. »Warum müssen sich diese Wichtigtuer von Diplomaten immer einmischen?«
»Er hat eben auch seine Weisungen, Jacques.«
»Schon gut, Henry. Wollt ihr mit Amanda und mir zu Mittag essen? Wir nehmen nur einen Imbiß im Grillroom. François und Marcel sind schon unten.«
Während des Essens sagte Amanda zu van Holden: »Rom hat dreihundertfünfundsechzig Kirchen – für jeden Tag des Jahres eine. Welche möchten Sie heute sehen, Major?«
Die Frage war scherzhaft gemeint. Sie wußte, daß van Holden jetzt nicht der Sinn nach Stadtrundfahrten stand, und so antwortete er auch nur mit einem flüchtigen Lächeln.
»Henry«, wandte er sich an Mansfield, »ich hatte den Eindruck, Sie kannten den Botschafter von früher. Stimmt das?«
»Ja«, Mansfield nickte bedächtig, »ich habe ihn kennengelernt, als er noch zweiter Stellvertretender Außenminister war. Er hatte damals eine Frage zu entscheiden, die die Tätigkeit meiner Firma in Südosteuropa betraf. Er ist ein tüchtiger Mann.«

»Er muß gut sein«, mischte sich Litac ein, »denn er scheint auf unserer Seite zu stehen. Henry, würden Sie mit dem Major bitte um 16 Uhr zu mir kommen? Ich möchte Sie über den letzten Stand der Dinge unterrichten.«
Als sie den Grillroom verließen, nahm Marcel Palmer Litac zur Seite: »Jacques, unser Schiff, die St. Spiridion, hatte Fracht für Italien und liegt im Hafen von Anzio. Der Kapitän läßt dich grüßen. Er hat sich pflichtgemäß in unserer Botschaft gemeldet und dort erfahren, daß du hier bist. Hast du irgendwelche Befehle für ihn?«
»Er soll nicht ohne mein Wissen auslaufen.«
»Geht in Ordnung, Jacques. Ich rufe sofort in Anzio an.«

Was Litac Mansfield und van Holden um 16 Uhr erläuterte, war äußerst wissenswert.
»Zwei Tage vor unserem großen Auftritt«, begann Litac, »halte ich es für an der Zeit, daß Sie auch über die Schwachstellen unseres Vorhabens Bescheid wissen. Beginnen wir damit, daß der kommende Fünfjahresplan der italienischen Regierung hundert Milliarden Lire für die Modernisierung der Armee bereitstellt. Ein großer Teil davon ist für die Anschaffung von dreihundert Kampfpanzern vorgesehen – allerdings unter der Bedingung, daß die Vereinigten Staaten ihnen eine gleiche Anzahl Kampfpanzer im Rahmen des Militärhilfeprogramms kostenlos überlassen. Die Vereinigten Staaten wiederum wollen diese dreihundert Kampfpanzer nur nach den Grundsätzen der ›Buy-American-Politik‹ liefern, das heißt, sie müssen in den USA hergestellt worden sein.
Ein ähnliches Abkommen wurde zwischen Frankreich und Italien getroffen: und zwar ging es dabei um Schützenpanzer, nicht um Kampfpanzer. Die Franzosen waren bereit, den Italienern fünfhundertundneun AMX-Schützenpanzer im Wert von achtundzwanzig Millionen Dollar aufgrund eines Han-

delsvertrages zwischen den USA und Frankreich im Rahmen des Militärhilfeprogramms frei Haus zu liefern, wenn die Italiener noch einmal die gleiche Anzahl AMX-Schützenpanzer in Frankreich kaufen, das heißt bezahlen. Dieses Paket, nämlich die zweiten fünfhundert Schützenpanzer, ist ein wichtiger Teil des Geschäftes, über das wir jetzt verhandeln.« Litac nahm aus seiner goldenen, mit Saphiren verzierten Pillendose vier verschiedene Tabletten und schluckte sie mit Mineralwasser hinunter.

»Der Gedanke einer einheitlichen Serie von Kampffahrzeugen in allen Armeen der NATO-Staaten liegt nahe. Sie hätte den Vorteil der Standardisierung und würde in den Arsenalen der NATO-Staaten eine Reduzierung im Inventar bedeuten, denn die Auswechselbarkeit von Teilen in den verschiedenen Kampffahrzeugen der Serie reduziert den Ersatzteilbestand. Schön und gut. Wir haben die Familie der AMX-Fahrzeuge als NATO-Serie und darüber hinaus angeboten und waren bislang recht erfolgreich: Frankreich hat zur Zeit viertausenddreihundert Panzer und Schützenpanzer – oder wie Sie sagen: SPz – auf Lager beziehungsweise bestellt, Belgien fünfhundertvierundzwanzig, Italien die schon erwähnten fünfhundertneun, die Niederlande sechshundertvierundachtzig Kampfpanzer und SPz. Außerhalb der NATO haben die Schweiz zweihundert Panzer und Österreich zweiundsiebzig Panzer bestellt, gefolgt von Indien mit hunderteinundfünfzig Panzern, Indonesien mit siebenundfünfzig Panzern und Israel mit hundertachtzig Panzern und hundertzwanzig SPz. Auch die SEATO-Staaten und CENTO-Staaten wie Griechenland, die Türkei und der Iran haben bereits ihre Einkäufer nach Paris geschickt. Wir erwarten ihre Bestellungen in Kürze. Alles in allem werden es zweitausend bis dreitausendfünfhundert Fahrzeuge im Wert von hundertzwanzig bis zweihundert Millionen Dollar sein. Aber ich nehme an, das wissen Sie schon alles.«

Litac nahm die Mineralwasserflasche, füllte ein großes Glas und goß es hinunter. Bevor er weitersprach, zog er sein Jackett aus. Ihm war heiß geworden vor Erregung. In der linken oberen Tasche seiner Weste glitzerte etwas metallisch. Van Holden erkannte, was es war: der Griff eines Schlagrings. Nach einer Weile fuhr Litac fort:

»Bis zum gegenwärtigen Zeitpunkt hat die Standardisierung gute Fortschritte gemacht, und die Zukunft versprach weitere Erfolge. Nun aber bahnt sich etwas an, was das ganze Programm torpedieren könnte: Es scheint sich zu wiederholen, was die Italiener in der Politik schon 1914 und 1939 getan haben – sie sind von einem Abkommen zurückgetreten. In diesem Fall handelt es sich um einen Dreißig-Millionen-Dollar-Vertrag. Anstelle der französischen Schützenpanzer wollen sie jetzt fünfhundert amerikanische SPz vom Typ M 59 und später dessen Nachfolger, den M 113, kaufen. Sie sind um die Hälfte billiger, denn es handelt sich um keine Kampf-, sondern um reine Transportfahrzeuge. Sie denken sogar daran, noch fünfzehnhundert weitere SPz in Amerika zu bestellen. Ihre Begründung, sie wollten die amerikanische Zahlungsbilanz verbessern, ist nur ein Vorwand. Sie wissen genau, daß die teureren AMX-SPz in Amerika in Lizenz hergestellt werden und ihr Ankauf der US-Zahlungsbilanz in weit höherem Maße zugute käme. Übrigens können die AMX-Schützenpanzer in Amerika zu einem um zwanzig bis fünfundzwanzig Prozent geringeren Preis hergestellt werden als in Frankreich, das sich – um nicht von der Bildfläche zu verschwinden – eine Herstellung von fünfzehn Prozent des Auftragsvolumens in eigenen Fabriken vorbehält. Zusätzliche Gründe für den geplanten Rücktritt von dem Schützenpanzervertrag sind wahrscheinlich ähnliche Forderungen wie die, von denen Sie mir in Paris berichtet haben: kostenlose Ersatzteile und französische Techniker auf unbestimmte Frist. Gestern habe ich gehört, daß sie den Katalog ih-

rer Forderungen erweitert haben: Sie wünschen, daß die Transportkosten für die Anlieferung der Fahrzeuge vom Lieferland getragen werden! Der AMX-Schützenpanzer kostet annähernd sechzigtausend Dollar. Davon bleibt dem Hersteller ein Gewinn von zehntausend Dollar. Aber der fällt fast gänzlich weg, wenn die Forderungen der Italiener akzeptiert werden. Und was die zehn Prozent Ersatzteile betrifft, die wir ihnen schenken sollen – bedenken Sie, Gentlemen, den Verlust für uns: Die Lieferung von Ersatzteilen über einen Zeitraum von zehn oder mehr Jahren bringt uns dieselbe Summe ein wie der Verkauf der Fahrzeuge. Und das wollen die Italiener nun gratis haben.«
Litac ging erregt auf und ab. Seine Unterlippe hing herunter, die schwarzen Augen waren weit aufgerissen und schossen zornige Blitze. »An die Lieferung der fünfhundertneun SPz, die sie nach dem Militärhilfeprogramm umsonst bekommen haben, war die Sine-qua-non-Klausel geknüpft, daß sie fünfhundert weitere SPz vom selben Hersteller aus eigener Tasche kaufen. Das wollen sie nun einfach vergessen. Von der Entscheidung, die hier in Italien fällt, hängen die weiteren AMX-Geschäfte ab. Fallen wir jetzt mit dem AMX-SPz durch, dann hat das ganze AMX-Programm einen Schlag erlitten, von dem es sich kaum erholen wird. Die Standardisierung ist zum Teufel, eine einheitliche Ausrüstung der NATO torpediert. Die Italiener wissen das, und das Pokerspiel hat begonnen. Wir haben nur eine Möglichkeit: Unsere ganzen Anstrengungen müssen nur noch darauf gerichtet sein, Schlüsselpersonen im italienischen Generalstab und in der Regierung auf unsere Seite zu bringen. Ich habe General d'Armand beauftragt, nochmals bei General Maresca vorzusprechen, dem Inspekteur für die motorisierten Einheiten der italienischen Armee. Er soll ihn an die Sondervereinbarung erinnern, die zwischen Frankreich, Italien und den USA abgeschlossen wurde. Desgleichen habe ich General Bartelotti gebeten, den uns die Italiener als ihren Verbindungs-

offizier zur Verfügung gestellt haben, mit General Michelotti, Marescas Chef, ein Gespräch zu führen. Nun möchte ich Sie bitten, Henry, den Finanzminister aufzusuchen, um ihm die Gefahr eines Auseinanderbrechens der finanziellen Verflechtungen zwischen den drei Ländern vor Augen zu halten und ihn zu bewegen, daß er die Militärs zum Einhalten der Sondervereinbarung drängt. Und ich möchte, daß Sie, Major, den General aufsuchen, den Sie bei dem Essen in unserem Haus kennengelernt haben. Er hatte Sie aufgefordert, ihn in Rom zu besuchen. Also tun Sie es. In seiner Stellung als Leiter des Materialbeschaffungsamtes im italienischen Generalstab hat er ein gewichtiges Wort zu sprechen. Auch könnte er Druck auf die technischen Dienststellen der Armee ausüben. Geben Sie ihm den gewünschten Bericht über die Arrow-Rakete – in Kurzform natürlich –, und sprechen Sie dann mit ihm über die AMX-Fahrzeugserie, vor allem über den Ankauf der fünfhundert AMX-Schützenpanzer, mit dem das ganze AMX-Geschäft steht oder fällt. In der Zwischenzeit werde auch ich mich auf meine Weise weiterbemühen.« Ein verschmitzter Ausdruck erschien auf seinem Gesicht.
Als Mansfield und van Holden Litacs Salon verließen, sagte Henry Mansfield schlicht: *»I need a drink.«* Van Holden trennte sich von ihm und ging zu Madame de Brissac, um sie zu bitten, für ihn einen Termin mit dem Drei-Sterne-General zu vereinbaren. Er bekam ihn bereits für den folgenden Vormittag.

Nach dem Abendessen schlug General d'Armand vor, den gemeinsamen Drink einmal nicht im Hotel einzunehmen – sondern in der Rupe Tarpea, wenige Schritte zu Fuß vom Excelsior. Der Vorschlag des Generals fand bei allen Beifall. Nur Litac sagte, er habe noch zu arbeiten, hoffe aber, daß die anderen sich gut amüsierten.
General d'Armand hatte seinen Vorschlag nicht ohne Hinter-

gedanken gemacht. Er nahm sich vor, van Holden etwas genauer zu beobachten. Von Anfang an hatte er den jungen Major aus Amerika nicht gemocht. Alle Welt schien dem Helden aus Korea zugetan. Sogar Madame de Brissac, die sonst so zurückhaltende Aristokratin, der d'Armand vergeblich den Hof machte, ließ Anzeichen von Koketterie erkennen in Gegenwart des Majors. Und Jacques Litac schien nach kurzer Zeit schon so viel Vertrauen in den jungen Offizier zu setzen, daß er ihn, François d'Armand, seinen alten Freund und Berater, bereits einige Male übergangen und lieber den Rat des Amerikaners gesucht hatte. Zudem hatte er gegenüber d'Armand geäußert, daß die Firma einen Mann wie den Major gut brauchen könne. D'Armand, der nicht wußte, daß van Holden von Litac bereits ein entsprechendes Angebot gemacht worden war, wollte das unter allen Umständen verhindern. Mit seinem Einfluß wäre es sonst vorbei.

Es war d'Armand auch nicht entgangen, daß Amanda Litac van Holden ein Interesse entgegenbrachte, das nichts mehr mit dem Vergnügen an gemeinsamen Stadtrundfahrten zu tun hatte. Seine Eifersucht registrierte auch kleinste Anzeichen – einen Blick, den Tonfall der Stimme. Er war zu der Überzeugung gekommen, daß Amanda, der Litac sicher nicht all das bieten konnte, was eine lebensfrohe, sinnliche junge Frau sich wünschte, einer Affäre mit van Holden – wenn auch nur einer kurzen – nicht abgeneigt war.

Ähnliches hatte sich gelegentlich schon früher angebahnt, das wußte d'Armand, aber meist hatte Litac dafür gesorgt, daß es nicht zum Skandal kam. Doch sein Haß auf Männer, die sich Amanda genähert hatten, war grenzenlos und seine Rache unerbittlich. Hier brach das Erbe seiner mazedonischen Vorfahren durch. Und Litac gab die Schuld immer den Männern, niemals Amanda.

Ursprünglich hatte d'Armand seinem Chef die Demütigung er-

sparen wollen, von ihm zu erfahren, daß seine Frau ihn betrog. Inzwischen aber hatte er es sich anders überlegt. D'Armand hatte sich vorgenommen, während des heutigen Abends besonders gut aufzupassen. Es konnte sein, daß Amanda in der allgemeinen Nervosität vor dem Abschluß der Verhandlungen, in der Atmosphäre dieser römischen Sommertage, verführt von dem müßigen Leben in Bars und Luxusläden, einen Fehler beging. Das wollte d'Armand rücksichtslos ausnützen. Der Zorn seines Chefs sollte sich über diesen jungen Mann ergießen, der keinen Respekt vor dem Alter zeigte und der vielleicht eines Tages seinen, d'Armands, Platz einnehmen würde.
Das Programm war im Gange, als die Litac-Gruppe in den Gewölben der Rupe Tarpea ankam. Es waren die üblichen Nummern: eine fast nackte Fau, die mit Straußenfächern wedelte, was die Gäste an den vorderen Tischen des heißen Lokals dankbar zur Kenntnis nahmen, drei Akrobaten, die aufeinander und übereinander kletterten, eine Bauchtänzerin, die das nötige Zeug für ihren Beruf besaß, und die Vorführung eines Tanzpaares, wobei sich der Mann darauf beschränkte, die Frau herumzutragen.
Als die Band wieder spielte, forderten die Herren zum Tanz auf: Henry Mansfield bat Amanda, van Holden Madame de Brissac und die Herren von der CFA und der SEP die Sekretärinnen. D'Armand und Palmer blieben sitzen und sahen den Tanzenden zu. Van Holden war überrascht, wie gut Anne-Louise de Brissac tanzte. Sie preßte sich eng an ihn und folgte geschmeidig seinen Bewegungen. D'Armand sah von seinem Tisch aus, daß sie den Tanz genossen. Er bemerkte aber auch, wie Amanda die beiden nicht aus den Augen ließ. Beim nächsten Tanz forderte van Holden Amanda auf.
»Sie tanzt wohl gut, die Sekretärin, *chéri?«* fragte sie etwas spitz.
»Sie tanzt sehr gut, Amanda. Sie hat, was man dazu braucht:

eine gute Figur und Gefühl für Rhythmus.«
»Von jetzt ab tanzt du nur noch mit mir.«
»Das wäre nicht klug, Amanda. General d'Armand beobachtet uns ununterbrochen.«
»Laß ihn doch! Was sieht er denn schon? Daß wir miteinander tanzen?«
»Du hast recht. Ist ja auch egal. Ich traue nur dem General nicht.«
»Da magst du recht haben. Ich glaube, er ist einfach eifersüchtig auf dich. In einigen Tagen ist hier alles vorbei. Auch zwischen dir und ihm. Und vielleicht auch zwischen dir und mir, Phil.«
Van Holden zog sie näher an sich: »Wir werden immer Freunde bleiben, Amanda – ganz gleich, wo wir sein werden«, flüsterte er ihr ins Ohr.
»Vergiß nicht, *chéri*«, flüsterte sie, »deine Tür heute nacht offenzulassen.« Der Tanz war zu Ende.
Als Amanda sagte, sie sei müde, brach die Gesellschaft auf. Um Mitternacht waren sie wieder im Hotel. General d'Armand hatte die Blicke, die zwischen Amanda und van Holden gewechselt worden waren, genau gesehen, obwohl er sich gleichzeitig mit Marcel Palmer unterhalten hatte. Die beiden haben noch etwas vor, sagte er sich. Und wenn, dann heute nacht. Er beschloß, wach zu bleiben.
Marcel Palmer hatte die Zimmereinteilung so vorgenommen, daß die Suite Litacs zwischen seinem, Palmers, Zimmer und dem des Generals lag. Die beiden gegenüberliegenden Zimmer bewohnten die Amerikaner. Van Holden hatte das Eckzimmer. General d'Armand ließ seine Zimmertür einen Spalt weit offen und löschte das Licht. Er setzte sich auf einen Stuhl und spähte von dort aus durch den Türspalt auf den Gang. Auch er wußte, daß Litac ab Mitternacht durch die Wirkung des Mittels in tiefstem Schlaf lag.

Es war nach zwölf. D'Armand rechnete damit, daß Amanda jeden Augenblick auf dem Flur erschien. Geduldig und bewegungslos harrte er aus. Zwanzig Minuten, nachdem sie ins Hotel zurückgekehrt waren, öffnete sich die Tür von Litacs Appartement. D'Armands Herz klopfte schneller. Er sah, wie Amanda rasch nach rechts und links blickte, mit schnellen Schritten den Gang überquerte und in van Holdens Zimmer verschwand. Der General lächelte zufrieden und schloß leise die Tür. Dann notierte er auf einem Zettel die genaue Zeit: Es war Null Uhr 25.

François d'Armand ging in sein Bad, duschte und rasierte sich. Dann öffnete er den kleinen Kühlschrank in seinem Zimmer und holte eine Flasche Mineralwasser und Eis heraus. Aus dem Koffer kramte er eine Flasche Scotch-Whisky hervor und mixte sich einen Drink. Er schaltete alle Lichter aus, öffnete erneut die Tür zum Gang und wartete geduldig. Wie im Krieg im Artilleriebeobachtungsstand, dachte er. Genau drei Viertelstunden später verließ Amanda das Zimmer van Holdens. Der General schrieb die Zeit auf: Es war 1 Uhr und 10 Minuten am 23. Juni 1953, einem Dienstag. Er beschloß, sein Geheimnis erst nach der großen Konferenz mit den Italienern seinem Chef zu offenbaren. Das große Geschäft durfte nicht gestört werden.

Am nächsten Morgen fuhr van Holden in dem schwarzen Packard zum Verteidigungsministerium in der Via XX. Settembre 8. An der Pforte hielt sie der diensthabende Offizier an. Nach einem kurzen Telefonat brachte er Major van Holden zum Leiter des Materialbeschaffungsamtes. Der General empfing ihn sofort und begrüßte ihn freundlich auf englisch.

»*Good morning, Major.* Wie gefällt es Ihnen in der Ewigen Stadt?«

»Wir haben an einem halben Tag viele, vielleicht zu viele Sehenswürdigkeiten besichtigt. Ich wünschte, ich wäre auf Urlaub hier und hätte mehr Zeit. Aber wie Sie wissen, General, sind wir geschäftlich hier.«

»Was kann ich für Sie tun, Major?«

»Mit Ihrer Erlaubnis, General, möchte ich Ihnen über die Arrow-Rakete berichten. Sie hatten mich in Paris darum gebeten.«

»Schön, daß Sie sich daran erinnern, Major. Ich möchte auch meinen Stellvertreter dazu bitten sowie den Leiter der Technischen Dienste unserer Armee.«

»Wie Sie wünschen, General.«

Der General sagte auf italienisch ein paar Worte in eine Gegensprechanlage auf seinem Schreibtisch. Kurz darauf traten zwei hohe Offiziere ein. Zu van Holdens Überraschung war einer von ihnen Generalmajor Bartelotti. »Bitte beginnen Sie, Major«, sagte der Drei-Sterne-General zu van Holden, nachdem er ihn den beiden Generälen vorgestellt hatte, ohne zu berücksichtigen, daß van Holden Bartelotti bereits kannte.

Van Holden sprach zwanzig Minuten lang über die Arrow-Rakete, ihre Wirkung und ihre Vorteile gegenüber anderen Panzerabwehrwaffen. Zum Schluß berichtete er von seinen Erfahrungen mit der Waffe an der Koreafront. Er erinnerte sich an die Worte des Direktors des Vereinigten Stabes im Pentagon: »Die Rakete soll nur das Mittel zum Zweck sein.« Mit dem Zweck hatte er das AMX-Geschäft gemeint. Als er fertig war, bemerkte er mit Genugtuung, daß er das ›Mittel‹ offenbar mit Erfolg eingesetzt hatte.

»Sie haben mir in Paris erklärt, wir würden sie bekommen, nur wüßten Sie nicht, wann. Können Sie mir jetzt mehr sagen?« fragte der General.

»Sobald sie produktionsreif ist – in etwa einem Jahr. Bis jetzt gibt es nur eine beschränkte Anzahl zu Testzwecken.«

»Und was kostet so eine Rakete?« fragte General Bartelotti.

»Versiegelt und abschußbereit zwischen fünfhundert und sie-

benhundert Dollar. Im Vergleich zu dem Panzer, den sie zerstören kann und der hunderttausend Dollar oder mehr kostet, keine schlechte Kapitalanlage«, antwortete van Holden eine Spur arrogant. »Das optische Lenkungsgerät kostet mit Draht hundert Dollar pro Einheit.«
»Das ist ja unglaublich wenig«, sagte Bartelotti erstaunt.
»In der Serienproduktion und bei entsprechenden Stückzahlen wird eine Arrow-Einheit noch weniger kosten. Das hängt davon ab«, fuhr van Holden fort, »wo die Rakete hergestellt wird. Wie Sie wissen, General Bartelotti, bewirbt sich Mr. Litac um die Lizenz für die Herstellung der Rakete. In diesem Fall wird ein Großteil der Raketen für die NATO sicher in Europa produziert. Der Stückpreis konnte allerdings noch nicht errechnet werden, da die Höhe der Lizenzgebühr und Litacs Kalkulation noch offen sind.«
Jetzt hatte van Holden das Gespräch an dem Punkt, wo er es haben wollte. »Ich meine auch, daß ein französisch-italienischer Vertrag über die AMX-Panzerserie die Herstellung der Arrow-Rakete für Europa und damit eine Lieferung an Sie beschleunigen würde, denn in beiden Fällen sind Litacs Firmen beteiligt.«
Die Italiener blickten einander an. Jetzt, wußten sie, war der Augenblick der Wahrheit gekommen.
»Die Rakete ist *eine* Sache, Major«, sagte der Drei-Sterne-General, »die AMX-Fahrzeuge sind eine andere. Beides miteinander zu koppeln, wäre unrealistisch. Sie werden uns morgen die AMX-Serie erläutern und offiziell anbieten. Wir alle werden anwesend sein. Was Sie uns zu sagen haben, wird uns sehr interessieren. Ich wünsche Ihnen auch Erfolg. Ich möchte aber Sie, Major, da wir Sie schätzen, und auch Mr. Henry Mansfield, der mit offenen Karten gespielt hat, schon heute wissen lassen, daß die Stimmung im Generalstab nicht günstig ist. Der Grund dafür ist mit einem Wort gesagt: Litac.

Mr. Litac ist unserer Meinung nach falsch vorgegangen. Er hat sich um unsere Forderungen überhaupt nicht gekümmert. Statt dessen hat er uns eine Reihe von Persönlichkeiten und Würdenträgern aus aller Welt auf den Hals gehetzt – zuletzt sogar den Malteserorden –, die ein gutes Wort für ihn einlegen sollten. Schließlich ist er mit uns umgesprungen, als seien wir irgendeine Bananenrepublik. General Bartelotti wurde von uns nach Paris geschickt, weil wir ein ernstes Interesse an der AMX-Serie hatten, und weil wir uns verpflichtet haben, eine Anzahl AMX-Schützenpanzer von Frankreich zu kaufen. Er sollte Litac und seiner Gruppe unsere Forderungen übermitteln, die wir für durchaus berechtigt halten, wenn wir schon einen Dreißig-Millionen-Dollar-Kauf unterschreiben. Zumindest sollte er mit Mr. Litac verhandeln. Was tat Mr. Litac daraufhin? Er lehnte unsere Forderungen a priori ab und versuchte nicht nur einen plumpen Bestechungsversuch bei dem General, mit einer Summe, die dem Fünffachen seines Jahresgehalts entspricht, sondern Litac bat ihn auch noch um die Namen derer, von denen der General glaubte, daß sie für ein lukratives Angebot empfänglich seien. General Bartelotti äußerte sich zu niemandem über das Angebot, auch Litac ließ er im unklaren. Nur mir hat er Bericht erstattet. Er wußte nämlich von Litac, daß auch ich auf der Bestechungsliste stand. Damit die Presse, der Litacs Methoden schon von früher her bekannt sind, nicht Wind davon bekam, beschlossen wir, kein Wort darüber zu verlieren. Nur zu rasch wird ein Unschuldiger von den Zeitungen in den Schmutz gezogen, wenn in einem solchen Zusammenhang auch nur sein Name fällt.«

Die Tür ging auf. Ein Soldat in weißer Uniform brachte Kaffee. Nach einer kurzen Pause fuhr der General fort: »Wir haben General Bartelotti nicht aus Paris abberufen, um den Fortgang der Verhandlungen nicht zu stören. Auch um Litac nicht zu verärgern, werden wir die Geschenke, die er uns an jenem

Abend in Paris so charmant zukommen ließ, erst zurückgeben, wenn wir uns für oder gegen das AMX-Programm entschieden haben. Bitte, mißverstehen Sie uns nicht, Major: Wir sind nach wie vor an der AMX-Serie interessiert, vor allem an den Schützenpanzern, deren Kauf das Drei-Staaten-Abkommen zwischen Frankreich, Italien und den USA vorsieht. Aber Voraussetzung dafür ist, daß unsere Forderungen angehört und nicht überhört werden. Noch ist für Litac nichts verloren. Wir sind nur verärgert über seine Methoden. Er sollte sich ein Wort Marc Aurels zu Herzen nehmen: *Ne quid nimis* – Nichts im Übermaß. Er sollte nicht alles und jeden haben wollen. Die endgültige Entscheidung liegt nicht beim Generalstab, sondern bei unserer Regierung, vor allem bei unserem Verteidigungsminister. Selbst wenn wir von Litacs schlechtem Stil absehen«, schloß der General, »muß ich gestehen, Major, daß es Ihnen morgen nicht leicht fallen dürfte, uns die bewährten und billigeren amerikanischen Kampffahrzeuge auszureden und uns von der noch nicht im Kampf erprobten französischen Serie zu überzeugen.«
Das Lächeln des Generals mißfiel van Holden. Es war mitleidig. Er bedankte sich für die offene Aussprache und verabschiedete sich.

Niedergeschlagen kehrte er ins Excelsior zurück. Für ihn stand fest: Das Gespräch im Verteidigungsministerium kam einer Absage gleich, das AMX-Geschäft war geplatzt.
Es war Zeit zum Mittagessen. In seinem Fach fand van Holden die Nachricht vor, daß Litac im Grill sei und ihn zu sehen wünsche. Van Holden wollte zuerst mit Henry Mansfield sprechen, dem gewandten Anwalt und Geschäftsmann, dem schon schwierigere Geschäfte gelungen – aber auch mißlungen – waren. In seinem Zimmer war er nicht. Wahrscheinlich saß er schon mit Litac im Grill. Van Holden rief dort an und ließ ihn

ans Telefon rufen.
»Was ist los, Phil?« fragte Mansfield erstaunt, als er die Treppe zur Halle hochkam.
»Ich wollte mit Ihnen sprechen, bevor ich Mr. Litac die schlechte Nachricht bringe.« Van Holden berichtete von seinem Gespräch im Verteidigungsministerium.
»*Goddamned thing*«, sagte Mansfield grimmig. »Aber gehen wir in den Grill. Sonst wird er noch mißtrauischer als er ohnehin schon ist. Ich werde Ihnen zur Seite stehen, so gut ich kann. Aber ich warne Sie. So wie ich Jacques kenne, wird er Ihnen vorwerfen, Sie hätten schlecht verhandelt.«
»Aber das wäre doch absurd, Henry.«
»So ist er nun mal. Er hält sich für unfehlbar. Und noch etwas: Wenn Sie ihn nicht zur Weißglut bringen wollen, erwähnen Sie jetzt nicht die Bestechungsversuche und Bartelottis Doppelspiel.«

Als sie den Grill betraten, blickte Litac mißtrauisch auf: »War das ein Telefongespräch oder ein Hilferuf, Henry?«
Als sie sich setzten, stand Amanda auf und verließ den Raum. Sie ahnte, was kommen würde.
»Also, wie ist es gelaufen, Major?« fragte Litac.
Van Holden berichtete. »Noch ist keine Entscheidung gefallen«, schloß er, »doch werden wir einen schweren Stand haben.«
»Haben Sie über die Arrow-Rakete gesprochen?«
»Eine halbe Stunde lang. Die Italiener wollen sie offenbar haben. Der General fragte nach Preis und Lieferzeit.«
»Haben Sie ihm auch gesagt, daß Italien sie vielleicht früher als andere NATO-Staaten bekommt, wenn das AMX-Geschäft klappt?«
»Genau das habe ich ihm angedeutet. Doch das gefiel ihm nicht. Er sagte, das seien zwei grundverschiedene Dinge, die

nichts miteinander zu tun hätten.«
»Hat er die fünfhundert SPz erwähnt, die sie zu kaufen verpflichtet sind?«
»Ja. Aber sie wollen den Vertrag nur abschließen, wenn ihre Forderungen berücksichtigt werden. Warum reden wir mit ihnen nicht wenigstens darüber, Mr. Litac?«
Litac warf seine Gabel auf den Tisch. »Das hat man davon, wenn man einen Offizier und nicht einen Geschäftsmann zu diesen Kerlen schickt. Sie versuchen einen zu hintergehen, wo sie nur können.«
Gelassen begann van Holden sein Sandwich zu essen, als ginge alles Weitere ihn nichts mehr an. Mansfield sah unbewegt vor sich hin. General d'Armand hatte mit zusammengekniffenen Augen zugehört. Litac war im Begriff, sich in einen seiner Wutausbrüche hineinzusteigern, da hob Henry Mansfield die Hand und sagte:
»Nicht jetzt und nicht hier, Jacques. Wenn Sie wollen, gehen wir auf Ihr Zimmer.«
D'Armand war enttäuscht. Er hätte gerne erlebt, wie van Holden abgekanzelt wurde. Aber Litac murrte nur und stand auf. Die anderen folgten ihm. Draußen wandte Litac sich an van Holden:
»Hören Sie mir gut zu, Major! Morgen machen Sie wieder wett, was Sie heute verpfuscht haben. Sonst schicke ich Sie per Eilpost nach Washington zurück!« Er drehte sich wütend um und ging fort, gefolgt von General d'Armand.
Henry Mansfield deutete auf zwei Stühle in der Halle und sagte zu van Holden: »Setzen wir uns einen Augenblick.« Sie nahmen Platz und Mansfield fuhr fort: »Wie ich Ihnen sagte, Phil, das ist nun mal seine Art. Auch ich habe schon Ähnliches hinnehmen müssen.«
»Warum, Henry? Hat er auch Sie schon bestochen?« Van Holden meinte das halb im Scherz, aber Mansfield antwortete

ernst: »Ja, Phil. Auch mich hat er schon bestochen. Mit Summen, die man schwer zurückweisen kann. Doch habe ich sie nicht als Bestechung betrachtet, da ich mich nie davon habe beeinflussen lassen, sondern immer nach bestem Wissen und Gewissen gehandelt habe. Ich habe in diesen Zuwendungen Geschenke gesehen, denen meine Frau jetzt ein ansehnliches Konto in der Schweiz verdankt.«

»Sie können sprechen«, sagte der Beamte der Telefonvermittlung im Hauptpostamt von Genf zu Oberst Yen Fei, der in der Kabine auf das Gespräch wartete.
Fox war selbst am Apparat: »Hallo, hallo! Wer spricht?«
»Ich bin es. Sie kennen meine Stimme. Wir waren erfolgreich. Noch in dieser Woche werden wir einen oder zwei Verträge abschließen. Das verdanken wir Ihnen, Sir. Wir werden uns erkenntlich zeigen.«
»Das freut mich.«
»Dann reisen wir ab. Sie wissen ja wohin.«
»Gut. Aber bleiben Sie mit mir in Verbindung, damit ich Sie auf dem laufenden halte. Eine neue Entwicklung bahnt sich an. Rufen Sie mich einen Tag vor Ihrer Abreise noch einmal hier an, und geben Sie mir Ihre neue Adresse durch sowie Telefonnummer, Code und den Telegrafenschlüssel, falls es einen gibt.»
»Verstanden, wir rufen in einigen Tagen zurück.«
Oberst Yen Fei legte den Hörer auf, bezahlte das Gespräch und ging durch die Halle des Postamts ins Freie, wo Hauptmann Teng Hua auf ihn wartete. Niemandem in dieser Stadt fielen die beiden Chinesen auf, in der Studenten und Diplomaten aller Farben und Rassen zum Straßenbild gehörten.

Litac versuchte, seine Gedanken zu ordnen. Es brannte an allen Ecken und Enden – zum ersten Mal begann er ernstlich zu befürchten, das AMX-Geschäft könne platzen. Aber noch war nichts verloren. Als erstes mußte er mit dem Mann sprechen, der noch alles für ihn entscheiden könnte, dem Verteidigungsminister. Er würde nur Henry Mansfield mitnehmen, als Zeugen der Unterredung. Bartelotti sollte ihm den Termin verschaffen.

Das Telefon klingelte. Litac nahm den Hörer ab. Es war die Telefonzentrale des Hotels. »Ich habe einen Anruf für Sie«, sagte eine Mädchenstimme. »Aus Paris. Darf ich durchstellen?«

»Ja, bitte.«

»Hello, Mr. Litac. Hier ist Doktor Feldner. Ich bin in Paris. Wie ich Ihnen versprochen habe, werde ich Sie unverzüglich aufsuchen, um mich bei Ihnen zu bedanken.«

»Schön, daß Sie in Europa sind, Doktor Feldner. Waren Sie schon in Ihrem neuen Büro und in der Fabrik?«

»Das hat Zeit, Mr. Litac. Wie gesagt: Als erstes möchte ich mich bei Ihnen bedanken. Würden Sie bitte ein Zimmer in Ihrem Hotel für mich reservieren lassen? Ich treffe morgen nachmittag in Rom ein.«

Litac wehrte hastig ab.

»Das hat keinen Sinn, Doktor Feldner. Morgen finden unsere entscheidenden Verhandlungen statt, und wir werden keine freie Minute haben. Auch an den darauffolgenden Tagen nicht. Aber warten Sie« – Litac spürte förmlich, wie in seinem Hirn eine Idee entstand. »Warten Sie, ich sehe in meinem Kalender nach.« Er lehnte sich zurück und verfolgte den Gedanken, der mehr und mehr Gestalt annahm und in wenigen Sekunden zum Entschluß reifte. »Hören Sie, Doktor Feldner, kommen Sie nicht morgen, sondern übermorgen. Und bringen Sie Ihr ganzes Gepäck mit. Ich lasse ein Zimmer reservieren. Vielleicht habe ich Arbeit für Sie hier, sogar ziemlich wahrscheinlich. Nur stören Sie mich nicht. Warten Sie im Hotel, bis ich Sie rufe. Auf Wiedersehen, Doktor Feldner.«

Litac legte den Hörer auf. In seinen dunklen Augen glomm ein böses Licht auf, wie bei einem Raubtier, das zum Sprung auf sein Opfer ansetzt.

Henry Mansfield und van Holden trafen sich eine Stunde vor dem Abendessen in der Hotelbar. Sie wollten in Ruhe die Lage besprechen.

»Jacques hat am Freitag einen Termin mit dem Verteidigungsminister, und er will, daß ich ihn begleite«, begann Mansfield. Er nahm einen großen Schluck aus seinem Whiskyglas. Dann zog er scharf die Luft ein und schlug einige Male mit der Faust auf die Lehne seines Stuhles: »Ich wette jede Summe, daß er versucht, den Minister zu bestechen. Und ich soll Zeuge sein. Verdammter Mist!«

»Ich verstehe die Borniertheit dieses Mannes nicht«, sagte van Holden nachdenklich. Er könnte doch den Italienern immer noch die Hand reichen und sagen: ›Reden wir über Ihre Forderungen.‹ Dann hätten wir morgen wenigstens noch eine Chance.«

»Litac ist ein Mann, der nie zugeben wird, daß er einen Fehler begangen hat. Aber diesmal wird er seinen Starrsinn bereuen müssen. Nach dieser Misere wird er Freunde verlieren, auch in Washington, wo er ohnehin nie besonders beliebt war. Und ich wette, Phil, wenn das AMX-Geschäft platzt, bekommt er auch nicht die Arrow-Lizenz. Ich glaube kaum, daß nach dieser Pleite noch irgendein amerikanisches Unternehmen bereit ist, in der Zukunft Geschäfte mit ihm zu machen. So etwas spricht sich schnell herum, und es wird heißen: Finger weg von Jacques Litac!«

»Schade«, sagte van Holden, »daß wir verloren haben. Trotzdem war es für mich ein außergewöhnlicher, anregender, fast spannender Monat. Man könnte einen Roman darüber schreiben.«

»Ja, Phil, langweilig wird es bei Jacques Litac nie. Also, wir treten morgen jedenfalls an, so wie wir es uns von Anfang an vorgenommen hatten, einverstanden? Gut. Dann wollen wir essen gehen.«

14. Kapitel

Rom

Van Holden stand vor dem Spiegel im Bad und rasierte sich. Er war sich bewußt, daß dieser 24. Juni der Tag der Entscheidung war – dafür hatte man ihn aus Korea abkommandiert, dafür hatte ihn der Vereinigte Stab in Washington in die Hintergründe eines großen Waffengeschäftes eingeweiht, dafür hatte er sich intensiv in eine Materie einarbeiten müssen, die er bisher nur unter militärischen Aspekten zu betrachten gewohnt war. Die Kehrseite war ihm neu: das Antichambrieren, das Intrigieren, Ehrgeiz und Eifersucht. Und nun war der Tag da, an dem die Bemühungen vieler Männer, Techniker und Militärs, von Erfolg gekrönt werden sollten.
Aber die Chancen waren gering. Die Zeichen standen schlecht. Der Weg wurde steinig. Der Direktor des Vereinigten Stabes hatte ihm in Washington gesagt, er werde in ein Wespennest stechen. Der Mann, dachte van Holden, muß geahnt haben, was mir bevorstand. Van Holden war entschlossen, sein Bestes zu geben, den Ruf der US-Army zu wahren. Litacs Verhalten und Geschäftsmoral berührten van Holden nur insofern, als sie die Verhandlungen betrafen. Seltsam fand er Litacs Egozentrik, seine Bereitschaft zur Selbsttäuschung. Wäre dieser Mann zu Einsicht und Selbsterkenntnis fähig gewesen, dachte van Holden, und hätte er gelernt, für seine Mißerfolge geradezustehen – er hätte ein Gigant sein können.
Van Holden zog einen leichten grauen Gabardineanzug an, dazu ein hellblaues Hemd und eine schwarze Strickkrawatte. Er

war früh aufgestanden und wollte allein frühstücken, um seine Gedanken zu ordnen. Er fühlte sich wohl. Mit gutem Gewissen konnte er sich sagen, daß er sich während der letzten fünf Wochen keine Fehler oder Nachlässigkeiten hatte zuschulden kommen lassen. Er wußte, daß es niemanden gab, der sich in der Materie, über die er heute zu sprechen hatte, besser auskannte als er selbst. Das war ein beruhigendes Gefühl.

Um 8 Uhr 45 nahmen sie im Fond des schwarzen Packard Platz: General d'Armand, Henry Mansfield und Major van Holden. Marcel Palmer verstaute van Holdens Tabellen und die übrigen Unterlagen im Kofferraum und setzte sich neben den Chauffeur. Die beiden Herren von der CFA und der SEP sowie eine Sekretärin folgten dem Packard in einem Taxi. Die zweite Sekretärin war mit Litac im Hotel geblieben.

Litac blieb dem Treffen mit Absicht fern. Er wollte das italienische Verteidigungsministerium erst betreten, wenn er mit dem Verteidigungsminister zusammentraf oder der Vertragsabschluß unmittelbar bevorstand.

Der Konferenzsaal im Ministerium war ein Auditorium mit einer Bühne und amphitheatralisch angeordneten Sitzreihen, die wie in einem medizinischen Hörsaal steil anstiegen.

General Domenico Michelotti, der Generalinspekteur für die Motorisierung der italienischen Streitkräfte, begrüßte die Litac-Gruppe und stellte sie den anwesenden Offizieren vor. Es waren da: General Frizzele, der G-4 des italienischen Generalstabs, General Maresca, der Stellvertreter General Michelottis, Oberst Romanelli, Chef des Uffizio Servizi del IV. Reparto, die Obersten Rizzo, Nasca, Volpe, Ligobbi und Melissin sowie Oberstleutnant Noschese vom Ispettorato Motorizzazione, Oberstleutnant Taiani als Dolmetscher und Major Francini vom Uffizio Servizi.

Anwesend war ferner ein Vertreter der Amerikanischen Botschaft.

General Michelotti sprach die einleitenden Worte. Er erklärte kurz, worum es ging. Dann ergriff General d'Armand für die Litac-Gruppe das Wort:
»Wir sind nach Rom gekommen, meine Herren«, begann er, »um Ihnen über die Kampffahrzeuge unserer AMX-Serie zu berichten. Wir nennen sie die AMX-Familie, denn sie setzt sich aus allen Typen von Kettenfahrzeugen zusammen, die in einer Armee Verwendung finden: leichte Spähpanzer, leichte und mittelschwere Jagd- und Kampfpanzer, Schützenpanzer, Befehlspanzer, Nachschubpanzer, Bergepanzer, Panzerflak, 105-mm- und 155-mm-Panzerhaubitzen, und Sonderpanzer wie Panzergranatwerfer oder Brückenlegepanzer. Sie alle sollen mit 8-Zylinder-Vielstoff-Motoren ausgestattet werden. Sechshundertsechzig Stück der AMX-13-Spähpanzer mit 75-mm-Bordkanonen wurden an die Schweiz, Österreich, Indonesien, Venezuela, Indien und Israel verkauft. Der AMX-13-Spähpanzer ist sozusagen der Vater der Familie, der auch als Jagdpanzer eingesetzt werden kann, und zwar besonders effektiv, wenn er mit Panzerabwehr-Lenkraketen bestückt ist. Bislang haben wir unsere eigenen SS-11-Raketen verwendet. Sie werden aber durch die neue amerikanische Arrow-Rakete ersetzt, die an der Koreafront höchst erfolgreich erprobt wurde.
Bereits in den Verbänden der NATO-Staaten integriert beziehungsweise von ihnen in Auftrag gegeben wurden Fahrzeuge der AMX-Serie in folgenden Stückzahlen: viertausenddreihundert AMX-13-Panzer und Schützenpanzer in Frankreich, fünfhundertvierundzwanzig SPz in Belgien, fünfhundertneun SPz in Italien und sechshundertvierundachtzig Panzer und SPz in den Niederlanden. Warum der Verkauf der AMX-Serie so erfolgreich ist, wird Ihnen jetzt Major van Holden erläutern, der uns vom amerikanischen Generalstab zur Verfügung gestellt wurde. Auch das Pentagon ist an den AMX-Fahrzeugen interessiert, da sie in den USA in Lizenz teilhergestellt werden sol-

len. Major van Holden, Sie haben das Wort.«
Van Holden bedankte sich bei General Michelotti für die Gelegenheit, vor Vertretern des italienischen Generalstabs sprechen zu dürfen und bat darum, Fragen erst am Schluß seines Vortrages zu stellen.
»Anhand dieser Tabelle«, erklärte er, als er die große Schautafel enthüllte, die er in Washington hatte anfertigen lassen, »wollen wir die AMX-Serie mit anderen europäischen und amerikanischen Kampffahrzeugen vergleichen, um uns ihre Vor- und die Nachteile vor Augen zu führen. So ist der britische Centurion MK 7 mit seinem Gewicht von zweiundfünfzig Tonnen der schwerste der hier aufgeführten Panzer und mit fünfunddreißig Stundenkilometern der langsamste. Seine Bordkanone ist im Kaliber die kleinste. Dafür ist er mit 3,38 Metern der breiteste und mit 2,99 Metern der zweithöchste Panzer. Sein Fahrbereich beträgt zweihundertfünfundsiebzig Kilometer.
Der sowjetische T 10, auch – nach Josef Stalin – als JS III bekannt, hat ein Gewicht von fünfzig Tonnen, eine 122-mm-Bordkanone, eine Geschwindigkeit von vierzig Stundenkilometern, eine Breite von 3,35 Metern, eine Höhe von 2,42 Metern und einen Fahrbereich von dreihundert Kilometern.
Der amerikanische M 46 und M 47-Patton wiegt sechsundvierzig Tonnen, fährt achtundvierzig Stundenkilometer, ist 3,50 Meter breit und 2,96 Meter hoch. Sein Nachfolger hingegen, der Patton M 48, ist mit achtundvierzig Tonnen zwar etwas schwerer, mit 3,36 Metern etwas breiter, mit 3,09 Metern etwas höher und fährt fünfzig Stundenkilometer. Das neue A2 Modell soll dank eines neuen Einspritzmotors einen Fahrbereich von dreihundert Kilometern haben. Alle Pattons verfügen über eine Bordkanone von nur 90 mm-Kaliber.
Nun zu dem französischen AMX 13/105-2D. Natürlich ist er als leichter Spähpanzer wendiger und schneller als die vorher erwähnten mittelschweren Panzer. Er wiegt zum Kampf ausge-

rüstet über vierzehn Tonnen, hat eine Geschwindigkeit von fünfundsechzig Stundenkilometern, ist 2,51 Meter breit und 2,23 Meter hoch. Er ist der schmalste, der niedrigste und schnellste der hier verglichenen Panzer und hat mit dreihundertvierzig Kilometern den größten Fahrbereich. Der Grund, warum wir diesen leichten Panzer mit den Panzern der mittleren Gewichtskategorie vergleichen, ist seine 105-mm-Bordkanone, mit der er dieselben Aufgaben erfüllen kann wie die schwereren Panzer. Sie feuert eine Hohlladung-Munition, die sich auf eine Distanz bis zu 1500 Metern durch eine Panzerplatte von 360 mm frißt. Sie kann Panzer jeder Größe vernichten. Dank einer automatischen Ladeeinrichtung, die den Ladeschützen überflüssig macht, besteht die Besatzung des AMX 13 aus nur drei Mann.

Natürlich wurde die Wendigkeit dieses leichten Panzers auf Kosten der Panzerung erzielt. Die Fahrerfront hat nur eine Dicke von 15 mm bis 40 mm, die Seitenplatten von 20 mm, das Heck von 15 mm und die Decke 10 mm. Im Vergleich dazu hat der Patton M 46 und M 47 auf der Fahrerfront eine 110 mm dikke Panzerung, auf den Seiten ist er mit 64 mm, am Heck mit 76 mm bis 87 mm und auf der Decke mit 25 mm dickem Stahl gepanzert. Der Turm besitzt eine Blende von 115 mm. Der JS III hat vorne sogar eine 120 mm und am Turm eine 200 mm dicke Panzerung. Die vergleichsweise geringere Panzerung könnte man als Nachteil des AMX 13 betrachten. Doch darf man dabei nicht die höhere Manövrierbarkeit sämtlicher Fahrzeuge der AMX-Serie außer acht lassen.

Als größerer Bruder dieses vierzehn bis fünfzehn Tonnen schweren Panzers ist der AMX 30 in der Entwicklung: ein Dreißig-Tonnen-Panzer der mittelschweren Kategorie, der in den nächsten Monaten als Prototyp vorgestellt wird und somit die AMX-Familie vervollständigen wird.

Alle AMX-Kampffahrzeuge, einschließlich des Dreißig-Tonnen-Panzers, sind mit Lockheeds C-130 lufttransportabel. Mit Ausnahme des AMX-30-Panzers haben alle AMX-Kampffahrzeuge zu achtzig Prozent untereinander austauschbare Bestandteile. Sie haben dasselbe Chassis, dieselben Ketten, denselben Motor, dasselbe Getriebe und dieselbe Kupplung. Dadurch ist die Buchführung vereinfacht und die Lagerung von Ersatzteilen in Depots auf allen Ebenen vermindert.

Aus dem gleichen Grund ist auch die Ausbildung der Besatzungen sowie der für die Wartung und Instandsetzung verantwortlichen Techniker vereinfacht, zugleich ist ihr Aufgabenbereich vergrößert, da sie ihren Dienst bei allen Fahrzeugen ausüben können.

Es gibt heute keine zweite Panzerserie, die einen so hohen Grad der Standardisierung böte wie die AMX-Familie. Die Armeen des freien Westens sollten sich von heterogenen Waffensystemen lösen und sich für homogene Systeme entscheiden. Eine AMX-Serie zum Beispiel, in Frankreich und in den USA vorgefertigt und in Italien montiert, wäre ein gutes Beispiel – und ein zukunftsweisendes Vorbild.

AMX-Panzereinheiten sind besonders geeignet, in Gegenden zu operieren, wo es enge Straßen – wie in Dörfern und alten Städten – und leichte Brücken gibt, die ein Patton oder JS III nicht befahren könnte, für die erst umständliche Umleitungen gefunden oder Spezialbrücken errichtet werden müßten.

Alle AMX-Fahrzeuge sollen in Zukunft mit Vielstoff-Motoren ausgestattet sein, die jede Form von verarbeitetem Erdöl, ja sogar Rohöl verwenden können. Im Mittelosten könnte das von besonderer Bedeutung werden, falls die dortigen Raffinerien zerstört werden, aber Rohöl weiterfließt.

Der die Panzer in die Gefechtszone begleitende AMX-Schützenpanzer ist ein Kampffahrzeug, von dem aus die Zwölf-Mann-Besatzung mit ihren Handwaffen auch vom Fahrzeug aus kämpfen kann, was in Straßenkämpfen und bei Polizeiak-

tionen von Bedeutung ist. Das ist mit dem amerikanischen M 59 und seinem Nachfolger, dem geplanten M 113, nicht möglich, da sie reine Transportfahrzeuge sind. Für den M 113 ist eine kostspielige Aluminiumpanzerung vorgesehen. Trotzdem liegt der Preis dieses Fahrzeugs wegen der großen Stückzahl, in der er gebaut wird, und wegen der geringeren Ausrüstung, das heißt auch geringeren Leistungsfähigkeit im Kampfgelände, niedriger als der des AMX-Schützenpanzers.
Die Moral der Insassen eines amerikanischen SPz kann beeinträchtigt sein, da sie nicht nach außen sehen können und leicht seekrank werden. Auch ist es im Manöver vorgekommen, daß diese Fahrzeuge, die schwimmfähig sind, wegen Nichtbeachtung von Bedienungsvorschriften absoffen und die Soldaten darin ertranken – und das hat sich herumgesprochen. So etwas kann mit einem AMX-SPz nicht geschehen, weil er nicht schwimmfähig ist.
Wir haben gehört, daß der italienische Generalstab den M-47-Patton-Panzer und den M-59-Schützenpanzer sowie für später den M 113 in die engere Wahl gezogen hat. Über die Nachteile der beiden Schützenpanzer im Vergleich zum AMX-SPz haben wir gerade gesprochen.
Über den M-47-Kampfpanzer möchte ich folgendes sagen: Diese noch im Koreakrieg eingesetzten Panzer sind nicht mehr zeitgemäß, sie entsprechen nicht den gegenwärtigen Anforderungen. Mit ihrem Gewicht von achtundvierzig Tonnen sind sie für europäische Straßen zu schwer – sogar per Bahn sind sie nur mit Mühe transportierbar. Ihre 90-mm-Bordkanone ist im Einsatz gegen russische Panzer unzureichend. Vor allem aber ist ihr Fahrbereich von hundertvierzig Kilometern zu gering. Während der Kampfhandlung laufen die Motoren. Für den M 47 heißt das, daß er nach wenigen Stunden aus der Kampfzone geholt oder in der Kampfzone mit Treibstoff versorgt werden muß – taktische Nachteile, die zum Verlust eines Panzers

führen können.«
An dieser Stelle extemporierte van Holden einige Minuten lang über seine Erfahrungen mit M-47-Pattons im Koreakrieg. Schließlich kam er zum Abschluß seines Vortrages:
»Ich habe bislang nur über den ›Vater‹ der AMX-Familie, den AMX 13, gesprochen und über den AMX-SPz. Falls Sie Auskünfte über die Spezialfahrzeuge der AMX-Serie wünschen sollten, stehe ich Ihnen während der Pause oder nach der Besprechung gerne zur Verfügung. Ich möchte in diesem Zusammenhang nochmals erwähnen, worauf General d'Armand schon hingewiesen hat: daß nämlich die französische Panzerabwehrrakete SS 11 von der modernen und kampferprobten amerikanischen Panzerabwehrrakete Arrow abgelöst werden soll. Kurz einige Vergleiche zwischen diesen beiden Waffensystemen: Die SS 11 konnte sowohl von einem AMX-Panzer als auch von einem AMX-Nachschubpanzer abgeschossen werden – vom ersteren vier Raketen von vier Abschußgestellen koaxial mit der Bordkanone, vom letzteren zehn Raketen aus zwei Abschußgestellen auf der Kommandantenkuppel. Wegen ihrer Maße wird die Arrow-Rakete nicht von Panzertürmen abgeschossen, sondern von Schützenpanzern oder Panzern, von denen die Türme abmontiert worden sind. Die Fahrzeuge können zwölf Raketen mitführen und haben nur ein Abschußgestell. Ich danke Ihnen.«
In der Pause wurde Limonade und Kaffee serviert. Einige Offiziere benützten die viertelstündige Unterbrechung, um van Holden nach Einzelheiten zu fragen. Letzter Sprecher der Litac-Gruppe war Henry Mansfield. Er straffte seine gedrungene Gestalt und erläuterte in seiner sympathisch sachlichen Art die finanzielle Seite des Geschäftes.
»Der AMX-Schützenpanzer kostet vierundvierzigtausend Dollar, der M 113 etwa dreißigtausend Dollar. Aber das ist ein Fahrzeug, das es vorerst nur auf dem Reißbrett gibt. Wenn das

AMX-Fahrzeug in Lizenz in den Vereinigten Staaten hergestellt wird, wie vorgesehen, dann wird es etwa fünfundzwanzig Prozent weniger kosten als in Frankreich. Nun kommen wir der Sache schon näher – nicht wahr? Und für die amerikanische Zahlungsbilanz würde es dasselbe bedeuten, als sei ein amerikanisches Fahrzeug, zum Beispiel ein M 113, verkauft worden. Was den Dreißig-Tonnen-AMX-Panzer betrifft, so ist meine Firma, die United States Forge and Foundry Corporation, mit den französischen Firmen Schneider-Creuzot, Forges et Chantiers de la Mediterannée und Ateliers et Chantiers de la Loire als Anschlußindustrien in Verhandlungen, da wir den Panzer in Koproduktion herstellen wollen. Wir erwarten von den NATO-Staaten Aufträge in Höhe von dreizehnhundertfünfzig Panzern dieser mittleren Gewichtsklasse, deren Hauptbestandteile – wie Wanne und Drehturm – in den Vereinigten Staaten hergestellt werden, damit der Dollar im Lande bleibt. Die Teile werden wie die Elemente eines Baukastens nach Frankreich geschickt, wo sie zusammengefügt werden. Oder nach Italien. Das wäre insofern günstig, da die Arbeitslöhne in Italien um etwa zwanzig Prozent niedriger sind als in den USA. Meine Firma würde bei einer Mindestbestellung von achthundert Panzern den Auftrag übernehmen. Unter dieser Zahl würde sich eine Umrüstung unserer Anlagen nicht rentieren.«
Nun setzte auch Mansfield seine Darlegung anhand einer Tabelle fort. Er zog das Deckblatt herunter, das sie bis dahin verhüllt hatte, und deutete auf die einzelnen Zahlen:

Ein AMX-SPz komplett mit Ersatzteilen	kostet 44.140 Dollar
3.500	kosten 154.490.000 Dollar
Ein AMX-13-Panzer mit 105-mm-Bordkanone und Ersatzteilen	kostet 75.603 Dollar
1.000	kosten 75.603.000 Dollar
Eine AMX-Panzerhaubitze Sf/105mm mit Ersatzteilen	kostet 80.992 Dollar
500	kosten 40.496.000 Dollar

Insgesamt kosten 3.500 AMX-SPz, 1000 Pz und 500 AMX-PzH	270.589.000 Dollar
Nun zu den amerikanischen Fahrzeugen:	
Ein M 113 mit Ersatzteilen	kostet 27.500 Dollar
3.500	kosten 96.250.000 Dollar
Ein überholter M-47-Kampfpanzer mit Ersatzteilen	kostet 34.500 Dollar
1.000	kosten 34.500.000 Dollar
Eine Panzerhaubitze Sf/105mm mit Ersatzteilen	kostet 105.100 Dollar
500	kosten 52.550.000 Dollar
Insgesamt kosten 3.500 SPz, 1.000 Pz und 500 PzH amerikanischer Herkunft	183.300.000 Dollar
87.289.000 Dollar weniger als die AMX-Serie.	

»Unserer Schätzung nach liegt angesichts der Aufrüstungspolitik Italiens der Bedarf der italienischen Armee bei dreitausendfünfhundert SPz, tausend Kampfpanzern und fünfhundert 105-mm-Panzerhaubitzen. Wir wollen kurz die Kosten einer derartigen Anschaffung bei den Fabrikaten vergleichen, die der italienische Generalstab in Erwägung zieht. Auf der einen Seite also die entsprechenden Fahrzeuge der AMX-Serie, auf der anderen der M 113 SPz – den es übrigens frühestens in zwei Jahren geben wird – und der Patton M-47-Kampfpanzer.

Aber, meine Herren, bedenken Sie: Anstelle von drei verschiedenen Ersatzteillagern, wie im Falle der heterogenen US-Fahrzeuge, wäre nur ein Lager für die AMX-Serie nötig. Ferner: Im Falle einer fünfzigprozentigen Koproduktion mit Italien erhält die italienische Industrie fünfzig Prozent der Einnahmen aus dem Verkauf der Fahrzeuge. Und schließlich: Fünfzig Prozent der Transportkosten, die für Lieferungen aus den USA oder aus Frankreich anfallen würden, fallen weg.
Diese Einsparungen werden im Laufe der Zeit mehr als den Kaufpreisunterschied von 87 289 000 Dollar ausmachen. Dazu kommen die taktischen und logistischen Vorteile, die Ihnen

Major van Holden erklärt hat, und«, Mansfield setzte ein verschmitztes Lächeln auf, »die Tatsache, daß Sie dem Wunsch der amerikanischen Regierung nachkommen können, die US-Zahlungsbilanz zu stützen.
Kostenlose Ersatzteile mit den ersten Lieferungen können wir leider nicht anbieten. Das ist im Fall dieser neuentwickelten Serie nicht möglich. Doch deswegen wollen wir keine Tür zuschlagen. Wir sind auf jeden Fall bereit, Ihnen bei den Einrichtungen Ihrer Ersatzteildepots behilflich zu sein. Kostenlose Ersatzteile mit Erstlieferungen sind durchaus nicht von großer Bedeutung. Wir wissen aus Erfahrung, daß der große Bedarf für Ersatzteile erst nach einer Anlaufzeit von ein bis zwei Jahren anfällt, also nach Ablauf einer Garantiezeit.
Zum Abschluß muß ich betonen, daß die italienische Regierung laut der Sondervereinbarung zwischen Frankreich, Italien und den USA Vertragserfüllungsgarantien gegeben hat, wonach ein Ankauf von fünfhundert AMX-SPz aus eigenen Finanzquellen zu bestreiten ist. Ein Rücktritt von diesen Garantien wäre, meiner Meinung nach, eine gravierende Fehlentscheidung. Sie würde zu einer Verstimmung zwischen den drei Staaten führen, die lange nicht wiedergutzumachen wäre. Das Schlüsselwort soll lauten: Standardisierung! Und zwar nicht nur der Waffensysteme, sondern auch der Beziehungen zwischen den Verbündeten. Ich danke Ihnen.«

Nach der Rückkehr ins Hotel begrüßte Litac seine Mannschaft freundlich, beinahe herzlich. Bevor er mit den anderen sprach, nahm er Marcel Palmer beiseite: »Die St. Spiridion liegt doch immer noch in Anzio?« Palmer nickte. »Gut, und noch etwas, Marcel: Hast du die Ablichtungen der Arrow-Pläne mitgebracht, wie ich dir aufgetragen hatte?«
»Selbstverständlich, Jacques. Madame de Brissac hat alle unsere Geheimdokumente im Hotelsafe deponiert.«

»Danke, Marcel. Das ist alles.«

Dann wandte er sich, immer noch guter Dinge, wieder den anderen zu: »Sagen Sie mir gar nicht erst, wie es gelaufen ist. Ich bin überzeugt, daß Sie einen glänzenden Eindruck gemacht haben. Sagen Sie mir nur, ob sich die Italiener wieder irgendwelche neuen Tricks haben einfallen lassen.«

General d'Armand antwortete: »Nein, Monsieur Litac. Wir haben unsere Vorträge gehalten, und die Italiener haben sich alles kommentarlos angehört. Lediglich Major van Holden wurden einige taktische Fragen gestellt. Sehr sonderbar, daß es nicht zu der üblichen Diskussion kam.«

»Das macht nichts«, sagte Litac. Er schien voller Optimismus. »Übermorgen, Henry, kommt für uns beide der große Tag. Ich bin zuversichtlich, daß der Verteidigungsminister, der Mann, der die endgültige Entscheidung treffen wird, meinen Vorschlag nicht ablehnen kann. Gehen wir essen.«

O Gott! dachte Henry Mansfield. Wieviel wird er ihm wohl anbieten? Hunderttausend Dollar mindestens ...

Bis die Antwort der Italiener kam, hatte die Litac-Gruppe nichts mehr zu tun. Es war anzunehmen, daß die Entscheidung erst nach Litacs Treffen mit dem Verteidigungsminister fallen würde. Amanda benützte die Gelegenheit:

»Jacques«, sagte sie beim Essen, »hättest du nicht Lust, mit mir heute ein bißchen hinauszufahren? Es ist ein so schöner Tag! Es wäre schade, nur hier im Hotel herumzusitzen. Auf der Via Appia Antica oder auf dem Palatin muß es heute herrlich sein.«

»Danke, nein, *chérie.*« Litac nahm Amandas Hand und küßte sie. »Ich wäre ein schlechter Gesellschafter. Meine Gedanken sind ganz woanders, wie du dir denken kannst. Aber fahr doch mit dem Major oder mit Henry. Oder mit beiden. Sie haben wirklich eine Ruhepause verdient. François muß ich leider bitten, bei mir zu bleiben. Ich habe noch einiges mit ihm zu besprechen.«

Amanda wandte sich an van Holden: »Wie wär's, Major? Wollen wir noch einmal eine Rundfahrt machen? Henry, wollen Sie nicht mitkommen?«
Mansfield antwortete zuerst: »Gewiß, Amanda. Mit großem Vergnügen. Wir drei wollen uns einen schönen Nachmittag machen, nicht wahr, Phil?«
»Ich bin dabei«, sagte van Holden. »Vorausgesetzt, unsere Fremdenführerin sorgt dafür, daß wir nicht verlorengehen.«
Sie standen auf und verabschiedeten sich von Litac; er winkte ihnen gutgelaunt nach.
Jetzt, sagte sich d'Armand, ist der geeignete Moment gekommen, den Amerikaner zu erledigen. Der große Tag ist vorbei, jetzt ist er überflüssig geworden. Jetzt soll Litac ihn seinen Zorn spüren lassen.
»Sie ist wie ein Kind, meine Amanda«, sagte Litac zu d'Armand, als sie allein waren. »Sie freut sich schon, wenn draußen die Sonne scheint. Und sie ist so vertrauensvoll. Sie ist großzügig und gütig zu den Menschen – sie schenkt ihnen ihre Liebe. Wie oft habe ich sie davon abhalten müssen, freundlich zu Leuten zu sein, die es nicht verdient haben.« Litac lächelte vor sich hin.
D'Armand malte sich mit Behagen aus, was Litac wohl mit van Holden anstellen würde. Er wird ihn nicht gerade umbringen lassen, sagte er sich, obwohl er dazu fähig wäre und sich in Rom leicht jemand finden ließe. Nein, das wäre zu primitiv und auch zu gefährlich. Aber er wird ihn mit Schimpf und Schande davonjagen. Er wird ihn nach Amerika zurückschicken, miserable Berichte über ihn schreiben, ihm die Schuld am Scheitern der Verhandlungen zuschieben. Denn, daß das Geschäft geplatzt war, war für General d'Armand ein Fait accompli. Ja, das wäre das Mindeste, was Jacques Litac mit dem Major machen würde. Ruf und Karriere van Holdens wären dahin – der Mann ruiniert.

»Monsieur Litac«, begann d'Armand. Jacques Litac schlürfte seinen Kaffee und rauchte eine seiner langen Zigaretten. »Ja, *mon général*«, antwortete er abwesend.

»Ich glaube, daß wir drei heute Ihrem Namen Ehre gemacht haben: Mr. Mansfield, der Major und auch ich. Besser hätte man die AMX-Serie in der kurzen Zeit, die uns zur Verfügung stand, nicht vorstellen können. Jetzt hängt alles von Ihnen ab, Monsieur Litac. Von Ihrem Gespräch mit dem Verteidigungsminister. Dann erst werden wir wissen, wie erfolgreich wir waren.«

»Richtig, *mon général.*« D'Armand hatte geschickt das einzige Thema angeschnitten, das Litac im Augenblick beschäftigte. Die schlechte Nachricht, die er für Litac bereithielt, sollte danach um so schockierender wirken. »Ich werde mein Bestes tun, François. Wieviel, glauben Sie, soll ich ihm anbieten? Ich dachte an hunderttausend Dollar.«

»Auf keinen Fall weniger, Monsieur Litac. Sein Risiko ist groß, wenn er gegen die erklärte Meinung des Generalstabs stimmt.«

»Nun, so allein wird er nicht sein. Zwei dieser Herren sind so gut wie auf unserer Seite. Sie werden ihn unterstützen, sobald sie seine Einstellung zur Sache erfahren.«

»Ich wollte Ihnen noch etwas sagen, Monsieur. Es ist keine gute Nachricht.« Er machte eine kleine, wohlberechnete Pause. »Amanda betrügt Sie mit Major van Holden.«

Jacques Litac stieß seine Tasse um. Das Monokel entfiel seinem Auge. Die Unterlippe klappte herunter, wie immer, wenn er erregt war.

»Was sagen Sie da?«

»Sie haben richtig gehört, Monsieur. Es ist schmerzhaft für mich, Ihnen diese Mitteilung zu machen, aber ich sehe es als meine Pflicht an, Sie zu informieren. Ich hatte schon in Paris Verdacht geschöpft, aber nichts unternommen, da ich immer noch hoffte, mich getäuscht zu haben. Vorgestern abend aber,

als wir nach dem Besuch in der Rupe Tarpea wieder im Hotel waren, konnte ich von meinem Zimmer aus beobachten, wie Ihre Frau um 0 Uhr 25 sich aus Ihrer Suite in das Zimmer des Majors begab und um 1 Uhr 10 wieder zurückkehrte. Ich bedaure unendlich, Ihnen das sagen zu müssen, Monsieur Litac.«
Litac war wie vom Donner gerührt. In sich zusammengesunken saß er in seinem Sessel. Seine Hände und seine Unterlippe zitterten. Er war unfähig, zu sprechen. Erst nach einigen Minuten murmelte er vor sich hin: »Wieder hat so ein Kerl meine kleine Amanda verführt. Ich wollte ihn in meine Firma aufnehmen, ihm eine leitende Stellung anbieten. Und nun hintergeht mich dieser Schweinehund auf die schamloseste Weise. Ich werde mich an ihm rächen. Aber erst in Paris. Hier darf es jetzt keinen Skandal geben. Ich danke Ihnen, François, für Ihre Treue.«
Das Abendessen nahmen die Litacs in ihrer Suite ein. Die anderen nahmen die Gelegenheit wahr, einmal nicht im Hotel zu essen, sondern in einem kleinen Restaurant in Trastevere.
Sehr früh am folgenden Morgen erhielt van Holden einen Anruf von Amanda:
»Phil« – sie sprach erregt –, »ich habe die ganze Nacht kein Auge zugetan! Jacques weiß etwas von unserer Beziehung. Er machte zwar nur Andeutungen, aber die genügen. Ich kenne ihn. Er muß sich seiner Sache ganz sicher sein, sonst würde er es nicht wagen, mich zu beschuldigen. Irgend jemand muß ihm das hinterbracht haben. Aber das spielt jetzt auch keine Rolle mehr, Phil, ich muß weg. Ich fliege noch heute nach Paris zurück. Jacques will nicht, daß ich länger in Rom bleibe. Und laß dich warnen, Phil! Ich habe dir gesagt, wie gefährlich er wird, wenn er eifersüchtig ist. Er wird sich an dir rächen wollen. Du solltest dich so bald wie möglich von ihm trennen und nach Amerika zurückkehren. Adieu, *chéri*, ich weiß nicht, wann wir uns wiedersehen.«

Van Holden wollte noch etwas sagen. Aber sie hatte bereits aufgelegt.
Van Holden zog sich an und verließ das Hotel. Er ging die Via Veneto hinauf, setzte sich im Park der Villa Borghese auf eine Bank und streckte die Beine lang aus. Für die herrlichen Gärten mit den weiten Rasenflächen, den künstlichen Seen und den berühmten römischen Pinien hatte er an diesem Morgen keinen Blick. Die Ereignisse hatten sich überstürzt – er wollte seine Gedanken sammeln.
Van Holden versuchte, sich die nächsten Schritte Litacs vorzustellen: Natürlich wird Litac alles daransetzen, den Verteidigungsminister zu bestechen, überlegte er. Aber das wird ihm nicht gelingen. In Italien war derartiges angeblich zwar nicht ungewöhnlich, aber wenn es Litac dennoch gelingen sollte – Hut ab! Dann wäre noch alles zu retten. Mißlang der Bestechungsversuch jedoch, dann würde er wutschnaubend zurückkommen – und seine Wut an ihm auslassen, an Philip van Holden, dem Ehebrecher. Litac würde ausfallend werden, würde ihn vor allen anderen beschimpfen und vermutlich sogar bedrohen. Aber das wäre auch alles. Falls er ihn verprügeln lassen wollte, würde es sich herausstellen, daß es den Mann, der das zustande brächte, in Rom nicht gab. Van Holden war ein geübter Karatekämpfer, Inhaber des schwarzen Gürtels, und hatte als Halbschwergewicht erfolgreich an den Armeemeisterschaften im Boxen teilgenommen.
Dennoch sah van Holden einer unerquicklichen Szene mit Unbehagen entgegen. Solche Dinge hatte es in seinem Soldatenleben nicht gegeben. Er fühlte sich durchaus nicht unschuldig. Auch wenn nicht er es gewesen war, der die Initiative ergriffen hatte, so blieb doch die Tatsache: Er hatte mit der Frau dieses mächtigen Mannes geschlafen.
Van Holden beschloß, Henry Mansfield reinen Wein einzuschenken. Henry war sein einziger Freund hier, und sein Wort

war gewichtig – sowohl bei Litac als in Washington. Unmittelbar nach der Entscheidung der Italiener wollte er dann General Riley anrufen, um ihm mitzuteilen, daß er nicht länger in Rom gebraucht wurde. So konnte er in ein paar Tagen wieder in Washington sein. Bis dahin würde er Litac nach Möglichkeit aus dem Weg gehen, um eine Konfrontation mit ihm zu vermeiden. Van Holden kehrte ins Excelsior zurück. Weder Litac noch Mansfield waren zu sehen. Er beschloß, in einer kleinen Trattoria um die Ecke zu Mittag zu essen.

Als er später das Hotel wieder betrat, blieb er überrascht stehen. An der Rezeption stand Dr. Eric Feldner. Er war im Begriff, sich einzutragen. Ein Boy belud sich mit seinem Gepäck. Van Holden ging auf ihn zu: »Eric, welch eine Überraschung, Sie hier zu sehen. Willkommen in Rom!«

Feldner drehte sich zu van Holden um, streckte sich zu seiner vollen Größe und sah van Holden triumphierend an: »Ja, ich bin es, Phil. Wie Sie sehen, werde auch ich auf dieser Seite des Atlantik benötigt. Wie geht es Ihnen, mein Held?«

»Gut, danke.« Feldners Art gefiel van Holden nicht. Hatte ihn wieder einmal jemand gekränkt? »Das müssen wir begießen. Wie wär's mit einem kleinen Drink?«

»Keine schlechte Idee, auch wenn ich dem Alkohol abgeschworen habe. Gehen wir.«

Van Holden wollte vermeiden, daß Litac sie in der Hotelhalle antraf und Feldner möglicherweise Zeuge einer unerfreulichen Begegnung würde.

»Gehen wir um die Ecke«, schlug er vor. »Ich kenne eine kleine Bar. Dort ist es gemütlicher als hier.«

Sie gingen in den Club 84 und setzten sich in eine Loge. Van Holden fiel auf, daß schon zu dieser Tageszeit viele Gäste anwesend waren.

»Erzählen Sie, Eric. Was führt Sie nach Rom?«

Der Kellner kam. Feldner bestellte eine Coca-Cola, van Hol-

den einen Whisky Sour.
»Immer noch derselbe«, bemerkte van Holden. »Ich dachte, wir wollten unser Wiedersehen mit Alkohol begießen.«
»Alkohol bekommt mir nicht«, antwortete Feldner trocken. »Mr. Litac hat mich nach Rom geholt. Offensichtlich stimmt hier was nicht mit unserer Rakete, Phil. Sie haben doch keinen Mist gebaut, oder?«
Van Holden lachte. »Ich glaube kaum. Die Italiener sind ganz wild auf die Rakete. Am liebsten würden sie das Ding heute noch haben. Komisch, daß Litac uns kein Wort davon gesagt hat, daß Sie kommen.«
»Weshalb sollte er? Ich weiß noch gar nicht, was ich hier machen werde. Ich nehme an, ich soll Sie ablösen, Phil, wenn der große Held nach Washington zurückgerufen wird. Verdammt nochmal, diese Cola schmeckt wie Seife. Ich will einen Whisky! Kellner!«
Der Anblick van Holdens reizte Feldner. Da saß er dem Mann gegenüber, dessentwegen er, Feldner, buchstäblich in die Wüste geschickt worden war, während der andere den großen Mann in Europa spielte und jetzt so tat, als sei nichts geschehen: souverän wie immer, die Ruhe in Person. Es war zum Kotzen. Feldner trank den Whisky pur. Nach einem großen Schluck fragte er:
»Wie geht es meiner Amanda? Ist sie immer noch so sexy? Seit ich sie in Amerika vernascht habe, sind ja einige Jährchen vergangen.«
Van Holden fragte sich, ob er richtig gehört hatte. Was war nur los mit Feldner? Er kannte ihn als einen ruhigen, zuvorkommenden Mann, der für seine Familie und seine Arbeit lebte. Diese Sprache war ihm neu. Van Holden hatte das Gefühl, einen Fremden vor sich zu haben.
»Sie meinen, Sie haben ...?« fragte er zögernd.
»Und ob ich habe! Und wenn möglich, werde ich wieder. Sie ist

doch hier, nicht wahr?«
»Sie ist heute nach Paris zurückgeflogen.«
»Schade. Dann muß ich mich woanders trösten.« Feldner trank den Rest seines Whisky aus.
Das Gespräch wurde van Holden peinlich. Er wechselte das Thema: »Eric, ich wollte Sie nicht gleich als erstes danach fragen. Aber Sie müssen mir von O'Leary berichten. Entsetzlich, daß unser Freund so schrecklich umgekommen ist. Ich habe inzwischen in großen Zügen davon gehört. Sie waren doch mit ihm bis kurz vor seinem Tod zusammen, nicht wahr? Das muß ja furchtbar für Sie gewesen sein.«
»War es. Ich habe darum auch nicht gleich schreiben können ... Kellner!« schrie Feldner so laut, daß die Leute an den Nebentischen die Köpfe wandten. »Noch einen Whisky für mich! Und Sie, Phil, nehmen Sie noch einen Cocktail?« »Nein, danke. Nur Ihnen zu Ehren, Eric, trinke ich schon zu dieser Stunde. Ich nehme erst wieder einen vor dem Essen.«
»Der Gedanke, daß der tote Freund die ganze Nacht im Zimmer neben dem meinen gelegen hat, ist für mich heute noch entsetzlich. Wir wollten am Morgen in die Wüste fahren und mit unseren Tests beginnen. Als Willy nicht erschien, ging ich in sein Zimmer und fand ihn tot in der Badewanne. Was wir alle nicht begreifen konnten, war, daß die Plastikhülle des Rasierapparats zerschlagen war. Die Beamten nehmen an, daß er in der Badewanne ausgerutscht ist, daß er am Wannenrand Halt suchte und daß dabei der Apparat zu Bruch ging. Wer ist aber auch so unvorsichtig, sich in der Badewanne zu rasieren!«
Der neue Whisky kam. »Wissen Sie überhaupt«, fuhr Feldner fort, »daß Bill O'Leary und ich am Morgen desselben Tages gekidnappt wurden?«
»Was sagen Sie da?«
»Wir sind aus der Wüste mit einem Hubschrauber entführt worden und wurden auf eine Yacht in Balboa gebracht. Als das

Boot auf das offene Meer zusteuerte, stießen wir im Nebel mit einem anderen Schiff zusammen. Das war unsere Rettung, sonst wären wir jetzt weiß Gott wo. Bloß – Billy wäre noch am Leben.«

»Wer waren die Entführer?«

»Man weiß es noch immer nicht genau. Wahrscheinlich Asiaten – Chinesen. Zumindest der Kapitän der Yacht war einer. Die Ermittlungen gegen die Burschen – es waren drei – gehen noch weiter.«

»Unglaublich. Wissen Sie, warum Sie entführt wurden?«

»Nein.«

Dr. Feldner nahm wieder einen großen Schluck aus seinem Glas. Seine Augen waren zusammengekniffen. »Das Leben geht weiter, Phil. Sie sind im Begriff, eine große Karriere bei der Armee zu machen. Ich werde Ihnen nicht nachstehen – in meiner Branche.«

Diese Einleitung verspricht nichts Gutes, dachte van Holden. Er verträgt den Whisky nicht. Er machte Anstalten, die Rechnung zu verlangen.

Feldner ignorierte das und fuhr fort: »Wissen Sie, Phil« – er starrte van Holden feindselig an –, »wissen Sie, so viel dümmer als Sie bin ich gar nicht. Ich bin sogar sicher, daß meine künftige Entwicklung bedeutender ist als Ihr Weg zum Generalsrang. Ich bin hier nur auf der Durchreise. Mein Ziel ist weit weg von hier. Raten Sie mal, wohin ich fahre.« Feldner beugte sich zu ihm vor. Van Holden konnte den Atem des Mannes riechen und lehnte sich zurück. Er sah den irren Blick in den Augen Feldners. »Sie werden es nicht erraten. Ich habe ein Angebot bekommen – so gut, daß kein Mensch es abschlagen könnte: das Gehalt eines Generaldirektors, der Titel eines Generals und eine eigene Versuchsanstalt, in der ich unumschränkt herrschen werde. Dafür bringe ich mein Wissen über die Arrow-Rakete mit und später gebe ich ihnen noch weitere interessante Infor-

mationen. Ein neuer Name wird meine Spuren verwischen.«
Der Mann muß verrückt sein, dachte van Holden und rief nach dem Kellner. Er wollte zahlen, um Feldner so schnell wie möglich zu entkommen.
»Glauben Sie mir, Phil, ich werde ins Schwarze treffen. Größte Treffsicherheit bei größter Distanz – wie meine Arrow-Rakete!«
Feldner erschrak für einen Augenblick – hatte er zuviel gesagt? Aber wenig später schon hatte er vergessen, daß er vielleicht etwas falsch gemacht hatte. Er empfand nur noch ein Gefühl tiefer Genugtuung seinem vermeintlichen Rivalen gegenüber. »Gehen wir jetzt«, sagte er. »Mr. Litac wartet auf mich. Ihr Drink geht auf meine Rechnung, Phil.«
Schweigend gingen sie in ihr Hotel zurück. Van Holden war konsterniert. Entweder war dieser Mann von Sinnen oder gemeingefährlich. Wie konnte es sein, daß ein Mensch, den man so lange kannte, mit dem man zusammen gereist war und eng zusammengearbeitet hatte, plötzlich so anders war! In der Halle trennten sie sich. Van Holden ging auf sein Zimmer. Feldner ließ sich an der Portiersloge mit Litac verbinden.
»Kommen Sie herauf, Doktor Feldner«, sagte Litac. »Ich hatte eine Besprechung, aber die ist soeben zu Ende.«
Litac verabschiedete Mansfield unter der Tür, als Feldner kam. Die beiden Amerikaner hatten voneinander gehört, aber sich bisher nicht kennengelernt.
»Also Sie sind der berühmte Doktor Feldner, der Vater der Arrow-Rakete, wie Phil van Holden Sie nennt«, sagte Mansfield und schüttelte Feldner die Hand.
»Jawohl, der bin ich«, antwortete Feldner arrogant. Die Wirkung des Alkohols machte sich bemerkbar. »Ich bin jetzt hier, um das Ding für Mr. Litac zu verkaufen. Nur weiß ich noch nicht, an wen.«
Dieses Gerede war Litac offensichtlich unangenehm. »Das ist

ja interessant, Jacques«, sagte Mansfield. »Warum haben Sie uns nichts davon gesagt?«
»Doktor Feldner arbeitet jetzt für mich. Das heißt für die SEP. Er wurde dafür von seiner Firma beurlaubt«, antwortete Litac beiläufig. »Also dann auf Wiedersehen, Henry. Ich glaube, wir sind für morgen gut vorbereitet, meinen Sie nicht?«
»Doch, doch«, sagte Mansfield und verabschiedete sich geistesabwesend. Er konnte sich auf Feldners Erscheinen zu diesem Zeitpunkt keinen Reim machen. Was wollte Litac von ihm? Nachdenklich ging er hinunter in die Hotelbar.
Inzwischen hatte es sich Dr. Feldner unaufgefordert in einem der Stühle in Litacs Salon bequem gemacht. Mit einem skeptischen Blick fragte Litac: »Was darf ich Ihnen anbieten, Doktor?«
»Einen Scotch mit Eis, bitte.« Litac bestellte den Drink nicht über das Telefon. Er wollte den Mann so schnell wie möglich wieder loswerden. Er bediente Feldner aus dem Kühlschrank. Feldner sah sich um. »Schön haben Sie es hier, Mr. Litac«, sagte er. »Sie haben es wirklich zu etwas gebracht in den paar Jahren, seit wir uns zuletzt gesehen haben. Wie geht es Amanda? Stimmt es, daß sie abgereist ist?«
Feldners Benehmen bereitete Litac Unbehagen, aber er zeigte es nicht.
»Ja. Amanda mußte heute nach Paris zurück. Sie hat gesellschaftliche Verpflichtungen – besser gesagt, sie mußte ihrer Aufgabe als Präsidentin einer Wohltätigkeitsorganisation nachkommen.«
»Na, ihr seid vielleicht vornehm geworden!« sagte Dr. Feldner und schlürfte geräuschvoll seinen Drink. Das leere Glas hielt er Litac stumm hin.
»Sie haben sich verändert, Feldner«, sagte Litac, als er ihm noch einen Whisky eingoß. »Ich hoffe, wir werden gut zusammenarbeiten, denn ich habe einen wichtigen Auftrag für Sie.«

»Moment mal, Mr. Litac«, unterbrach ihn Feldner, der ein Bein über die Sessellehne gelegt hatte. »Bevor Sie mir Aufträge erteilen, habe ich etwas zu sagen.« Eric Feldner stand auf. Er ging mit dem Glas in der Hand auf und ab. »Und zwar folgendes: Ich werde nicht für Sie arbeiten, sondern Sie für mich. Sie werden mich in ein Land bringen, wo mich eine Stellung erwartet, die viel bedeutender ist, als Sie sie mir je anbieten könnten. Ich wünsche, daß Sie mich nach China schaffen, und zwar in die Volksrepublik China.«

»Nach Rotchina?« fragte Litac und sah ihn erstaunt an.

»Ist mir egal, wie Sie's nennen, Mr. Litac. Die Hauptsache ist, Sie sorgen dafür, daß ich nach Peking komme. Nicht etwa auf dem normalen Reiseweg, sondern über eine Route, auf der mein Platz nicht gebucht wird. Denn, um in eine Maschine zu steigen und hinzufliegen – dazu würde ich Sie nicht brauchen, Mr. Litac; dazu genügt eine Flugkarte, ein Visum und eine Bewilligung von meiner Regierung – alles das ließe sich machen, aber alles das möchte ich vermeiden.« Feldner unterbrach sich kurz, um einen Schluck aus seinen Glas zu nehmen. Dabei kippte er das Glas zu stark; Eisstückchen rannen über seinen Bart. »Warum?« fuhr er fort, ohne Anstalten zu machen, sich den Bart abzuwischen, »nicht daß ich auf der Flucht wäre, ich habe nichts angestellt. Und doch laufe ich vor etwas davon: Meine gegenwärtigen Arbeitsbedingungen sind mir zu kleinkariert. Mein Leben langweilt mich unendlich. Ich möchte die Möglichkeiten, die mir geboten werden, wahrnehmen, mit unbegrenzten Mitteln forschen können, allein und unbeschwert als Direktor einer Versuchsanstalt. Amerika engt mich ein – ich will ein freier Mensch werden. Und Sie werden mir dazu verhelfen, Monsieur.«

Jacques Litac traute seinen Ohren nicht. Es war wie bei einem Gesellschaftsspiel, in dem die Beteiligten unbewußt die richtigen Plätze eingenommen hatten.

»Und wie soll ich das anstellen?«
»Tun Sie doch nicht so harmlos, Litac! Sie haben viel Geld und keine Skrupel – das weiß ich so gut wie Sie selbst, ich brauche Sie nicht daran zu erinnern. Wie Sie das machen, ist Ihre Sache, aber überlegen wir das gemeinsam: Als erstes neue Papiere ...«
Litac winkte ab. »Schon gut, Doktor Feldner«, begann er mit einer Überlegenheit, die Feldner nicht erwartet hatte. »Ich habe vielleicht die Lösung Ihres Problems. Hören Sie mir gut zu ...«

Jacques Litac konnte seine Begegnung mit dem italienischen Verteidigungsminister kaum erwarten. Er war voller Willenskraft und Optimismus. Henry Mansfield war fast ständig bei ihm. Immer wieder erörterte er die verschiedenen Möglichkeiten, das heikle Gespräch mit dem Minister zu führen: Wie sollte er beginnen? Wann war der richtige Augenblick gekommen, ihm das Angebot zu unterbreiten? Welches waren die richtigen Formulierungen? Die Antworten auf all diese Fragen gab Litac sich selbst. Mansfield war nichts weiter als ein stummes Gegenüber, mit dem er unablässig das bevorstehende Gespräch durchspielte. Er hatte keine Zeit, an van Holden und Amanda zu denken. Nichts war im Augenblick wichtiger als das Gespräch mit dem Verteidigungsminister. Nichts durfte ihn erregen und ablenken.
Van Holden nahm seine Mahlzeiten weiterhin außerhalb des Hotels ein. Am Abend vor Litacs Treffen mit dem Minister lud er Madame de Brissac zum Essen ein und verbrachte mit ihr ein paar angenehme Stunden. Sie war eine intelligente und charmante Frau, die sich für viele Dinge interessierte. Über Litac und das Geschäft wurde nicht gesprochen. Beide wußten, daß ihnen dadurch nur die Stimmung verdorben worden wäre. Als van Holden sich vor ihrem Zimmer von ihr verabschiedete, küßte sie ihn flüchtig. Als sie die Tür aufschloß, flüsterte sie

ihm noch zu: »*Bonne nuit, cher Major Philip*«.
Am Freitagmorgen unternahm van Holden einen langen Spaziergang. Als er wieder im Hotel war, stieß er auf Marcel Palmer, der ihm mitteilte, Mr. Litac und Mr. Mansfield seien bereits aus dem Verteidigungsministerium zurück und hätten sich auf ihre Zimmer zurückgezogen.
Van Holden ließ sich mit Henry Mansfield verbinden.
»Wie war's, Henry?«
»Wir treffen uns in der Bar, Phil. Ich komme gleich herunter.«
Sie setzten sich an die Bartheke. Minutenlang sagte Mansfield kein Wort. Er starrte auf sein Whiskyglas und drehte es in den Fingern. Van Holden sah, wie Mansfields Muskeln unter dem dünnen Sommeranzug spielten.
»Es geschah genau das, was ich befürchtet hatte«, begann Mansfield. »Ich habe bis zuletzt versucht, es ihm auszureden, aber es war umsonst. Er legte dem Mann einen Scheck über hundertfünfundzwanzigtausend Dollar hin, den er auf einem Nummern-Konto in der Schweiz einlösen konnte, wenn er seine Unterschrift unter den AMX-Vertrag setzte. Der Minister zögerte lange. Dann lehnte er mit der Begründung ab, daß er sich über die Meinung seiner Fachleute nicht hinwegsetzen könne. Ich glaube, er hätte den Scheck angenommen, wenn er nicht bereits in einen Skandal verwickelt wäre: Er hat ein Sumpfgelände für den Staat gekauft, auf dem ein Fliegerhorst gebaut werden soll, und wird beschuldigt, dafür Geld genommen zu haben. Schon nach einer Viertelstunde waren wir wieder draußen. Die Antwort des Generalstabes werde uns in Bälde erreichen, das war alles, was er sagte. Mist! Verdammter Mist, Phil!«
Nach einem langen Schluck aus seinem Glas fuhr Mansfield fort: »Litac berief sich auf das Drei-Mächte-Abkommen über die fünfhundert Schützenpanzer. Der Minister konterte mit einer Anspielung auf die zweifelhafte Vertrauenswürdigkeit

der Franzosen: Sie hätten ein ähnliches Abkommen mit den Belgiern getroffen, die AMX-Fahrzeuge unter der Bedingung erworben hatten, daß die Franzosen die belgischen FN-Gewehre kauften – zur Zeit die besten Gewehre der Welt. Und die Franzosen hätten ihr Versprechen nicht eingehalten.«

»Wurde von der Arrow-Rakete gesprochen?« fragte van Holden.

»Ja. Litac erwähnte sie im Zusammenhang mit dem AMX-Geschäft. Dazu meinte der Minister, die beiden Waffensysteme hätten nichts miteinander zu tun und sollten separat behandelt werden. Als Litac erklärte, daß er die Rakete in Frankreich herstellen werde und andeutete, er würde sie Italien gegebenenfalls vor anderen Ländern zu einem Sonderpreis liefern, sagte der Minister bloß: Soweit er wisse, sei diesbezüglich noch keine Entscheidung in Amerika gefallen. Wir sind am Ende, Phil. Daran besteht kein Zweifel mehr.« Henry Mansfield spielte noch immer mit seinem Glas Whisky – es war das zweite. Er blickte mit einem verstohlenen Lächeln van Holden an:

»Was ist eigentlich los mit Ihnen und Jacques?« fragte er. »Er scheint eine Wut auf Sie zu haben.«

»Es geht um Amanda«, antwortete van Holden kurz. Es war sinnlos, sagte er sich, diesem Mann etwas vorzumachen.

»Ich habe es schon lange geahnt, und seit unserem Abend in der Rupe Tarpea wußte ich es. Amandas Benehmen war eindeutig. Deshalb habe ich mich Ihnen vorgestern auch angeschlossen, als wir zum Palatin hinauffuhren – zur Tarnung.«

»Ich bedauere nichts«, sagte van Holden. »So etwas passiert nun mal. Vielleicht sollte Monsieur Litac sich überlegen, warum es ihm passiert ist.«

»Jacques ist ein rachsüchtiger Mensch, Phil. Seien Sie vorsichtig, solange Sie hier sind. Und reisen Sie ab, sobald die offizielle Absage der Italiener da ist.«

»Was könnte er mir schon antun? Er wird mich im Pentagon

schlechtmachen.«
»Dort gilt mein Wort mehr als das des unbeliebten Mr. Litac«, sagte Mansfield entschlossen. »In den beiden Berichten, die ich abfassen werde – der eine geht an meine Firma, der andere an das Pentagon –, werden Sie gut abschneiden. Dessen können Sie sicher sein. Übrigens, wenn die Absage kommt, müssen wir sofort ans Telefon und unseren Vorgesetzten Bericht erstatten.«
Nach einer längeren Pause und einem kräftigen Schluck aus seinem Glas sagte Henry Mansfield mit betonter Bedächtigkeit: »Was ich Ihnen jetzt zu sagen habe, ist für mich belanglos, und Sie, Phil, sollen sich nicht unnötig darüber erregen. Aber Sie sollten es wissen und sich darauf einrichten.«
Van Holden blickte Mansfield überrascht an: »Ich werde es wie ein Mann ertragen, Henry«, sagte er lächelnd. »Spucken Sie es aus.«
»Ich sagte Ihnen schon«, fuhr Mansfield fort, »Jacques Litac ist ein rachsüchtiger Mensch. Und wenn er sich beleidigt fühlt, kennt seine Rache keine Grenzen. Er behauptet, er habe Beweise in der Hand, daß Sie Bestechungsgelder angenommen hätten – und zwar von der Konkurrenzfirma in Kalifornien, um die Entscheidung der Italiener zugunsten der Amerikaner zu beeinflussen. Er ging sogar so weit, zu behaupten, Sie hätten im Namen der amerikanischen Firma General Michelotti, also dem Verteidigungsministerium, ein Angebot gemacht, das höher gewesen sei als seines. Und das – so Litac – sei Zuwiderhandlung gegen die Befehle, die Sie vom Pentagon erhalten haben, das sei Hochverrat und werde Sie den Kopf kosten. Das ist alles lächerlich, Phil, und von Litac in seiner blinden Wut auf Sie zusammengesponnen. Trotzdem, es ist eine ungeheuerliche Beschuldigung. Und wenn Sie nicht auf der Hut sind, kann das zumindest ein Dienstverfahren gegen Sie auslösen, selbst wenn in Washington niemand an Ihre Schuld glaubt.«

Van Holden sah Mansfield fassungslos an. »Das kann doch kein vernünftiger Mensch ernst nehmen«, sagte er schließlich. »Was für Beweise meint Litac denn in der Hand zu haben?«
»Er sagt, er habe Ablichtungen von Dokumenten, auf denen Ihr Name in diesem Zusammenhang erscheint. Aber vielleicht lügt er. Vielleicht besitzt er gar keine solchen Dokumente, Phil. Falls aber ja, dann sind es gefälschte Papiere, oder er hat vor, entsprechende falsche Dokumente herstellen zu lassen.«
»Das ist ja verrückt, Henry! Ich möchte gar nicht weiter darüber nachdenken, bevor ich mit Litac geredet habe.«
»Gut, Phil. *In medias res* – das ist das einzig Richtige in diesem Fall.«
Die beiden Männer standen auf und verließen die Bar. Mansfield ging auf sein Zimmer, van Holden zur Portiersloge, wo er ein paar Zeilen an Jacques Litac schrieb und den Zettel in einem verschlossenen Umschlag dem Portier überreichte mit der Bitte, man möge ihn unverzüglich an Monsieur Litac weiterleiten. Van Holden sah noch, wie der Portier Litacs Zimmernummer auf dem Umschlag vermerkte und ihn dann einem Pagen übergab.

Plötzlich stand Dr. Feldner vor van Holden. Er schien auf ihn gewartet zu haben.
»Sie haben es doch nicht ernstgenommen, Phil, was ich Ihnen gestern erzählt habe?«
Van Holden betrachtete ihn kühl: »Sie sollen wissen, Doktor Feldner, daß ich über das nachgedacht habe, was Sie mir gesagt haben.«
»Aber das war ja alles nur Unsinn. Ein Traumgespinst – dahergeredet unter der Wirkung des Alkohols, den ich schlecht vertrage. Es entsprang der Versponnenheit eines armen Wissenschaftlers, der dem Alltag entfliehen will, um in einem fernen Land den großen Mann zu spielen.«

»Ich finde, Sie haben sich seit unserer letzten Begegnung sehr verändert, Doktor. Ich muß Ihre Äußerungen ernst nehmen. Immerhin sind Sie Geheimnisträger.«
»Aber um Gottes willen, Phil. Halten Sie mich für einen Verräter? Wir kennen uns doch lange genug und sind befreundet. Also wollen wir das Ganze vergessen. Ja?«
»Vergessen kann ich es nicht. Es bleibt nur die Frage der Glaubwürdigkeit. Sollte ich zu der Überzeugung gelangen, daß Sie es ernst gemeint haben, dann muß ich es melden.« Van Holden trat einen Schritt zurück. Abweisend sagte er: »Bitte entschuldigen Sie mich. Ich muß jetzt gehen.«
Voller Haß sah Feldner van Holden an, den Mann, dessen Anblick allein ihn schon reizte. »Sie werden sich lächerlich machen«, schrie Feldner, »wenn Sie mich offiziell bezichtigen sollten, mich, der im Pentagon über jeden Verdacht erhaben ist!«
Dr. Feldner blieb sprachlos und bestürzt zurück. Er war verzweifelt und fühlte sich hilflos. Hatte er zum zweiten Mal in kurzer Zeit denselben Fehler begangen? Wie konnte er ihn wiedergutmachen? Jetzt verschwinden? Auf keinen Fall. Die Mordkommandos des CIA würden nach ihm fahnden. Dann wäre er der Überläufer, der Verräter, der er nicht sein wollte.
Er stürzte zur Portiersloge. »Verbinden Sie mich sofort mit Mr. Litac!« herrschte er den Mann hinter der Theke an.
General d'Armand war am Apparat: »Mr. Litac ist gerade beim Essen. Können Sie etwas später anrufen, Doktor Feldner?«
»Ich muß Mr. Litac dringend sprechen. Sagen Sie mir, wann ich ihn sehen kann.«
Nach einigen Augenblicken erwiderte der General: »In einer halben Stunde können Sie heraufkommen. Mr. Litac wird dann einige Minuten Zeit für Sie haben.«

Jacques Litac verließ während des ganzen Wochenendes nicht

sein Zimmer. Es war ein langes Wochenende in Rom, da am Montag das Fest ›Peter und Paul‹ war, in Italien ein offizieller Feiertag. General d'Armand war fast ständig bei Litac und besprach mit ihm, wie sie auf die möglichen Antworten der Italiener reagieren sollten. Seit Freitag wurde Henry Mansfield nicht mehr zu den Beratungen hinzugezogen. Litac war über Nacht antiamerikanisch geworden. Er machte Mansfield dafür verantwortlich, daß er beim Verteidigungsminister nicht den gewünschten Durchbruch erzielt hatte.
Die Antwort der Italiener kam schneller als erwartet. Sie traf, trotz des Feiertages, schon am Montagvormittag ein. Ein Bote des Verteidigungsministeriums brachte sie bereits drei Tage nach Litacs Besprechung mit dem Minister. Sie mußte schon vorher abgefaßt worden sein und lautete sinngemäß:
Die 509 AMX-SPz seien von Italien nur angenommen worden, weil seinerzeit kein anderer SPz im Rahmen des Militärhilfeprogramms verfügbar gewesen sei. Die Fahrzeuge seien ohne technische Unterstützung von seiten der Hersteller geliefert worden – ohne Techniker und ohne Betriebsanleitungen. Auch Ersatzteile seien nicht mitgeliefert worden, und als sie endlich eingetroffen seien, hätten die dazugehörigen Kataloge gefehlt. Die weitere Lieferung von Ersatzteilen sei so zähflüssig erfolgt, daß man sich genötigt gesehen habe, Fahrzeuge zu ›kannibalisieren‹ – das heißt, Teile von einem Fahrzeug zu nehmen, um ein anderes einsatzbereit zu halten. Man befürchte, so hieß es in dem Bericht, eine Wiederholung dieser Unzulänglichkeiten bei der Lieferung weiterer AMX-Fahrzeuge.
Auch zum Technischen äußerte sich der Bericht mehr als kritisch: Zahlreiche Montagefehler an den Fahrzeugen hätten dazu geführt, daß sie lange Zeit nicht einsatzbereit gewesen seien. Das Getriebe sei überempfindlich, die Kupplung habe öfters versagt. Wegen der Unzugänglichkeit des Motors sei die Arbeitszeit bei Reparaturen am Motor vier- bis fünfmal so lang

gewesen wie bei vergleichbaren Fahrzeugen anderer Hersteller. Für eine Hundert-Stunden-Motorkontrolle müsse der Motor komplett ausgebaut werden, wofür sechzehn Arbeitsstunden benötigt würden. Aus diesen Gründen seien drei AMX-Testfahrzeuge bei einem Dreitausend-Kilometer-Test ausgefallen. Das Innere der Fahrzeuge sei als zu klein befunden worden. Die Mannschaften fühlten sich eingeengt, die Inneneinrichtung müsse umgestaltet werden. Der Preis des AMX-SPz sei im Vergleich zu ähnlichen Fahrzeugen anderer Hersteller zu hoch. Der Generalstab stellte fest, daß ein Schützenpanzer in der italienischen Armee kein Kampffahrzeug sein müsse, sondern lediglich ein Transportfahrzeug, das Panzer bis zur Kampfzone begleite. Schon deshalb komme der teure AMX-SPz für die italienische Armee nicht in Frage. Auch der Vielstoff-Motor interessiere sie nicht besonders, da er auf einem italienischen Kriegsschauplatz nicht benötigt würde. Hispano-Suiza-Motoren seien billiger und für die italienischen Bedürfnisse geeigneter.

Was den Kampfpanzer betrifft, so erklärten die Italiener, sie hätten bereits eine Anzahl von M-47-Pattons in ihren Verbänden und beabsichtigten, weitere 500 Exemplare des kampferprobten M 47 für vierzehn Millionen Dollar zu erstehen, um Lücken in ihren Panzerverbänden zu füllen, bis ein neukonzipierter Panzer – ein Panzer der sechziger Jahre – auf den Markt käme. Der M 47 habe auch den Vorteil, daß die NAMSA – die NATO Maintenance and Supply Agency – die Instandhaltung der Pattons und die Lieferung von Ersatzteilen überwache und, wenn nötig, auch durchführe.

Zum Abschluß wurde angeführt, daß die AMX-Serie sicherlich gewisse Vorteile gegenüber anderen Waffensystemen besitze, daß aber die Nachteile so gravierend gegen sie sprächen, daß ihr Ankauf nicht in Betracht komme. Nach Meinung des Inspekteurs für Motorisierung müßten der Motor, das Getriebe, die

Kupplung und das Fahrgestell – vor allem die Laufräder und die Ketten – neu entwickelt werden.
Abschließend ließ der Bericht den deutlichen Wunsch der italienischen Regierung erkennen, direkt von den Vereinigten Staaten zu kaufen, um ein französisch-italienisches Koproduktions-Abkommen zu vermeiden, das – aufgrund der Erfahrungen aus der Vergangenheit – zu Unstimmigkeiten zwischen den beiden Ländern führen könne.
Der Bericht war verheerend. Er war eine totale Absage, gegen die anzurennen sinnlos gewesen wäre. Die Tür war zugeschlagen – jetzt noch Entgegenkommen zu zeigen unmöglich. Der Name Jacques Litac wurde nicht erwähnt, über seine Methoden kein Wort verloren.

Aber Jacques Litac gab nicht auf. Noch einen letzten Versuch wollte er unternehmen, um das Geschäft zu retten. »Den letzten Trumpf habe ich noch nicht ausgespielt«, sagte er zu d'Armand. Am Montag nachmittag rief er Washington an, um das Pentagon zu bewegen, Druck auf die Italiener auszuüben. In Washington war es zehn Uhr vormittag. Litac wurde mit General Riley verbunden.
»Nun, Mr. Litac«, sagte der General freundlich, als ihm von Litac nahegelegt wurde, sich einzuschalten. »Ich kenne bereits den Stand der Dinge. Unsere Botschaft hat uns schon darüber berichtet. Nicht alle Geschäfte laufen eben so, wie man sich das wünscht. Ich glaube, es hat im Augenblick wenig Sinn, an der festen Absage der Italiener zu rütteln. Wir glauben, daß die Entscheidung gegen das AMX-Waffensystem schon vor Ihrer Ankunft in Rom gefallen ist, und wußten, daß Sie dort einen schweren Stand haben würden. Trotzdem waren unsere Bemühungen nicht umsonst. Schon wegen des Drei-Mächte-Abkommens. Das durfte nicht einfach in Vergessenheit geraten. Die Italiener wollen nun mal Waffen haben, mit denen sie be-

reits vertraut sind – das betrifft vor allem den M-47-Panzer.«
»Ach was, sie sind einfach dumm, diese Italiener«, schrie Litac ins Telefon. »Sie hätten eine Standardserie einkaufen können und einen großen Vorsprung vor allen anderen NATO-Staaten gehabt. Wir wären ihnen noch mehr entgegengekommen, wenn sie zugesagt hätten.«
»Richtig, Mr. Litac«, beruhigte ihn der General. »Aber ich meine, im Moment sollten wir weiter nichts unternehmen. Mit irgendwelchem Druck, wie Sie vorschlagen, wäre jetzt nichts zu erreichen. Zu einem späteren Zeitpunkt können wir vielleicht wieder auf die AMX-Fahrzeuge zurückkommen. Bis dahin werden Sie ja auch die von den Italienern vorgeschlagenen Verbesserungen durchgeführt haben. Übrigens, Mr. Litac, auch ich wollte Sie heute anrufen. Es geht um die Arrow-Rakete, um deren Herstellung Sie sich beworben haben. Die letzten Weisungen, die mir vorliegen, lauten dahingehend, daß wir die Rakete selbst bauen und nicht in Lizenz herstellen lassen werden. Es ist die erklärte Politik unserer Regierung, so viele Arbeitsplätze wie möglich bereitzustellen. Lizenzverträge mit ausländischen Firmen dürfen von nun ab nur in Ausnahmefällen abgeschlossen werden, es sei denn, das ausländische Unternehmen hätte Leistungen zu bieten, die wir selber nicht erbringen können. Ich glaube, diese Maßnahmen werden bald wieder gelockert – trotzdem muß ich Sie bitten, alle Arrow-Unterlagen, die sich in Ihrem Besitz befinden, unverzüglich bei unserer Botschaft abzuliefern.«
»Aber General ...« Jacques Litac wollte protestieren. Doch Riley sprach unbeirrt weiter. »Doktor Eric Feldner von der Aerodevelopment Corporation ist gegenwärtig bei Ihnen, nicht wahr?« Ohne auf eine Antwort zu warten, fuhr Riley fort: »Seine Firma wünscht, daß er unverzüglich nach Kalifornien zurückkehrt. Er wird dort noch dringend gebraucht. Bitte, geben Sie diese Nachricht an ihn weiter. Seine Firma hat ihm ein

Telegramm dieses Inhalts an Ihre Firma in Paris gesandt, aber auch uns gebeten, ihn zu benachrichtigen.«
»Aber General! Sie können doch nicht einfach mit ein paar Worten dieses Projekt fallenlassen. Ganz Europa erwartet, daß wir Franzosen die Rakete herstellen. Meine Leute haben Tausende von Stunden daran gearbeitet. Ich habe große Unkosten gehabt! Ihre Stellungnahme wird Sie teuer zu stehen kommen, General! Übrigens, Ihr Major van Holden hat sich als ein völliger Versager erwiesen. Es ist zum Teil seine Schuld, daß das AMX-Geschäft geplatzt ist. Ich möchte Sie sehr bitten, falls es in der Zukunft zu einer ähnlichen Konstellation kommen sollte, uns einen erfahreneren und ehrenhafteren Mann zur Verfügung zu stellen als diesen, der sich von der Konkurrenz hat bestechen lassen. Das grenzt an Hochverrat!«
General Riley antwortete ruhig: »Bitte, präzisieren Sie Ihre Klage über Major van Holden schriftlich, Mr. Litac. Nur so können wir sein Verhalten und sein etwaiges Versagen prüfen. Sie werden Ihrerseits noch heute ein Fernschreiben von uns erhalten, in dem der Inhalt dieses Telefonats bestätigt wird. Falls nichts weiter zwischen uns zu besprechen ist, wünsche ich Ihnen noch einen schönen Tag, Mr. Litac. *Good bye, Sir.*«
Der General hatte aufgelegt. Litacs Wut war grenzenlos. Er nahm das Telefon und schmetterte es zu Boden. AMX und Arrow waren gescheitert. Die doppelte Niederlage – das war ein unerwartet schwerer Schlag für ihn.
General d'Armand hob das Telefon behutsam auf. Er versuchte, seinen Chef zu beruhigen. Umsonst. Litacs Wut war nun ausschließlich gegen die Amerikaner gerichtet, gegen alles, was amerikanisch war – einschließlich Henry Mansfield und van Holden. Und Dr. Feldner.
D'Armand versuchte, Litac mit einem Gespräch über den Vielstoff-Motor und dessen glänzende Zukunftsaussichten abzulenken. Aber Litac schickte ihn fort und befahl den amerikani-

schen Wissenschaftler auf sein Zimmer. In dessen Gegenwart sprach er mit der Telefonzentrale und meldete ein Ferngespräch an. Der Leiter seiner Reederei ›Sunion‹ in Piräus war eine halbe Stunde später am Apparat.

15. Kapitel

Genf – Rinasi

Zwei elegant gekleidete Asiaten saßen im Drei-Sterne-Restaurant Gentilhommes des Hotels Richmond am Genfer See. Oberst Yen Fei und Hauptmann Teng Hua genossen an ihrem letzten Abend die Küche dieses renommierten Restaurants. Am anderen Ende des Raumes spielte eine Drei-Mann-Band unaufdringliche Tanzmusik. Einige Paare tanzten. Die französische Küche war den Chinesen zu Anfang fremd gewesen, inzwischen hatten sie sich daran gewöhnt. An diesem Abend aßen sie ein Fünf-Gänge-Mahl und tranken drei verschiedene Weine dazu. Sie fühlten sich dazu berechtigt, denn sie hatten ihren vierwöchigen Aufenthalt in Westeuropa gut genutzt. Fast alle Posten auf dem Einkaufszettel der chinesischen Volksbefreiungsarmee waren abgehakt, dank der Waffenhändler und -unterhändler, mit denen Fox sie in Verbindung gebracht hatte. Weitere Erfolge bahnten sich an, ihre Heimkehr sollte zu einem Triumphzug werden.

»Warum tut Fox all das, wertester Shang-hsiao?« fragte Teng Hua. »Er ist doch ein reicher Mann und ein mächtiger Mann. Warum setzt er das alles aufs Spiel, indem er sein Land verrät?«

Oberst Yen Fei legte seine Gabel nieder, wischte sich den Mund mit der Serviette ab, nahm einen Schluck Wein und lehnte sich genüßlich zurück, bevor er antwortete: »Wir sind im Westen, Hauptmann Teng Hua. Wenn einer Geld und Macht hat, dann will er nur eins: noch mehr Geld und noch mehr Macht.«

»Seit wann ist er mit uns in Verbindung?«

»Vor vier Jahren war Fox zum ersten Mal in unserem Land, zusammen mit seiner Frau. Sie hatten eine Einreisegenehmigung erhalten, nachdem er uns über einen sozialistischen Bruderstaat hatte wissen lassen, was der Zweck seiner Reise sei. Vor zwei Jahren kam er ein zweites Mal. Diesmal allein. Er sprach zwei Tage lang mit General Chang und anderen Generälen. Ich war damals noch an der Schule tätig, habe aber von diesen Gesprächen gehört.«

Teng Hua schüttelte seinen Kopf: »Daß es Menschen gibt, die nie genug haben.«

»Wir sollten uns darüber freuen, Hauptmann, daß wir so einen Verbündeten haben. Er ist dem chinesischen Volk auf dem Weg in die Zukunft von Nutzen, und dafür erhält er eine Belohnung. Er hat sie verdient.«

Nach dem letzten Gang – Crêpes Suzettes – sagte Yen Fei: »Morgen treffen wir unsere Verbündeten. Vergessen wir nicht, was man uns in Peking aufgetragen hat: Unser Verhalten ihnen gegenüber soll höflich und kühl sein. Nichts sagen, nur hören. Was geredet werden muß, übernehme ich, Hauptmann.«

»Ich verstehe, Oberst. Aber können Sie mir nicht sagen, welchen Grund Sie den russischen Genossen für unsere Reise angeben werden?«

»Ich werde ihnen sagen, daß wir beauftragt wurden, dem Hochkommissar von Santi Quaranta für die Versorgung zweier chinesischer Frachter zu danken, die seinen Hafen vor einem Monat angelaufen hatten. Und daß wir mit ihm über die angefallenen Unkosten sprechen wollen.«

»Stimmt das?«

»Ja.«

»Und warum haben die beiden Schiffe den albanischen Hafen angelaufen?«

Yen Fei erklärte dem Hauptmann, daß die Frachter Ausrü-

stungsteile für eine Werft an Bord hatten, die in Albanien installiert werden sollte, und in der die Chinesen künftig U-Boote zusammenbauen wollten, die im Mittelmeerraum operieren sollten.
Die Russen, die in Valona einen Stützpunkt unterhielten, hatten in die Gebiete südlich davon keinen Zutritt; aber sie konnten sich ausrechnen, daß es militärische Fracht war. Die Albaner hatten ursprünglich die Russen ins Land geholt, weil sie sich vom benachbarten Jugoslawien bedroht fühlten – und die Russen hatten entschlossen zugegriffen, um sich den strategischen Vorteil eines Stützpunkts an der Adria zu sichern und gleichzeitig Tito in die Zange zu nehmen; inzwischen aber rückten die Albaner, als Thraker und Illyrer – sie sind eine Mischung aus mazedonischen Hirten und Griechen – traditionell allem Slawischen feind, von Moskau ab und suchten sich einen neuen Verbündeten in der VR China, einem Land, das ebenfalls eine kommunistische Großmacht war, aber, anders als die Sowjetunion, wegen der großen Entfernung keinen unmittelbaren Druck auf das kleine Land ausüben konnte.

Am nächsten Morgen flogen die beiden Offiziere der Volksrepublik China über Wien nach Budapest und von dort nach Rinasi, dem etwa zehn Kilometer nördlich von der Hauptstadt Tirana gelegenen Flughafen Albaniens. Ihre Ankunftszeit war bekannt, sie wurden erwartet. Vorbereitungen zu ihrer Begrüßung waren sowohl von albanischen Regierungsstellen wie auch von russischer Seite getroffen worden. So wurden sie gleich von zwei Abordnungen auf dem Flughafen empfangen. Zwei russische Offiziere begrüßten sie mit Umarmungen und Wangenküssen. Den reservierten Chinesen war das unangenehm, doch das ließen sie sich ebensowenig anmerken wie das tiefe Mißtrauen, das sie den Russen gegenüber hegten. Auch die albanische Abordnung – je ein Vertreter des Verteidigungs-

und des Innenministeriums – ließ die Russen ihre veränderten Gefühle nicht spüren. Im Flughafengebäude nahm man eine gemeinsame Mahlzeit ein und tauschte die üblichen Freundlichkeiten aus.
Die albanische Regierung hatte den Chinesen einen Skoda-Wagen mit Fahrer bereitgestellt. Am frühen Nachmittag fuhren sie los. Ihr Ziel war das Hafenstädtchen Santi Quaranta, zweihundert Kilometer entfernt im äußersten Süden des Landes. Santi Quaranta – auf albanisch Saranda, auf griechisch Aghii Saranta – trug beim Volk noch immer seinen italienischen Namen. Das Städtchen von kaum 10 000 Einwohnern war nach den vierzig Märtyrern benannt, die vor Hunderten von Jahren bei Sebastopol getötet worden waren. Es war ein einsamer, düsterer Ort mit einem armen Hinterland; aber nach Durazzo-Durres und Valona-Vlore verfügte Santi Quaranta über den bedeutendsten Hafen des Landes.
Es war eine umständliche und ermüdende Fahrt, und die beiden Chinesen erreichten ihr Ziel erst am späten Abend. Sie wurden direkt zur Kala – zur Zitadelle – gebracht, die hoch über der Stadt lag, und dort einquartiert. Nur die den vierzig Heiligen geweihte Kirche lag noch höher – dort hausten verwilderte Hunde. Der Hochkommissar, dem nicht nur der Sigurimi – der Geheimdienst –, sondern alle Polizeiorgane im Distrikt von Santi Quaranta unterstanden, empfing und versorgte seine chinesischen Gäste persönlich.

16. Kapitel

Rom – Anzio

In derselben Nacht, in der die beiden chinesischen Offiziere in Santi Quaranta eintrafen, saßen Henry Mansfield und Philip van Holden in Rom an einem Tisch vor dem Haus Nr. 84 der Via Emilia, etwa hundert Schritt vom Hotel Excelsior entfernt. Der Club 84 schloß nicht, solange noch ein Gast anwesend war. Die Uhr zeigte bereits weit nach Mitternacht. Die beiden Amerikaner hatten etliche Whiskys getrunken und noch keine Lust, ins Bett zu gehen. Am nächsten Morgen wollten sie das Hotel wechseln, um Litac, der jeden Kontakt mit ihnen vermied, nicht länger zur Last zu fallen.

Nach der verlorenen Schlacht konnten die beiden nur noch darauf warten, daß man sie aus Italien abberief. Sie hatten mit ihren Vorgesetzten gesprochen – Mansfield mit dem Senior Vicepresident seiner Firma und van Holden mit General Riley. Es war ihnen aufgetragen worden, die Rückkehr in die USA noch einige Tage aufzuschieben, da sie weder bei den Italienern noch bei den Franzosen durch eine überstürzte Abreise den Eindruck erwecken sollten, sie hätten die Tür zu weiteren Verhandlungen zugeschlagen.

Mansfield sollte aus eigener Initiative versuchen, den Schaden, den Jacques Litac bei den Italienern angerichtet hatte, wiedergutzumachen, um den Weg für andere Geschäfte offenzuhalten. Van Holden sollte abwarten, ob die Italiener nicht möglicherweise zu erkennen gäben, daß sie Interesse daran hätten, anstelle der Franzosen die Arrow-Rakete zu produzieren. Der

amerikanische Militärattaché in Rom – so wurde ihm mitgeteilt – habe den Italienern diesen Vorschlag unterbreitet. Den Franzosen gegenüber könne man dies mit der Begründung verantworten, daß Italien – im Gegensatz zu Frankreich ein verläßlicher NATO-Partner – bereits durch andere Aufträge an die amerikanische Waffenindustrie gebunden sei.
So saßen sie nun entspannt da, als wollten sie die Anstrengungen und Aufregungen der letzten Wochen vergessen. Über Litacs Anschuldigungen gegen van Holden war zwischen ihnen kein weiteres Wort gefallen.
»Ob der Waffenstillstand eingehalten wird, den sie jetzt unterzeichnen werden?« unterbrach van Holden das Schweigen. Er war in Gedanken wieder einmal bei seiner Einheit in Korea.
»Ich glaube, die Chinesen haben genug«, sagte Mansfield. »Bei diesen Verlusten!«
»Unsere Feuerkraft hat sie dezimiert«, stimmte van Holden zu. »Es soll ja Hunderttausende von Toten und Verwundeten gegeben haben. Nach meinem letzten Gefecht am Imjin war der Fluß so voll von Leichen, daß die überlebenden Chinesen über ihre toten Kameraden wie über einen Damm flüchteten.« Van Holden schüttelte den Kopf. »Kaum zu glauben, daß das alles erst sechs Wochen zurückliegt!«
Mansfield dachte längst an etwas anderes: »An so einem Abend wie heute«, seufzte er nach einer Weile, »möchte ich am Jones Beach am Atlantik sein und Würstchen und Hamburger braten oder einen *Clambake* machen.«
Es war gegen zwei Uhr früh, als ein hübsches Mädchen sich an den Nebentisch setzte und zu ihnen herüberäugelte. Anscheinend hatte sie es auf Mansfield abgesehen.
Mit einem verständnisvollen Lächeln stand van Holden auf: »Ich hau' mich in die Falle, Henry. Es war ein langer Tag. Sagen Sie mir morgen, was ich Ihnen für die Drinks schulde.«
»Ist schon gut, Junge! Gute Nacht. Ich komme bald nach«,

sagte Mansfield und zwinkerte mit einem Auge in Richtung auf den Nebentisch.

Van Holden ging zum Excelsior zurück. Er holte sich den Schlüssel an der Rezeption und fuhr mit dem Lift nach oben. Als er die Tür zu seinem Zimmer öffnete und nach dem Lichtschalter griff, glaubte er ein leichtes Rascheln zu hören. Der Spürsinn des erfahrenen Nachtkämpfers sagte ihm, daß er Besuch hatte. Er ließ den Schalter los und duckte sich – er brauchte einige Sekunden, um seine Augen an die Dunkelheit zu gewöhnen. Er wußte, daß im Dunkel die Chancen für den Angreifer geringer waren als für den Angegriffenen – das hatte er in der Ranger-School der US-Army gelernt.

Da spürte er über seinem Kopf den Luftzug eines Fausthiebs, der nur um Millimeter sein Ziel verfehlt haben mußte. Zugleich fluchte jemand leise in einer fremden Sprache. Sein Gegner mußte das Gleichgewicht verloren haben und an die Wand getorkelt sein, während van Holden jetzt geduckt in der Mitte des Raumes stand. Die dicken Vorhänge des klimatisierten Zimmers waren dicht geschlossen. Nur vor einem Fenster klaffte der Vorhang ein wenig, und durch den schmalen Spalt fiel ein dünner Lichtstreifen von der Straße. Vor diesem Licht hatte sich gerade ein schwarzer Schatten bewegt. Sein Angreifer konnte es nicht sein, denn dessen Atem hörte van Holden hinter sich. Also war ein zweiter Mann im Zimmer. Gegen zwei Gegner brauchte van Holden eine Wand als Rückendeckung. Aber es war bereits zu spät. Der erste Angreifer kam wieder auf ihn zu. Van Holden sah im spärlichen Licht nur das Glitzern seiner Augen, aber es genügte ihm, die Größe des Mannes einzuschätzen: Er war größer als er selber. Mit der geballten Faust zielte er auf das Herz des Mannes. Wenn der sich, von dem Hieb getroffen, nach vorne krümmte, wollte er ihn mit einem Aufwärtshaken erledigen. Als er zum Schlag ausholte, griff ihn der zweite Mann von hinten an und versuchte, seine Arme zu

umklammern. Van Holden spürte den Atem des Mannes in seinem Genick; so wußte er, wie groß er war. Er riß seinen rechten Arm aus der Umklammerung, und mit einem Karateschlag nach hinten traf er den Mann an der Schläfe. Blitzschnell verabreichte er ihm einen zweiten Schlag gegen die Halsschlagader. Mit einem gurgelnden Schrei versuchte der Mann sich an van Holden festzuhalten, dann lockerte sich sein Griff, und er glitt zu Boden. Inzwischen hatte der erste Angreifer noch einmal zuschlagen wollen und wiederum sein Ziel verfehlt. Er war weggetaumelt.
Jetzt konnte sich van Holden ganz auf ihn konzentrieren. An seinen Bewegungen und dem schweren Schritt erkannte er, daß es sich um einen großen, starken Mann handelte. Wie kräftig er war, mußte er erst herausbringen. Da sah er den riesigen Schatten auf sich zukommen. Er legte die ganze Wucht seines Körpers in einen Faustschlag und traf den Mann in der Magengegend. Er war überrascht, wie weich sein Hieb landete – als habe er in einen Sack Mehl geschlagen. Der Mann stöhnte laut auf und griff sich an den Bauch. Gebeugt, mit vorgestrecktem Kopf stand er da, wie ein Stier, der geschlachtet werden soll – van Holden ahnte seine Haltung mehr, als daß er sie wirklich erkennen konnte. Er holte zu einem letzten fürchterlichen Hieb aus und traf seinen Gegner an der Seite des Kopfes. Der Mann fiel ohne einen Laut auf die Knie, rollte dann zusammengekrümmt auf den Boden und blieb liegen.
Van Holden drehte das Licht an und besah sich seine beiden Opfer. Er hatte richtig geschätzt: Der eine war von mittlerer Statur mit einem durchtrainierten, muskulösen Körper und der Nase eines Boxers. Der andere war ein Riese mit einem gewaltigen Kopf und einem dicken Bauch. Er mußte mehr als zwei Zentner wiegen. Van Holden fand, er sehe wie ein amerikanischer Ringkämpfer aus. Instinktiv hatte er also die richtigen Kampfmethoden angewandt: den Boxer mit einem Karate-

schlag und den Ringkämpfer mit einem Faustschlag erledigt. Van Holden blickte auf die beiden Schläger hinunter, die noch bewußtlos am Boden lagen. Sie würden erst in einigen Minuten zu sich kommen, schätzte er. Als er sie näher betrachtete, bemerkte er etwas, was ihn zuerst verblüffte, dann erschreckte: Der Dicke hatte in den Manschetten seines Hemdes je ein sechs Zentimeter langes dreikantiges Messer stecken, das an der Innenseite seines Handgelenks festgebunden war. Streckte der Kerl die Arme aus, dann sprangen die Klingen im rechten Winkel zum Gelenk vor, erkannte van Holden mit Grauen. Wenn es dem Mann gelungen wäre, die Arme um ihn zu schließen, hätte van Holden zwei Messer im Rücken gehabt. Er warf noch einen Blick auf die beiden Männer. Der Dicke zuckte hin und wieder. Er würde länger brauchen, um zu sich zu kommen, als der kleinere, zähere.

Beide Männer waren Südländer mit olivfarbener Haut und schwarzen Haaren. Sie waren dunkel gekleidet: Der eine hatte ein schwarzes Hemd mit langen Ärmeln an, der andere ein dunkelblaues T-Shirt. Sie trugen dunkle Hosen und Turnschuhe. Für ihren Auftrag waren sie richtig gekleidet, dachte van Holden, denn daß diese Männer nicht in eigener Sache hier waren, stand für ihn fest. Das waren keine Hoteldiebe, sondern erfahrene Schläger, die ihn im Auftrag eines Dritten überfallen hatten. Aber wer war der Auftraggeber – und was hatte man mit ihm vor? Van Holden war sich ziemlich sicher, daß man ihn nicht einfach hatte umbringen wollen. Dazu hätte ein entschlossener Killer gehört mit einer Waffe; man hätte ihm nicht zwei Schläger auf den Hals geschickt.

Er dachte an die Nacht in Korea, als er sich unter seinem Panzer gegen vier bewaffnete Chinesen hatte zur Wehr setzen müssen. Auch dort hatte er sofort gewußt: Die wollen dich nicht töten, die wollen dich lebend! Wenn die beiden ihn einfach hatten verprügeln sollen, dann konnte Litac dahinterstecken – der war

außer Feldner der einzige in Rom, der Grund dazu hatte, wie van Holden sich eingestand. Feldner würde indes kaum die Möglichkeit gehabt haben, diese Burschen anzuheuern. Allerdings hatte er nicht mehr mit einem Racheakt dieser Art von seiten Litacs gerechnet, seit Mansfield ihm von Litacs Äußerungen berichtet hatte, er – van Holden – habe sich bestechen lassen. Litac, so hatte er vermutet, schien die Vergeltung durch gezielten Rufmord üben zu wollen. Aber, dachte van Holden, konnte nicht beides miteinander in Zusammenhang stehen? Vielleicht legte es Litac wirklich darauf an, ihn schwer zu belasten. Was lag näher, als ihm die Möglichkeit zu nehmen, sich rechtfertigen zu können, und ihn dadurch, daß er ihn verschwinden ließ, zu belasten?
Van Holden spürte, wie sich das Netz der Intrige um ihn zusammenzog. Er erkannte, daß er von nun an ganz auf sich selbst gestellt war. Er saß im Wespennest. Um da herauszukommen, mußte er als erstes wissen, was wirklich hinter dem Überfall steckte. Wenn die beiden Burschen nur den Auftrag hatten, ihn zu verprügeln, dann würden sie abhauen, sobald sie wieder zu sich kamen. Sie würden sich anders verhalten, falls sie ihn entführen wollten. Ich muß ihnen die Möglichkeit dazu bieten. Aber wie? Natürlich – ich muß so tun, als sei ich geschlagen.
Sorgfältig überlegte er jeden seiner nächsten Schritte und wog die Risiken ab. So kam es, daß er, um der einen Gefahr zu entgehen, sich in eine größere begab.
Van Holden ging ins Badezimmer und betrachtete sich im Spiegel. Er war unverletzt. Er nahm die Brause in die Hand und drehte den Sprühkopf ab. Dann schlug er sich mit dem scharfkantigen Rohr zweimal hart auf die Stirne. Das Rohr riß die Haut auf; es blutete ziemlich heftig. Van Holden schraubte den Sprühkopf wieder auf, ging zurück ins Zimmer, setzte sich an den Schreibtisch und nahm einen Bogen Briefpapier aus der Lade. Er schrieb: »Henry. Man hat versucht, mich zu entführen.

Versuch mißlang. Aber ich spiele mit, um zu erfahren, warum. Laßt nicht nach mir fahnden! Ich melde mich, wenn ich kann. Phil.«

Er nahm das Blatt und schob es, ohne es zu falten, unter die Verbindungstür zu Mansfields Zimmer. Mansfield mußte das große weiße Blatt Papier spätestens morgen früh bemerken. Dann schmierte van Holden etwas Blut von seiner Stirn an eine Ecke der scharfkantigen Marmorplatte des Frühstückstischs. Er machte das Licht aus und legte sich auf den Boden neben den Tisch.

Wenige Minuten später begann der kleinere Mann aufzuwachen. Er stöhnte, setzte sich auf und blickte um sich. Dann rappelte er sich hoch, schaltete das Licht an, wankte zu van Holden und beugte sich über ihn. Anschließend versuchte er, seinen Gefährten wachzurütteln. Als das nichts nützte, ging er ins Badezimmer, holte kaltes Wasser und goß es ihm über den Kopf. Er wiederholte das, bis der Dicke sich verschluckt hatte. Als der Dicke einigermaßen zu sich gekommen war, setzte der Kleinere sich neben ihn auf den Boden. Sie unterhielten sich in einer Sprache, die van Holden nicht kannte. Nach einer Weile hörte van Holden, wie sie auf ihn zukamen. Einer von ihnen verpaßte ihm einen Tritt in die Seite. Der andere schien dagegen zu protestieren. Sie hoben ihn auf und trugen ihn zu einem Stuhl. Einer ging ins Badezimmer und kam mit einem nassen Handtuch zurück. Van Holden spürte, wie man ihm das Blut wegwischte und ihm dann das nasse Tuch um den Kopf wickelte. Jetzt wird es Zeit aufzuwachen, sagte er sich. Unter Stöhnen und Ächzen streckte er sich und griff sich an den Kopf. Er öffnete die Augen. Zu seiner Genugtuung sah er, daß die Backe des Dicken stark geschwollen war; vielleicht war der Kiefer gebrochen.

Der Kleinere begann in schlechtem Englisch zu sprechen: »Mister«, sagte er mit der heiseren Stimme eines Boxers, der einmal einen Schlag auf die Kehle bekommen hatte. »Mister, wir gehen jetzt. Du kommst mit. Brav sein, sonst...« Er deutete auf einen Revolver in seiner Hand – ein Smith and Wesson Kaliber 38 – und auf die zwei Messer an den Gelenken des Dicken, die tatsächlich heraussprangen, als der Dicke die Arme demonstrativ ausstreckte. Van Holden nickte, zum Zeichen, daß er verstanden hatte. Er benahm sich, als sei er noch nicht ganz aus seiner Betäubung erwacht.

Vorsichtig verstaute der Dicke seine Messer wieder in den Manschetten. Die beiden Männer stellten van Holden auf die Füße, packten ihn unter den Armen und schleppten ihn auf den Gang hinaus. Sie steuerten einem Notausgang zu. Hoffentlich kommt jetzt nicht Henry aus dem Aufzug, dachte van Holden, als sie an der Lifttür vorbeigingen.

Über die Stufen der Nottreppe gelangten sie zu einem Seitenausgang des Hotels, der auf die Via Boncompagni führte. Mit einem Dietrich öffnete der kleinere Mann das verschlossene Tor. Unmittelbar davor war der Wagen der beiden geparkt. Van Holden und der Kleinere nahmen auf dem Rücksitz Platz, der Dicke fuhr.

Aus halbgeschlossenen Augen nahm van Holden die Namen der Straßen wahr, auf denen sie die schlafende Stadt durchquerten. Sie fuhren über die Piazza Barberini und die Via Merulana nach Süden und verließen über die Via Appia Nuova die Stadt. Der Dicke fuhr schnell; die Straßen waren nahezu leer. Auf einer Landstraße mit der Nummer 148 erreichten sie nach vierzig Minuten ein kleines Städtchen, das Aprilia hieß. Van Holden hatte das Ortsschild erkannt und wußte jetzt genau, wo sie waren. Der Name Aprilia bedeutete für ihn die vier härtesten Monate seines Lebens. Hier war die Grenze des berüchtigten Brückenkopfes von Anzio gewesen, auf dem das IX. Korps der Alliierten, dem auch van Holdens Panzerdivision angehört hatte, vier Monate lang unter Direktbeschuß der Deutschen gelegen hatte, die mit wiederholten massiven Angriffen versucht hatten, die Alliierten wieder ins Meer zu werfen. Auf Wunsch Churchills war das Korps hier bei Anzio und Nettuno gelandet, um Monte Cassino, wo die von Süden vordringenden Truppen von den Deutschen aufgehalten wurden, von der See her zu umgehen. Das Unternehmen war jedoch wegen Führungsmängeln kurz nach der Landung steckengeblieben. Die Deutschen, die von den umgebenden Hügeln jede Bewegung im Brückenkopf wahrnehmen konnten, hatten den Brückenkopf und den Nachschubhafen von Anzio Tag und Nacht mit großkalibrigen Kanonen unter Beschuß gehalten und ihn aus der Luft bombardiert.

Kurz nach Aprilia bog der Dicke von der Hauptstraße ab und in einen Feldweg ein. Sie holperten etwa zwei Kilometer weit durch Pinienwälder. Vor einem alten Bunker aus den Tagen des alliierten Brückenkopfes stoppte der Wagen. Das könnte ja mein alter Bunker sein, dachte van Holden – welch ein Zufall!

Einige Holzstufen führten in das Innere des Bunkers. Der Raum war spärlich eingerichtet. Im Schein einer schwachen, von einer Autobatterie gespeisten Lampe erkannte van Holden drei Pritschen, die um einen einfachen Holztisch gruppiert waren, und einen kleinen Benzinofen mit einer Kochplatte.

Seit sie das Hotel verlassen hatten, war kein Wort zwischen den drei Männern gewechselt worden. Jetzt sagte der Kleinere: »Wir hier warten. Zwei, vielleicht drei Nächte. Wir mit dir. Brav sein, sonst ...« Er deutete auf die Manschetten seines Gefährten.

Abwechselnd hielten die beiden Wache; der Revolver lag stets griffbereit vor ihnen auf dem Tisch.

Am frühen Morgen hörte van Holden von draußen Motorengeräusch. Es war ein Wagen, der sich dem Bunker näherte. Dann wurde der Motor abgestellt, eine Autotür wurde zugeschlagen, und van Holden vernahm das Geräusch von Schrit-

ten. Eine Gestalt verdunkelte für einen Moment den Bunkereingang. Dann erkannte er den Mann, der langsam die Stufen herunterkam.
Mit Feldner hätte van Holden, der auf seiner Pritsche saß und sich mit dem Rasierzeug des Kleineren rasierte, in diesem Augenblick nicht gerechnet. Feldner, arroganter denn je, sah auf ihn hinab:
»Folgen Sie allen Anordnungen, die Sie erhalten werden, Major«, sagte er kühl. »Machen Sie keine Dummheiten, Sie würden es bereuen. Sie werden noch eine Nacht hier verbringen. Ich hoffe, es gefällt Ihnen hier, auch wenn es nicht das Excelsior ist«, fügte er spöttisch hinzu.
»Was soll das alles, Feldner? Was wollen Sie von mir?«
»Halten Sie den Mund, Major! Das werden Sie schon noch rechtzeitig erfahren!«
Van Holden wollte Feldner reizen, um ihn zum Reden zu bringen: »Warum verstecken Sie mich? Haben Sie Angst, daß ich Ihnen wieder die Schau stehle oder Ihnen Ihre tolle neue Stellung wegschnappe?«
Feldners Gesicht wurde zuerst weiß, dann rot vor Wut: »Halten Sie den Mund«, schrie er außer sich. »Sonst ergeht es Ihnen wie Captain O'Leary!«
Van Holden ließ das Handtuch fallen, mit dem er sich das Gesicht getrocknet hatte. Sprachlos und mit wachsendem Entsetzen sah er Feldner an. Feldner! Feldner war es also, der an O'Learys Tod schuld war! Der Mann war ein Ungeheuer! Dr. Feldner, der Mann, den er jahrelang gekannt hatte, war ein Mörder, war fähig gewesen, den gemeinsamen Freund einfach umzubringen! Einen gutmütigen Menschen wie O'Leary! Warum nur?
»Doktor Feldner«, fragte van Holden mit tödlichem Ernst. »Tragen Sie die Schuld am Tod unseres Freundes?«
»Ich habe gesagt, Sie sollen Ihren Mund halten! Sonst lasse ich

Sie in Ketten legen und knebeln!« zischte Feldner. Die beiden Männer, die van Holden in den Bunker gebracht hatten, betrachteten Feldner erschrocken, fast mißtrauisch. Einen so hemmungslosen Wutausbruch hatten die beiden bisher bei niemandem erlebt. Feldner zitterte am ganzen Körper, seine Augen waren weit aufgerissen.
Die beiden Männer sahen böse aus: Der Kopf des Dicken glich einem verfärbten Kürbis, und auch der Kopf des Kleineren war inzwischen angeschwollen. Dr. Feldner schien dies nicht bemerkt zu haben. Der Kleinere sagte zu Feldner: »Sie nicht machen böse diese Mann. Er sehr stark. Wir nicht wissen, wie er krank werden und mitkommen. Er uns hat geschlagen k.o.« Sie haben die Blutspuren am Frühstückstisch nicht entdeckt, dachte van Holden. Jetzt kann es kritisch werden. Aber Feldner war zu erregt, um die Worte des Mannes zur Kenntnis zu nehmen, die ihm einiges offenbart hätten, und starrte nur wütend auf van Holden herunter.
»Sind das Ihre Männer, Doktor Feldner, oder hat sie mir jemand anderer auf den Hals geschickt?«
»Zum letzten Mal, van Holden: Halten Sie die Schnauze! Das einzige, was Sie angehen sollte, ist zu versuchen, am Leben zu bleiben!« Mit diesen Worten drehte er sich um und verließ den Bunker. Van Holdens Entführer waren sichtlich erleichtert.
»Diese Mann nix gut«, sagte der Kleinere. »Besser er geht.«
Van Holden konnte es noch immer nicht fassen. Wie war es möglich, daß dieser Mann imstande war, einen Menschen zu ermorden? Und warum? Daß er die Tat begangen hatte – daran war wohl nicht zu zweifeln. Seine Worte kamen einem Geständnis gleich. Van Holden nahm sich vor, dafür zu sorgen, daß O'Learys Mörder dieses Geständnis eines Tages vor einem Gericht in den Vereinigten Staaten wiederholte.
Van Holden sah, daß seine beiden Wächter ihn nicht eine Sekunde aus den Augen ließen. Wenn er jetzt noch seinen Ent-

schluß, sich freiwillig entführen zu lassen, hätte rückgängig machen wollen, so wäre ihm das nicht mehr möglich gewesen. Die beiden Männer waren gewarnt – und bewaffnet. Van Holden erkannte, daß er sich bis auf weiteres fügen mußte.
Er war sich sicher, daß mehr hinter der Entführung steckte als Feldners Zorn. Er mußte das ganze Komplott aufdecken. Feldner war innerhalb weniger Wochen an zwei Entführungen beteiligt gewesen. Im ersten Fall war er nach seinen Worten zusammen mit O'Leary gekidnappt worden – und hatte O'Leary nach dem Scheitern der Entführung umgebracht. Jetzt hatte er ihn, van Holden, in der Gewalt – und van Holden erkannte mit Schrecken, daß das Todesurteil über ihn bereits so gut wie gesprochen war – von Feldner. Denn nach seinem Geständnis durfte er ihn nicht mehr am Leben lassen. Aber wo lagen die Gründe für all das? Was verband Feldner, O'Leary und ihn? Sie waren die Arrow-Musketiere, und was sie verband, war die Rakete. Diese verdammte Rakete, dachte van Holden bitter, hatte ihn schon in Korea beinahe das Leben gekostet – sollte sie ihm hier zum Schicksal werden? Erst hatte er Litac im Verdacht gehabt, den betrogenen Ehemann, der ihn verständlicherweise mit seiner Rache verfolgte, und nun war Feldner aufgetaucht. Aber damit war Litac nicht aus dem Spiel.

17. Kapitel

Rom

Henry Mansfield hatte den Rest der Nacht mit dem Mädchen vom Nebentisch verbracht und war erst gegen neun Uhr früh in sein Hotelzimmer zurückgekehrt. Den großen weißen Bogen Papier auf dem Boden seines Zimmers hatte er zunächst nicht weiter beachtet. Vermutlich vom Schreibtisch geweht, dachte er. Erst nachdem er sich gewaschen und rasiert hatte, hob er ihn auf und bemerkte, daß er beschrieben war. Er las die Nachricht dreimal langsam durch. Dann ging er mit dem Zettel in der Hand auf den Gang hinaus und zu van Holdens Zimmertür. Er fand sie nicht verschlossen. Als er eintrat, sah er sofort, daß ein Kampf stattgefunden haben mußte: Der Teppich war verrutscht, eine Lampe umgefallen. Auch einige Blutflecken konnte er nach genauerer Untersuchung finden – auf dem Teppich sowie am Rande des Eßtisches, im Waschbecken und am Boden des Badezimmers. Von van Holdens Sachen schien nichts zu fehlen – seine Toilettengegenstände und seine sonstigen persönlichen Dinge schienen unberührt. Anzüge und Wäsche waren in den Schränken.

Henry Mansfield nahm van Holdens Aktentasche an sich; sie enthielt, wie er feststellte, keine besonderen Papiere. Er ging in sein Zimmer zurück und überlegte: Jacques Litac konnte das inszeniert haben. Mansfield wußte, daß er sich an van Holden rächen wollte. Es konnten aber auch ganz andere Leute dahinterstecken, sagte er sich, fast erschrocken über den leichtfertigen Verdacht. Zum Beispiel die Mafia oder kommunistische

Organisationen.
Henry Mansfield ging zur Hotelbar hinunter. Da sie noch geschlossen war, setzte er sich in den Frühstückssalon und bestellte ein ›Continental Breakfast‹, aber zum Kaffee einen Cognac. Eine halbe Stunde später hatte er gefrühstückt und seine Entschlüsse gefaßt: Er würde die Spuren in van Holdens Zimmer verwischen, bevor die Zimmermädchen kamen, und danach zur Botschaft gehen, um die Angelegenheit den dortigen Sicherheitsbeamten – dem Secret Service und dem CIA – zu melden. Die Sache war zu prekär, als daß er sie für sich behalten durfte. Litac und seinen Leuten wollte er nichts davon sagen.
Am Empfang ließ er wissen, daß er und Major van Holden ihre Zimmer aufgäben. Er bat darum, daß man ihre Sachen packte und in das schräg gegenüberliegende Hotel Eden brachte. Die Rechnungen werde Monsieur Litac bezahlen; gäbe es irgendwelche Differenzen, sollte man ihn davon benachrichtigen. Dann ging er nochmals nach oben und machte in van Holdens Zimmer einigermaßen Ordnung.
Anschließend begab er sich zur Amerikanischen Botschaft. Er ließ sich beim Militärattaché melden und wurde sofort empfangen. Der Attaché erklärte, ein derartiger Fall müsse dem Botschafter gemeldet werden und sagte sich und Mansfield bei ihm an. Als sie das Büro des Botschafters betraten, waren bereits zwei andere Herren da.
»Mr. Mansfield, guten Morgen«, begrüßte ihn der Botschafter. Er machte die Anwesenden so flüchtig miteinander bekannt, daß Mansfield die Namen nicht verstand und sich fragte, ob das Absicht war.
»Bitte nehmen Sie Platz. Sagen Sie uns alles, was Sie über diesen Fall wissen«, forderte er ihn ohne Umschweife auf.
Henry Mansfield zog van Holdens Zettel aus der Tasche. Er überreichte ihn dem Botschafter, der ihn eine Weile aufmerksam studierte, bevor er ihn den anderen reichte.

»Was ist Ihre Meinung, Mr. Mansfield?« fragte der Botschafter. »Erzählen Sie uns alles von Anfang an.«

»Was ist dieser van Holden für ein Mensch, Mr. Mansfield?« fragte einer der beiden Sicherheitsbeamten, als Mansfield vom vorausgegangenen Abend und dem Morgen danach berichtet hatte. Mansfield schätzte ihn als den CIA-Mann ein.

»Major van Holden ist nicht nur ein brillanter Offizier, der eine glänzende Karriere vor sich hat, er gehört auch zu den höchstdekorierten Offizieren der US-Army. Ich glaube, er besitzt unter anderem sechs Silber- und Bronzestars für Tapferkeit vor dem Feind. Er ist zweifellos ein schneidiger Draufgänger. Ich glaube, das Scheitern der AMX-Verhandlungen hat in ihm gebohrt; er ist Niederlagen nicht gewöhnt und nimmt sie, meiner Meinung nach, nicht ohne weiteres hin. Van Holden ist außerdem durchtrainiert und sehr kräftig. Er hat als Karatekämpfer den schwarzen Gürtel und ist auch als Boxer ausgebildet. Ihn zu kidnappen, wäre keine leichte Aufgabe, es sei denn, die Gegenseite wäre bewaffnet!«

»In welcher Stimmung befand er sich während der letzten Tage?«

»Er war völlig ausgeglichen, obwohl der cholerische Litac ihm nämlich völlig zu Unrecht vorgeworfen hatte, er sei schuld am negativen Ausgang der Verhandlungen.« Henry Mansfield beugte sich vor und hob den Zeigefinger, um den nächsten Worten besonderen Nachdruck zu verleihen. »Es kommt aber noch etwas von großer Bedeutung hinzu: Jacques Litacs Frau Amanda hatte seit van Holdens Ankunft in Paris ein Auge auf ihn geworfen. Sie ist ungewöhnlich reizvoll und hat viel Temperament. Der junge Offizier hat ihren Avancen nicht widerstehen können. Litac hörte erst hier in Rom davon. Seine Wut auf van Holden war grenzenlos, nicht zuletzt, weil auch er ihn sehr geschätzt hatte. Er hat ihm sogar beruflich ein ausgezeichnetes Angebot gemacht. Van Holden hat es übrigens nicht angenommen. Ich will nicht lange um den heißen Brei herumreden: Meiner Meinung nach ist es durchaus möglich, daß Jacques Litac, den ich seit Jahren kenne und dessen mazedonische Verwandten noch Blutrache geübt haben, hinter van Holdens Entführung steckt. Sicherlich hatte auch van Holden denselben Verdacht, wollte aber erst Beweise sammeln, um Litac, dessen Geschäftsmethoden er ablehnt und verachtet, hieb- und stichfest nachweisen zu können, daß er an einem Verbrechen beteiligt war – eben dieser Entführung.«

Die drei Männer hatten Henry Mansfield aufmerksam zugehört. Jetzt fragte der Botschafter: »Haben Sie mit Mr. Litac darüber gesprochen, Mr. Mansfield?«

»Nein, Sir. Ich wollte es erst mit Ihnen besprechen. Ich meine auch, er sollte von sich aus darauf zu sprechen kommen – nicht wir.«

»Ich teile diese Ansicht«, meinte der Botschafter zustimmend. »Falls Mr. Litac tatsächlich der Drahtzieher dieser Entführung ist, müßte er unsicher werden, wenn er von unserer Seite nichts erfährt. Falls er uns später den Vorwurf machen sollte, wir hätten ihn nicht informiert, können wir ihm immer noch sagen, daß wir das für eine rein amerikanische Angelegenheit gehalten haben.«

Nach einer Pause fuhr der Botschafter fort: »Eines dürfen wir nicht vergessen: Wir sind Gäste in diesem Land und unterstehen seinen Gesetzen. Wenn einer unserer Landsleute über Nacht von hier verschwindet, dann muß das in irgendeiner Form den hiesigen Behörden gemeldet werden. Mike«, der Botschafter wandte sich an einen der beiden Sicherheitsbeamten, »wie ist der normale Dienstweg in so einem Fall?«

»Im Fall eines *sequestro di persona*, einer Entführung, geht der Bericht über die Generaldirektion für die Öffentliche Sicherheit an den *questore*, den Polizeichef, der den Fall an den *capo di polizia criminale*, den Leiter der Kriminalpolizei, weitergibt.

Der nimmt seinerseits, unter anderem mit der *squadra mobile*, der motorisierten Streife, die Suche nach dem Entführten auf. Wenn es sich um eine Persönlichkeit von besonderer Bedeutung handelt, würde auch der Innenminister über die Entführung unterrichtet. In unserem Fall würden wir es dem Polizeikommissar in der Via San Vitale 15 melden, mit der Bitte, die Meldung an die anderen Dienststellen weiterzugeben.«

»Danke, Mike«, sagte der Botschafter, der inzwischen zu einem Entschluß gekommen zu sein schien. »Während einer kurzen Besprechung vor einigen Tagen hat Major van Holden auch auf mich einen ruhigen und vernünftigen Eindruck gemacht. Ich halte ihn nicht für einen Mann, der sich von seinen Gefühlen zu einer unbesonnenen Tat hinreißen läßt. Ich mache daher folgenden Vorschlag, Mr. Mansfield: Ich meine, wir sollten seinem Wunsche entsprechend eine begrenzte Zeit – sagen wir zwei Wochen – stillhalten, bevor wir unseren Sicherheitsapparat einschalten. In der Zwischenzeit aber müssen wir der Form halber sein Verschwinden der römischen Polizei melden. Man könnte uns sonst bezichtigen, gegen den Status-of-Forces-Agreement verstoßen zu haben, der das Verhalten unserer Truppen in Italien regelt. Wir könnten aber unseren Bericht an die Polizei so abfassen, daß sie nicht allzu eifrig nach van Holden sucht. Der Polizei kann das nur recht sein. Im übrigen glaube ich, daß Litac und seine Leute nicht mehr lange in Rom bleiben werden. Ich habe das von meinen französischen Kollegen gehört. Befehl aus Paris. Also was halten Sie von meinem Vorschlag, Mr. Mansfield?«

»Okay, Sir. Ich glaube, das wäre auch im Sinne Major van Holdens. So respektieren wir sowohl seinen Wunsch als auch die Bestimmungen.«

Die römische Polizei folgte der diskreten Bitte aus der Amerikanischen Botschaft. Sie machte keine besonderen Anstrengungen, Major van Holden zu finden, ließ lediglich in Bars,

Bordellen und Hotels routinemäßig nach ihm fahnden, damit man ihr keine Unterlassungssünden vorwerfen konnte.

Litac hatte nur noch General d'Armand und seine Sekretärin in Rom zurückbehalten. Den Rest der Gruppe hatte er nach Paris geschickt. Diese Sekretärin rief Henry Mansfield am zweiten Vormittag nach Major van Holdens Verschwinden an und richtete ihm aus, Litac wünsche ihn zu sprechen.
Die Begrüßung war kühl. »Wie die Ratten habt ihr Amerikaner das sinkende Schiff verlassen«, begann Litac die Unterredung, nachdem er Henry Mansfield mit einer schroffen Bewegung zum Sitzen aufgefordert hatte. Er selbst blieb stehen. »Nicht einmal in unserer Nähe wollt ihr länger sein. Oder ist euch das Hotel nicht gut genug?«
»Wir wollten Ihnen nicht länger zur Last fallen«, antwortete Mansfield ruhig. »Sie können wie zuvor über uns verfügen. Das ist doch selbstverständlich.«
Henry Mansfield hatte bislang so getan, als sei van Holden nicht verschwunden. Er lauerte nur auf ein Zeichen, ob der andere über van Holdens Verschwinden Bescheid wisse. Daß Litac seinerseits auch ihn belauerte, wurde ihm gar nicht bewußt. Ein längeres Schweigen entstand. Nur Litacs schwerer Atem war zu hören. Wutschnaubend begann er von neuem:
»Die Schuld an der ganzen Misere habt ihr Amerikaner – und die Italiener –, und zwar in dieser Reihenfolge. Ich habe gewisse Verdachtsmomente. Sie zum Beispiel, Henry, mein alter Geschäftspartner und Freund meiner Familie, Sie haben Bestechungsgelder von beiden Seiten angenommen. Pfui Teufel, Henry!«
Mansfield kannte den Choleriker Jacques Litac. Es wäre sinnlos gewesen, zu widersprechen; er wäre einfach niedergeschrien worden. Also sagte er nichts zu den Anschuldigungen, sondern wartete, bis Litac sich ausgetobt hatte und man wieder

mit ihm reden konnte.
»Und dasselbe haben diese Italiener getan! Diese Schurken haben sich von der amerikanischen Konkurrenzfirma bestechen lassen. Ihr seid ja eine feine Gesellschaft alle miteinander! Und wollen Sie das Allerneueste wissen, Mr. Mansfield? Meine Regierung wünscht, daß ich nach Paris zurückkehre, mein Auftrag hier sei zu Ende. Das schlägt doch dem Faß den Boden aus!« schrie er. »Soll das das Ende von Monaten harter Arbeit sein?«
Plötzlich klappte Jacques Litac zusammen. Er schwankte und ließ sich schwer in einen Sessel fallen. Jetzt ist der Augenblick gekommen, wo man mit ihm reden kann, dachte Mansfield. Doch Litac fuhr mit fast weinerlicher Stimme fort: »Wo steckt denn Ihr guter Freund, Henry? Der schöne Major aus Amerika? Der Mann, der im kritischen Moment versagt hat? Warum haben Sie ihn nicht mitgebracht?«
»Mir wurde gesagt, daß Sie nur mich sprechen wollten, Jacques. Ich bin sicher, er wird sofort kommen, wenn Sie ihn rufen lassen.«
»Ja. Sagen Sie ihm, ich möchte ihn sprechen. Ich habe ihm einiges zu sagen.«
»Ich habe Major van Holden seit vorgestern abend nicht mehr gesehen. Vielleicht hat er einen Ausflug nach Neapel oder nach Florenz gemacht. Seine Arbeit hier ist ja zu Ende. Er wartet jetzt nur darauf, abberufen zu werden. Ich werde ihm Ihren Wunsch ausrichten, wenn ich ihn sehe und Sie noch in Rom sein sollten, Jacques.«
Litac begann zu lachen, erst leise, dann immer stärker. Zuletzt schüttelte ihn ein Lachkrampf.
»Ja«, brachte er mühsam zwischen zwei Lachanfällen hervor. »Vielleicht hat er einen Ausflug ..., ja wirklich, einen Ausflug ... gemacht«, kam schließlich aus ihm heraus.
»Warum finden Sie das so komisch, Jacques? Wissen Sie irgend

etwas?« Litacs Lachen hörte so plötzlich auf, wie es begonnen hatte.

»Nein«, erwiderte Litac, wieder völlig ernst. »Ich weiß nichts über die Unternehmungen dieses Mannes. Ich möchte überhaupt nichts mehr von ihm wissen. Ich will ihn vergessen. Mit Verbrechern will ich nichts zu tun haben. Der Mann hat guten Grund zu verschwinden. Wahrscheinlich ist er jetzt in Brasilien oder in einem anderen Land, das ihn nicht ausliefert. Und was haben Sie für Pläne, Henry?« Es war Litac gelungen, eine belastende Erklärung für van Holdens Verschwinden zu erfinden. Die konnte nun die Runde machen.

»Ich bleibe hier, bis meine Firma mich zurückholt. Es soll noch über andere Geschäfte mit den Italienern verhandelt werden, das soll ich noch erledigen. Ich denke, daß ich noch zwei oder drei Wochen in Rom bin.«

Ein hämisches Lächeln überflog Litacs Gesicht. »Ihr habt euch also hier abgesichert. AMX war hier nur eines eurer Eisen im Feuer. Und ich Dummkopf dachte, ihr wärt allein meinetwegen hier! So macht ihr Amerikaner eure Geschäfte – unaufrichtig und heimlich. Na ja. Ich fliege heute oder morgen nach Paris zurück und lasse General d'Armand in Rom, um die Verbindung nicht gänzlich abzubrechen. Aber ihr werdet schon sehen: Das AMX-Geschäft wird noch eines der größten Waffengeschäfte der Geschichte! Meinen letzten Trumpf habe ich noch nicht ausgespielt. Ich wünsche Ihnen viel Erfolg, Henry. Auf Wiedersehen.«

Jacques Litac war aufgestanden und reichte Henry Mansfield die Hand.

»Auch ich wünsche Ihnen jeden erdenklichen Erfolg, Jacques«, sagte Mansfield herzlich zum Abschied. Das mit dem letzten Trumpf nahm er nicht ernst. Er hatte es schon zu oft von Litac gehört. »Ich bedaure sehr, daß uns dieses Geschäft durch die Lappen gegangen ist. Aber nicht alles kann gelingen. Das wissen wir doch beide, nicht wahr, Jacques?« Halbwegs versöhnt schieden sie voneinander.

Jacques Litac war zufrieden. Der Gedanke einer Entführung van Holdens war den Amerikanern offensichtlich noch gar nicht gekommen. Eine Fahndung war also bisher nicht eingeleitet worden. Den achtundvierzigstündigen Aufenthalt van Holdens im Bunker hatte Litac als Vorsichtsmaßnahme angeordnet, denn er wollte die Reaktion testen, die das Verschwinden des Majors auslösen würde, und erst dann weitere Schritte unternehmen. Flugplätze und Seehäfen standen also noch nicht unter verstärkter Polizeiüberwachung. Major van Holden und Dr. Eric Feldner konnten ohne Risiko in der kommenden Nacht auf die St. Spiridion gebracht werden.

Litac hatte Feldner einen versiegelten Brief für den Kapitän gegeben. Der Brief enthielt erste Anweisungen über das Ziel der Reise. Weitere Direktiven werde der Kapitän über Firmencode von der Reederei in Piräus erhalten.

Als Leiter der Reederei ›Sunion‹ in Athen hatte sich Litac einen Mann ausgesucht, der nicht nur eine Flotte zu führen verstand, sondern dem so gut wie nichts verborgen war, was die Küsten und Inseln Griechenlands, vor allem aber seine Bewohner betraf. Litac hatte den Mann beauftragt, den Transport der Amerikaner bis ins kleinste Detail vorzubereiten. Der Kapitän wurde von Litac dafür verantwortlich gemacht, daß van Holden sicher an seinem Bestimmungsort eintraf. Er wurde nicht darüber informiert, daß Litac Feldner eine Browning .45-Pistole, seine eigene Waffe, ausgehändigt hatte. Bei einem Fluchtversuch van Holdens sollte Feldner nicht zögern, die Waffe zu gebrauchen.

Im Falle eines Mißlingens des Plans sah Jacques Litac kein Risiko für sich. Wenn nötig, würde er der Polizei Feldners Kopf anbieten. Er würde leugnen, etwas von van Holdens Entführung gewußt zu haben, und statt dessen seiner Vermutung Ausdruck geben, Feldner habe anscheinend van Holden gezwungen, mit ihm zu kommen. Für sein mögliches Motiv – beruflicher Neid, der an Haß grenzte – gebe es Zeugen. Sein Schiff, die St. Spiridion, habe eine Ladung für Korfu an Bord. Er habe Dr. Feldner auf dessen Wunsch hin die Erlaubnis erteilt, mitzufahren. Feldner habe dort Verwandte seiner Frau besuchen wollen. Ob das stimme oder nicht, gehe ihn nichts an. Was Dr. Feldner mit Major van Holden beabsichtigt habe, wisse er nicht. Dazu müsse man den Kapitän befragen. Vielleicht sei später an Bord etwas geschehen, was die Angelegenheit erklären könnte.

Während der zweiten Nacht im Bunker bei Aprilia wurde van Holden geweckt und auf ein Schiff gebracht. Es lief kurz darauf aus. Van Holdens letzte Beobachtung, bevor er unter Deck geschafft wurde, war, daß das Schiff vor der Piazza San Antonio im Hafen von Anzio festgemacht hatte und daß es St. Spiridion hieß. Von dem Namen des Schiffes, zu dessen Besatzung sie gehörten, hatten van Holdens Entführer – wie er bald erfuhr – ihre Spitznamen: Als die beiden ›Spiros‹ – bekannt als ›Nummer 1‹ und ›Nummer 2‹ – galten sie auf ihrem Schiff und in den Kneipen rund ums Mittelmeer als ein unbesiegbares Schlägerpaar.

18. Kapitel

Auf der St. Spiridion

Die St. Spiridion war eines jener fünftausendfünfhundert ›Liberty Ships‹, die von siebenhunderttausend Arbeitern während des Zweiten Weltkrieges innerhalb von vier Jahren auf achtzig Werften in pausenlosen Tag- und Nachtschichten gebaut worden waren. Das Standard-Frachtschiff der amerikanischen Handelsmarine, von denen durchschnittlich alle sechs Stunden eines fertig wurde, hatte eine Reisegeschwindigkeit von elf Knoten und konnte zehntausend Tonnen Fracht an Bord nehmen. Es war nach dem Muster eines alten britischen Frachtschiffes konstruiert, in kurzer Zeit zu bauen und mit einer unkomplizierten Maschinenanlage versehen. Dreihunderttausend Mann fuhren während der Kriegsjahre auf Liberty Ships, siebenhundert Schiffe wurden versenkt, fünftausendsechshundert Matrosen gingen mit ihnen unter.

Nach Kriegsende wurden elfhundertdreizehn Liberty Ships zu niedrigen Preisen an befreundete Nationen verkauft. Die Mehrzahl der Schiffe der griechischen Reederei Sunion waren ehemalige Liberty Ships; sie bildeten den Kern ihrer Flotte. Nur in einem unterschied sich die St. Spiridion von den anderen Liberty Ships der Reederei: Sie hatte als Flaggschiff der Flotte eine luxuriös ausgestattete Kabine, die ausschließlich für den Reeder und seine Familie reserviert war.

Das Ziel der St. Spiridion war der kleine Fischerhafen Kassiopi an der Nordostecke der griechischen Insel Korfu. Ein Schiff, das unter griechischer Flagge fuhr wie die St. Spiridion, konnte

diesen Hafen ohne Aufsehen zu erregen anlaufen. Für die rund tausend Kilometer zwischen Anzio und Kassiopi würde die St. Spiridion etwa fünfzig Stunden brauchen.
Als Dr. Feldner und Major van Holden an Bord kamen, war das Schiff völlig verdunkelt. Der Kapitän erwartete sie am Ende der Laufplanke und begrüßte sie auf englisch. Dann gab er einige kurze Befehle in einer fremden Sprache. Van Holden sah in der Dunkelheit nur einen mächtigen Mann mit einem schwarzen Bart. Unmittelbar darauf wurden die Anker gelichtet. Das Schiff lief aus.
Feldner wurde von einem Schiffsoffizier zu einer Kabine auf dem Oberdeck geleitet, während van Holden in einer leeren Mannschaftskabine auf dem A-Deck untergebracht wurde. Eine der sechs Kojen der geräumigen und gut gelüfteten Kabine war für ihn hergerichtet worden. Nach den achtundvierzig Stunden in dem feuchten Bunker bei Aprilia sehnte sich van Holden nach einer heißen Dusche und einem sauberen Bett. An seine Kabine grenzte ein Waschraum. Neben dem Waschbekken fand er Seife, Rasierzeug und Zahnbürste. Auch eine Dusche war vorhanden. Van Holden entkleidete sich, duschte lange und legte sich dann in die Koje. Er schlief sofort ein. Es war zwei Uhr früh.
Am nächsten Morgen wurde er um neun Uhr wach. Man hatte ihn nicht geweckt, sondern ausschlafen lassen. Er rasierte sich und zog sich an. Auf einem der leeren Betten lag frischgewaschene Matrosenkleidung: blaue Baumwollhosen und ein kurzärmeliges weißes T-Shirt. Die Sachen paßten. Van Holden ging zur Tür und drehte den Griff. Er war überrascht, daß sie nicht verschlossen war.
Auf dem Gang hockten die beiden Spiros. Als sie ihn sahen, sprangen sie auf. Beide sahen immer noch böse aus. Das Gesicht des Dicken schimmerte in drei verschiedenen Farben, das des Kleineren war nur linksseitig verfärbt.

Der Kleinere fragte: »Gut schlafen, Mister?«
»Ja. Danke. Wie heißt du?«
»Spiro.«
»Und du?« fragte van Holden den Dicken.
»Spiro.«
»Heißen hier alle Spiro?«
»Nein. Ich Spiro Nummer eins. Er Spiro Nummer zwei. Du Hunger?«
»Ja.«
»Komm.«
Sie führten ihn einen schmalen Gang entlang in einen Raum, in dem einige Matrosen an einem langgestreckten Tisch saßen und Kaffee tranken. Sie rückten zusammen, um ihm Platz zu machen. Van Holden hatte den Eindruck, daß die Stimmung ihm gegenüber freundlich, beinahe achtungsvoll war. Er bekam Brot, Butter und eine große Blechtasse mit Kaffee vorgesetzt. Es schmeckte ihm vorzüglich.

Die Tür zum Gang stand offen. Aus der Ferne hörte man eine aufgeregte Stimme, die immer lauter wurde. Es war Dr. Feldner, der sich in Begleitung des Kapitäns der Messe näherte.
»Sie scheinen nicht zu verstehen, *Captain*«, sagte Feldner, als sie eintraten, »daß ich mich als Vertreter des Reeders auf diesem Schiff befinde – und deshalb habe ich Anspruch auf seine Kabine. Also geben Sie endlich den Befehl, daß sie für mich zurechtgemacht wird.«
»Ich kann nur wiederholen, Doktor Feldner«, antwortete der Kapitän ruhig und in gutem Englisch, »daß Sie sehr gut untergebracht sind und daß die Kabine des Reeders ohne seinen ausdrücklichen Befehl niemandem zur Verfügung gestellt werden darf. Ich bin nicht angewiesen worden, Ihnen die Kabine zu geben, Doktor.«
»Dann teilen Sie ihm über Funk mit, daß ich es wünsche.«

»Auf dieser Reise, Doktor, wollen wir so wenig wie möglich von unserem Funkgerät Gebrauch machen. Ihr Wunsch ist nicht so dringend, daß wir deswegen die angeordnete Funkstille unterbrechen müßten.«
Nun stand Dr. Feldner vor van Holden. Sein Ärger verwandelte sich in Wut, als er van Holden lässig zwischen den Matrosen sitzen und sein Frühstück genießen sah. Auf einen Wink des Kapitäns verließen die Mannschaften den Raum.
»Was soll denn das bedeuten?« schrie Feldner den Kapitän an. »Dieser Mann ist gefährlich! Er hat während der Reise gefesselt in seiner Kabine zu bleiben. Das ist ein Gefangener und nicht ein zahlender Passagier, verstehen Sie?«
»Ich bin lediglich angewiesen worden, Sie, Doktor, und diesen Mann nach Kassiopi auf der Insel Korfu zu bringen – und nicht, ihn als Gefangenen zu behandeln. Er wird selbstverständlich Tag und Nacht überwacht, aber er kann sich auf meinem Schiff frei bewegen. Wo soll er denn hin? Die Strömung in diesen Gewässern führt vom Land weg. Auch der beste Schwimmer käme hier nicht ans Ufer. Im übrigen würden wir seine Flucht recht bald entdecken und ihn wieder auffischen – falls die Haie ihn nicht vorher gefressen haben.«
Wenn van Holden die Absicht gehabt hätte zu fliehen, so hätte er sich nach diesen Worten des Kapitäns eines anderen besonnen.
»Dieser Mann soll jedenfalls nicht mit Glacéhandschuhen angefaßt werden«, stieß Feldner wütend hervor. »Zumindest soll er in seiner Kabine bleiben, bis wir in Kassiopi sind.«
»Was auf meinem Schiff zu geschehen hat, bestimme ich, Doktor Feldner«, sagte der Kapitän energisch. »Halten Sie Frieden auf diesem Schiff, sonst lasse ich Sie isolieren.«
Nach einem haßerfüllten Blick auf van Holden, der mit einem fast belustigten Lächeln zu ihm aufsah, verließ Dr. Feldner den Raum. Der Kapitän holte sich eine Tasse Kaffee und setzte sich

van Holden gegenüber auf die Bank.
»Dieser Mann scheint Sie ehrlich zu hassen, Major«, sagte er freundlich. »Warum, geht mich nichts an. Meine beiden Spiros wurden ja schön von Ihnen zugerichtet – und Sie werden auch mit diesem Mann fertig werden, wenn es sein muß. Aber seien Sie vorsichtig. Ich glaube, der Mann trägt eine Waffe bei sich.«
»Dieser Mann ist gefährlicher als die beiden Spiros, *Captain.* Er ist ein heimtückischer Mörder.«
»Ich will davon gar nichts wissen, Major. Ich befolge nur den Befehl meines Reeders. Und dieser Befehl lautet, Sie und den Doktor in Kassiopi auf ein Fischerboot zu verfrachten und dafür zu sorgen, daß man Sie beide nicht entdeckt. Bis dahin möchte ich Sie als meinen Gast betrachten, nicht als meinen Gefangenen. Ich verlange nur Ihr Ehrenwort, daß Sie sich meinen Anordnungen widerstandslos fügen.« Der Kapitän blickte van Holden mit seinen großen grauen Augen fragend an.
»Das sollen Sie haben.« Van Holden reichte ihm die Hand zur Bekräftigung.
»Sie scheinen ein Mann zu sein«, sagte der Kapitän, »dessen Ehrenwort gilt. Seit zwanzig Jahren bin ich im Dienste dieser Reederei. Ich habe hier allerhand erlebt. Mein Reeder ist ein exzentrischer Mann, und ich habe schon merkwürdige Aufträge von ihm erhalten. Ich habe gelernt, keine Fragen zu stellen. Auch in diesem Fall werde ich keine Fragen stellen. Mr. Litac hat mir lediglich mitgeteilt, daß Sie Industriespionage betrieben haben und abgeschoben werden sollen.«
Der Kapitän beobachtete van Holden genau, als er dies sagte, und van Holden verhehlte seine Verblüffung nicht. Nach einer Weile sagte er: »Ich danke Ihnen, *Captain.* Ich habe schon vermutet, daß Mr. Litac mich auf diese Reise geschickt hat. Doch ich bin überrascht zu hören, welche Erklärung man Ihnen gegeben hat. Aber, wie Sie schon sagten, das geht Sie ja nichts an. Vermutlich wissen Sie auch nicht, in welches Land ich abge-

schoben werden soll – und wenn doch, so ist es Ihnen sicher nicht erlaubt, es mir zu sagen –«

Der Kapitän nickte und hob bedauernd die Schultern.

»– und darum will ich Sie auch gar nicht weiter mit Fragen behelligen. Sagen Sie mir nur eines: Wie kommt so ein altgedientes Liberty Ship, das früher einmal nur eine Kennziffer am Bug hatte, zu einem so frommen Namen?«

»Nun, es trägt den Namen des heiligen Spiridion«, begann der Kapitän bedächtig. Offensichtlich hörte er sich gern selber reden. »Viele unserer Schiffe sind nach Heiligen der orthodoxen Kirche benannt.«

»Und wer war dieser Heilige?«

»Der heilige Spiridion ist der Lokalheilige der Insel Korfu. Er lebte dort vor sechzehnhundert Jahren und ist dort auch begraben. Seine Gebeine liegen in einer Kapelle, die seinen Namen trägt, in einem silbernen Sarkophag, der von den Küssen der Gläubigen dunkel verfärbt ist. Er ist der Schutzpatron der Seeleute und soll sie davor bewahren, daß sie in Seenot geraten. Viermal im Jahr wird der Sarkophag von sechs Seeleuten durch die Stadt Korfu getragen, unter einem Baldachin, um – wie es im Gebet heißt – durch sein Erscheinen die Härten des Lebens erträglich zu machen. Wir wollen hoffen, Major, daß der heilige Spiridion auch die Härten Ihres Schicksals erträglich macht.«

Van Holden lächelte. »Wir wollen es hoffen, *Captain*.«

»Ich habe Ihnen nur das Ende der Geschichte des heiligen Spiridion erzählt. Jetzt will ich Ihnen den Anfang erzählen«, sagte der Kapitän verheißungsvoll. Nach einem Schluck aus seiner Tasse fuhr er fort: »Spiridion wurde über neunzig Jahre alt. Er hatte Wunder gewirkt, so daß er schon zu Lebzeiten als Heiliger verehrt wurde. Als man ihn auf Zypern bestattete, stiegen süße Düfte aus seinem Sarg auf, und ein Strauch roter Rosen wuchs aus seinem Grab. Damit begann seine postume Karriere.

Es war ihm nicht beschieden, seßhaft zu werden. Als Zypern unter die Herrschaft der Sarazenen geriet, wurde er nach Konstantinopel gebracht, und als Konstantinopel von den Moslems bedroht wurde, mußte er wieder fliehen.
Seltsamerweise befand sich der Leichnam des inzwischen heiliggesprochenen Spiridion in Privatbesitz. Er war Eigentum eines Griechen namens Kalocheiritis, dessen Hobby es offensichtlich war, Leichname von Heiligen zu sammeln. So hatte er außer Spiridion auch noch den einbalsamierten Körper der heiligen Theodora Augusta in seinen Besitz gebracht. Nach einem kurzen Aufenthalt in Epirus segelte Kalocheiritis mit den beiden Heiligen nach Korfu und bettete sie in der Kapelle des Erzengels Michael zur Ruhe. Finige hundert Jahre lang lagen sie nun da – aber nicht untätig: Als die Türken erschienen, versprengte sie Spiridion in der Gestalt eines Südweststurms, und als die Fallsucht das armenische Viertel der Stadt Korfu heimsuchte, war es Theodora Augusta, die die Krankheit zum Erlöschen brachte. Als schließlich Gefahr bestand, daß die Pest von Neapel her eingeschleppt würde, war es wiederum Spiridion, der sie als verschreckte schwarze Katze nach Neapel zurückjagte.«
Der Kapitän stand auf. Er holte die Kaffeekanne vom Ofen und goß van Holden und sich nach. »Als Privateigentum«, fuhr er fort, nachdem er sich seine Meerschaumpfeife angezündet hatte, »wurden die beiden Heiligen von Generation zu Generation weitervererbt. Die beiden älteren Söhne des Kalocheiritis bekamen je einen halben Anteil an Spiridion, während der jüngste Sohn die ganze Theodora Augusta bekam. Er hatte aber keine Freude an ihr, also vermachte er sie der Stadt. Anders stand es um Spiridion. Er entwickelte sich zu einer ständigen Erwerbsquelle und blieb bis 1489 vollständig und ungeteilt im Besitz Philipps, Kalocheiritis' Enkel. Dieser wollte die Reliquie nach Venedig schaffen, wo er noch mehr an ihr zu verdienen hoffte.

Aber unter dem starken Druck der Bevölkerung Korfus sah sich Philipp gezwungen, die Reliquie dort zu belassen. Nach Philipp kam seine Tochter Asimesi in den Besitz des Leichnams. Er war das einzige, was sie außer ihrer Schönheit besaß. Als sie in die reiche Familie Bulgaris einheiratete, brachte sie ihn als Mitgift in die Ehe. So kommt es, daß der Leichnam auch heute noch den Bulgaris gehört. Übrigens haben sie ihm 1598 eine eigene Kapelle gestiftet.«

Der Kapitän nahm seine Kaffeetasse und leerte sie auf einen Zug. »Interessant, nicht wahr?« fragte er lächelnd. »Wieviel von der Geschichte wahr ist, weiß ich nicht. Die Hauptsache ist, daß die Korfioten sie glauben. Aber wollen Sie nicht ein wenig Luft schöpfen? Es ist ein schöner Tag draußen, und die See ist ruhig.« Sie gingen auf Deck.

Dr. Feldner, der in einer schattigen Ecke des sonnenüberfluteten Decks saß, starrte auf das Meer hinaus. Als die beiden Männer zur Brücke hinaufstiegen, wandte er sich um und warf ihnen einen mißbilligenden Blick zu. Die Spiros hatten den Auftrag, von Holden nicht aus den Augen zu lassen. Sie folgten ihm auf Schritt und Tritt.

»Sie nehmen Ihr Schicksal erstaunlich gelassen hin«, sagte der Kapitän zu van Holden, als sie auf der Brücke standen. »Sie wissen nicht, wohin Sie gebracht werden und welchen Gefahren Sie entgegengehen.«

»Darüber mache ich mir erst Gedanken, wenn es soweit ist. Warum sollte ich mir jetzt schon Sorgen machen? Wenn man mich umbringen wollte, hätte man das schon längst getan. Ihre Nummer II zum Beispiel, mit den Messern in den Manschetten, hätte dazu durchaus Gelegenheit gehabt.« Van Holden überließ den Kapitän seinen seemännischen Verrichtungen und ging eine Weile an Deck auf und ab. Er mied die Seite, auf der Dr. Feldner saß. Van Holden begriff nicht, warum der Wissenschaftler ihn seit Washington mit solch aberwitzigem Haß verfolgte. Die einzige Erklärung war, daß er dem Mann – der offensichtlich ein Paranoiker war und eigentlich in ärztliche Behandlung gehörte – unbewußt eine schwere Kränkung zugefügt hatte. Feldner schien mit der ganzen Welt zerfallen und hatte sich durch sein unbeherrschtes Auftreten offenbar auch an Bord bereits unbeliebt gemacht. Andererseits konnte sich van Holden die freundliche, fast freundschaftliche Haltung des Kapitäns und auch der Mannschaft ihm gegenüber nicht erklären. Sie hätten ihn doch hart und Feldner freundlich behandeln müssen. Van Holden ging in seine Kajüte und legte sich in die Koje. Er hörte, wie die beiden Spiros es sich vor seiner Tür auf dem Boden bequem machten. Sie kamen ihm inzwischen mehr wie seine Beschützer als wie seine Bewacher vor, und er beschloß, sie einzulassen.

Sie traten zögernd ein – wollte er sie vielleicht niederschlagen und entfliehen? Van Holden erkannte ihre Befürchtungen.

»Keine Angst, Jungs«, sagte er freundlich. »Setzt euch.«

Sie setzten sich auf eine leere Koje ihm gegenüber.

»Ihr solltet mir dankbar sein«, fuhr er lächelnd fort. »Während die Mannschaft arbeitet, müßt ihr beide nur auf mich aufpassen.«

Sie lachten. Dann fragte Spiro Nummer II.

»Du uns geschlagen, Offizier. Wieso? Hast du Tricks? Du uns zeigen.« Er lächelte van Holden ermunternd zu.

»Das ist ein Berufsgeheimnis«, antwortete van Holden ernst.

»Du solltest daraus die Lehre ziehen, erst anzugreifen, wenn du weißt, mit wem du es zu tun hast. Verstanden?«

»Verstanden. Aber wie das machen?«

»Das ist dein Problem, Nummer II. Aber merk's dir.«

Erschlagen von soviel Weisheit starrten die beiden Spiros sprachlos in die Gegend. Schließlich sagte Nummer II:

»Ich jetzt essen gehen.« Er schnalzte mit der Zunge. »Moussaka«.

Am Nachmittag des zweiten Tages auf hoher See bat der Kapitän van Holden zu sich.
»Major«, begann er in förmlichem Ton. Es war ihm anzumerken, daß er mit einiger Überwindung sprach. »Ich bin angewiesen, Ihnen jetzt das Ziel Ihrer Reise bekanntzugeben. Ich hoffe, daß Sie das ebenso besonnen und gefaßt hinnehmen, wie alles, was Ihnen bisher zugestoßen ist. Sie werden noch in dieser Nacht in Albanien sein.«
Nach dem Kurs, den das Schiff steuerte, war van Holden ein griechischer Bestimmungsort als wahrscheinlich erschienen – aber Albanien, das überraschte ihn.
»Können Sie einen albanischen Hafen anlaufen? Unter den heute bestehenden Verhältnissen ist das meines Wissens nicht möglich ...«
»Das werden wir auch nicht. Der Plan sieht etwas anderes vor. Das braucht Ihre Sorge nicht zu sein. Vielmehr sollten Sie wissen, was Sie in Albanien erwartet. Ich bewundere Ihre Ruhe, Major. Ich fürchte, Sie haben keine Ahnung von den Zuständen, die dort herrschen. Wissen Sie denn nicht, daß Albanien wie ein Ghetto hermetisch von der Umwelt abgeschlossen ist? Daß Sie da nie wieder rauskommen, wenn man Sie nicht freiwillig rausläßt?
»Ich weiß wenig, das stimmt. Ich weiß nur, daß es ein kommunistisches Land ist, in dem die Russen Fuß gefaßt haben.«
»Sie sollten mehr darüber wissen. In Ihrer Lage wäre das ganz nützlich. Wenn Sie wollen, erzähle ich Ihnen, was ich weiß und was ich von Freunden gehört habe, die von dort stammen. Treffen wir uns eine Stunde vor dem Abendessen in der Offiziersmesse?«
»Gerne, *Captain*. Ich werde da sein.«

Marinos Bramos war einer der Fischer von Kassiopi. Er stammte aus Lefkimi im Süden der Insel, war ein lustiger Kerl und ein recht gerissener Bursche. Er nannte sich ›Menelaos‹ und sprach hübsche Touristinnen mit ›meine Helena‹ an, wenn er sie auf sein Fischerboot einlud – zum Baden auf einem benachbarten Strand. Da er gut gewachsen war und nicht übel aussah, waren diese Bootsausflüge im allgemeinen sehr erfolgreich für ihn. Nachts aber fuhr er mit den anderen aus. Er war einer der tüchtigsten Fischer im Dorf und deshalb bei den anderen Fischern, mit denen er seinen Fang teilen mußte, beliebt und geschätzt. Niemand wußte, daß er nicht unmittelbar von Lefkimi nach Kassiopi gekommen war, sondern zwei Jahre lang als Matrose auf einem Frachtschiff der Reederei Sunion die Meere befahren hatte. In Algier war er wegen Vergewaltigung einer Araberin ins Gefängnis gekommen. Nach einer abenteuerlichen Flucht hatte er sich wieder bei seiner Reederei gemeldet. Dort legte man ihm nahe, eine Zeitlang in irgendeinem kleinen Dorf unterzutauchen. Bramos hatte sich das entlegene Kassiopi gewählt und dort ein neues Lebensziel gefunden: Er wollte sein kleines Haus zu einem Gästehaus ausbauen. Bald würde er genügend zusammengespart haben. Noch so ein Auftrag wie der, den er an diesem Abend zu erledigen hatte und der ihm mehr Geld einbrachte als der Fischfang eines halben Jahres – und die Bauarbeiten konnten beginnen!

Pünktlich eine Stunde vor dem Abendessen wartete van Holden in der Offiziersmesse. Der Kapitän kam einige Minuten später und ging gleich zu einem kleinen Wandschrank. Er nahm einen Schlüssel aus der Tasche und schloß auf. Mit zwei Flaschen und zwei Gläsern in den Händen trat er an den Tisch und ließ sich van Holden gegenüber nieder.
»Wollen Sie ein Glas Mastika oder einen Whisky, Major?«
»Einen Whisky, wenn ich bitten darf.«
Der Kapitän goß van Holden ein großes Glas Whisky voll und sich ein kleineres Glas Mastixlikör.

»Ich wollte Ihnen einiges über Albanien erzählen, damit Sie wissen, mit wem Sie es dort zu tun haben. Vielleicht ist es Ihnen von Nutzen. Die Menschen schätzen es, wenn man sie versteht und sich für sie interessiert. Sie werden von Land und Leuten wohl nicht viel sehen, denn Sie werden dort wahrscheinlich ein Gefangener sein«, fügte der Kapitän nachdenklich hinzu. »Da wird es Ihnen allerdings nicht anders gehen als den Albanern. Sie sind ebenfalls Gefangene ihres Landes und können es nur in Ausnahmefällen verlassen. Viele von ihnen haben es noch rechtzeitig geschafft – das heißt vor der Machtübernahme durch das kommunistische Regime –, ins Ausland zu gelangen. Wußten Sie zum Beispiel, daß es sechzigtausend Albaner in Ihrem Land, in Amerika gibt? In Rumänien und Griechenland leben je fünfzigtausend, in Italien zweihunderttausend, in Jugoslawien sogar eins Komma sechs Millionen. Es gibt im Ausland beinahe so viele Albaner wie in Albanien selbst. Es ist ein interessantes, ein hartes Volk, das sich noch immer zu den alten Tugenden wie *Besa, Nderë, Burrënija*, Treue, Ehre und Tapferkeit bekennt. Heute heißt die offizielle Parole: ›Mit Spitzhacke und Gewehr‹. Sie selbst nennen sich Skipetaren – Felsbewohner, Söhne des Adlers. Nördlich des Flusses Schkumbin leben die Gegen, die überwiegend Hirten sind und gegisch sprechen. Den Süden bewohnen die intelligenteren Tosken; sie sind Bauern, größtenteils Christen und sprechen toskisch. Deshalb können sie sich mit den mohammedanischen Gegen kaum verständigen, und sie vertragen sich auch nicht mit ihnen. Dazu kommt als uraltes Gewohnheitsrecht die Blutrache. Nichts bedeutet den Albanern mehr als die Blutsverwandtschaft; der Klan steht über allem. Fünfundsiebzig Prozent aller unnatürlichen Todesfälle in Albanien gehen auf das Konto der Blutrache. Daher sind die Häuser wie Festungen, mit Schießscharten, gebaut. Alle Machtstellungen auf allen Ebenen beruhen auf Blutsverwandtschaft. Das zu wissen,

könnte für Sie von Bedeutung sein.«
Van Holden winkte ab, als der Kapitän ihm nochmals Whisky eingießen wollte. »Seit dem 10. Jahrhundert«, fuhr der Kapitän fort, »ist das Land ein Zankapfel, um den sich Römer, Byzantiner, Normannen, Venezianer, Türken, Griechen, Italiener und Deutsche gestritten haben. Die meisten haben sich die Zähne an diesem kriegerischen Volk ausgebissen. Sogar die mazedonischen Könige Philipp und Alexander konnten es nicht lange bändigen. Nur die Türken, deren beste Heerführer Albaner waren, konnten dank ihrer Übermacht das Land für lange Zeit beherrschen. Der deutsche Prinz Wilhelm zu Wied versuchte als Mbret, als Königsanwärter, 1914 das Land von Durazzo aus als unabhängiges Fürstentum zu regieren. Der Versuch scheiterte nach sechs Monaten, dann kam wirklich ein König an die Macht – Zogu I. regierte elf Jahre lang, bis die Italiener ihn vertrieben, und König Viktor Emanuel III. ihn ersetzte. Während des Zweiten Weltkriegs kämpften die Albaner unter der Führung von Generaloberst Enver Hodscha gegen die Deutschen. Bei Kriegsende übernahm er die Staatsgewalt und machte Albanien zu einer kommunistischen Volksrepublik, der ›Republika popullore e shyipërisë‹. Daran hat sich bis heute nichts geändert. Hodscha, wie seine Landsleute ein Xenophobe und puritanisch – Bettler, Trinkgeld, Prostitution und Abtreibungen gibt es in Albanien nicht –, gebietet als der Unfehlbare über die zweihunderttausend Mann starke Miliz und ist damit der unumschränkte Herrscher über das Land. Nach außen sind die Russen die großen Verbündeten Albaniens, aber beim Volk sind sie nicht beliebt … Ich fürchte, Major, wir müssen unsere Unterrichtsstunde abbrechen«, sagte der Kapitän, als die Schiffsoffiziere und Dr. Feldner eintraten. »Der Stifado wartet. Ich hoffe, Sie mögen mit Zwiebeln geschmortes Rindfleisch.«
Gegen Abend näherte sich die St. Spiridion der Insel Korfu. Sie lief nur mit halber Kraft, denn der Kapitän hatte aus Piräus den

Befehl erhalten, Kassiopi erst in der Abenddämmerung anzulaufen.

Marinos Bramos machte sein Boot für den abendlichen Fischfang früher fertig als die anderen Fischer. Zu den am Quai liegenden Nachbarbooten rief er hinüber, er wolle die Gewichte an seinem neuen Netz ausprobieren und werde später draußen auf dem Meer zu den anderen stoßen.
Kurz vor Sonnenuntergang lief er aus dem kleinen Fischerhafen aus. Er fuhr in den Nordkanal der Seestraße von Korfu hinaus bis dorthin, wo größere Schiffe vor Anker gehen. Dann setzte er sich auf die Bank im Heck und spähte in südlicher Richtung über die See. Bramos hatte einen Anruf seiner alten Reederei in Piräus erhalten: Ein Frachter mit dem Namen St. Spiridion werde am Abend des 4. Juli vor Kassiopi erscheinen. Der Frachter sei zu groß, als daß er in den kleinen Fischerhafen hätte einfahren oder gar anlegen können. Also werde er draußen vor Anker gehen. Bramos solle mit seinem Fischerboot unauffällig an der Steuerbordseite des Schiffes längsseits gehen, zwei Männer in Empfang nehmen und sie nach Santi Quaranta bringen.
Das war kein leichter Auftrag, schwerer jedenfalls als der letzte. Da war es anders gewesen. Damals wollte ein Mann nach Santi Quaranta gebracht werden. Der Mann war in der Nacht mit dem Wagen nach Kassiopi gekommen, und sie waren in der Dunkelheit vom Hafen aus mit dem Boot losgefahren. Das war einfacher, als vor Einbruch der Dunkelheit Passagiere auf offenem Wasser vor dem Hafen zu übernehmen. Aber es mußte gelingen, sagte sich Bramos. Geld gab es erst, wenn der Auftrag erfolgreich ausgeführt war.
Bramos sah eine dünne Rauchfahne am Horizont und kurz darauf das Schiff, das schnell näher kam. Es war die St. Spiridion. Sie schob sich zwischen sein Boot und die Hafeneinfahrt und

ankerte. Bramos' Boot war vom Frachter völlig verdeckt und daher von Land aus nicht sichtbar. Zwei Männer kletterten an einer Strickleiter die Bordwand hinunter in das Fischerboot. Sie legten sich flach auf den Boden und wurden von Bramos mit einer Plane zugedeckt.

Van Holdens letzter Blick galt den kahlen, unwirtlichen Bergen auf der anderen Seite der Seestraße. Er schätzte, daß sie zwei Kilometer von der Insel entfernt waren.
Van Holden lag dicht neben dem Mann, der ihn so grenzenlos zu hassen schien. Seine Sinne waren in höchstem Grade angespannt. Er war auf alles vorbereitet. Denn der Mann hielt eine Pistole in der Hand, eine schwere amerikanische Armeepistole. Der Kapitän hatte also recht gehabt. War sein Abenteuer zu gefährlich geworden? fragte er sich. Hatte er zuviel gewagt? War das Risiko im Verhältnis zu seinem Ziel – nämlich Jacques Litac zur Strecke zu bringen – nicht allzu groß geworden? Ganz so hatte er es sich nicht vorgestellt, als er den Entschluß faßte, sich entführen zu lassen. Aber jetzt gab es kein Zurück mehr. Jetzt mußte er durchstehen, was immer auch kommen mochte.
Das letzte Licht des Tages war im Schwinden. Die Fischerflotte von Kassiopi hatte sich wie jeden Abend um diese Zeit auf den Weg gemacht, um die Nacht über draußen auf dem Meer zu fischen. Als die sieben Boote an der St. Spiridion vorbeifuhren, schloß sich ihnen Marinos Bramos mit seinem Boot an. Sie fuhren nordwärts, bis sich der Nordkanal zur Straße von Otranto weitete. Dort konnten sie ihre Netze auswerfen.
Und noch ein Boot war der Flotte gefolgt. Es war die Hafenpolizei. Auf der Höhe der St. Spiridion drosselte es den Motor. Zwei Beamte gingen an Bord, um die Papiere der Ladung zu überprüfen, die für Kassiopi bestimmt war. Die Sache war eine reine Formalität, denn eine Lieferung griechischer Ware durch ein griechisches Schiff an einen griechischen Abnehmer bot kei-

ne Probleme. Der Hoheitsakt bestand darin, daß sich die Beamten mit den Schiffsoffizieren zusammensetzten, einige Gläser Ouzo tranken und auf die Regierung in Athen schimpften.

Inzwischen schwärmten die Boote der Fischerflotte in der Dunkelheit aus und bildeten einen großen Halbkreis. Die Fischer zündeten die grellen Karbidlampen an, die tief ins Meer hinunterleuchteten. Marinos Bramos tat, als habe er Schwierigkeiten mit seiner Lampe. »Ich krieg das verdammte Ding nicht an«, rief er dem Mann in seinem Nachbarboot zu. »Ich nehme die Lampe auseinander und komme nach.« Die Hilfe des Nachbarn lehnte er ab. Als die anderen sich in Bewegung gesetzt hatten und außer Sicht- und Hörweite waren, nahm er die Riemen in die Hände und drehte das Boot nach Osten. Die beiden Männer kamen unter der Plane hervor und setzten sich auf die Bank gegenüber Bramos. Nach einer Viertelstunde stieß van Holden hervor: »Da!« Er deutete auf einen schwarzen Schatten, der in einiger Entfernung geräuschlos aufgetaucht war. Es war ein Patrouillenboot.
Gerade noch hörbar kam eine Stimme durch ein Sprachrohr über das Wasser. In gebrochenem Englisch befahl sie: »Folgen Sie uns.« Das Boot drehte ab und fuhr langsam auf die steilen schwarzen Berge zu. Es mußte einen sehr starken Motor haben, dachte van Holden, wenn es so leise und mühelos dahingleiten konnte. Er sah die Fahne am Heck des Schiffes wehen: ein schwarzer Doppeladler auf rotem Feld. Auf dem Bug stand in fetten roten Buchstaben ›POLICI‹. Bramos hatte seinen Motor angeworfen und folgte dem Boot. Van Holden sah auf die Uhr. Vierzig Minuten waren vergangen, seit sie die St. Spiridion verlassen hatten. Bislang war kein Wort zwischen Dr. Feldner und van Holden gefallen. Jetzt stand der Doktor von seiner Bank auf und blickte, immer noch mit der Pistole in der Hand, triumphierend auf van Holden herunter:

»Bald wird mir niemand mehr dazwischenquatschen können und befehlen, was ich mit Ihnen tun oder lassen darf, mein Held. Machen Sie jetzt bloß keine Dummheiten, sonst ...« Dr. Feldner machte eine drohende Bewegung mit der Waffe. Van Holden nahm sich vor, den Choleriker nicht zu einer Affekthandlung zu reizen.

Wieder kam ein kurzer Befehl vom Patrouillenboot: »Stop.« Bramos stellte den Motor ab. Sein Boot glitt weiter, bis es neben dem Albaner lag, der es mit einem langen Haken zu sich heranzog.

»Wir sind in albanischen Gewässern«, kam die Stimme vom Patrouillenboot. »Ihre beiden Passagiere können jetzt zu uns kommen.«

Feldner kletterte als erster die Stahlwand hoch. Er eilte auf den Offizier mit dem Megaphon zu, den er für den Kommandanten hielt, und wollte ihn umarmen. Aber es gelang ihm nicht – das Sprachrohr war im Weg. Auch van Holden war inzwischen an Bord geklettert.

Marinos Bramos winkte kurz. Dann legte er ab. Er mußte sich beeilen, denn er wollte die Fischerflotte so schnell wie möglich einholen.

Das Patrouillenboot fuhr zügig auf die Küste zu. Das Meer war wie Öl. Die schwarzen Berge kamen schnell näher. Kein Licht, kein Leben war dort zu erkennen.

Heute ist der 4. Juli, dachte van Holden – der amerikanische Nationalfeiertag. In Amerika wurde gefeiert. Fröhliche Menschen zogen durch die Straßen, lachten und tanzten, Scheinwerferfinger würden über den Himmel gleiten und zusammen mit dem Feuerwerk die Nacht erhellen. Für einen Augenblick schloß van Holden die Augen und überließ sich dem strahlenden Bild seiner Phantasie, ehe er wieder auf den düsteren Schauplatz seines Abenteuers zurückkehrte.

Nach einer knappen Viertelstunde konnte van Holden ein paar

graue Häuser erkennen. Sie lagen offensichtlich an einer Straße, die von der Küste schräg weg in ein Tal hinaufführte. Eine Stadt war nicht zu sehen. Kurz darauf konnte er den Hafen ausmachen, in dem mehrere kleine Boote lagen. Das Patrouillenboot legte an einem Quai an, auf dem eine Tafel mit dem Wort ›Segurimi‹ – Geheimpolizei – stand.

Drei Männer standen dort, ein Polizeioffizier und zwei Mann. Sie nahmen Dr. Feldner und Major van Holden in Empfang. Der Offizier salutierte und fragte:

»A flitni ju shqip?« Als er keine Antwort erhielt, wiederholte er seine Frage auf englisch: »Sprechen Sie albanisch?«

»Nein«, antwortete Dr. Feldner.

»Ihre Namen bitte!«

»Ich bin Doktor Eric Feldner. Das ist Major Philip van Holden.«

Der Offizier reichte Dr. Feldner die Hand zur Begrüßung, nicht aber van Holden. Er schien im Bilde zu sein.

»Warum sprechen Sie nicht albanisch, wenn Sie schon nach Albanien kommen?« fragte er und drehte sich um, ohne auf eine Antwort zu warten. »Gehen wir«, befahl er über die Schulter.

Sie gingen eine enge, kopfsteingepflasterte Straße hinauf. Dr. Feldner hielt sich an der Seite des Offiziers, die beiden Polizisten hatten van Holden in die Mitte genommen. Die Läufe der Maschinenpistolen über ihren Schultern waren nach vorn gerichtet. Der Weg zwischen den grauen, aus Sandstein und Mergelton gebauten Häusern führte steil bergan. Ein leichter Nebel hing in der Luft. Mehrmals glitt Dr. Feldner auf dem feuchten Pflaster aus und mußte von dem Offizier gestützt werden.

Erst nach einem Marsch von etwa einem Kilometer konnte van Holden die Umrisse einer Stadt erkennen. Sie lag gute zweihundert Meter über dem Hafen. Nach etwa dreißig Minuten standen sie vor der Zitadelle, die sich beherrschend über der Stadt erhob.

Ein Posten rief sie an: »*Ndal, kush asht!* – Halt! Wer da?« Auf ein Losungswort des Offiziers ließ der Posten die Gruppe passieren.
Ein schweres Holztor öffnete sich. Als es hinter ihnen ins Schloß fiel, überkam van Holden das unheimliche Gefühl, in eine Falle geraten zu sein.

Marinos Bramos war knapp eine Stunde, nachdem er sich entfernt hatte, wieder bei den anderen Booten. Er fluchte laut über seine Karbidlampe. »Salzwasser! Ich habe sie völlig auseinandernehmen und reinigen müssen!«
»Los, an die Arbeit!« riefen die Fischer. »Sonst bekommst du deinen Anteil nicht!«
Bramos war zufrieden. Dem Ausbau seines Hauses stand nichts mehr im Wege.

19. Kapitel

Santi Quaranta

Die Ankunft des Polizeiboots im Hafen von Santi Quaranta war nicht so unbemerkt vor sich gegangen, wie es den Anschein hatte. Wohl waren die Häuser verdunkelt gewesen, aber viele Augen hatten aus den Fenstern auf das nächtliche Meer hinausgestarrt. Man hatte beobachtet, wie sich bewaffnete Polizisten auf dem Anlegesteg der Segurimi einfanden. Da es wenig Abwechslung in dem kleinen Städtchen gab, wollte man wissen, worauf die Polizisten warteten.

Auch Theodos Boçari hatte dies alles gesehen. Er war Schlosser von Beruf und hatte es sich zur Aufgabe gemacht, stets über alles Wissenswerte in der Stadt unterrichtet zu sein. Deshalb war er ständig mit offenen Augen und Ohren unterwegs. Es war nicht Neugierde, die ihn dazu trieb – es war das uralte Gesetz der Blutrache.

Ein Freund, der Fischer war, hatte ihn auf die Polizisten aufmerksam gemacht und ihn eingeladen, von seinem Haus am Hafen aus zu beobachten, was geschehen würde. Wahrscheinlich – so dachten die meisten – hatte das Polizeiboot einen ›Fang‹ gemacht. Das war in der Vergangenheit öfter vorgekommen. Segel- oder Motoryachten waren versehentlich in albanische Hoheitsgewässer eingedrungen und von den lauernden Polizeibooten gezwungen worden, in einen albanischen Hafen zu fahren, wo die Besatzungen, ehe man sie wieder laufenließ, manchmal wochenlang von den Behörden festgehalten und verhört wurden – angeblich, um festzustellen, ob sie mit Spionageabsichten in albanisches Gebiet eingedrungen waren. In Wirklichkeit aber geschah das, um der Welt immer wieder den unbeugsamen Selbstbehauptungswillen des kleinen Landes vor Augen zu führen.

Der Verdacht der Neugierigen bestätigte sich. Es war in der Tat ein Polizeiboot, das eine Stunde nach dem Eintreffen der Beamten am Segurimi-Steg festmachte. Boçari sah, wie zwei Männer ausstiegen, die offensichtlich keine Albaner waren, und daß einer der beiden vom Polizeioffizier mit Handschlag begrüßt wurde. Das mußte ein Kollaborateur sein, dachte Boçari, wahrscheinlich einer der Gesinnungsgenossen seines Todfeindes, des Hochkommissars. Der andere wurde von den bewaffneten Polizisten abgeführt – offensichtlich ein Gefangener von Bedeutung. Es war dieser Mann, der Boçari interessierte. Vielleicht öffnete sich hier ein Weg zu dem Ziel seines Lebens – endlich Rache zu üben, wie das Gesetz es befahl.

Theodos Boçari wollte der Sache nachgehen. Er verabschiedete sich kurz von seinem Freund und folgte in sicherer Entfernung den fünf Männern. Wie er angenommen hatte, führte sie ihr Weg durch die Stadt und den Berg hinauf zur Zitadelle, dem Amtssitz des Hochkommissars, in deren Kellergeschossen sich auch das Distriktsgefängnis befand.

Als sich das Tor vor den fünf Männern öffnete, mußte Boçari sich beherrschen, um nicht mit ihnen in die Festung einzudringen, den Hochkommissar in seinem Amtszimmer zu stellen, ihn zu verfluchen und mit seiner Waffe niederzustechen. Aber Boçari wußte, daß dies sein sicherer Tod gewesen wäre. Die Leibgarde des Kommissars hätte ihn auf der Stelle umgebracht – wenn sie ihn nicht zuerst noch folterte, um die Namen seiner Freunde aus ihm herauszupressen. Und diese würden zu Staatsfeinden erklärt und fortan ein unerträgliches Leben führen müssen.

All dies wollte Theodos Boçari nicht riskieren. Er hatte Zeit

und konnte warten, bis Agron Butka – so hieß der Hochkommissar – ihm eines Tages schutzlos gegenüberstand. Ganz Santi Quaranta harrte dieses Augenblicks.
Boçaris Bruder war Bauer im Distrikt Santi Quaranta gewesen. Eines Tages hatte Agron Butka seinen Hof von Polizeitruppen umzingeln lassen. Es war ihm gemeldet worden, daß auf der ›Kooperativa‹ gegen den Staat gerichtete Treffen stattfanden. Außer Boçaris Bruder und dessen Familie war jedoch niemand auf dem Anwesen, und es wurde nicht das geringste Beweismaterial gefunden, das auf irgendeine konspirative Tätigkeit hingewiesen hätte.
Der Verdacht war also unberechtigt – aber eine Polizeiaktion dieser Art durfte sich nicht als Fehlschlag erweisen, denn das hätte der politischen Autorität des Hochkommissars geschadet. Also wurde Boçaris Bruder mitgenommen, des Hochverrates angeklagt und in den Kerker geworfen. Er wurde gefoltert, um ein Geständnis abzulegen und die Namen seiner angeblichen Komplicen zu nennen. Aber es gab nichts, was der Bauer hätte gestehen können. Schließlich starb er an den Folgen der Folter. Sein Bruder Theodos schwor daraufhin öffentlich, Blutrache zu üben. Fast zwei Jahre waren seither vergangen.
Der Hochkommissar hatte von Boçaris Schwur gehört und war auf der Hut vor ihm – wie vor den vielen anderen Feinden, die er sich in seiner Amtszeit gemacht hatte. Nur selten verließ er die Zitadelle, und wenn, dann nur unter schwerem Polizeischutz.
Boçari hoffte darauf, daß Agron Butka, der unbeliebte Moslem, der mit brutaler Gewalt der zum Großteil christlichen Bevölkerung die Ausübung ihrer Religion verwehrte und ihr die atheistische Staatsdoktrin aufzwingen wollte, politisch in so üblen Ruf geriet, daß er eines Tages seines Amtes enthoben wurde und damit seinen Polizeischutz verlor. Dann wäre die Stunde der Rache für Boçari gekommen.

Schon zweimal war die Zentralregierung in Tirana ersucht worden, Butka seines Amtes zu entheben. Jedesmal war das Ersuchen mit der Begründung abgelehnt worden, die Anschuldigungen seien nicht stichhaltig genug für eine so krasse Maßnahme. Das nächste Mal – so sah es ein geheimer Beschluß des in der Mehrzahl aus Christen bestehenden Distriktsrats vor – sollte es keine einfache Bitte mehr sein, sondern eine massive Forderung. Es war nur eine Frage der Zeit, wann Butka schutzlos seinen Feinden ausgeliefert sein würde.
Agron Butka wußte das – und er wußte auch, daß es für ihn keinen Fluchtweg gab. Das Land war zu klein, als daß er irgendwo hätte untertauchen können, und es zu verlassen war so gut wie unmöglich. Aber auch Butka war Albaner und aus einem kriegerischen Geschlecht, und so wartete er gelassen auf das, was kommen würde.
Obwohl Boçaris Gefühle gegenüber dem Hochkommissar stadtbekannt waren, konnte er nach Belieben in der Zitadelle ein- und ausgehen; nur durchsuchte ihn die Wache jedesmal etwas sorgfältiger als andere nach Waffen. Als dem besten Kunstschlosser der Stadt hatte man ihm den Auftrag erteilt, die Schlösser und Scharniere der uralten Türen und Fenster in den Gebäuden der Zitadelle zu reparieren und instand zu halten. Er hatte daran gearbeitet, je nachdem, wie es seine anderen Verpflichtungen erlaubten. Aber es blieb noch eine Menge für ihn zu tun.
Boçari beschloß, diesen Umstand auszunützen, sich umgehend in die Zitadelle zu begeben und dort weiterzuarbeiten. Auf diese Weise müßte es ihm gelingen, mit dem Gefangenen ins Gespräch zu kommen, zumindest ein paar Worte mit ihm zu wechseln. Boçari konnte ein paar Brocken Italienisch aus der Zeit der italienischen Besetzung Albaniens. Vielleicht konnte auch der Gefangene etwas Italienisch.
Es war jedenfalls den Versuch wert. Boçari wollte jede sich bie-

tende Gelegenheit nutzen, Butka einen Knüppel zwischen die Beine zu werfen und seinen Todfeind zu diskreditieren. Was sich daraus entwickelte, konnte er nicht mit Sicherheit vorhersagen. Aber irgendwann würde Agron Butka sich eine Blöße geben, einen Fehler begehen, der ihn seine Stellung kostete.

Als erstes wollte Boçari herausfinden, wer die beiden Fremden waren. Vielleicht konnte er dem Gefangenen helfen. Und angenommen, er war von solcher Bedeutung, daß es – falls ihm eine Flucht gelingen sollte – zu einem politischen Skandal und zur Absetzung des Hochkommissars kommen konnte, lohnte es sich, daß Boçari sich darüber Gedanken machte.

Boçari horchte in der Stadt herum. Über Freunde, die mit den Familien der Wachmannschaften verkehrten, erfuhr er, daß die beiden Männer Amerikaner waren. Der Gefangene, so hieß es, sei ein Offizier, der in einem Zimmer im ersten Stock der Zitadelle eingeschlossen sei und auf Verlangen seines Landsmanns Tag und Nacht bewacht werde. Im ersten Stock hatte Boçari noch Arbeiten auszuführen: Bei einigen Räumen mußten die Türen ausgehängt und mit neuen Scharnieren versehen werden. Wenn er Glück hatte, würde eines dieser Zimmer der Raum sein, in dem der Offizier gefangengehalten wurde.

Bei seinen Erkundigungen hörte Boçari auch, daß einige Tage zuvor zwei Chinesen in der Stadt eingetroffen und als Gäste des Hochkommissars in der Zitadelle untergebracht worden waren. War es ein Zufall, daß jetzt, kurz nach den Chinesen, auch die beiden Amerikaner in Santi Quaranta eingetroffen waren? In dieser kleinen, abgelegenen Stadt, in die so gut wie nie Fremde kamen – und schon gar nicht aus so fernen Ländern wie Amerika und China? Bestand da ein Zusammenhang, und wenn ja, trafen sie als Freunde oder Gegner zusammen?

Boçari wußte aus der Parteipresse und dem Rundfunk des Landes, daß im Fernen Osten Chinesen und Amerikaner einander in einem Krieg gegenüberstanden, in dem ›die heroischen

Truppen der Volksbefreiungsarmee Chinas für die Freiheit des heldenhaften nordkoreanischen Brudervolkes kämpften‹.
Boçari hatte das Gefühl, daß es von nicht geringer politischer Bedeutung sein mußte, wenn Angehörige der beiden kriegführenden Nationen hier zusammentrafen. Und wenn er sich nicht täuschte, dann müßte es Butka empfindlich treffen, wenn er, Boçari, die Zusammenkunft störte. Und noch eine Ahnung beschlich Boçari, ein Gedanke, der ihm tiefes Unbehagen bereitete: Der Gefangene jedenfalls war hier niemandes Freund oder Verbündeter. Vielleicht würde es ihm schlecht gehen, vielleicht würde er sogar von den Chinesen gefoltert werden? Boçari dachte an seinen Bruder, der unter den Händen albanischer Folterer gestorben war. Wie würde es diesem Mann erst bei einer Folterung durch Chinesen ergehen? Boçari hatte gehört, daß die chinesische Folter die schlimmste sei, die es gäbe. Hautabziehen, Ausreißen von Gliedern, langsames Vierteilen und dergleichen zählten zu den grausamsten Methoden, die dem Gequälten nur ein langsames Sterben erlaubten ... Er besprach seine Vermutungen und Überlegungen mit seinen Freunden. Sie bestärkten ihn in seinem Wunsch, dem Gefangenen zu helfen, und boten Boçari ihre Unterstützung an.
Zwei seiner Freunde waren Fischer. Sie besaßen Boote verschiedener Größe. Vielleicht mußte eines davon dem Gefangenen für seine Flucht zur Verfügung gestellt werden, denn der einzig mögliche Fluchtweg war über das Meer. Die Grenzen zu den Nachbarländern waren derartig abgesichert, daß es so gut wie ausgeschlossen war, sie lebend zu passieren. Boçaris Freunde meinten, es gebe eine Chance, daß sein Plan gelingen könnte – wenn auch nur eine sehr kleine Chance.

Vier Tage befanden sich Oberst Yen Fei und Hauptmann Teng Hua bereits in Santi Quaranta, als ihnen ein Funkspruch über Kurzwelle aus Athen das Eintreffen eines für sie wichtigen

Mannes für die Zeit um den 4. Juli herum ankündigte. Sie planten, unmittelbar nach seiner Ankunft mit ihm in die Volksrepublik China zurückzukehren.
Sie hatten die Zeit benutzt, um zu der Bucht zu fahren, wo die Werft im Bau war. Zufrieden mit dem Fortschritt der Bauarbeiten hatten sie dem Hochkommissar einen sechsstelligen Dollarscheck überreicht, der dazu beitrug, das gute Verhältnis, das sich zwischen ihnen entwickelte, weiter zu festigen. Die Gespräche wurden in gebrochenem Englisch geführt, wobei der Hochkommissar des öfteren seinen Dolmetscher zu Hilfe nehmen mußte, um sich verständlich zu machen.
Zwei Tage hatten sie auf der Insel Sazani verbracht, auf der einer der ersten Horchposten der Chinesen installiert werden sollte. Die ersten Abhöranlagen waren bereits im Bau. Agron Butka hatte ihnen erklärt, daß es wohl noch einige Jahre dauern werde, bis die Russen aus ganz Albanien verschwunden seien. Bis dahin jedoch könnten im Süden des Landes, wo es keine Russen gebe, schon gemeinsame Projekte in Angriff genommen werden. Er unterbreitete den beiden Offizieren die Pläne einiger Vorhaben, die – wie er sagte – bereits die inoffizielle Zustimmung der Regierung in Tirana hätten.
Mit Gesprächen über Projekte von beiderseitigem Interesse vergingen die Tage bis zur Ankunft des avisierten Mannes. Sie erwarteten ihn mit großer Spannung. Als dieser in der Nacht des 4. Juli in Begleitung eines weiteren Mannes eintraf und ihnen ein Schreiben von Fox überreichte, waren sie wie vor den Kopf geschlagen. Da stand vor ihnen nicht nur der Wissenschaftler, der die Arrow-Rakete entwickelt hatte, sondern auch der Mann, dessentwegen sie eine großangelegte Schlacht in Korea geschlagen und verloren hatten, und den sie in Paris nicht weiter verfolgen wollten, nachdem Fox ihnen versichert hatte, er könnte nur mit Gewalt nach China gebracht werden – und das hatte ihnen Ken Biao streng verboten. Und nun wurde er

ihnen hier in Albanien als Gefangener übergeben. Welch ein unglaubliches Zusammentreffen!
Sie lasen den Brief, in dem Fox ihnen mit Stolz den Offizier als den entscheidenden Mann des Arrow-Teams beschrieb und worin er ihnen ferner mitteilte, daß ein Muster der Rakete nach China geliefert werde, sobald die ersten Exemplare bei den NATO-Verbänden einträfen. Damit, so schloß der Brief, habe Fox seinen Auftrag mehr als vollständig erfüllt!
Die Freude, die die Chinesen über Major van Holdens Erscheinen empfanden, wurde jedoch getrübt, als sie über die Umstände nachdachten, die ihn hergeführt hatten. Der Major war kein im offenen Kampf besiegter Kriegsgefangener – sondern ein entführter US-Bürger. Damit hatte der sonst so schlaue Fox die Chinesen in eine peinliche Situation gebracht. Warum hatte er das getan? War es Übereifer und der Glaube, ihnen mit der unerwarteten Zugabe einen besonderen Gefallen zu erweisen? Oder hatte ihn seine Eitelkeit dazu verführt, ihnen ein Beispiel seiner Macht zu geben? Was immer es auch gewesen sein mochte – Tatsache war, daß der Offizier sich nun in ihrer Hand befand. Sie beschlossen, ihre Abreise zu verschieben und die Lage zu überdenken.
Dr. Feldners Haß auf den Offizier fiel ihnen sofort auf. Sie wußten von Fox, daß die beiden jahrelang gut zusammengearbeitet hatten. Sie konnten sich deshalb den Haß des Wissenschaftlers auf seinen früheren Arbeitskollegen nicht erklären. Dies war die Ursache für die ersten Meinungsverschiedenheiten zwischen den Chinesen und Dr. Feldner. Feldner hatte verlangt, daß van Holden in das Verlies geworfen wurde, in dem sonst nur Schwerverbrecher eingekerkert waren. Die Chinesen wie der Hochkommissar widersetzten sich diesem unverständlichen Wunsch. Butka befahl statt dessen, daß van Holden in einem Raum im ersten Stock untergebracht und rund um die Uhr bewacht wurde.

Man beschloß, einige Tage lang jeden Kontakt mit dem Offizier zu vermeiden. Das würde allen Beteiligten Zeit zum Nachdenken geben: die Verzögerung würde den Offizier überdies vielleicht unsicher machen und seine Bereitschaft erhöhen, mit ihnen über militärische Dinge zu sprechen. Die Chinesen wollten sich mit ihm nicht nur über die Arrow-Rakete unterhalten und die technischen und taktischen Erfahrungen mit ihm erörtern, sie hatten es auch auf einen allgemeinen Erfahrungsaustausch im militärischen Bereich abgesehen. Und nicht zuletzt wollten sie mit ihm über die Schlacht am Imjin-Fluß sprechen und seine Meinung über ihre Waffen und Kampfmethoden einholen. Auch Butka wollte bei diesen Gesprächen zugegen sein.
Doktor Feldner war mit der Haltung der Chinesen van Holden gegenüber nicht einverstanden. Daß sie sich in Korea gegenübergestanden hatten, war ihm neu, und die Achtung, die sie ihm entgegenbrachten, gefiel ihm nicht. »Ja, sind Sie sich denn nicht im klaren, meine Herren«, fragte er schon am zweiten Tag nach seiner Ankunft, »daß dieser Mann ein Feind Ihres politischen Systems, ein Feind Ihres Landes ist, daß er der Mann ist, auf dessen Befehl wahrscheinlich Hunderte Ihrer tapferen Soldaten getötet wurden? Wollen Sie einen Massenmörder schonen? Sollten Sie ihn nicht lieber mürbe machen und mit Ihren unfehlbaren Methoden zum Reden bringen? Ich bin sicher, daß der Herr Hochkommissar Ihnen dabei gerne behilflich sein würde.«
»Doktor Feldner«, antwortete Oberst Yen Fei ruhig. »Wissen Sie nicht, daß das, was Sie soeben über Major van Holden gesagt haben, ebenso auf uns zutrifft? Auch wir sind Offiziere, auf deren Befehl Feinde auf dem Schlachtfeld getötet wurden. Dies ist kein Argument, mit dem Sie uns dazu bewegen könnten, diesen Mann zu hassen oder gar foltern zu lassen. Wir Chinesen sind keine Barbaren, Doktor, merken Sie sich das. Aber da Major van Holden nun einmal hier ist und wir die Gelegen-

heit, etwas von ihm zu lernen, nicht ungenutzt lassen wollen, werden wir ihn gemäß seinem Rang und im Sinne der Genfer Konvention als unseren Kriegsgefangenen behandeln.«
»Werden wir ihn nach China mitnehmen?«
»Darüber haben wir noch nicht entschieden, Doktor.«
»Ich möchte Sie bitten, Oberst, mich von jetzt ab nicht mehr mit Doktor anzureden, sondern mit dem Titel eines Generalmajors und mir mit dem entsprechenden Respekt zu begegnen.«
Die Chinesen glaubten nicht richtig gehört zu haben. Sie blickten sich verwundert an. Hatte der Mann einen Witz gemacht, hatte er getrunken oder war er verrückt geworden? Nach einigen Sekunden fragte Hauptmann Teng Hua:
»Sie sagten gerade, Sie wollten von uns als Shao-chiang angeredet werden. Wie kommen Sie auf diesen Gedanken, Doktor?«
Der Hauptmann hatte das Wort ›Doktor‹ mit Betonung ausgesprochen, und Feldner bemerkte die Spitze.
»Verbindungsleute der Volksrepublik China haben mir in Kalifornien für den Fall, daß ich bereit sei, in China zu arbeiten, die Zugeständnisse Ihrer Regierung übermittelt. Unter anderem wurde mir der genannte Rang mit allen daraus erwachsenden Vorrechten zugesagt. Nun, ich bin auf dem Weg nach China, um dort zu arbeiten, und wünsche, daß Sie sich entsprechend den Zusagen Ihrer Regierung verhalten.«
»Wir wissen davon nichts, Doktor«, antwortete Oberst Yen Fei. »Ich bitte Sie deshalb, Ihre Ansprüche zurückzustellen, bis wir in China sind. Was ich Sie aber fragen wollte: Fox teilte uns mit, daß Sie die Pläne über die Arrow-Rakete bei sich hätten. Hauptmann Teng Hua und ich möchten diese Dokumente sehen. Bitte, übergeben Sie sie uns jetzt.«
Feldner war erbost. Sein Verlangen, als General angeredet zu werden, war kühl übergangen worden. Er nahm einen Schluck von dem schweren Landwein, der vor ihm in einem großen

Zinnbecher stand, lehnte sich in seinem Stuhl zurück und sagte von oben herab: »Die Konstruktionszeichnungen der Arrow-Rakete befinden sich in der Tat in meinem Besitz. Aber ich werde sie nur dem Generalstab in Peking übergeben und keinen Zwischenpersonen wie Ihnen oder gar dem Hauptmann, Oberst.«

»Wir möchten die Pläne nur sehen, Doktor, und sie ein paar Stunden lang studieren. Danach erhalten Sie sie wieder.«

»Sie haben doch gehört, was ich gesagt habe, Oberst. Ich gebe die Pläne nicht aus der Hand. Erst in Peking werde ich sie überreichen, und zwar der zuständigen Stelle.« Wieder nahm Feldner einen Schluck aus dem Becher, bevor er fortfuhr. »Ich habe diese Rakete von Anfang an entwickelt – man nennt mich deshalb den ›Vater‹ der Arrow-Rakete. Aber diese kleine Panzerabwehrwaffe ist ein Kinderspielzeug im Vergleich zu anderen Erfindungen, die hier«, Feldner deutete mit dem Zeigefinger auf seine Stirne, »noch geboren werden. Das sollte Ihnen wichtiger sein als ein Stück Papier mit Zeichnungen.«

»Sie wollen also die Pläne nicht aus der Hand geben, bis wir in China sind, Doktor?«

Nun war es Dr. Feldner, der die Frage des Obersten geflissentlich überhörte.

»Sie sollten mich doch lieber mit General anreden, Oberst. Und Sie sollten Major van Holden zwingen, Ihnen über seine Erfahrungen im Felde zu berichten. Sie sollten froh sein, daß Sie den Mann in Ihrer Gewalt haben, der Ihnen über den taktischen Einsatz der Waffe Auskunft geben kann. Also tun Sie Ihre Pflicht, verhören Sie den Gefangenen so lange, bis er bereit ist, Ihre Fragen zu beantworten.«

»Um auf die Pläne zurückzukommen, Doktor ...« Yen Fei konnte seinen Satz nicht zu Ende sprechen, denn Feldner war aufgestanden und schickte sich an, den Raum zu verlassen. »So lange Sie mich mit ›Doktor‹ anreden«, sagte er über seine Schulter, »habe ich Ihnen nichts weiter zu sagen. Guten Tag, meine Herren.«

Dr. Feldner verließ den Raum. Die drei Männer sahen einander verblüfft an.

Schließlich sagte der Hochkommissar: »So sind eben Wissenschaftler und Künstler: Zuerst arrogant und empfindlich, dann aggressiv oder überschwenglich, am Ende feindselig oder gottergeben – je nachdem, wie sie gerade für ihr Gegenüber empfinden. Tun Sie ihm doch den Gefallen, Oberst, und nennen Sie ihn Generalmajor. Das ist doch hier in Albanien nicht von Bedeutung. In China können Sie dann diese Frage klären.«

»Richtig, Herr Hochkommissar. Aber das dürfen wir nicht. Das ginge gegen unsere Vorschriften. Wir würden zu Hause dafür gerügt werden.«

»Sie werden es nicht leicht haben mit diesem Mann, Oberst.«

»Ich fürchte, da haben Sie recht. Wir werden versuchen, mit ihm auszukommen. Aber wenn sich das als unmöglich erweist, werden wir uns die Zeichnungen aneignen und ihn fallenlassen. Wir hätten nur Ärger und Verdruß mit ihm. Es gibt noch andere Wissenschaftler, die bereit wären, bei uns zu arbeiten.«

Am dritten Tag nach Feldners Ankunft in Santi Quaranta sprach Oberst Yen Fei ihn erneut auf die Arrow-Rakete an: »Doktor Feldner, wir möchten nun endlich die Pläne sehen. Für den Fall, daß Sie nicht bereit sein sollten, sie uns auszuhändigen, muß ich Ihnen zu verstehen geben, daß Sie nicht in die Volksrepublik China fliegen werden, jedenfalls nicht gemeinsam mit uns.«

Feldner erschrak. Das durfte nicht sein! Das hätte ja bedeutet, daß er die Chance, heimlich nach China zu gelangen, zum zweiten Mal verpaßt hätte. Um sich seine Betroffenheit nicht anmerken zu lassen, wechselte er rasch das Thema: »Wann werden wir endlich mit dem Major sprechen, Oberst? Finden Sie nicht, daß es langsam an der Zeit ist?«

»Sie haben recht, Doktor. Morgen oder übermorgen werden wir ihn aufsuchen. Bis dahin müssen Sie sich entschlossen haben, ob Sie mit uns reisen wollen oder nicht.«

»Ich lasse mich von niemandem unter Druck setzen, auch nicht von Ihnen, Oberst. Ich bestimme, was mit den Plänen zu geschehen hat. Vergessen Sie nicht: Es sind meine Pläne. Guten Tag.«

Dr. Feldner ging zum Büro des Hochkommissars und ließ sich anmelden. Nach einigen Minuten wurde er eingelassen. Außer Agron Butka waren noch einige andere Männer im Raum. Butka wollte nicht ohne die Anwesenheit von Zeugen mit Feldner sprechen.

»Ich wünsche ein Gespräch mit Ihnen, Mr. Butka«, sagte Feldner ohne Umschweife. Butkas schwarzer Schnurrbart bewegte sich ein-, zweimal auf und ab, bevor er die Männer bat, den Raum zu verlassen. »Was kann ich für Sie tun, Doktor?« fragte er höflich, als sie allein waren.

»Ich wünsche, daß der Gefangene unverzüglich verhört wird. Es ist sinnlos, ihn hier ewig auf Kosten des Volkes herumsitzen zu lassen. Es ist an der Zeit, daß er etwas leistet. Er soll zu reden beginnen oder bei Wasser und Brot eingesperrt werden.«

»Die Entscheidung liegt bei unseren chinesischen Freunden, die ein Interesse an dem Mann haben, Doktor, nicht bei mir. Wenden Sie sich an sie.«

»Ich dachte, Sie seien der Herr in dieser Gegend. Der Mann ist doch Ihr Gefangener und nicht der der Chinesen. Oder befehlen hier schon die Chinesen?«

»Unterlassen Sie diese Anspielungen. Wir arbeiten mit unseren chinesischen Freunden im besten Einvernehmen zusammen. Aber ich werde Ihnen den Gefallen tun und Ihren Wunsch Oberst Yen Fei übermitteln. Kann ich sonst noch etwas für Sie tun?«

»Nein, danke. Guten Tag, Kommissar.«

Oberst Yen Fei gegenüber erklärte Butka, daß auch er es an der Zeit finde, mit dem amerikanischen Offizier zu sprechen. Dem Hochkommissar ging es vor allem darum, die beiden Amerikaner loszuwerden. Die ganze Angelegenheit wurde ihm langsam unheimlich. Am fünften Tag nach van Holdens Ankunft in Santi Quaranta beschloß Oberst Yen Fei, mit dem amerikanischen Major zu sprechen.

Van Holden hatte die Tage in seinem Zimmer ruhig und gelassen verbracht. Zweimal täglich wurde er von zwei bewaffneten Polizisten abgeholt und in den Hof der Zitadelle gebracht, wo er sich eine halbe Stunde lang bewegen oder sonnen konnte. Das Essen, das er erhielt, schien dasselbe zu sein, das alle anderen bekamen. Es waren griechische Speisen wie die auf der St. Spiridion: verschiedene Kebabs, Moussaka, Hammelfleisch, dazu Wein oder Bier.
Der Posten vor der Tür kümmerte sich nicht um ihn. Nur einmal, am zweiten Tag seiner Gefangenschaft, versuchte van Holden die Tür zu öffnen. Sie war verschlossen. Als er klopfte, wurde geöffnet. Der Posten stand mit der Maschinenpistole im Anschlag vor ihm und wollte offenbar wissen, was er wünsche. Van Holden deutete an, daß er etwas zu lesen wünsche. Der Posten verstand ihn nicht. Er rief den Gang hinunter: *»Toger, Toger«* – Leutnant, Leutnant. Auf den Ruf hin kam ein junger Offizier. Seine eisenbeschlagenen Stiefel hallten auf dem steinernen Boden. Er betrachtete van Holden mißtrauisch. Van Holden wiederholte seinen Wunsch, indem er das Lesen einer Zeitung mimte. Der Offizier verstand und kam kurz darauf mit einem Bündel alter Zeitschriften zurück – ausschließlich illustrierte Propagandabroschüren –, in denen über die wichtigsten Geschehnisse in Albanien berichtet wurde. Ein Blatt namens ›Ylli‹ – Stern – schien die bedeutendste dieser Zeitungen zu sein. Van Holden sah sie aufmerksam durch. Er versuchte so-

gar, anhand der Bildunterschriften die Bedeutung einiger Worte herauszufinden, aber wußte nicht, wie man sie aussprach. Mehrmals am Tag turnte er bis zur Erschöpfung. Die restliche Zeit verbrachte er damit, daß er sich in Gedanken mit seiner Lage auseinandersetzte. Was wollte man hier von ihm? Und was hatte er schon zu bieten? Sicher nicht mehr als Tausende anderer US-Offiziere in seinem Rang, wenn man von einem absah: der Rakete. Falls man ihn also wegen seines militärischen Wissens entführt hatte, dann zweifellos wegen der Arrow-Rakete. Aber warum brauchte man ihn? Sie hatten doch schon Dr. Feldner, der die Waffe besser als jeder andere kannte, der zudem über die Leistungsfähigkeit der Rakete durch seine, van Holdens, Berichte aus Korea genauestens unterrichtet war. Warum war man dann also auch an ihm so interessiert? Wieder kam van Holden zu der Überzeugung, daß seine Entführung ein persönlicher Racheakt war – und das bedeutete: ein Racheakt von Jacques Litac.

Das einzige, was ihm Sorge bereitete, war die Möglichkeit, daß er gefoltert würde, wie dies in totalitären Staaten üblich war. Dem würde er nicht standhalten. Er würde ihnen sagen, was sie über die Rakete zu wissen wünschten. In irgendwelche weiterreichenden militärischen oder Staatsgeheimnisse war er ohnehin nicht eingeweiht.

Van Holden dachte an Henry Mansfield. Hatte Henry eine Suchaktion nach ihm eingeleitet? Erst eine Woche war seit seiner Entführung vergangen. Wenn Henry seinen Wunsch, nicht nach ihm zu fahnden, ernstgenommen hatte, würde er zumindest noch eine Woche warten, bevor er nach ihm suchen ließ. Im übrigen hielt es van Holden für ausgeschlossen, daß man ihn je hier fand. Seit er die St. Spiridion betreten hatte, war er buchstäblich wie vom Erdboden verschwunden. Und selbst wenn man herausbekam, daß er an Bord der St. Spiridion gebracht worden war, dann müßten die Nachforschungen spätestens in

Kassiopi im Sande verlaufen. Und käme man sogar auf die Idee, daß man ihn möglicherweise nach Albanien entführt hatte, dann würde man ihn hier niemals finden können. Die Behörden würden keinerlei Auskunft geben. Van Holden war sich im klaren darüber, daß er auf keine Hilfe von außen zählen konnte, daß er ganz auf sich selbst angewiesen war.
Deshalb bestand seine Hauptbeschäftigung darin, sich Gedanken über die Möglichkeit einer Flucht zu machen. Wie konnte er aus diesem Gebäude, aus diesem Land entkommen? Das Fenster, das auf die zu Füßen der Zitadelle liegende Stadt hinausging, war eher eine Schießscharte und zu eng, als daß sich ein Mensch durch die Öffnung ins Freie hätte winden können. Es bot nur einen begrenzten Ausblick. Aber der Hafen, das Gelände rechts und links davon waren zu sehen. Und das Meer im Hintergrund.
Auch die Gebäude im Hafengebiet, die aller Wahrscheinlichkeit nach von Polizei und Miliz besetzt waren, ließen sich ausmachen.
Van Holden wußte, daß Feldners Zimmer sich auf demselben Stockwerk befand wie seines, und zwar irgendwo links von ihm. Er hatte mehrfach gehört, wie Feldner seine Wünsche mit lauter Stimme bekanntgab und danach die Tür wieder zuknallte. Van Holden schätzte, daß es das übernächste Zimmer war.
Allein zu fliehen, kam für van Holden nicht in Frage. Damit wäre jede Aussicht, den Hochverräter und Mörder O'Learys vor ein amerikanisches Gericht zu bringen, hinfällig gewesen. Und nur durch Feldners Aussage konnte Jacques Litac überführt werden. Van Holden mußte Feldner zwingen, mit ihm zu kommen, und wenn er ihn dabei halb totschlagen sollte. Natürlich würde das seine Flucht ungemein erschweren. Aber ohne Feldner wollte van Holden das Land nicht verlassen. Das stand für ihn fest.
Van Holden hatte genau festgestellt, wie der Posten bewaffnet

war, der ihm die Tür geöffnet hatte. Er hatte sich ein genaues Bild von dem Flur und der Lage seines Zimmers gemacht und beobachtet, von welcher Seite der Leutnant kam und welche Waffe er trug. Das Problem war weniger, aus dem Zimmer, als aus dem Gebäude zu entkommen – und nach Möglichkeit unentdeckt. Durch den stark bewachten Haupteingang war das nicht möglich. Bei seinen Spaziergängen im Hof war er zu der Vermutung gelangt, daß sich auf der Rückseite des Gebäudes ein weiteres Treppenhaus befand; er hatte Schritte gehört, die von oben herunterkamen. Wenn diese Treppen zu einem zweiten Ausgang führen sollten, würde dieser vermutlich weniger benutzt und dann nicht so stark bewacht sein wie der Haupteingang. Wenn es also diesen zweiten Ausgang überhaupt gab, dann könnte die Flucht aus dem Gebäude gelingen. Auch würde dieser Fluchtweg die körperlichen Fähigkeiten Dr. Feldners nicht überfordern, wie etwa das Hinunterklettern an der Außenwand der Zitadelle. Van Holden hatte es aus diesem Grunde verworfen, obwohl es für ihn allein möglich gewesen wäre.

Am Vormittag des Tages, an dem van Holden von den beiden chinesischen Offizieren, dem Hochkommissar und Dr. Feldner in seinem Zimmer aufgesucht werden sollte, war es zum endgültigen Bruch zwischen den Chinesen und dem Wissenschaftler gekommen. Der Grund war Dr. Feldners fortgesetzte Weigerung, die Pläne den Chinesen auszuhändigen. Oberst Yen Fei hatte daraufhin im Namen seiner Regierung Feldner mitgeteilt, seine Anwesenheit in China sei dort nicht länger erwünscht. Es war ein schwerer Entschluß, zu dem sich der Chinese durchgerungen hatte. Wäre er mit Feldner nach Peking zurückgekehrt, dann hätte seine Europareise ungewöhnlichen Erfolg gehabt. Aber auch Teng Hua war der Meinung, daß man ihnen mit diesem offensichtlich geistesgestörten Wissenschaftler in Peking keine Lorbeerkränze winden würde, und hatte der

Entscheidung Yen Feis zugestimmt.
Dr. Feldner erkannte den Ernst der Lage und versuchte es mit einem Rückzieher: »Oberst Yen Fei, heute nachmittag werden wir Major van Holden zu einem ersten Gespräch aufsuchen. Zum Zeichen meiner Bereitschaft, mit Ihnen zusammenzuarbeiten, werde ich Ihnen die Zeichnungen nach dem Gespräch bis zum Abendessen überlassen.«
Yen Fei antwortete auf dieses lächerliche Angebot gar nicht erst. Sein Entschluß war gefaßt. Er hatte ihn mit dem Hochkommissar abgesprochen: Dr. Feldner sollte nach Griechenland abgeschoben werden. Man würde Tirana bitten, den amerikanischen Botschafter in Athen zu benachrichtigen, wann und wo er den Mann übernehmen könne. Nur die Russen durften davon nichts erfahren – sie würden Dr. Feldner nur allzu gerne kassieren. Um das Vorhaben in Ruhe abwickeln zu können, sollte Feldner erst unmittelbar vor seinem Transport zur Grenze davon unterrichtet werden.
Und was Major van Holden betraf, überlegte Hochkommissar Butka, so könnte man ihn nach einigen Wochen den Amerikanern im Austausch gegen einen Spion aus dem Osten anbieten.

Theodos Boçari hatte seine Arbeit in der Zitadelle am Montag, dem 6. Juli, wiederaufgenommen. Am zweiten Tag – es war der dritte Tag von van Holdens Gefangenschaft – setzte er seine Arbeit im ersten Stockwerk der Zitadelle fort. Dort hatte er sämtliche Fenster sowie die Türen von zwölf Zimmern zu überprüfen, von denen acht nach vorne hinausgingen und vier zum Hof hin. Am späten Nachmittag war er vor van Holdens Zimmer angekommen. Der Posten begrüßte ihn freundlich: »Theodos, du bist fleißig. Aber an dieser Tür darfst du nicht arbeiten. Ich bewache hier einen Gefangenen.«
»Gut. Sag mir dann, wann ich sie in Ordnung bringen kann.«
»Das weiß ich nicht genau. Erst wenn der Gefangene nicht

mehr hier ist. Ich glaube, er wird weggeschafft!«
»Ist er gefährlich?«
»Er ist ein Amerikaner. Ein Feind unseres Volkes. Mehr weiß ich nicht.«
»Laß mich bloß mal nachsehen, ob diese Tür überhaupt repariert werden muß.«
»Also gut. Aber mach schnell.«
Der Posten öffnete die Tür. Boçari ließ seinen Blick durch das Zimmer schweifen. Der Gefangene lag auf der Liege und hatte sich auf einen Arm hochgestützt, um zu sehen, was es gab. Er sah Boçari fragend an. Boçari antwortete mit einem kurzen Augenzwinkern. Bevor er sich wieder zu dem Posten wandte, konnte Boçari noch wahrnehmen, daß der Gefangene ihn überrascht angeblickt hatte. Boçari bewegte die Tür einige Male in ihren Angeln. Sie quietschte.
»Mit der ist nicht mehr viel los«, sagte Boçari zum Posten. »Sag deinem Offizier, daß ich morgen früh wiederkomme. Ich werde die richtigen Scharniere mitbringen und die Arbeit in ein paar Minuten erledigen. Ich sehe mir noch schnell das Fenster an.«
Ohne die Erlaubnis des Postens abzuwarten, ging Boçari in den Raum. Er ging zu dem schießschartenartigen in die dicke Wand eingelassenen Fenster und drehte an dem Hebel, der es öffnen sollte. Das Fenster ließ sich nicht öffnen.
»Das geht ja gar nicht auf! Der Mann muß doch frische Luft haben. Ich werde es morgen auch in Ordnung bringen.«
Boçari verließ das Zimmer und zog die Tür hinter sich zu. Als der Posten abschließen wollte, sagte Boçari: »Ist schon gut, Pali, ich mach's schon.«
Boçari nahm den Schlüssel aus dem Schloß und betrachtete ihn, wie eben ein Schlosser einen Schlüssel prüft. Unterdessen redete er weiter: »Wie ist denn der Dienst hier, Pali?« Er kannte den jungen Soldaten, der wie er Christ war und eigentlich Paulus

hieß. Der Junge war gesprächig: »Leicht und langweilig. Ich sitze hier auf diesem Stuhl zwei Stunden lang und warte darauf, daß ich abgelöst werde. Sonst darf ich nichts tun – weder lesen noch rauchen. Der Toger kommt mehrmals, um zu sehen, ob alles in Ordnung ist. Der Mann da drinnen scheint sehr gefährlich zu sein.«

Während des Gespräches hatte Boçari dem Posten den Rücken zugekehrt, ein flaches Stück weichen Kitts aus seiner Hosentasche geholt und blitzschnell einen Abdruck des Schlüssels gemacht. Dann steckte er ihn wieder ins Schloß und sperrte ab.

»Nun, du hast es hier warm in der Nacht und mußt nicht draußen im Nebel Posten stehen, wie deine Kameraden vor dem Tor«, sagte er leichthin. »Mach's gut, Junge. Ich komme morgen wieder. Sag das deinem Toger.«

Boçari packte sein Werkzeug in den Kasten und hängte ihn sich über die Schulter. Zufrieden verließ er die Zitadelle. Morgen würde er den nächsten Schritt tun, um seinen kühnen Plan, den Gefangenen zu befreien, zu verwirklichen. Damit wäre er der Vernichtung Butkas einen Schritt näher.

20. Kapitel

Santi Quaranta – Korfu

Die vier Männer aßen gemeinsam ein spätes Mittagsmahl. Einem Beobachter mußten sie als eine eigenartig zusammengewürfelte Gruppe erscheinen: die beiden Chinesen, der Albaner und ein Amerikaner. Dr. Feldner hatte vor dem Essen einen doppelten Ouzo hinuntergegossen, zum Essen mehr von dem schweren Landwein getrunken als die anderen und zum Abschluß einen Raki Dellinje geschlürft, einen berauschenden Wacholderschnaps. Er hatte van Holden einige Tage nicht zu Gesicht bekommen und sah dem Wiedersehen mit Erregung entgegen. Neugierig fragte er sich, ob die Einzelhaft van Holden verändert hatte. Während des Essens versuchte er wiederholt, die anderen zu krasseren Verhörmethoden zu bewegen, als sie offenbar bereit waren anzuwenden. Feldner hatte das unbezwingbare Verlangen, van Holden physischen Schmerz zuzufügen.

»Der Mann ist arrogant«, sagte er zu dem Hochkommissar. »Van Holden wird Ihnen nicht nur nichts sagen, er wird Sie einfach auslachen. Er wird Sie alle für Schwächlinge halten. Ich wünsche, daß außer uns noch zwei kräftige Burschen mit von der Partie sind. Dann werde ich Ihnen zeigen, wie man mit so einem Mann umgeht.«

»Sie werden nichts dergleichen tun, Doktor Feldner. Falls Sie sich dem Major gegenüber nicht an meine Anordnungen halten sollten, werde ich Sie aus dem Raum entfernen lassen.«

Dr. Feldner überhörte die Antwort des Hochkommissars und

wandte sich an die beiden Chinesen: »Und was ist mit Ihnen, meine Herren aus dem Reich der Mitte? Offensichtlich wollen Sie mit mir nicht mehr sprechen, seitdem ich Ihr Vorgesetzter bin. Werden Sie nun endlich mit dem Major umgehen, wie es ihm gebührt?«

»Ja, das werden wir«, antwortete Hauptmann Teng Hua kurz.

»Ich sehe schon, ich werde das Verhör führen müssen«, murmelte Dr. Feldner in seinen grauen Bart.

Wegen plötzlicher Magenbeschwerden lehnte Feldner den griechischen Kaffee ab, der nach dem Essen serviert wurde. Nach dem vielen Alkohol wäre es besser gewesen, er hätte ihn getrunken, dachte Agron Butka.

Als die vier Männer sich vom zweiten zum ersten Stockwerk hinunterbegaben, drang ein furchtbarer Schrei aus der Tiefe zu ihnen hoch. »Ein Verbrecher wird gebeten, seine Sünden zu gestehen«, sagte der Hochkommissar beiläufig.

Der Toger und ein Kapitän – ein Hauptmann – erwarteten die vier Männer auf dem Treppenabsatz. Ihre Uniformen ähnelten denen der russischen Offiziere. Sie salutierten und gingen wortlos der Gruppe voran. Die vier Männer fielen unwillkürlich in Gleichschritt, als sie den hallenden Schritten folgten. Der Posten, der vor van Holdens Zimmer Wache hielt, sprang auf und nahm Haltung an. Der Hauptmann nahm ihm den Schlüssel ab und öffnete die Tür.

Van Holden lag auf seiner Pritsche und blätterte in einer der illustrierten Zeitschriften, die ihm der Leutnant gegeben hatte. Er setzte sich langsam auf.

Wäre ich verzweifelt, würde ich jetzt einen Fluchtversuch wagen, dachte van Holden. Feldner – das erkannte er sofort – war angetrunken, und in seiner Jackentasche trug er ganz offensichtlich eine Pistole. Er brauchte sie ihm nur mit einer schnellen Bewegung zu entreißen, den Hochkommissar anschließend mit einem Judogriff in seine Gewalt zu bringen, und mit ihm als

Geisel die Zitadelle zu verlassen. Aber Feldner wäre dann zurückgeblieben, und van Holden hätte keine Möglichkeit mehr gehabt, Jacques Litac aus seinem goldenen Käfig in Paris zusammen mit Feldner in die ›Pension zum Eisernen Gitter‹ zu verfrachten. Er mußte eben warten, bis sich die Gelegenheit ergab, zusammen mit Feldner zu fliehen.
Der Weg zur Freiheit war da. Der Schlosser hatte ihn gebahnt.

Am Morgen desselben Tages, an dem die vier Männer sich zu Major van Holden begaben, war Theodos Boçari wieder in der Zitadelle erschienen. Ein anderer Posten hatte vor van Holdens Tür Dienst. Er schien aber zu wissen, was Boçari wollte. Mit lauter Stimme rief er nach dem diensthabenden Offizier. Auch er war ausgewechselt worden.
»Boçari«, fragte der Toger mit scharfer Stimme, »was wollen Sie hier vor dem Zimmer des Gefangenen? Machen Sie, daß Sie fortkommen.«
»Aber Toger, ich soll die Beschläge an den Türen und Fenstern überprüfen und reparieren. Das hier ist das letzte Zimmer, das ich zu machen habe. Ich habe viel Arbeit in der Stadt. Meine Kunden warten auf mich. Doch habe ich mir gesagt, die Arbeit für den Staat kommt zuerst. Also schicken Sie mich nicht fort, denn ich weiß nicht, wann ich wieder Zeit habe. Ich müßte dem Hochkommissar melden, warum ich meine Arbeit nicht beenden konnte. Was geht mich Ihr Gefangener an? Ich bin doch nur ein armer Handwerker. Außerdem ist der Posten hier und bewacht ihn.«
Der Leutnant sah Boçari scharf an und überlegte einige Sekunden. »Also gut«, sagte er schließlich. »Machen Sie Ihre Arbeit, aber rasch. Ich bleibe hier, solange Sie da sind. Also los.«
Boçari zog seine Jacke aus, band sich eine Arbeitsschürze um und nahm sein Werkzeug aus dem Kasten. Dann begann er, an der Tür zu arbeiten. Daß das Schloß in Ordnung war, wußte er

vom Tag zuvor. Dennoch prüfte er es umständlich, bevor er es reinigte und ölte. Er bemerkte, daß der Gefangene auf seiner Liege ihn nicht aus den Augen ließ.
Boçari begann ein italienisches Lied zu singen: »O sole mio«. Der Toger schien nichts dagegen zu haben. Boçari blickte kurz zu dem Gefangenen hinüber und sah, wie er die Augen schloß und wieder öffnete. Sollte das ein Zeichen dafür sein, daß er verstanden hatte? Daß auch er Italienisch sprach? Boçari hatte die schwere Tür aus den Angeln gehoben. Er unterbrach seinen Gesang und deutete auf einige große Risse in der alten Tür.
»Ich möchte diese Stellen verkitten«, sagte er zu dem Leutnant. »Könnte Ihr Mann eine kleine Schüssel mit Wasser holen?«
Diese Bitte verblüffte den Leutnant so, daß er, anstatt zu sagen: Holen Sie es sich doch selber!, dem Wachsoldaten mit einem Wink bedeutete, das Wasser zu holen.
»Mal sehen, ob im Fensterrahmen auch Risse sind«, sagte Boçari zu sich selber, aber laut genug, daß die anderen es hören konnten.
Er ging zur Fensternische. Die Öffnung in der dicken Mauer verengte sich nach außen und verlief schräg abwärts – eben wie eine Schießscharte, die so angelegt ist, daß man nach unten zielen kann. Hinter die Vorderkante der Fensternische legte er, unbemerkt vom Leutnant, der inzwischen den Platz des Postens an der Tür eingenommen hatte, einen etwa zwölf Zentimeter langen dreikantigen Stab aus Blech mit einer Kappe an einem Ende. Wegen des Neigungswinkels der Fensternische war er von der Tür aus nicht zu sehen.
Boçari ging in die Kniebeuge und tat, als wolle er die untere Leiste des Fensterrahmens genauer betrachten. In Wirklichkeit visierte er über die obere Kante des Stabs einen Punkt draußen im Gelände an und fixierte den Stab auf dem Mauerwerk der Nische mit etwas handwarmem Kitt. Dabei sang er unentwegt dasselbe Lied weiter.

Endlich hatte Boçari sein Lied beendet. Er ging zur Tür zurück und machte sich daran, die Risse zu verkitten. Als er fertig war, hängte er die Tür wieder ein. Dann kniete er sich, mit dem Gesicht zu dem Gefangenen auf den Boden, um sein Werkzeug einzusammeln und im Kasten zu verstauen. Er suchte den Blick van Holdens und bedeutete ihm mit den Augen, er solle seine Aufmerksamkeit auf einen bestimmten Punkt richten – die Fensternische.
Van Holden hatte den Arbeiten und Bewegungen von Boçari scheinbar gleichgültig zugesehen und zwischendurch in seiner Zeitung geblättert, in Wirklichkeit aber jede Bewegung des Schlossers scharf beobachtet. Das Zeichen, das ihm dieser mit den Augen gegeben hatte, war ihm nicht entgangen.
Kaum war die Tür hinter Boçari ins Schloß gefallen, stand van Holden auf. Gemächlich ging er zum Fenster, als wolle er hinausblicken. Er mußte vorsichtig sein, denn er wußte, daß er von Zeit zu Zeit durch das Schlüsselloch beobachtet wurde. Da sah er das merkwürdige Stäbchen in der Nische liegen. Er berührte es nicht. Die Tatsache, daß es mit Kitt befestigt war, schien zu besagen, daß er die Lage des Stabes nicht verändern solle. Er ging wieder in die Mitte des Zimmers. Wie jeden Tag begann er mit seinen Übungen – als erstes machte er dreißig Liegestützen. Ein leises Geräusch am Türschloß warnte ihn, daß er beobachtet wurde – der Deckel über dem Schlüsselloch war beiseitegeschoben worden.
Während er weiterturnte, überlegte er die nächsten Schritte. Früher oder später mußte er das Stäbchen aus der Nische entfernen, denn der Posten durfte es nicht finden. Vielleicht enthielt es etwas von Bedeutung für ihn. Oder es war einfach ein Zeichen. Zweifellos war die Dreikantform nicht grundlos gewählt worden. Sie konnte eigentlich nur den Zweck haben, überlegte van Holden, daß man über die obere Kante hinweg ein Objekt außerhalb des Gebäudes anvisierte. Wenn er sein

Auge in eine Position brachte, daß Anfang und Ende des Stäbchens in eins fielen wie Kimme und Korn beim Zielen mit einem Gewehr, dann mußte sich draußen ein Punkt bestimmen lassen. Das mußte noch bei Tageslicht geschehen.
Er beschloß, mit seinen Übungen weiterzumachen. Er stellte sich mit dem Rücken zum Fenster und machte zehn Kniebeugen. Dann drehte er sich um und wiederholte die Übung mit dem Gesicht zum Fenster. Dieses Mal ließ er sich mehr Zeit. Die letzten drei Kniebeugen schienen ihn so große Mühe zu kosten, daß er kaum mehr hochkam. Der Soldat am Schlüsselloch konnte nicht erkennen, daß van Holden jedesmal, wenn er in die Knie ging, und jedesmal, wenn er sich wieder aufrichtete, über die Kante des Stäbchens den Punkt anvisierte, der ihm offenbar gezeigt werden sollte. Es war jedesmal dasselbe Objekt: eine einzelstehende große Platane unweit vom Strand – etwa vierhundert Meter südlich des Hafens.
Erschöpft ließ sich van Holden auf seine Liege fallen. Kaum hatte er sich ausgestreckt, da wurde ihm sein Mittagessen gebracht. Wie immer während der Mahlzeiten blieb der Soldat in seinem Zimmer, um ihn beim Essen zu beobachten und ihn unmittelbar danach, gemeinsam mit dem Posten vor der Tür, in den Hof zu begleiten, wo er sich eine halbe Stunde lang bewegen sollte.
Als er wieder in seinem Zimmer war, ging van Holden sofort zum Fenster. Er atmete auf. Seine Befürchtung war unbegründet gewesen – das Stäbchen war noch da. Er löste es vom Untergrund und steckte es in sein offenes Hemd. Dann legte er sich aufs Bett. Nach einer Weile rollte er sich von der Seite auf den Bauch, als suche er eine besonders bequeme Lage. Er holte das Stäbchen hervor und entfernte mit einer Hand die Kappe. Zwei Dinge befanden sich im Inneren: ein Stück Papier mit einigen enggeschriebenen Zeilen in italienischer Sprache und darin eingewickelt ein dietrichartiger Schlüssel, dessen Schaft von einem

Gelenk unterbrochen war. Wenn man den oberen Teil des Schafts abwinkelte, hatte man einen Hebelarm, der den normalerweise breiten Schlüsselgriff ersetzte.
Van Holden hielt das zerknitterte Papier in der hohlen Hand. Auf dem Bauch liegend las er langsam die Zeilen: *Direzione di sbarra è grande solo platano. Sotto platano è piccolo nave per fuga a Korfu Grecia. Tutti notte a ore due un amico aspetta lei sotto platano. Chiave è per porta di vostra camera e per uscita in dietro di casa. Buona fortuna!* Das hieß: Richtung des Stabes ist große einzelne Platane. Unter Platane kleines Boot für Flucht nach Korfu Griechenland. Jede Nacht um zwei Uhr wartet ein Freund auf Sie unter der Platane. Schlüssel ist für Tür Ihres Zimmers und für Ausgang hinter dem Gebäude. Viel Glück!
Nun wußte van Holden, daß es für ihn eine Möglichkeit zur Flucht gab. Nur noch der Zeitpunkt war offen. Wann und wie könnte er Dr. Feldner zwingen, mit ihm zu kommen? Die Antwort auf diese Frage sollte er früher erhalten, als er erwartet hatte.

Dr. Eric Feldner trat als erster zu van Holden ins Zimmer, als wolle er damit die Bedeutung seiner Rolle unterstreichen. Der Posten und der Toger hatten sechs Stühle in den Raum gebracht. Hauptmann Teng Hua und die beiden albanischen Offiziere hatten in einer Reihe hinter dem Hochkommissar, Oberst Yen Fei und Feldner Platz genommen. Sie saßen van Holden gegenüber, der sich auf seinem Feldbett aufgesetzt hatte.
Van Holden war erstaunt, die beiden Asiaten zu sehen. Was hatte der Kapitän der St. Spiridion ihm zum Abschluß seiner Lektion über Albanien gesagt? Die Russen seien im Gehen, die Chinesen im Kommen! Das also war der Grund, warum man ihn nach Albanien geschafft hatte. Die Reise Feldners ging also nach China – China war das ferne Land, von dem ihm Feldner

erzählt hatte. Und ihn, van Holden, schleppte er als Dreingabe mit, und der rachsüchtige Litac hatte das alles inszeniert. Jetzt wurde van Holden einiges klar.
Van Holden sah, daß Feldner getrunken hatte. In diesem Zustand müßte es ein leichtes sein, ihn zum Reden zu bringen. Man mußte nur dafür sorgen, daß er in Wut geriet.
Feldner konnte es kaum erwarten, mit dem Verhör zu beginnen. Er beugte sich zu van Holden vor und fragte ihn hämisch: »Nun, mein Held, hier sehen wir uns also wieder. Ich hoffe, Sie genießen Ihren Urlaub in Albanien?«
Als van Holden nicht antwortete, ihn nur starr ansah, fuhr er triumphierend fort: »Diese Herren hier«, er deutete auf die beiden Chinesen, »sollen für Sie der lebendige Beweis für meine hohe Stellung sein, die ich in Kürze in der Volksrepublik China einnehmen werde. Es sind alte Bekannte von Ihnen. Ich habe es geschafft …«
Er wollte in seinen Prahlereien fortfahren, doch der Hochkommissar unterbrach Feldner: »Major van Holden, Sie wollen sicherlich wissen, warum Sie hier sind. Diese beiden Herren sind vom Generalstab der Volksrepublik China. Der Herr zu meiner Rechten ist Oberst Yen Fei. Der Herr hinter Dr. Feldner ist Hauptmann Teng Hua. Sie hätten sich gerne mit Ihnen unterhalten. Bitte, Oberst«, Butka wandte sich an Yen Fei, »beginnen Sie.«
Yen Fei verbeugte sich leicht vor van Holden. »Es ist fast nicht zu glauben, Major«, begann er freundlich, »aber vor kurzem standen wir uns noch im Kampf gegenüber.«
»Das kann nur in Korea gewesen sein, Oberst«, bemerkte van Holden.
»Ja, in Korea. Genauer: am Imjin-Fluß. Wir hatten Ihretwegen einen Großangriff eingeleitet, um Ihre Sturmrakete zu erbeuten und Sie gefangenzunehmen. Sie werden sich sicherlich daran erinnern. Es war eines der größten Gefechte in diesem Jahr.

Wir scheiterten an Ihrer standhaften Verteidigung und haben die Schlacht verloren. Ihr Panzerbataillon hatte sich hervorragend geschlagen, Major. Ich gratuliere Ihnen.«

»Danke, Oberst. Ich meinerseits werde die Angriffe Ihrer todesmutigen Soldaten nicht vergessen. Sie müssen schwere Verluste gehabt haben.«

»Ob Sie es glauben oder nicht, Major: daß wir uns jetzt hier in Albanien gegenüberstehen, war nicht von uns vorgesehen. Wir verdanken dieses Zusammentreffen Doktor Feldner. Nun, um diesen Zufall nicht ungenutzt vorbeigehen zu lassen, möchten wir gern mit Ihnen sprechen – Gedanken austauschen. Vor allem möchten wir uns mit Ihnen über Ihre Rakete unterhalten und etwas über Ihre taktischen und logistischen Erfahrungen mit dieser Waffe hören. Wir sind unsererseits bereit, Ihnen von unseren Eindrücken und Erkenntnissen zu berichten, zum Beispiel über die Wirkung, die Ihre Rakete auf unsere T 34 hatte, über unsere Versuche, taktische Gegenmaßnahmen zu ergreifen und dergleichen mehr.«

»Und wenn ich nicht bereit sein sollte, mit Ihnen über diese Dinge zu sprechen, was würde dann geschehen?« fragte van Holden. Die freundliche Art des Mannes mit dem ewig lächelnden Gesicht, der ihn erst vor kurzem hatte gefangennehmen wollen, kam ihm verdächtig vor.

»Ich versichere Ihnen, Major, daß wir Sie zu nichts zwingen werden. Falls Sie mit uns nicht sprechen wollen, werden wir Sie in Ruhe lassen.«

»Werde ich dann weiter als Gefangener festgehalten?«

»Falls wir Sie nicht dazu bewegen können, mit uns freiwillig in die Volksrepublik China zu reisen, werden Sie Verständnis dafür haben müssen, daß Sie zumindest einige weitere Wochen hier ...«

»Moment mal!« unterbrach Dr. Feldner das Gespräch. »Was soll diese Liebedienerei? Hier soll ein Verhör stattfinden und keine Unterhaltung bei Kuchen und Tee! Lassen Sie mich die Vernehmung fortsetzen, Oberst. Das ist ein Befehl!«

»Falls Sie aber mit uns reisen«, fuhr Oberst Yen Fei fort, ohne auf Dr. Feldner zu achten, »wird es Ihnen – dessen können Sie versichert sein – nicht schlecht gehen. Man wird Sie in unserem Land mit Ehren empfangen.«

Van Holden blickte Oberst Yen Fei nur lächelnd an. Es war eine Absage, die auf Worte verzichten konnte.

»Da haben Sie es«, sagte Feldner in rechthaberischem Ton zu Yen Fei. »Auf diese Weise werden Sie mit dem Mann nie fertig! Vielleicht bequemen Sie sich endlich zu der von mir vorgeschlagenen Methode.« Er wandte sich an Agron Butka: »Gibt es denn hier nichts zu trinken, Herr Kommissar? Wo bleibt Ihre berühmte Gastfreundschaft?«

Der sonst so beherrschte Albaner sprang auf, stellte sich vor Feldner und hielt ihm den Zeigefinger unter die Nase. »Jetzt habe ich aber genug, Doktor«, fuhr er Feldner an. »Noch so eine unverschämte Bemerkung von Ihnen, und ich lasse Sie in Ihr Zimmer zurückbringen. Von jetzt an halten Sie den Mund, bis Ihnen das Wort erteilt wird.«

Feldner schien von dem Zornausbruch des Hochkommissars nicht im geringsten beeindruckt zu sein. Er hob seine Hand wie ein braver Schüler, der sich im Klassenzimmer meldet. »Darf ich bitte etwas sagen, Herr Kommissar?« fragte er ironisch. Der Kommissar nickte kurz und setzte sich wieder. »Ich bitte um Ihre Erlaubnis, den Gefangenen etwas fragen zu dürfen.« Als Butka nichts sagte, wandte sich Feldner wieder van Holden zu:

»Wissen Sie eigentlich, Major, wem Sie diese Reise zu verdanken haben?«

»Ihnen doch, Doktor Feldner. Wem denn sonst?« antwortete van Holden kurz.

»Falsch, mein Held. Nur zu einem kleinen Teil verdanken Sie

diese Erholungsreise mir.« Feldner machte eine Pause und sah van Holden vielsagend an. Das sollte seinen nächsten Worten das nötige Gewicht verleihen. Van Holden ahnte, daß jetzt der Moment gekommen war, Feldner in die Falle zu locken.
»Daß Sie ein Verräter und Mörder sind«, begann er, noch ehe Feldner den Mund auftun konnte, »weiß ich schon. Aber wer ist der große Mann hinter Ihnen, Feldner? Der Mann, ohne den Sie nichts wären, nicht mehr als ein Hampelmann, der springen muß, wenn der Drahtzieher es befiehlt? In wessen Sold stehen Sie zur Zeit? Im chinesischen noch nicht, wie ich sehe. Und im amerikanischen offenbar nicht mehr. Wer füttert Sie zur Zeit, Herr Doktor?«
Feldners Lippen hatten bei den ersten Worten van Holdens zu beben begonnen. Seine Augen quollen hervor, wie immer, wenn er sich in rasende Wut steigerte. Unter dem linken Auge erschien das unheimliche Zucken. Er erhob sich langsam und ging mit vorgestreckten Armen auf van Holden zu, als wolle er ihm an die Gurgel. Van Holden rührte sich nicht. Er sah, daß auch die beiden albanischen Offiziere aufstanden. Sie packten Feldner bei der Schulter und drückten ihn auf seinen Sitz zurück.
»Sie Schwein, Sie dreckiges Schwein«, schimpfte Feldner los. »Ausgerechnet Sie müssen solche Fragen stellen! Sie, der Sie als Offizier sich von einer amerikanischen Waffenfirma für Ihre Dienste bezahlen lassen, der Sie gleichzeitig Geld von einem französischen Waffenhändler annehmen und obendrein mit seiner Frau ins Bett gehen – Sie wollen mir Moral predigen? Das ist ja lächerlich! Sie, der gestohlenes Wissen verkauft, Wissen, das von mir stammt, das rechtmäßig mir gehört! Ich spreche von meiner Rakete, mit der Sie in Europa Furore gemacht haben, während ich dank Ihrer Intrigen im Pentagon in die Wüste geschickt wurde, von wo aus ich Sie auch noch mit meiner Arbeit unterstützen sollte! Sie wollen wissen, wer mein Gönner

ist? Ich werde es Ihnen sagen, mein Held.« Feldner blickte feierlich zur Decke, als sei Verehrung geboten, wenn er einen bestimmten Namen aussprach. »Es ist kein geringerer als Fox«, sagte er dramatisch, und leiser fügte er hinzu: »Alias Jacques Litac, der Chefagent der Volksrepublik China in Europa.«
Einen Augenblick herrschte Totenstille im Raum. Dann fiel Feldner wie von einer Axt getroffen auf seinem Stuhl nach vorn. Hauptmann Teng Hua hatte auf einen Wink des Obersten Dr. Feldner niedergestreckt. Van Holden hatte den Schlag beobachtet. Er wußte: Das war ein Karateschlag gewesen, der töten konnte.
Alle waren aufgesprungen. Nur van Holden blieb auf seiner Liege sitzen, als sei nichts geschehen. Auf Befehl des Hochkommissars packten die beiden albanischen Offiziere Feldner unter den Achseln und schleppten ihn hinaus. Ohne ein weiteres Wort zu verlieren, verließen auch die Chinesen den Raum.
Als van Holden allein war, überdachte er in Ruhe die Folgen des Geschehens. Feldner hatte das wichtigste Geheimnis des chinesischen Spionagenetzes in Europa preisgegeben, indem er dessen Zentralfigur genannt hatte. Damit hatte er nicht nur ihn, van Holden, als Mitwisser in Lebensgefahr gebracht, sondern auch sich selbst. Einen so unberechenbaren Schwätzer wie ihn konnten die Chinesen nicht frei herumlaufen lassen. Feldner hatte die Chinesen gezwungen zu handeln. Wenn er am Leben bleiben wollte, mußte er fliehen. Van Holden hoffte, Feldner die Gefahr begreiflich machen zu können, in der er sich befand. Möglicherweise hatte Feldner in seiner Verranntheit das Gefährliche seiner Lage noch gar nicht erkannt. Aber wie konnte van Holden mit ihm Kontakt aufnehmen und ein vernünftiges Gespräch führen – und zwar schnell? Vielleicht hatten die Chinesen bereits entschieden, daß die beiden Amerikaner liquidiert werden sollten? Weiß Gott, der Schlosser hatte ihm den Fluchtweg keinen Tag zu früh gezeigt!

Van Holden entschied, in der kommenden Nacht die Flucht zu wagen – mit oder ohne Feldner, denn jetzt ging es um Leben oder Tod.

Yen Fei und Teng Hua waren verstört. Ihre Europareise hatte als eine mehr oder weniger normale militärdiplomatische Mission verlaufen sollen. Jetzt, am Ende der Reise, die bislang so erfolgreich gewesen war, fanden sie sich mit einem Schlag in einer höchst brisanten Situation. Das in langen Jahren und unter großen Mühen aufgebaute und diskret operierende Spionagenetz Chinas in Europa war durch die Entlarvung seines Chefagenten in Gefahr, kompromittiert zu werden. Sollte es den beiden unerwarteten Mitwissern gelingen, Dritte über die Identität von Fox zu unterrichten, würde das ganze Netz auffliegen. Der kranke Litac würde in einem stundenlangen scharfen Verhör zusammenbrechen und alles preisgeben. Es käme zu einem weltweiten politischen Skandal mit diplomatischen Protesten, die dem Ansehen der Volksrepublik China unabsehbaren Schaden zufügen würden. Peking mußte die beiden verantwortlichen Offiziere zur Rechenschaft ziehen und aus der Armee ausstoßen.
Oberst Yen Fei und Hauptmann Teng Hua besprachen zuerst die Lage unter sich; dann zogen sie den Hochkommissar hinzu, denn ohne seine Erlaubnis und Mitwirkung konnten sie nichts unternehmen. Die Beratung dauerte nicht lange. Butka erklärte gleich zu Anfang, daß – was ihn betreffe – die Interessen Chinas die Interessen Albaniens seien. Gemeinsam entschieden die drei Männer, daß es keinen anderen Weg gebe, als Personen, die durch ihr Wissen die Sicherheit der Volksrepublik gefährdeten, unschädlich zu machen. Den einen abzuschieben und den anderen auszutauschen, wie ursprünglich geplant, kam nicht mehr in Frage. Die beiden Amerikaner mußten liquidiert werden – und zwar sofort.

Der Hochkommissar gab den Befehl, ein Exekutionskommando aufzustellen, das bei Sonnenaufgang bereitzustehen hatte. Der Befehl war streng geheim. Niemand außer den unmittelbar Beteiligten durfte davon wissen, vor allem nicht die beiden Delinquenten. Sie sollten nichtsahnend, wie Schafe zur Schlachtbank, in den Hof der Zitadelle gebracht werden.

»Schade«, sagte Oberst Yen Fei zum Hauptmann, als sie wieder allein waren. »Schade, daß es zu dieser Entwicklung gekommen ist. Ein Lob erwartet uns jetzt in Peking nicht. Das ist sicher. Es wäre anders gewesen, wenn wir Doktor Feldner mitgebracht hätten – gar nicht zu reden von dem Major, den unsere Generäle sogar mit Namen kannten. Nun müssen wir uns mit den Konstruktionszeichnungen begnügen und warten, bis Fox uns eine fertige Rakete liefert. Wenn Doktor Feldner morgen früh abgeholt wird, weiß er noch nichts von seinem Schicksal. Die Pläne kann er nur irgendwo in seinem Zimmer versteckt haben. Es wird nicht schwer sein, sie zu finden.«

Hauptmann Teng Hua überlegte eine Weile, dann fragte er: »Es ist doch nicht unsere Schuld, Oberst, daß dieser Wissenschaftler die Kontrolle über sich verloren hat. Warum sollen wir dafür bestraft werden? Wir haben unser Bestes getan im Rahmen der Anweisungen, die wir von General Chang und General Ken Biao erhalten haben: den Offizier zu überreden, mit uns zu kommen, und, wenn das nicht gelingt, ihn zu vernehmen, aber ohne Anwendung von Gewalt.«

»Wir haben versagt, Hauptmann. Es wäre sinnlos, unser Versagen zu leugnen. Wir hätten voraussehen müssen, was geschehen würde, wenn es zu einer Konfrontation zwischen den beiden Amerikanern kam. Wir hatten ja Feldners Haß auf den Offizier erkannt. Wir hätten ihn mit mehr Verständnis behandeln sollen, uns nicht von seinem Auftreten reizen lassen dürfen. Es war seine Arroganz, die mich dazu verführte, auf der Herausgabe der Pläne zu bestehen. Ihn schon hier unter Druck zu setzen, war ein unverzeihlicher Fehler von mir. Sie werden glimpflicher davonkommen als ich, Hauptmann, das verspreche ich Ihnen. Aber nicht ganz ungeschoren. Das bedauere ich sehr, denn ich habe Sie in dieses Unternehmen hineingezogen.«

»Sie haben nichts zu bedauern, Oberst. Ich bin Ihnen im Gegenteil für die Erfahrungen, die ich auf dieser Reise machen konnte, dankbar. Wie werden Sie Ihren Bericht abfassen?«

»Wir müssen die Hinrichtung dieser beiden Männer melden, begründen und die Verantwortung dafür übernehmen.«

»Schade um den Major. Ein tüchtiger Offizier und tapferer Soldat, der in eine Sache hineingeraten ist, die ihn das Leben kosten wird. Könnten wir ihn nicht mitnehmen oder laufen lassen? Und was den Doktor betrifft: Warum sollte es nicht möglich sein, ihn ohne Aufsehen nach China zu schaffen? Dort könnte er unter getarnter Aufsicht für uns arbeiten und dabei soviel Unsinn reden wie er will. Von dort dringt nichts nach außen.«

»Nein, Hauptmann. Es bleibt dabei. Sie mit uns herumzuschleppen, zurück nach China, wäre nur möglich, wenn sie freiwillig mit uns kämen. Vergessen Sie nicht: Wir reisen mit einer russischen Zivilmaschine. Der Doktor würde uns freiwillig folgen, der Offizier nicht. Also haben wir keine andere Wahl, als sie hier zu liquidieren. Wenn wir sie hier zurücklassen, würden es die Albaner tun. Das versicherte mir der Hochkommissar. Den einen müssen wir beseitigen, weil er ein unbeherrschter Schwätzer ist, der immer wieder Geheimnisse ausplaudern wird – und auch in unserem Land gibt es Ohren, die Dinge hören, die sie besser nicht hören sollten. Und was den anderen betrifft, so wird er es als Berufsoffizier als seine Pflicht ansehen, bei erster Gelegenheit über das, was er gehört hat, Meldung zu erstatten. Wir müssen beide aus der Welt schaffen, Hauptmann. Spionage ist ein Krieg, den man mit Härte führen muß. Aber, betrachten wir die Lage von der positiven Seite,

Teng Hua«, sagte Yen Fei fast väterlich zu seinem jüngeren Kollegen. »Vergessen wir nicht, daß der Major der Mann war, dem wir in Korea trotz unserer Übermacht eine schmähliche Niederlage zu verdanken hatten und daß wir mit der Liquidierung des Wissenschaftlers einen für das chinesische Volk gefährlichen Mann beseitigen. Somit werden wir uns trotz allem um das Vaterland Verdienste erworben haben. Und bedenken Sie – in Albanien verschwinden Menschen schon bei ihrer Ankunft. Und jetzt sollten wir zu Bett gehen. Wir müssen morgen der Hinrichtung beiwohnen, nicht nur weil wir uns überzeugen müssen, daß sie auch durchgeführt wurde, sondern auch, um bei den Albanern nichts von unserem Ansehen einzubüßen. Gute Nacht, Hauptmann Teng Hua.«

Um ein Uhr früh erhob sich van Holden leise von seiner Liege und zog sich an. Er wußte, daß die Wachablösung alle zwei Stunden stattfand – die nächste um zwei Uhr. Er hoffte, daß der Posten vor seiner Tür nach einer Stunde Nachtdienst nicht so wachsam sein würde wie bei Dienstantritt. Deshalb hatte er eine Stunde gewartet.

Er besaß nichts außer der Matrosenkleidung, die er auf der St. Spiridion erhalten hatte, und dem hohlen Stäbchen, das den Schlüssel und die Nachricht des Schlossers enthielt. Er steckte es ein, um keinen Hinweis auf einen Dritten zu hinterlassen, der seine Flucht ermöglicht hatte. Van Holden näherte sich, den Schlüssel in der Hand, der Zimmertür. Auf den hanfgeflochtenen Sohlen der Slipper, die ihm Spiro I gegeben hatte, konnte er sich lautlos über den aus Steinplatten bestehenden Boden des Zimmers bewegen.

Er hatte sich die nächsten Schritte genau überlegt: Falls der Schlüssel des Wachtpostens quer im Schlüsselloch steckte, konnte er das Schloß überhaupt nicht öffnen. Steckte er gerade darin, dann würde er ihn herausstoßen, wenn er seinen

Schlüssel einführte. Das Klirren mußte den Posten alarmieren. In beiden Fällen wäre eine Überrumpelung des Postens nicht möglich. Deshalb beabsichtigte van Holden, den Posten zu rufen, falls ein Schlüssel im Schloß steckte, und ihn zu überwältigen, wenn er ins Zimmer trat.

Van Holden hätte sich all diese Überlegungen ersparen können. Der Schlüssel steckte nicht im Schloß. Der Kapitän der Wache hatte ihn an sich genommen, um ganz sicher zu sein, daß vor der Hinrichtung niemand mehr den Raum betrat. Langsam, ganz langsam führte van Holden den Schlüssel in das Schlüsselloch ein. Er umklammerte das im Gelenk abgeknickte Rohrstück mit der Faust und fühlte, wie sich das frisch geölte Schloß leicht und lautlos öffnete.

Van Holden nahm an, daß nach dem Auftritt vom Nachmittag nun auch Feldner unter Bewachung war, daß also auch vor seinem Zimmer ein Posten stand und daher zwei oder mehr Posten auf dem Stockwerk Dienst taten. Das würde die Sache für ihn schwieriger machen. Andererseits wäre ein Posten, der vor einer Tür stand, ein sicherer Hinweis auf Feldners Zimmer.

Ganz langsam öffnete van Holden die Tür einen Spalt breit und blickte in den Gang hinaus. Ein schwaches Licht brannte. Links unter ihm saß der Posten auf einem Stuhl, den Kopf an die Mauer gelehnt. Er schlief nicht, er döste nur. Doch mußte er den leichten Luftzug, den das Öffnen der Tür verursacht hatte, gespürt haben, denn er wandte sich zur Seite. Noch ehe er Zeit hatte aufzustehen, zog ihm van Holden mit einem harten Griff die Sturmkappe übers Gesicht, so daß er nichts mehr sehen konnte. Sein Schrei wurde erstickt. Dann riß van Holden dem Posten die Maschinenpistole aus der Hand und versetzte ihm einen Kolbenschlag auf die Stirn. Betäubt sackte der Mann zusammen. Van Holden fing ihn auf und hockte ihn auf den Stuhl, die Beine gespreizt. Es sah aus, als schliefe er.

Die Maschinenpistole in der Hand schlich van Holden den

Gang entlang. Er wußte, daß Feldners Zimmer links von seinem lag. Da er keinen Posten sah, nahm er an, daß das Zimmer um die Ecke des Ganges lag, der dem quadratischen Grundriß der Zitadelle folgte. Doch auch von der Ecke aus erblickte er keinen Posten. Nur ein leerer Stuhl stand auf der Hofseite des Ganges. Gehörte er dem Posten, oder hatte man Feldner unbewacht gelassen?
Van Holden hörte ein Geräusch. Schnell drückte er sich in eine Nische. Hinter ihm hatte sich eine Tür geöffnet. Ein Soldat trat heraus und schloß sorgfältig wieder ab. Das mußte Feldners Zimmer sein. Der Soldat hatte seine Maschinenpistole über die Schulter gehängt. In der rechten Hand trug er eine leere Flasche, die Feldner vermutlich ausgetrunken hatte. Van Holden hatte keine Zeit zu überlegen. Der Mann kam direkt auf ihn zu. Offenbar wollte er zu dem leeren Stuhl. Er mußte van Holden in der nächsten Sekunde sehen. Van Holden hatte keine Wahl: Er sprang aus der Nische vor, packte die lose baumelnde Maschinenpistole des Postens und versetzte dem völlig überraschten Mann mit dem Kolben einen fürchterlichen Kinnhaken. Van Holden versuchte noch die Flasche aufzufangen, aber es war zu spät. Sie zersplitterte auf dem Steinboden.
Er wartete einige Sekunden, ob das Geräusch jemanden alarmiert hatte. Aber es kam niemand.
Jetzt mußte er schnell handeln. Er nahm dem bewußtlosen Soldaten den Schlüssel ab und öffnete die Tür. Feldner lag im Pyjama auf seinem Bett und stierte vor sich hin. Als er plötzlich van Holden vor sich sah, hob er mit einem Ruck den Kopf. Auf seinem Gesicht malte sich ungläubiges Entsetzen. Van Holden riß ihm die Decke weg und befahl: »Aufstehen! Ziehen Sie sich an. Schnell! Wir sind beide in Lebensgefahr und müssen sehen, daß wir hier rauskommen!«
Feldner setzte sich auf, wollte etwas sagen, brachte aber keinen Ton heraus. Er schien schwer betrunken gewesen zu sein und

war noch nicht ganz nüchtern. Mit zitternden Händen zog er sich an. Im Gegensatz zu van Holden hatte er Kleidung, Papiere und Wertsachen bei sich.
»Hier kommen wir nie raus«, flüsterte Feldner mutlos. »Ich liege die ganze Nacht wach und denke an meine Dummheit und ihre Folgen. Unser Schicksal ist besiegelt.«
»Unsere Flucht ist vorbereitet, Eric. Sie müssen mir nur folgen und genau das tun, was ich Ihnen sage.«
Feldner sah ihn an, als erblicke er einen rettenden Engel: »Sie haben mich Eric genannt, Phil. Sie können mir doch nicht verziehen haben?«
»Kommen Sie, kommen Sie schon«, drängte van Holden. Er hatte genau gewußt, warum er Feldner beim Vornamen nannte. »Wir haben keine Minute zu verlieren. Die beiden Posten da draußen werden nicht viel länger schlafen. Wo sind die Pläne? Her damit! Schnell!«
Dr. Feldner sah ihn mißtrauisch an: »Was wollen Sie mit den Plänen, Phil? Es sind doch meine Pläne.«
»Ja. Es sind Ihre Pläne, wenn Sie so wollen, obwohl sie Eigentum der Vereinigten Staaten sind. Sie können sie behalten, in Gottes Namen. Aber Sie wollen sie doch nicht zurücklassen, damit sie in die Hände der Albaner oder Chinesen fallen?«
Dr. Feldner holte sein Taschenmesser hervor, löste damit zwei Ziegelsteine hinter seinem Bett aus der Wand und zog zwei dünne Papprollen aus dem Loch.
»Hatten Sie die auf dem Fischerboot auch dabei, Eric?«
»Ja, Phil. Ich wollte nicht, daß Sie sie sehen. Darum hatte ich sie unter dem Regenmantel auf meinen Rücken geschnallt.«
»Fertig?«
Feldner nickte.
»Gehen Sie dicht hinter mir und vermeiden Sie jedes Geräusch«, befahl van Holden.
Feldner gehorchte willenlos dem Stärkeren. Immerhin war sein

Verstand so klar, daß er begriff: Er mußte fliehen, wenn er leben wollte, und ein mißlungener Fluchtversuch würde sein Los nicht verschlechtern – und er mußte bei der ersten Gelegenheit sich von van Holden absetzen, denn der konnte nichts Gutes mit ihm vorhaben.

Van Holden ging voraus. Er sah nach dem Posten, den er vor Feldners Tür niedergeschlagen hatte. Der Mann stand unter Schockwirkung. Er atmete schwer und stieß halblaute Schreie aus. Das war gefährlich. Van Holden beschloß, ihn zu fesseln und zu knebeln. Er zog ihm den Gürtel aus der Hose und band ihm die Beine zusammen. Dann ging er in Feldners Zimmer zurück und riß das Leintuch in Streifen. Damit fesselte er dem Posten die Hände auf den Rücken. Einen Streifen knäulte er zusammen, schob ihn dem Soldaten zwischen die Zähne und band ihn mit einem zweiten Streifen fest. Die Sturmkappe nahm er ihm ab und setzte sie sich selbst auf. Es war 1 Uhr 17. Sie hatten dreiundvierzig Minuten Zeit bis zur nächsten Wachablösung, vorausgesetzt, der diensthabende Offizier machte nicht vorher eine Runde. Sie mußten sich beeilen, wenn sie in dieser Zeit auf das Boot kommen wollten.

Mit schnellen, leisen Schritten eilten sie den Gang entlang. Als sie bei dem ersten Posten vorbeikamen, beugte sich van Holden zu ihm nieder. Der Mann schien in tiefer Bewußtlosigkeit zu liegen. Auch ihm nahm er die Kappe ab und gab sie Feldner. Er sollte sie ebenfalls aufsetzen. Die Mützen veränderten ihre Silhouette in der Dunkelheit. Eine Patrouille ließ sich dadurch vielleicht täuschen, vorausgesetzt, sie war weit genug entfernt. Feldner stolperte hinter van Holden her, hinaus in den Hof. Jetzt kam es darauf an, den Hinterausgang zu finden, den es laut Mitteilung des Schlossers gab. Ob die Tür wohl bewacht war? Van Holden blieb stehen, um zu lauschen. Nichts war zu hören; nur ein Käuzchen rief in der Ferne. Sie schlichen an den Mauern entlang hinüber zu dem tunnelartigen Durchgang, den van Holden von seinen täglichen Hofspaziergängen her kannte. Das mußte der Durchgang sein, der zum Tor führte. Er war etwa zwanzig Meter lang und erstreckte sich über die ganze Breite des Zitadellentrakts. Mit äußerster Vorsicht näherten sich die beiden Männer dem Ende des Tunnels. In dem Torbogen befand sich eine Tür – der Hinterausgang! Jetzt sah van Holden auch die steinerne Treppe, die aus dem Gebäude in den Durchgang führte. Von dorther hatte er während seines Aufenthaltes im Hof mehrfach das Klappern von Stiefeln gehört. Stand ein Posten vor dem Tor? Eine endlose Minute blieben die beiden Männer reglos hinter dem Tor eng an die Wand gedrückt und horchten auf das geringste Geräusch von der anderen Seite. Es roch feucht und modrig.

Plötzlich hörten sie ein Scharren und Stampfen, wie von einem Menschen, der seine Füße erwärmen möchte. Es mußte ein Posten sein. Van Holden nahm an, daß er irgendwann einmal auf und ab gehen würde, wie er es bei den Posten vor dem Haupteingang beobachtet hatte. Inzwischen verstrichen kostbare Minuten.

Nach einer Weile hörten sie, wie der Mann kräftig ausspuckte, einen leisen Fluch ausstieß und nach rechts wegging. Die Schritte wurden leiser. Jetzt war der Moment gekommen, den Schlüssel einzuführen. Nur ein leichtes Klicken war zu hören. Die Schritte kamen wieder näher. War der Posten durch das Geräusch mißtrauisch geworden? Van Holden hielt die Maschinenpistole wie einen Prügel am Lauf, bereit, sie auf den Posten niedersausen zu lassen, falls er die Tür öffnen sollte. Van Holden hoffte, daß der Posten dies tat. Es wäre leichter, den völlig überrumpelten Mann auf diese Weise unschädlich zu machen, als vor dem Tor mit ihm zu kämpfen.

Der Posten hatte das Geräusch jedoch nicht gehört. Er war am Tor vorüber- und in die entgegengesetzte Richtung gegangen. Jetzt das Tor öffnen! Der leiseste Laut – und alles war verloren.

Doch der Schlüssel drehte sich ganz leicht in dem großen, alten Schloß, und auch die Klinke ließ sich geräuschlos niederdrükken. Aber das Tor quietschte in den Angeln, als van Holden es langsam öffnete. Die Schritte des Postens kamen schnell näher. Rasch schloß van Holden das Tor, hatte aber keine Zeit, es wieder abzuschließen. Er hörte, wie der Posten vor dem Tor haltmachte und dann die Klinke niederdrückte. Als sich das Tor öffnen ließ, von dem er wußte, daß es zuvor verschlossen gewesen war, fragte er zögernd: *»Kush asht?«* – Wer da?
Van Holden stand flach an die Wand des Tors gepreßt, bereit, mit der hoch erhobenen Maschinenpistole zuzuschlagen. Einige Sekunden lang geschah nichts, bis Feldner, der nicht mehr ruhig stehen konnte, eine Bewegung machte, die ein leichtes Rascheln erzeugte.
»Kush asht?« fragte der Posten diesmal lauter. Gleichzeitig steckte er den Kopf in den dunklen Eingang. Die MP schmetterte auf ihn hinunter. Der Posten, ein Riese von einem Mann, kippte lautlos vornüber.
Van Holden schleppte ihn hinaus und legte ihn vor den Eingang. Dann versperrte er das Tor. Er sah auf seine Uhr: Es war 1 Uhr 25. Sie hatten nur noch eine gute halbe Stunde – bevor die Alarmsirenen ertönen würden.
»Kommen Sie«, flüsterte er dem völlig verstörten Feldner zu. »Wir haben wenig Zeit. Wir müssen laufen. Es sind zwei Kilometer bis zum Strand. Bleiben Sie dicht hinter mir, und passen Sie auf, daß Sie nicht hinfallen.«
Feldner hatte vor wenigen Stunden den feurigen Slivovica getrunken und war noch immer nicht völlig nüchtern. Er hatte große Mühe, van Holden auf den Fersen zu bleiben. Es war Neumond und stockdunkel.
Sie liefen zuerst in den kleinen Wald links von der Zitadelle, um von den Posten am Haupteingang nicht gesehen zu werden. Dann schlug van Holden den Weg direkt hinunter ins Zentrum

der Stadt ein, die vierhundert Meter unterhalb der Zitadelle lag. Es war der schnellste, aber auch der steilste Weg zum Hafen und von dort zur Platane. Van Holden wollte mit dem Boot bereits so weit wie möglich von Land sein, wenn Alarm gegeben wurde. Er rechnete damit, daß alle Polizeikräfte der Gegend, auch die Patrouillenboote, aufgeboten wurden; daß die Boote erst die Küste, in Albanien eine abgeriegelte Sperrzone, mit ihren Scheinwerfern ableuchten würden, bevor sie das offene Meer absuchten. Eine halbe Stunde Vorsprung war deshalb sehr wenig.

Immer wieder mußte van Holden Feldner zureden, nicht schlappzumachen. Zweimal schon war er auf dem glitschigen Kopfsteinpflaster gestürzt und nur mühsam und keuchend wieder hochgekommen. Schließlich legte sich van Holden einen Arm Feldners um den Nacken, packte ihn um die Mitte und schleppte ihn weiter.

Als der Hafen in Sicht kam, bog van Holden nach links ein; er wollte die Wache im Hafengelände umgehen. Die nächsten paar hundert Meter durch winklige Gassen schienen kein Ende zu nehmen.

Mehrmals hatte van Holden das Gefühl, aus den Häusern beobachtet zu werden, aber niemand hatte sie angerufen. Er lief, Feldner halb tragend, halb ziehend, durch eine moosige enge Straße, und plötzlich befand er sich am Stadtrand. Vor ihm dehnte sich eine offene Wiese, hundert Meter darunter lag das Meer. Van Holden lief, den schlaffen Feldner im Arm, über die Wiese den Steilhang hinunter und wandte sich dann nach links, wo eine einzelne große Platane stand. Das mußte der Baum sein, dachte van Holden.

Unter der Platane ließ er Feldner zu Boden gleiten. Von hier bis zum Strand waren es nur zwanzig Meter. Van Holden schaute sich nach dem Boot um, konnte aber keines entdecken. Und wo war der Amico, den ihm der Schlosser angekündigt hatte?

Van Holden sah wieder auf die Uhr. Es war sieben Minuten vor zwei. Jede Nacht um zwei Uhr würde der Mann da sein, hatte auf dem Zettel gestanden. Noch sieben Minuten! Kostbare Zeit, während der sie schon auf das Meer hätten hinausrudern können. Hoffentlich kommt er früher, dachte van Holden. War ihre Flucht erst entdeckt, dann konnte es bereits zu spät sein, das Boot ins Wasser zu bringen und aus der unmittelbaren Küstennähe zu kommen.
Van Holden hörte Schritte. Er hielt die Maschinenpistole auf einen großen schwarzen Schatten gerichtet, der auf ihn zukam, und entsicherte die Waffe. Der Mann hörte das Geräusch und blieb stehen.
»*Piano, piano*«, sagte er mit hartem Akzent. »*Sono io, sono amico.*«
»*Avanti.*« Van Holden bedeutete ihm mit der Waffe, näher zu kommen. Es war der Schlosser. Er trug eine schwarze Lederjacke, braune Lodenhosen und eine Baskenmütze.
»*Guardi, nave qui*«, sagte er und ging an van Holden vorbei zur Platane. Van Holden riß Feldner hoch. Sie folgten dem Mann ein paar Schritte in das Unterholz, das hinter der Platane wucherte. Ein kleines Ruderboot war darin versteckt. Es hatte nur eine Bank für den Ruderer. Eine zweite Person mußte auf dem Bug sitzen.
Unmöglich! dachte van Holden. Wie soll ich mit diesem Boot zwölf Kilometer über das Meer nach Korfu rudern? Es würde unendlich langsam gehen, und möglich war es überhaupt nur bei völlig ruhiger See. Aber es gab keine Wahl: Entweder auf dieses Boot oder zurück in die Zitadelle.
Der Schlosser half ihm, das Boot über die felsige Küste zum Strand zu tragen. Als es im Wasser lag, setzte van Holden Feldner auf das kleine Dreieck im Bug des Bootes, nahm ihm aber zuerst die beiden Rollen mit den Plänen ab. Sie waren schweißgetränkt. Dann nahm er Feldners Regenmantel und legte ihn

über dessen Schultern. Feldner schien völlig apathisch. Es war ihm ganz gleichgültig, was geschah.
Van Holden sah auf die Uhr: zwei Minuten vor zwei. Keine Zeit mehr, Fragen zu stellen und herauszufinden, warum der Schlosser sein Leben riskierte, um einem Menschen, den er nicht kannte, zur Flucht zu verhelfen. Es blieb nur noch Zeit für einen kurzen Händedruck. Van Holden sagte: *»Mille grazie.«* Der Mann sagte: *»Americani amici.«* Tränen rannen ihm die bärtigen Backen hinab, als er das Boot mit einem kräftigen Fußtritt vom Ufer abstieß.
Als sei dies das Signal gewesen, ging der Alarm los, und zwar nicht nur oben in der Umgebung der Zitadelle, sondern auch in der Stadt und im Hafen. Es war ein Generalalarm. Mit wuchtigen Ruderschlägen trieb van Holden das Boot aufs offene Meer hinaus.
Kaum waren sie einige Meter vom Land entfernt, da leuchteten schon die ersten Scheinwerfer auf. In regelmäßigen Zwischenräumen heulte eine Sirene und weckte die Einwohner der Stadt. Deren Pflicht war es, sich in solchen Fällen an der Jagd nach Flüchtlingen zu beteiligen. Immer mehr Scheinwerfer blitzten auf. Ihre Lichtkegel strichen über das Gelände neben und unterhalb der Zitadelle, erleuchteten aber auch schon die Straßen der Stadt und das Hafengelände. Sie waren auf Fahrzeugen montiert, die das Gelände systematisch abzufahren schienen.
Als nächstes werden sie das Küstengelände absuchen, sagte sich van Holden. Er blickte besorgt zu Feldner, der auf seinem kleinen Sitz zusammengekauert saß und sich den Mantel über den Kopf gezogen hatte. An Land ertönten laute Kommandos, dann war heiseres Hundegebell zu hören. Die Suchhunde waren losgelassen worden. Sicher hatte man ihnen etwas aus den Zimmern der beiden Amerikaner unter die Nase gehalten, damit sie Witterung aufnehmen konnten. Es würde eine Weile dauern, ehe sie an die Stelle am Strand kamen, wo das Boot ge-

legen hatte. Van Holden dachte an den Schlosser. Hatte er Zeit genug gehabt, sich in Sicherheit zu bringen? Er konnte es nur hoffen. »Amerikaner meine Freunde«, hatte er gesagt.
Theodos Boçari hatte den Amerikanern nicht mehr erklären können, weshalb er für sie sein Leben riskiert hatte. Aber was hätte ihnen schon seine Rache an Butka bedeutet! Überrascht war er allerdings gewesen, auch den anderen, den bösen Amerikaner, auf der Flucht zu sehen. Aber was kümmerte das ihn! Es ging ihm nur darum, daß der Hochkommissar für die Flucht der beiden Amerikaner verantwortlich gemacht und vielleicht seines Postens enthoben wurde. Dann erst war der Erfolg der Flüchtlinge auch ein Erfolg für Boçari. Dann erst konnte er sich dem gehaßten Agron Butka, dem ›Turk‹, mit einem Messer in der Hand nähern. Jemanden ›Turk‹ zu nennen, ist die ärgste Beleidigung, die man in Albanien einem Mann zufügen kann.
Van Holden ruderte, bis ihm die Beine zitterten und die Kraft aus seinen Armen schwand. Er ließ die Riemen los. Er hatte sich einige hundert Meter von der Küste entfernt, die jetzt im Flutlicht der Scheinwerfer lag. Die Platane ragte wie ein großer silberner Pilz in den Nachthimmel. Hinter vielen Fenstern in der Stadt brannte Licht.
Van Holden hörte das Motorengebrumm der Patrouillenboote. Er sah sie vor dem erleuchteten Hintergrund der Küste auf- und abkreuzen. Noch war keines in seine Nähe gekommen. Anscheinend hielten die Verfolger es für unwahrscheinlich, daß die Flüchtlinge schon draußen auf dem offenen Meer waren, und wollten zunächst einmal ihre Flucht über das Wasser verhindern.
Van Holden überlegte, ob er Feldner zum Rudern auffordern sollte. Ein Blick aber überzeugte ihn, daß das sinnlos gewesen wäre. Feldner war völlig in sich zusammengesunken und starrte blicklos ins Wasser. Auch fürchtete van Holden, daß Feldner womöglich über Bord fiel, wenn sie die Plätze wechselten.

Van Holden ergriff neuerlich die kurzen Riemen. Er hatte sich etwas erholt, seine Muskeln hatten sich entkrampft. Mit kräftigen, regelmäßigen Schlägen ruderte er in Richtung Südwesten. Noch eine halbe Stunde, schätzte er, und er hatte die Hälfte der Strecke bis Korfu – etwa fünf bis sechs Kilometer – zurückgelegt. In der Ferne konnte er die Silhouette des hohen Berges erkennen, an dessen Fuß – wie er sich erinnerte – Kassiopi lag, das Fischerdorf, vor dem die St. Spiridion geankert hatte. Van Holden steuerte auf den Berg zu, doch Kassiopi selbst wollte er vermeiden. Es hätte gewiß Aufsehen erregt, wenn sie in dem kleinen Ort aufgetaucht wären. Auch könnte der Fischer, der sie dem albanischen Patrouillenboot übergeben hatte, Schwierigkeiten machen. Van Holden wollte südlich des Dorfes landen und von dort versuchen, in die Stadt Korfu zu gelangen.
Das kleine Ruderboot näherte sich dem Leuchtturm, der sich wie der Turm einer Kirche auf der kleinen Insel zwischen Albanien und Korfu erhob. Sein Lichtkegel mußte vermieden werden. Van Holden beobachtete, daß das Blitzfeuer alle fünf Sekunden aufleuchtete. Hatte er die Insel erst hinter sich, dann war er aus den albanischen Gewässern heraus und damit außer Gefahr, wenigstens hoffte er das, denn die Insel lag etwa in der Mitte der Seestraße von Korfu.
Der Lichtkegel des Leuchtturms strich flach in etwa vier Meter Höhe über die Wasseroberfläche hin. Er würde das kleine Ruderboot also nicht voll erfassen, wenn er vorüberglitt. Noch während van Holden diese Überlegungen anstellte, tauchte ein anderer Lichtkegel auf. Er kam aus der Flußmündung des Butrinto-Sees in Albanien, fünfzehn Kilometer südlich von Santi Quaranta. Ein Patrouillenboot lief auf die Mitte der Seestraße zu, offenbar, um von dort aus das Meer in Richtung Albanien abzusuchen. Es näherte sich schnell, doch hatte die Besatzung die Flüchtlinge offenbar noch nicht entdeckt. Van Holden ruderte mit aller Kraft. Er mußte die Leuchtturminsel vor dem

Patrouillenboot erreichen. Gehörte sie bereits zu Griechenland, waren sie gerettet – außer die Albaner kümmerten sich nicht darum, wenn sie griechische Hoheitsgewässer verletzten. Noch einhundertfünfzig Meter bis zur Insel, schätzte van Holden. Das Polizeiboot war jetzt nur noch einen knappen Kilometer von ihnen entfernt, und die Distanz verringerte sich mit jedem Atemzug. Der Lichtkegel des Scheinwerfers war aber in Richtung Küste gerichtet und tastete das Wasser zwischen der Insel und dem albanischen Festland ab. Jetzt war das Boot nur noch zweihundert Meter entfernt. Van Holden hörte zu rudern auf, um kein Geräusch zu machen, zog die Riemen ein und ließ das Boot die letzten Meter bis zur Insel gleiten. Richteten die Albaner ihren Scheinwerfer auf die Insel, dann mußten sie das Boot sehen. Es würde zu einer Schießerei kommen, über deren Ausgang kein Zweifel bestand. Die schweren Waffen des Polizeiboots würden die Nußschale von Ruderboot und seine Insassen in Stücke schießen.
Das Patrouillenboot hatte sich der Südspitze der Insel genähert. Der Lichtkegel seines Scheinwerfers tanzte über die Wasserfläche. Der Motor war abgestellt. Noch fünfzig Meter bis zur Insel. So leise wie möglich tauchte van Holden noch einmal die Riemen ins Wasser, um dem Boot einen letzten Schub für die wenigen Meter bis zum Ufer zu geben. Da begann sich Dr. Feldner zu rühren. Bis zu diesem Augenblick hatte er völlig teilnahmslos dagesessen. Nun aber konnte er die Spannung, von der die gespenstische nächtliche Szene erfüllt war, nicht länger ertragen. Er vermochte nicht länger still zu sitzen und empfand den unwiderstehlichen Drang, etwas zu tun.
Feldner wollte aufstehen, aber es gelang ihm nicht auf Anhieb. Der unebene, feuchte Boden des Boots zwang ihn, sich mit beiden Händen am Bootsrand festzuklammern. Van Holden beobachtete ihn mit Entsetzen – wenn Feldner jetzt im Boot stürzte oder über Bord fiel, war alles verloren. Mit leisem Zure-

den versuchte er ihn zu beruhigen. Vergeblich. Feldner versuchte weiter, auf die Beine zu kommen. Inzwischen lag das Polizeiboot still. Seine Besatzung suchte immer noch das Meer mit dem Scheinwerfer ab. Van Holden konnte Stimmen vom Boot hören, dann wieder herrschte völliges Schweigen, wenn die Männer sich bemühten, verdächtige Geräusche wahrzunehmen. Endlich war es Feldner gelungen, im Boot aufzustehen. Er öffnete den Mund, als wolle er van Holden anschreien. Im selben Augenblick geschahen zwei Dinge: Das Boot stieß ans Ufer, und Feldner fiel hintenüber ins seichte Wasser. Der Schreck erstickte seinen Schrei in der Kehle. Gleichzeitig sprang der Motor des Polizeiboots an, und die Patrouille fuhr langsam in Richtung auf die nur eineinhalb Kilometer entfernte albanische Küste zurück.
Feldner kroch an Land, während van Holden das Boot festmachte. Sie setzten sich nebeneinander auf einen breiten Stein. Er war noch warm von der Sonne, die den ganzen Tag auf ihn heruntergebrannt hatte. Sie saßen da und sprachen kein Wort miteinander, nur Feldner murmelte irgend etwas vor sich hin. Die Ereignisse der letzten Stunden hatten seinen Geisteszustand, der seit dem Mord an O'Leary zerrüttet war, offensichtlich verschlechtert. Nun schien er völlig verwirrt zu sein.
Van Holden hörte ein Geräusch und riß die Maschinenpistole herum. Ein Mann kam auf sie zu. Er begrüßte sie freundlich in einer Sprache, die die beiden Männer nicht verstanden. Dann zeigte er auf den Leuchtturm hinter sich und bedeutete ihnen, mit ihm zu kommen. Offenbar war er der Leuchtturmwärter. Van Holden zerrte Feldner auf die Beine und ließ ihn vor sich hergehen. Im Leuchtturm kletterten sie die Stufen einer Wendeltreppe hoch. Im untersten Stockwerk befand sich ein Vorratsraum mit Lebensmitteln und Materialien zum Unterhalt des Leuchtfeuers. Eine Treppe höher kamen sie durch eine geräumige Küche. Wieder einen Stock höher, etwa dreißig Meter

über dem Meer, lag der Wohnraum. Er maß etwa zehn Quadratmeter und war einfach, aber komfortabel eingerichtet.
Die Frau des Leuchtturmwärters begrüßte die Männer schüchtern. Offenbar kam sie nur mit wenigen Menschen in Berührung. Mit einer Handbewegung lud sie die Männer ein, an dem runden Tisch in der Mitte des Raumes Platz zu nehmen. Aus einer Karaffe mit Weißwein füllte sie Gläser und bot sie an. Van Holden leerte sein Glas auf einen Zug. Der harzige Geschmack des Retsina war ihm fremd.
Feldners Hände zitterten so sehr, daß er das Glas nicht halten konnte. Der Leuchtturmwärter nahm ihn beim Arm und forderte ihn mit Gesten auf, sich seiner nassen Kleider zu entledigen und etwas Trockenes anzuziehen. Feldner gehorchte. Er folgte dem Mann hinter einen Vorhang in der Schlafecke des Wärterpaares und kam einige Minuten später in eine große bunte Decke gehüllt wieder hervor. Seine Kleidung wurde zum Trocknen über den Küchenherd gehängt.
Van Holden hatte unter der Luke, die nach Süden blickte, ein Radiotelefon entdeckt. Es sah aus wie ein Ship-to-Shore-Gerät. Er deutete auf das Gerät und fragte auf Pidgin-Englisch: *»Telephone Athen?«*
Der Mann schüttelte den Kopf. *»Ochi, Korfu«* – Nein, Korfu.
»You speak Korfu two Americanos here want to go Korfu and Athen.« Van Holden begleitete seinen Satz mit Handbewegungen, so daß der Mann ihn verstand. Er antwortete ebenfalls in Pidgin-Englisch: *»Albanese no good. You good.«*
Der Leuchtturmwärter schaltete den Apparat an und ließ ihn warmlaufen. Van Holden bemerkte, daß es ein altes Gerät der US-Navy war. Der Wärter stellte den Hebel auf ›Transmission‹ und sprach eine Zeitlang in das Mikrofon. Dann reichte er es van Holden: *»English.«*
Van Holden drückte den Knopf am Mikrofon. Der Apparat begann zu surren. Dann begann er:

»Ich bin Major van Holden von der US-Army. Bei mir befindet sich Dr. Eric Feldner. Auch er ist Amerikaner, wir sind soeben aus albanischer Gefangenschaft entkommen. Es ist von höchster Dringlichkeit, daß wir so schnell wie möglich mit unserer Botschaft in Athen Kontakt aufnehmen. Können Sie für uns eine Verbindung mit Athen herstellen?«
»Stand by«, wurde van Holden in gutem Englisch aufgefordert. *»I will call you back.«*
Eine Viertelstunde später meldete sich Korfu wieder:
»Ist der Major noch da?«
»Ja. Ich bin am Apparat«, antwortete van Holden.
»Wir haben eine Verbindung mit Athen hergestellt und schikken ein Boot, das Sie von der Insel Serpa abholt. Bleiben Sie auf dem Leuchtturm, bis es kommt.«
»Wann wird das Boot da sein?«
»Es kann erst bei Tagesanbruch an der Insel anlegen. Vorher wäre es zu riskant.«
»Bitte sagen Sie das dem Leuchtturmwärter. Wir sprechen kein Wort griechisch.«
»Okay, geben Sie ihn mir.«
Nachdem der Leuchtturmwärter die Nachricht entgegengenommen hatte, fragte van Holden:
»Gibt es einen amerikanischen Konsul auf Korfu?«
»Nein, nur einen britischen. Wünschen Sie, daß wir ihn verständigen? Er behandelt auch die Angelegenheiten von Bürgern der Vereinigten Staaten.«
Van Holden überlegte kurz: »Nein, danke. Wir werden direkte Verbindung zu unserer Botschaft in Athen aufnehmen.« Van Holden wollte vermeiden, daß er dem Engländer den ganzen Vorfall berichten mußte.
Feldner wurde plötzlich lebendig und sprach dazwischen: »Moment mal! Irgend jemand hier wird für uns bürgen müssen. Das könnte doch der britische Konsul tun. Sollten wir

ihn nicht doch verständigen?«
»Nein«, antwortete van Holden kurz.
»Wenn es sonst nichts gibt – Ende«, sagte die Stimme in Korfu.
Der Sender wurde abgeschaltet.
Van Holden war überzeugt davon, daß die Griechen sich bemühen würden, ihnen zu helfen. Sie waren ein Jahr zuvor in die NATO aufgenommen worden und hatten sich seither gegenüber ihren Bündnispartnern überaus korrekt verhalten. Van Holden bedauerte, daß er sich nicht mehr an den Namen des griechischen Verbindungsoffiziers bei der NATO in Paris erinnern konnte. Er hätte ihre Identifizierung beschleunigen können.
Etwas später wurde der Himmel im Osten heller. Van Holdens Uhr zeigte 3 Uhr 45. Die Frau des Leuchtturmwärters hatte Olivenöl gewärmt und van Holden damit die offenen Blasen in seinen Handflächen bestrichen, die er sich beim Rudern geholt hatte.
Feldners Kleider waren wieder trocken, und die Frau hatte sie gebügelt. Neben van Holden, der noch immer das T-Shirt, die Jeans und die Sandalen trug, die man ihm auf der St. Spiridion gegeben hatte, sah Feldner wie ein Gentleman aus.
Um 5 Uhr 30 deutete der Wärter, der aus der Luke nach Süden gespäht hatte, aufs Meer hinaus. In der Ferne war ein kleines schwarzes Schiff zu erkennen, das sich schnell näherte. Van Holden erkannte, daß es ein ehemaliges Torpedoboot der US-Marine war. Kurz darauf legte es an. Ein Offizier der Königlich-hellenischen Marine kam in Begleitung von zwei Matrosen die Treppen zum Wohnraum hinauf.
Der Offizier nahm vor Dr. Feldner Haltung an und salutierte: »Guten Tag in Griechenland, Major van Holden«, sagte er in gebrochenem Englisch. »Ich bin Leutnant zur See Markos Kangas und werde Sie nach Korfu bringen.«
»Das da ist Major van Holden«, sagte Dr. Feldner zu dem ver-

wunderten Offizier und deutete auf van Holden. »Ich bin Dr. Eric Feldner. Gehen wir.«
Van Holden verabschiedete sich von den gastfreundlichen Bewohnern des Leuchtturms. Die Frau lächelte sogar, als er sich mit *»efcharisto«* bedankte. Er hatte das Wort auf der St. Spiridion gelernt.
Die Fahrt zur Stadt Korfu dauerte etwas über eine Stunde. Als sie an der Küste entlangfuhren, stellte sich der Leutnant neben van Holden. Es war dem jungen Griechen nicht entgangen, wie sehr der Amerikaner von der vorüberziehenden Landschaft beeindruckt war.
»Ja«, sagte der Leutnant, »Korfu ist eine unserer schönsten Inseln. Kriege wurden um sie geführt, und Majestäten haben sich auf ihr niedergelassen. Unser König hat seine Sommerresidenz hier. Kaiserin Elisabeth von Österreich ließ hier ein Sommerschloß bauen – das Achilleion –, sehen Sie, das Gebäude auf dem Gipfel dort oben, das ist es.« Der Leutnant deutete auf einen weißen Fleck in der Ferne. »Nach ihrem Tod kaufte es Kaiser Wilhelm II. Und dann«, schloß er lächelnd, »leben in den Dörfern zwischen den Olivenhainen und Zypressenwäldern auch noch ein paar Bauern und Fischer. Es ist das Paradies auf Erden.«
In der Stadt Korfu wurden die beiden Amerikaner auf die Kommandantur in der ›Neuen Festung‹ gebracht. »Das Neon Frourion«, erklärte der Leutnant auf ihrem kurzen Fußmarsch, »und das Paleon Frourion – die alte Festung – sind, wie Sie sehen, gewaltige Anlagen, die von den Venezianern zwischen 1577 und 1579 erbaut und während der englischen Besetzung der Insel zwischen 1809 und 1864 mit Schutzwällen verstärkt wurden, bevor die Insel dem griechischen Staat einverleibt wurde. Den Ausbau der Festungen leitete ein Deutscher, Johannes Graf von der Schulenburg, der als General in venezianischen Diensten stand. 1716 richtete er während der zweiten

großen türkischen Belagerung vor den Toren der Stadt ein fürchterliches Gemetzel unter den 33 000 Türken an und zwang sie zum Abzug.«
Die beiden Amerikaner wurden in das Büro eines höheren Marineoffiziers geführt, in dessen Gesellschaft sich auch ein Polizeioffizier befand.
»Bitte nehmen Sie Platz, meine Herren«, begrüßte sie der Offizier freundlich, »und geben Sie uns Ihre Namen und Ihre Herkunft an. Dann erzählen Sie uns die Geschichte Ihrer Odyssee.«
Dr. Feldner ergriff das Wort, noch bevor der Mann ausgesprochen hatte:
»Ich bin Doktor Eric Feldner, Aerophysiker. Und das da«, Feldner wies auf van Holden mit einer Geste, die dessen Unwichtigkeit dartun sollte, »ist Major van Holden von der US-Army. Wir sind Bürger der Vereinigten Staaten von Amerika. Dieser Mann und ich befanden uns in Rom als Berater einer Abordnung französischer Regierungsbeauftragter. In der Nacht des 30. Juni wurden wir aus unserem Hotel entführt. Ich leistete keinen Widerstand, aber er wehrte sich, und deshalb wurde ihm alles abgenommen: Geld, Paß, Kleidung. Wir wurden betäubt und kamen erst wieder in Santi Quaranta in Albanien zu uns. Gestern nacht gelang uns die Flucht. Mit einem kleinen Ruderboot kamen wir bis zu dem Leuchtturm. Das ist unsere Geschichte. Mehr habe ich nicht zu sagen. Nur eines noch: Ich wünsche von diesem Mann getrennt zu werden. Ich weigere mich, mit ihm weiterzureisen. Sagen Sie mir, in welches Hotel ich mich begeben soll, damit ich dort auf meine Maschine nach Athen warten kann. Und noch etwas –« Dr. Feldner holte seinen Paß aus der Tasche seines Jacketts und reichte ihn dem Polizeioffizier. »Um ausreisen zu können, benötige ich sicherlich einen Einreisestempel. Bitte veranlassen Sie, daß ich ihn heute noch bekomme, und daß mir der Paß anschlie-

ßend ins Hotel gebracht wird.«
Dr. Feldner hatte seine Wünsche in einem Ton vorgetragen, der keinen Widerspruch duldete. Van Holden hatte dem Auftritt fasziniert zugesehen. Die Verwandlung, die mit dem Mann vor sich gegangen war, der vor kurzem noch ein zusammengekauertes Häufchen Elend gewesen war, war erstaunlich: Feldner war auf einmal wieder sicher und arrogant wie je zuvor. Und die Geschichte, die er sich ausgedacht hatte, war clever: Er wurde vom Prügler zum Prügelknaben – und nichts deutete auf Litac.
Der Polizeioffizier überprüfte den Paß, fand ihn in Ordnung und nickte befriedigt. Sein Glatzkopf glänzte in der heißen Morgensonne, die grell durch das Fenster schien. Er griff zum Telefon und sagte ein paar Sätze auf griechisch.
Dann wandte er sich an Feldner: »Okay, Doktor. Ich habe Ihnen ein Zimmer im Hotel Cavalieri in der Kapodistriou-Straße reservieren lassen. Erwarten Sie dort unsere weiteren Beschlüsse. Ihren Paß lasse ich in Ordnung bringen. Sie bekommen ihn heute noch zurück.«
»Danke, Sir«, sagte Feldner gönnerhaft. Mit einer geringschätzigen Kopfbewegung in Richtung auf van Holden fügte er hinzu: »Ich nehme an, daß Sie die Identität dieses Mannes erst überprüfen werden, bevor Sie ihn weiterreisen lassen. An Ihrer Stelle würde ich das sorgfältig tun. Er ist ein gerissener Spion.«
Nun meldete sich endlich van Holden zu Wort.
»Commander«, redete er den Marineoffizier, einen Fregattenkapitän, an. »Die Geschichte, die Doktor Feldner Ihnen soeben erzählt hat, ist von vorne bis hinten erlogen. Der Entführte bin nur ich – und er ist schuld daran, daß ich entführt worden bin. Aus schwerwiegenden Gründen darf ich ihn jetzt nicht aus den Augen verlieren. Deshalb bitte ich Sie, uns nicht zu trennen und uns gemeinsam hier unterzubringen, bis unsere Identität von unseren Botschaften in Athen und in Rom bestätigt ist.«

Die beiden Griechen unterhielten sich kurz in ihrer Sprache. Dann sagte der Polizeioffizier, ohne auf van Holdens Geschichte einzugehen: »Major van Holden, wir zweifeln nicht an Ihren Angaben zur Person. Aber da Sie ohne Papiere in unser Land gekommen sind, müssen wir zunächst Ihre Identität überprüfen. Außerdem – verstehen Sie bitte: Die Geschichten, die Sie und Doktor Feldner uns erzählt haben, unterscheiden sich in wesentlichen Punkten ganz erheblich. Ich muß Sie deshalb bitten, hier bei uns in der Kommandantur zu bleiben, bis wir alles überprüft haben. Ich nehme an, daß das in ein oder zwei Tagen der Fall sein wird. Doktor Feldners Wunsch, von Ihnen getrennt zu werden, können wir im übrigen nur hier in Korfu nachkommen. Ihre Weiterreise nach Athen wird gemeinsam erfolgen.«

Van Holden sah zu Feldner hinüber. Er begegnete einem triumphierenden Blick.

Auf ein Klingelzeichen des Offiziers erschienen mehrere Männer in Zivil. Befehle wurden erteilt. Feldner wurde von den beiden Offizieren mit Händedruck verabschiedet.

»Sie dürfen ausgehen, Doktor. Aber wir werden Sie bewachen, damit Ihnen nichts zustößt – damit Sie nicht noch einmal entführt werden«, fügte der Polizist etwas spöttisch hinzu. »Auf Wiedersehen, Doktor. Ruhen Sie sich aus, Sie haben eine schlaflose Nacht hinter sich.«

»Vergessen Sie lieber meinen Paß nicht, Sir. Ich möchte heute noch die Botschaft anrufen. Dazu brauche ich meinen Paß.«

»Sie werden ihn heute noch erhalten, Doktor. Das sagte ich doch schon.«

Begleitet von zwei Männern verließ Feldner den Raum – nicht aber ohne sich vorher mit einem hämischen Blick nach van Holden umzudrehen. Hilflos sah der Major ihm nach. Er konnte nur hoffen, daß die Griechen Feldner bis zu ihrer gemeinsamen Weiterreise gut bewachten.

Van Holden wurde in einem Dienstzimmer der Kommandantur untergebracht. Wieder einmal stand ein Posten vor seiner Tür. Die beiden Offiziere hatten ihm versprochen, sich unverzüglich mit der Amerikanischen Botschaft in Athen in Verbindung zu setzen. Sie fanden die Geschichte der beiden Amerikaner zu brisant, als daß sie selber eine Entscheidung über ihr weiteres Schicksal treffen wollten. Lieber warteten sie auf Anweisungen von ihrer Dienststelle in Athen. Van Holden hatte das beruhigende Gefühl, daß man ihn und Feldner so schnell wie möglich abschieben wollte.

Kaum war Feldner in dem kleinen, aber herrschaftlichen Hotel Cavalieri angekommen, teilte er seinen Begleitern mit, er wolle erst noch einen Spaziergang durch die Stadt machen, ehe er zu Bett ging. Begleitet von den beiden Polizisten in Zivil, ging er über die Spianada, eine Parkanlage, wo die Korfioten Kricket spielen, zum Paleon Frourion, einer wuchtigen Bastei, die – auf einem Felsvorsprung an der Küste gelegen – die Stadt vor den Türken beschützt hatte. Von dort gingen sie die Hauptstraße Voulgarious stadteinwärts.

Dr. Feldner achtete nicht auf die Schönheit der Stadt mit ihren von französischen und italienischen Baustilen geprägten Gebäuden. Auch die vielfältigen Waren in den Auslagen nahm er kaum wahr. Als einziges Souvenir kaufte er sich eine Flasche Metaxas-Ouzo. Sie besuchten die Agios-Spiridion-Kirche mit dem Sarkophag des Inselheiligen und das Rathaus gegenüber der katholischen Kathedrale Agios Iakovos, das den Venezianern als Klubhaus gedient hatte. Einer der Polizisten sprach recht gut englisch. Er erläuterte ihm hin und wieder einiges aus der Geschichte der Insel, berichtete von den Leiden, die die Bevölkerung durch die vielen Überfälle, Eroberungen und Belagerungen seit dem 8. Jahrhundert vor Christus hatte erdulden müssen – bis in die Zeit des Zweiten Weltkriegs, als Engländer,

Italiener und Deutsche um die Insel kämpften. Aber Feldner hörte nicht zu. Sein Spaziergang hatte nur einen einzigen Zweck: Er wollte sich orientieren.
Schließlich erklärte er den Beamten, er sei müde und wolle ins Hotel zurück. In der Halle reichte ihm der Portier einen verschlossenen Umschlag, der den Vermerk »Persönlich« trug. Feldner riß den Umschlag auf. Der Polizeioffizier hatte sein Versprechen gehalten: Es war sein Paß, versehen mit dem Einreisestempel der griechischen Grenzpolizei. Jetzt mußte er nur noch seine beiden Wächter loswerden und sich auf dem schnellsten Weg zum Flughafen begeben.
Die beiden Polizisten blieben in der Halle. Falls er etwas brauche, ließen sie ihn wissen, könne er sie über den Portier erreichen. Feldner erwiderte, er wünsche nicht gestört zu werden, er wolle bis zum Abendessen schlafen. Dann stieg er die Stufen zum Obergeschoß hinauf, wo sich sein Zimmer befand. Er öffnete die Tür und ging gleich zum Fenster. Das Zimmer lag weit weg vom Lärm der Hauptstraße auf der ruhigen Rückseite des Hotels. Feldner riß einen der Fensterflügel auf und blickte hinunter in die enge Straße. Sie war völlig leer. Von der Straße bis zum Fenstersims waren es höchstens drei Meter. Wilder Wein kletterte an der Wand des Hotels hoch, und dicht an der Mauer wuchsen noch einige Oleander.
Feldner beschloß, es zu wagen und auf die Straße hinunterzuklettern. Auch wenn die Äste sein Gewicht nicht tragen sollten, würden sie doch, falls er fiel, die Wucht seines Sturzes mildern. Feldner zögerte nicht länger, ging zur Tür zurück und schloß sie ab. Dann setzte er sich auf das Fensterbrett mit den Füßen nach außen. Umständlich drehte er sich zur Mauer und ließ sich über die Äste hinuntergleiten. Als er nur noch einen Meter über der Straße hing, fiel er. Die Sträucher milderten seinen Sturz, trotzdem war der Aufprall ein Schock für seinen untrainierten Körper. Ein, zwei Sekunden lang lag er regungslos am Boden.

Dann blickte er sich um. Niemand hatte ihn gesehen. In dieser späten Morgenstunde hielten sich nur wenige Leute zu Hause auf, sie waren bereits auf dem Markt oder bei der Arbeit.
Dr. Feldner raffte sich auf. Er strich seine Kleidung glatt. Dann eilte er zu der Straßenecke, an der er auf seinem Spaziergang einen Taxistand gesehen hatte. Ein Taxi war noch da. Er stieg ein und befahl: »Aeroport!« Der Flughafen von Korfu war keine zehn Minuten von seinem Hotel entfernt. Am einzigen Schalter kaufte er sich eine Flugkarte nach Athen. Seinen Namen gab er mit Frank Miller an. Mit Paß- oder Zollkontrollen brauchte er auf einem Inlandsflug nicht zu rechnen. Er erfuhr, daß zweimal täglich eine Maschine von Athen kam und wieder nach Athen zurückflog. Die Morgenmaschine war bereits gelandet und sollte in etwa 40 Minuten abfliegen.
Feldner setzte sich, um nicht aufzufallen, nicht in das Restaurant des kleinen Flughafengebäudes, das aussah wie eine bessere Villa. Er nahm in einer Ecke der Terrasse Platz. Seine Maschine, eine DC-3 der Olympic Airways, stand schon auf der Landepiste. Als Militärflugzeug kannte man sie unter dem Namen ›Dakota‹. Sie war das fliegende Arbeitstier der Alliierten im Zweiten Weltkrieg gewesen, so wie der ›Two-and-a-half-ton-Truck‹ am Boden. Es gab Männer, die behaupteten, diese beiden Transportmittel hätten den Krieg gewonnen, erinnerte sich Feldner mit Stolz – er hatte in dem Team gearbeitet, das die Aerodynamik der Maschine entwickelt hatte.
Nach knapp zwei Stunden setzte die Maschine auf dem Flughafen von Athen auf. Feldner ging zum Informationsschalter und erkundigte sich nach den nächsten Flügen nach Frankreich. Dann ging er zum Bankschalter und wechselte US-Dollar in französische Francs und außerdem so viel Drachmen, um die Flugkarte und einen Anruf nach Paris bezahlen zu können.
Nach alldem, was geschehen war, mußte er untertauchen, und zwar schnell. Denn sobald van Holden auf freiem Fuß war,

würde er ihn jagen wie ein Raubtier seine Beute. Daran bestand für Dr. Feldner nicht der geringste Zweifel. Er brauchte Hilfe. Er mußte sich an jemanden wenden können, der bereit war, all seine Macht und seinen Einfluß zu gebrauchen, um ihn verschwinden zu lassen. Feldner kannte nur einen solchen Menschen – Jacques Litac, der ebenfalls das allergrößte Interesse daran haben mußte, daß Feldner von der Bildfläche verschwand. Denn inzwischen konnte Feldner bereits zwei seiner Verbrechen bezeugen: den Diebstahl der Patente des Vielstoff-Motors und seine Spionagetätigkeit für China.

Feldner hatte der Telefonistin in Litacs Büro am Boulevard Haussmann 126 seinen Namen genannt und wurde daraufhin mit Madame de Brissac verbunden. Sie begrüßte ihn höflich, aber mit Zurückhaltung; Feldner hatte ihr nie gefallen. Er erfuhr von ihr, daß Monsieur Litac sich zur Zeit von den Anstrengungen des Romaufenthalts an der Côte d'Azur erhole. Als Feldner sie nach Litacs Adresse fragte, antwortete Madame de Brissac, sie habe strikte Anweisung, niemandem Litacs Aufenthaltsort bekanntzugeben. Feldner überlegte kurz: Vor Jahren, als er mit Jacques Litac noch einmal in der Motorenangelegenheit verhandelt hatte, war er von Litac an die Riviera bestellt worden. Der Ort hieß ›Roches...‹ – und dann noch etwas, an das sich Feldner im Moment nicht erinnern konnte.
»Ist es Roches..., na wie hieß der Ort nur schnell?« Madame de Brissac lachte: »Nun, Sie scheinen ja sein Versteck zu kennen, Doktor Feldner. Ja, er ist mit Madame Litac in den Roches Fleuries abgestiegen. Aber sagen Sie nicht, von wem Sie das haben!«
Dr. Feldner bedankte sich, hängte den Hörer ein und kaufte am Flugschalter ein Ticket nach Nizza. Es war Mittag. Die Maschine sollte um 14 Uhr 50 starten. Feldner war ein Mensch, der mit vier Stunden Schlaf pro Tag so munter war wie ein anderer

mit acht. Er hatte fast zwei Stunden lang in der Maschine von Korfu nach Athen geschlafen und wollte das auf dem nächsten Flug wiederholen. Im Restaurant nahm er einen Drink zur Entspannung, dann begab er sich in den Friseurladen des Flughafens.

Er ließ sich die Haare waschen und kurzschneiden. Dann ließ er sich den Vollbart abnehmen. Nur ein kleiner Oberlippenbart blieb stehen. Danach kaufte er sich eine elegante Ledertasche, ein Hemd, eine Krawatte, Unterwäsche, Rasier- und Waschzeug, ein Paar Socken und einen Pyjama. Als er sich eine dunkle Sonnenbrille aufsetzte, war er kaum wiederzuerkennen. Kurz bevor seine Maschine aufgerufen wurde, ging er zur Bar und bestellte sich einen doppelten Bourbon und ein Ham-and-Cheese-Sandwich.

Trotz des korrekt abgestempelten Passes hatte Feldner ein unangenehmes Gefühl, wenn er daran dachte, daß er in wenigen Minuten durch die Paßkontrolle gehen mußte. Er wollte jedes mögliche Risiko vermeiden. Sein verändertes Aussehen könnte dem Beamten auffallen. Auch die Fahndung nach ihm, so unwahrscheinlich es war, konnte bereits angelaufen sein. Er hatte seinen beiden Bewachern in Korfu zwar gesagt, daß er lange schlafen wolle – aber es war nicht auszuschließen, daß die beiden Beamten zwischendurch nach ihm sahen und seine Abwesenheit entdeckt hatten. Feldner blickte sich in der Halle um. Eine Gruppe von sechs Männern saß in einer Ecke auf Bänken. Sie waren unterschiedlichen Alters, aber allesamt braun gebrannt. Feldner näherte sich ihnen und hörte, daß sie deutsch sprachen.

»Wo waren Sie auf Urlaub, Gentlemen?« fragte er so lässig, wie nur ein Amerikaner es konnte. »Sie sind ja wunderbar braun.«

Einer der Älteren, ein Mann mit grauem Bart, antwortete in bestem Oxford-Englisch:

»Wir haben unsere Bräune erarbeitet, Sir. Wir sind Archäologen und arbeiten in der Sonne.«

»Wo denn, wenn ich fragen darf?«

»In Ephesus in der Türkei. Wir sind Österreicher und leiten die dortigen Ausgrabungen.«

»Wie interessant! Darf ich mich vorstellen: Doktor Eric Feldner, Aerophysiker.«

»Professor Baumholzer«, stellte sich der Bärtige vor. »Dieser Herr dort ist Doktor Schmidbauer, und das ist Ingenieur ...«

Er stellte alle sechs Männer vor. Als Österreicher hatten sie jeder einen stolzen Titel vor dem Namen.

Dr. Feldner erkannte seine Chance. Er wollte inmitten dieser Gruppe durch die Paßkontrolle gehen – egal wann ihr Flug aufgerufen würde, solange es nur vor seinem war. Sein Name würde, zumal auch er einen Doktortitel hatte, vielleicht weniger auffallen, wenn er – obschon als einziger Amerikaner – innerhalb der Gruppe abgefertigt wurde.

Dr. Feldners Sorgen waren überflüssig. Als seine Maschine pünktlich um 14 Uhr 50 abhob, hatte man seine Flucht in Korfu noch nicht entdeckt. Seine Wächter wollten ihn bis zum Abendessen schlafen lassen. Als sie nach längerem vergeblichen Klopfen seine Zimmertür öffnen ließen, um ihn zu wecken, entdeckten sie, daß er verschwunden war.

Van Holden war nicht überrascht, als er von Dr. Feldners Verschwinden hörte. Er hatte nichts anderes erwartet. Von der Kommandantur in der Neuen Festung aus rief er Henry Mansfield in Rom an. Mansfield war sehr erleichtert, endlich von ihm zu hören – er war nahe daran gewesen, die Fahndung nach ihm einzuleiten, trotz dessen ausdrücklichem Wunsch, nichts zu unternehmen. Von ihm erfuhr van Holden, daß die gesamte Litac-Gruppe nach Paris abgereist war. So knapp wie möglich berichtete er Mansfield, was geschehen war. Da er vermutete, daß Feldner inzwischen auf dem Weg zu Jacques Litac war, um

ihn zu warnen, bat er Mansfield, sich zu erkundigen, ob Litac derzeit in Paris sei oder wo er sich sonst aufhalte. Mansfield versprach ihm eine umgehende telefonische Antwort.
Van Holden rührte sich nicht von der Stelle, während er auf die Antworten aus Athen und Rom wartete. Die beiden griechischen Offiziere versuchten, ihm die Wartezeit so angenehm wie möglich zu gestalten. Sie waren ihm dankbar, daß er ihnen wegen Feldners Verschwinden keine Vorwürfe machte. Aus dem besten Herrengeschäft der Stadt ließen sie Kleidung für van Holden kommen und die Rechnung an die Botschaft in Athen schicken. Bei einer Flasche Whisky unterhielten sich die drei Männer angeregt über militärische und politische Themen.
Am nächsten Morgen, als Athen van Holdens Identität bestätigte, kam auch der Anruf aus Rom. Mansfield berichtete, die Litacs hielten sich auf ihrer Yacht im Hafen des Hotels Roches Fleuries an der Côte d'Azur auf.
»Danke, Henry. Ich will sehen, daß ich von hier so schnell wie möglich nach Frankreich komme.«
»Ich erwarte Sie auf dem Flughafen von Nizza, Phil.«
»Wieso?«
»Weil ich mitkomme.«
Sie verabredeten, daß Mansfield van Holdens persönliche Dinge wie Paß und Geld mitbrachte und einen Wagen mit Chauffeur bestellte, damit sie vom Flughafen direkt zum Hotel Roches Fleuries fahren konnten.

21. Kapitel

Les Roches Fleuries

An der Küste des französischen Departements Var, zwischen Aiguebelle und Le Lavandou, liegt an einer kleinen Bucht mit einem kleinen Hafen das kleine, luxuriöse Hotel Les Roches Fleuries. Die ›Blumenfelsen‹, ruhig gelegen und umspielt von den Wellen einer kristallklaren See, waren wie aus einer Welt, die es nur in Träumen gibt. Für Amanda Litac war es der schönste Platz auf der Welt.

Vor dem Hafen des Hotels lag eine prächtige Motoryacht in der Obhut eines Kapitäns und einer Besatzung von fünf Matrosen. Es war Jacques Litacs Yacht La Bonne Fortune. Der Ärger und die Aufregungen in Rom hatten den gesundheitlich angeschlagenen Litac stark mitgenommen. Dazu kam, daß er – wieder in Paris – versucht hatte, seine Geschäftsfreunde in Europa und Übersee zu neuen Investitionen zu bewegen, um seine Einbußen in Italien wettzumachen. Aber viele waren zu dieser Zeit auf Urlaub oder ließen sich einfach verleugnen. Seine Niederlage in Rom hatte sich schnell herumgesprochen, und wenn schon Bestechung, dann hatte so etwas erfolgreich zu sein und diskret zu bleiben.

Als eine Absage nach der anderen eintraf, gab er nach einigen Tagen Amandas Drängen nach, der Hochsommerhitze in Paris zu entfliehen und sich für zwei oder drei Wochen auf seiner Yacht auszuruhen. Einer plötzlichen Eingebung folgend, wies er noch von Paris aus den Kapitän der St. Spiridion an, aus der Adria zurückzukehren und bis auf weiteres vor der Französischen Riviera zu kreuzen.

Der Aufenthalt auf der Yacht wurde alles andere als erholsam. Amanda langweilte sich schon nach wenigen Tagen. Sie wurde unverträglich, nörgelte an allem herum und beschimpfte die Mannschaft. Sie hätte gerne einige ihrer Pariser Freunde auf die Yacht eingeladen, aber Litac hatte es ihr verboten. Er wollte seine Ruhe haben und Muße zum Nachdenken. Er konnte jetzt das leere Geschwätz ihrer Freunde nicht ertragen, die nur von der Mode redeten, von den neuesten Skandalen – wer mit wem gerade schlief oder gerade Pleite machte. Als sich die Stimmung zwischen ihnen immer mehr verschlechterte, begann er abends ins Casino von Cannes zu fahren. Litac hatte von seinem Vater die Leidenschaft fürs Glücksspiel geerbt. Mit seinen extrem hohen Einsätzen konnte er ein ganzes Casino erstarren lassen. Er war der Prototyp des ›homo ludens‹ – im negativen Sinne.

»Möchtest du nicht mit nach Cannes fahren, *chérie?*« fragte er Amanda, als der Chauffeur meldete, daß der Rolls-Royce vorgefahren sei. Es waren hin und zurück über zweihundert Kilometer; aber Litac nahm die lange Strecke in Kauf. Im komfortablen Fond des Autos hatte er Ruhe und Zeit zum Nachdenken, und auf der Rückfahrt fand er besondere Entspannung darin, noch einmal in Gedanken seine Spiele im Casino zu erleben.

»Nein, Jacques«, antwortete Amanda. »Ich war doch erst vorgestern mit dir dort. Du weißt, ich kann dir beim Spielen nicht zusehen. Deine Einsätze regen mich zu sehr auf. Und ich selber spiele nicht. Also sei mir nicht böse, wenn ich hierbleibe.«

»Ich bin dir doch nicht böse, *chérie.* Ich hoffe nur, daß du dich nicht langweilst. Oh, übrigens, bevor ich es vergesse: Ich habe d'Armand eingeladen. Er wird ab morgen unser Gast sein. Adieu, *chérie.*«

Amanda verhehlte ihr Mißfallen nicht. Sie selbst durfte ihre Freunde nicht kommen lassen – aber ihr Mann lud ausgerechnet diesen Intriganten ein. Doch sie sagte nichts, zuckte nur die Achseln und kehrte Jacques Litac den Rücken.

»Faites vôtre jeu«, befahl der Cylindrier, der die Aufgabe hatte, das Rouletterad und die Kugel in Bewegung zu setzen. Wie immer, wenn Jacques Litac im Neuen Casino von Cannes spielte, hatten sich die Habitués neben und hinter ihm eingefunden. Man wußte, daß es spannend wurde, wenn der Mann mit dem Monokel seine hohen Einsätze riskierte.

»Rien ne va plus«, kam der zweite Befehl. Jacques Litac hatte bisher nicht gesetzt. Jetzt machte er blitzschnell seine Einsätze, nur mit viereckigen Jetons im Nennwert von je fünftausend Francs. Es war ein Aberglaube, erst im letzten Moment zu setzen. Der Chef de Table rutschte auf seinem erhöhten Stuhl nach vorn, damit ihm nichts entging. Das Surren der rollenden Kugel wurde schwächer, dann begann sie über die Kanten der einzelnen Nummernfächer zu holpern.

»Quinze, noir, impair et manque«, verkündete die unpersönliche Stimme des Croupiers.

Ein Raunen ging durch die Zuschauermenge. Litac hatte mit diesem einen Spiel ein Vermögen gewonnen. Auf der Zahlenfolge dreizehn, vierzehn, fünfzehn hatte er immer eine Wette stehen. Auf die Nummer fünfzehn hatte er *plein*, den vollen Einsatz, und zweimal *cheval* gesetzt, was die Nummer fünfzehn mit den Nachbarnummern zwölf und achtzehn zu einem weiteren vollen Einsatz verband.

Mit seinem Rechen holte der Saladier die Jetons der Nichtgewinner ein. Nur Litacs drei große Vierecke, auf denen jeweils fünftausend stand, blieben auf dem Tisch liegen. Er hatte mit einem Einsatz von fünfzehntausend Francs eine Million und fünfzigtausend Francs gewonnen. Aber Litac hörte nicht auf zu spielen. Nach einigen Minuten wiederholte sich dasselbe, nur diesmal auf Nummer vierzehn. Auf Litacs Gesicht zeigte sich nicht die geringste Erregung. Ruhig und kühl plazierte er seine Jetons. Sein geflüstertes *»Pour les employés«* war kaum zu hören, als er dem Croupier einen Tausend-Francs-Jeton zuwarf.

Der ließ die Marke in einem Schlitz im Tisch verschwinden und bedankte sich mit einem *»Merci pour les employés«* für das Trinkgeld.
Um zwei Uhr früh hörte Jacques Litac immer auf zu spielen. Sein Chauffeur, der in der Zwischenzeit geschlafen hatte, erwartete ihn bereits am Eingang des Casinos.
Litac war zufrieden, wie immer nach dem Spiel. Nicht weil er gewonnen hatte – als Spieler wußte er, daß er früher oder später seinen Gewinn an das Casino zurückverlieren würde –, sondern weil er nach einem Abend im Casino ohne Schlafmittel schlafen konnte und am darauffolgenden Morgen Amanda das geben konnte, was sie sich wünschte. Er kannte das Verlangen seiner um so viele Jahre jüngeren Frau nach Sex – und er wußte, daß er Gefahr lief, sie zu verlieren, wenn er ihr das nicht gab.
Er ahnte nicht, daß er ihr schon seit langem widerlich geworden war, daß sie ihn kaum noch ertragen konnte – um so mehr als ihr klar wurde, wie sehr es mit ihm geschäftlich bergab ging.
Am nächsten Morgen fand Litac die Tür zur Kabine seiner Frau verschlossen. Auf sein Klopfen antwortete Amanda nicht. Als sie einander beim Frühstück wortlos gegenüber saßen, erschien der Kapitän und schlug einen Ausflug nach St. Tropez vor. Beide stimmten dem Vorschlag erleichtert zu.
Bei der Rückkehr erwartete General d'Armand sie bereits am Hafen. Er war am Nachmittag angekommen, hatte seine Frau – Amanda konnte sie nicht mehr leiden, sie fand sie spießig – bei Freunden im benachbarten Cavalière gelassen und sich selber im Hotel Roches Fleuries einquartiert. Amanda hatte sich entschlossen, den General ihren Unmut nicht spüren zu lassen, sondern die Rolle der perfekten Gastgeberin zu spielen. Auch André d'Armand war daran gelegen, zwischen sich und Amanda ein möglichst gutes Verhältnis herzustellen. Das hatte seine Gründe.
Von verschiedenen Seiten war ihm nach seiner Rückkehr aus

Rom geraten worden, sich von Litac zurückzuziehen und anderswo tätig zu werden. Die Banken, so hieß es, räumten ihm keinen Kredit mehr ein und niemand wolle mit ihm mehr etwas zu tun haben.

Aber d'Armand dachte anders. Er kannte Jacques Litac besser als jeder andere, und so wußte er, daß es ihm nicht nur geschäftlich, sondern auch gesundheitlich schlecht ging, daß so ziemlich der ganze große, dürre Mann krank und verrottet war. Er wußte auch, daß Litac seiner Frau alles hinterlassen würde – die Fabriken, die Häuser, das Barvermögen. Er und ein Anwalt hatten als Zeugen die Unterschrift Litacs unter der testamentarischen Verfügung beglaubigen müssen. Er hatte sich vorgenommen, die Stellung, die er bei Litac innehatte, auch beizubehalten, wenn eines Tages alles Amanda gehörte.

Als Amanda sich einmal besorgt bei ihm nach der finanziellen Lage ihres Mannes erkundigte, hatte er geschickt ihre Bedenken bestätigt, gleichzeitig aber betont, daß er dennoch gedächte, dem Hause treu zu bleiben, zumal sich niemand in Litacs Geschäften so gut auskenne wie er. Er hatte ihr gelegentlich unverhüllt nahegelegt, dem kranken Litac eines Tages die Führung der Geschäfte aus der Hand zu nehmen und das Unternehmen, mit seiner Hilfe, selber zu führen.

Am 11. Juli gegen zehn Uhr abends geschah etwas völlig Unerwartetes. Es war kurz nach dem Abendessen, General d'Armand war bereits in sein Hotel zurückgekehrt, und Litac und Amanda saßen in bequemen Sesseln auf dem Achterdeck und nippten an ihren Drinks. Da hielt ein Taxi auf dem Quai, an dem die Bonne Fortune festgemacht hatte. Der Wagenschlag wurde geöffnet, ein Mann stieg aus.

»Wer kann das sein?« fragte Litac Amanda.

»Erwartest du jemanden?«

»Nein, *chérie*, Du hattest es mir ja verboten.«

Litac beugte sich nach vorne: »Donnerwetter!« konnte er nur sagen. Er hatte Feldner an seiner Kopfhaltung erkannt. Jacques Litac war sprachlos. Was in Teufels Namen war geschehen? Amanda schien amüsiert.
Feldner kam an Bord, setzte seine neue Reisetasche auf dem Deck ab, stellte sich breitbeinig vor die beiden hin und blickte arrogant auf sie hinab. Litac und seine Frau waren noch immer von seinem Aussehen überrascht. Er war schlank, fast hager, das Haar war kurz geschnitten und der Bart bis auf ein Oberlippenbärtchen verschwunden. Sportlich gekleidet und mit dunkler Brille war er ein ganz anderer Mann als der, den sie gekannt hatten. Amanda, die sich nach Gesellschaft sehnte, stellte fest, daß er ihr in gewisser Weise sogar gefiel.
Jacques Litac war tief bestürzt. Das Unternehmen war fehlgeschlagen. Die Konsequenzen, die das für ihn hatte, wurden ihm schlagartig klar.
»Überrascht, mich zu sehen, Monsieur Litac?« fragte Feldner etwas spöttisch.
»Ehrlich gestanden, ja, Doktor Feldner. Ich dachte, Sie wären zur Zeit ganz woanders«, antwortete Jacques Litac unsicher.
»Sehen Sie, Jacques, so ist das im Leben. Die Dinge entwickeln sich immer anders, als man denkt. Sie freuen sich doch sicher, mich zu sehen, nicht wahr?«
»Ja, ja, schon. Nur weiß ich nicht, welchem Umstand ...«
»Lassen Sie mich erzählen, Jacques.«
Feldners Vertraulichkeit war Litac unangenehm. Zu Amanda sagte er: »*Chérie*, wolltest du nicht zu Bett gehen?«
Amanda verstand sofort. Aber sie rührte sich nicht von der Stelle.
»Nein«, sagte sie entschlossen. »Ich bleibe. Als deine Frau habe ich das Recht, über Dinge Bescheid zu wissen, die auch mich angehen könnten.«
»Doktor Feldners Geschichte hat nichts mit dir zu tun, und sie

wird auch niemals etwas mit dir zu tun haben. Deshalb ist es besser, wenn du nichts davon weißt. Also geh jetzt bitte und laß uns allein.«

»Nein, Jacques, ich bleibe.«

»Es ist besser«, Litac wandte sich Feldner zu, »wir verschieben Ihren Bericht auf morgen, Doktor. Ich möchte meine Frau nicht mit meinen Geschäften belasten.«

»Aber Jacques! Wir haben doch vor Amanda nichts zu verheimlichen. Lassen Sie sie zuhören – sie wird nur Ihren Einfallsreichtum und Ihren Unternehmungsgeist bewundern.«

»Beginnen Sie, Doktor«, sagte Litac kurz, und Feldner berichtete.

Erstaunt und enttäuscht hörte Jacques Litac zu, ohne Feldner ein einziges Mal zu unterbrechen. Tiefe Niedergeschlagenheit überkam ihn. Sein genial ausgeheckter Plan war nicht nur an der Verrücktheit dieses Mannes und der Tatkraft eines anderen gescheitert, sondern wandte sich gegen ihn selber. Fox hatte ausgespielt. Das bedeutete Gefängnis und Ruin.

»Die Lage ist nun so«, sagte Feldner abschließend, »daß ich innerhalb der nächsten Stunden verschwinden muß. Van Holden ist zweifelsohne hinter mir her. Er kann hier jeden Augenblick auftauchen, weniger, um mich, den abtrünnigen Wissenschaftler, vor Gericht zu schleppen, als Sie, Jacques, zu entlarven. Er kennt Ihre Spionagetätigkeit und kann sie beweisen, wenn er mich dazu bringt, gegen Sie auszusagen. Nun, ich muß zugeben: Ich bin ein schwacher Mensch, und ich werde dem Druck eines zermürbenden Verhörs nicht lange standhalten können. Also lassen Sie sich schnell etwas einfallen. Ich muß untertauchen, bevor es zu spät ist. Mit Ihren Verbindungen und Ihrem Geld dürfte das kein Problem für Sie sein.«

Jacques Litac brauchte nicht lange zu überlegen. Feldner hatte recht. Er mußte verschwinden. Die unverhüllte Drohung, er werde sich nicht weigern, gegen Litac auszusagen, falls er ihm nicht zur Flucht verhalf, war überflüssig. Zum einen gab es ohne Feldner für van Holden keinen Zeugen. Es würde Aussage gegen Aussage stehen, falls es überhaupt zu einer Verhandlung kam. Zum anderen sollte der lästige Erpresser endgültig beseitigt werden.

»Sie haben völlig recht, Doktor Feldner«, sagte Litac nachdrücklich. »Morgen werde ich das Nötige veranlassen, so daß Sie spätestens übermorgen früh abreisen können. Ich lasse Sie auf meine Viehranch in Algerien bringen. Dort wird Sie niemand finden, schon gar nicht, wenn Sie dort illegal einreisen. Dafür werde ich sorgen. Und dort müssen Sie bleiben, bis über diese ganze Angelegenheit Gras gewachsen ist. Und jetzt bitte ich Sie, mich zu entschuldigen. Ich bin müde.«

Jacques Litac stand auf, küßte Amanda auf die Stirn und zog sich in seine Kabine zurück. Er fühlte sich alt, sehr alt.

Amanda hatte dem Gespräch wie versteinert zugehört. Bis zu diesem Augenblick hatte sie nicht gewußt, zu welchen Dingen ihr Mann fähig war. Daß seine Geschäftsmethoden nicht immer die saubersten waren, hatte sie geahnt, nicht aber, daß er in Verbrechen solchen Ausmaßes verstrickt sein könnte. Wenn er diese Risiken einging, mußte es in der Tat mit ihm bergab gehen. Amanda überlegte: Das, was sie erreicht hatte, durfte sie nicht verlieren. Durch die Heirat mit Litac war sie aus ärmlichen Verhältnissen in die Spitze der Pariser Geldaristokratie aufgestiegen. Wie konnte sie vermeiden, als Jacques Litacs Frau in den mit Sicherheit zu erwartenden Skandal verwickelt zu werden und damit alles zu verlieren? Ihn jetzt zu verlassen und Empörung über sein Tun zu heucheln – dazu war es zu spät. Man würde sagen, sie habe wie eine Ratte das sinkende Schiff verlassen.

Warum stirbt er jetzt nicht? fragte sie sich. Er sollte sich hinlegen und sterben, das wäre die beste, die eleganteste Lösung für ihn. Er ist ein Wrack, ein kranker alter Mann, der zwar geistig

noch auf der Höhe ist und von seiner Intelligenz Gebrauch macht, wenn es um seine Eitelkeit und seine Machtgier geht – der aber sonst nichts mehr zu bieten hat. Warum stirbt er nicht endlich! Er hat doch ein langes, reiches Leben gehabt. Jetzt, auf dem Höhepunkt, sollte er Schluß machen, dachte Amanda. Dann wäre sie befreit von diesem geldgierigen Kadaver, der sie anwiderte und der sie wie sein Eigentum behandelte. Sie würde ihn beerben, würde reich und frei sein – frei, sich die Männer zu nehmen, die ihr gefielen ... Amanda kehrte aus ihren Wunschträumen zurück. Feldner hatte sich in Litacs Sessel fallen lassen und saß nun neben ihr. Er blickte ihr forschend ins Gesicht, als wolle er ihre Gedanken lesen.
»Amanda, ich kann mir vorstellen, was Sie fühlen. Ich bedauere unendlich, daß Ihr Mann noch so spät im Leben in eine solch fatale Lage gerät. Aber er hat sich alles selbst zuzuschreiben. Sein unstillbarer Hunger nach Reichtum und Macht hat ihn dahin gebracht. Der große Litac wird stürzen, Amanda. So unbarmherzig es klingt – ich wäre um seinetwillen froh, wenn er das alles, was jetzt auf ihn zukommt, nicht mehr erleben würde. Aber leider«, er hob in einer hilflosen Geste die Hände, »läßt sich so etwas nicht planen.«
Überrascht blickte Amanda zu Feldner auf. Wie eigenartig! Dieser Mann hatte genau dieselben Gedanken gehabt wie sie. Feldner ergriff ihre Hand. Jetzt wird er unverschämt, dachte sie. Aber sie zog ihre Hand nicht weg, sondern ließ sie ihm, obwohl sie vor seiner Berührung immer Abscheu empfunden hatte. Feldner hatte ihr bei jeder Gelegenheit auf plumpe Weise nachgestellt – ein Zeichen seiner grenzenlosen Selbstüberschätzung. Dieser Mann war auch gefährlich, ein Psychopath, ein Mensch, der zu allem fähig wäre. Eine Idee durchzuckte sie.
»Sie haben recht, Doktor Feldner«, sagte Amanda ernst. »Ich empfinde es nicht anders als Sie. Jacques hat es nicht verdient, an seinem Lebensabend noch in einen Skandal verwickelt zu

werden, der ihn ruinieren könnte und den er nicht überleben würde. Jacques ist sehr krank, Doktor Feldner, und es bricht mir das Herz, wenn ich mir vorstelle, daß er als ehrloser Mann sterben müßte. Seine Ordensbrüder, die Malteserritter, würden ihm das letzte Geleit verweigern, das er sich in seinem Testament gewünscht hat. Selbst wenn es Ihnen gelingen sollte, unterzutauchen – dieser amerikanische Major sorgt mit Sicherheit auch ohne Beweise dafür, daß eine Untersuchung in Gang gesetzt wird. Die demütigenden Verhöre würde Jacques nicht ertragen. Gebe Gott, daß ihm das erspart bleibt. Warum passiert denn nichts!«

War das deutlich genug? fragte sich Amanda. Sie blickte Feldner in die Augen – stärkere Männer als er waren bei diesem Blick schwach geworden. »Übrigens, Doktor«, sie entzog ihm ihre Hand und legte sie auf seine Hand, »Sie gefallen mir. Der stachlige Bart hat Ihnen nicht gestanden. Jetzt erst sieht man Ihre feinen Gesichtszüge.«

Dr. Feldner bekam, wie immer, wenn er sehr erregt war, das nervöse Zucken unter dem linken Auge. Er stand auf, ging zur Reling und sah aufs Meer hinaus. Dabei stützte er sich auf die vernickelten Drähte der Reling. Er spürte das kalte Metall in seinen heißen Handflächen und rüttelte leicht daran. Dann kniete er sich auf das Deck und prüfte die Stützen, die auf dem Deck befestigt und zwischen denen der Draht gespannt war. Nach einer Weile kehrte er zu Amanda zurück, die ihn nicht aus den Augen gelassen hatte. Feldner nahm einen langen Schluck aus seinem Whiskyglas. Eine Weile blieben sie schweigend sitzen. Als sie aufstand, um sich zurückzuziehen, schmiegte sie sich für einen Augenblick an ihn und berührte seine Wange leicht mit der ihren. »Bis morgen«, sagte sie mit einem verheißungsvollen Blick.

»Ja, morgen«, erwiderte er mit heiserer Stimme.

Zufrieden ging Amanda in ihre Kabine. Er hatte sie verstanden.

Sie konnte nur hoffen, daß er es geschickt genug anstellte, und schauderte bei dem Gedanken, daß der Erpresser sie zur Liebe nötigen könnte.

22. Kapitel

Athen – Nizza – Roches Fleuries

Major van Holden nahm dieselbe Maschine von Korfu wie am Tag zuvor Dr. Feldner. Am Flughafen von Athen begrüßten ihn der Botschafter und der Militärattaché der Vereinigten Staaten. Sie gaben ihm Geld und die nötigen Papiere für die französischen Einreisebehörden.
Der Militärattaché, ein Oberst, schlug vor, van Holden solle sich vor seiner Weiterreise mit dem Pentagon in Verbindung setzen, um sich für seine nächsten Schritte die nötigen Weisungen geben zu lassen. Van Holden jedoch erklärte, er habe keine Zeit, auf Instruktionen zu warten, bat aber den Oberst, in seinem Namen General Riley beim Vereinigten Stab einen Zwischenbericht zu übermitteln, den er – van Holden – in Kürze vervollständigen werde.
Über Rom flog er nach Nizza weiter. Wegen starker Gegenwinde hatte die Superconstellation Verspätung. Henry Mansfield, der nach Nizza vorausgeflogen war, erwartete ihn bereits ungeduldig am Schalter der Paßkontrolle. Der Beamte schien informiert zu sein und winkte van Holden einfach durch die Sperre. Mansfield und van Holden eilten aus dem Gebäude zu dem von Mansfield gemieteten Wagen. Der Fahrer stand neben dem Fleetwood-Cadillac und öffnete die Tür zum Fond. Eine Glaswand zwischen den Vordersitzen und dem Fond erlaubte den beiden Männern, sich zu unterhalten, ohne daß der Fahrer zuhören konnte.
»Nun, mein Junge«, begann Henry Mansfield mit einem Lä-

cheln und einem Ausdruck, in dem sich Sorge und Bewunderung mischten, »erzählen Sie mal Onkel Henry, wie es Ihnen ergangen ist. Übrigens, ich habe alle Ihre Sachen im Kofferraum.«

»Danke, Henry«, sagte van Holden. Er beugte sich zur Sprechanlage, durch die man sich mit dem Chauffeur verständigen konnte. Das Motorengeräusch war deutlich zu hören.

»Fahrer, bitte schalten Sie die Sprechanlage ab«, befahl van Holden. Der Fahrer zuckte sichtbar zusammen und tat wie ihm befohlen.

»Das muß nicht Absicht gewesen sein«, bemerkte van Holden. Er ergänzte ausführlich den kurzen Bericht, den er Mansfield bereits am Telefon gegeben hatte.

»Ich habe unserem Botschafter in Rom von Ihrer Odyssee erzählt, Phil«, sagte Mansfield, als van Holden geendet hatte. »Er meinte, Sie sollten mit Litac äußerst vorsichtig umgehen. Er sei ein schlauer Fuchs, schlauer als wir alle zusammen. Wenn wir ihn ohne handfeste Beweise beschuldigen, werde er möglicherweise über Regierungswege zurückschlagen. Das könnte zu einer Verstimmung zwischen Frankreich und den Vereinigten Staaten führen – und das würde General de Gaulle ausgezeichnet ins Konzept passen.«

»Doktor Feldner ist die Schlüsselfigur«, sagte van Holden nachdenklich. »Es kommt nur darauf an, daß wir ihn erwischen. Befindet er sich, wie wir hoffen, bei Litac, dann muß es uns als nächstes gelingen, ihn zum Sprechen zu bringen. Feldners seelische Verfassung, ich meine damit seine jeweilige Stimmung, ist unberechenbar. Mal ist er arrogant und aggressiv, dann wieder unterwürfig und depressiv. In die Aggression kann man ihn mit Geschick hineinsteigern. Dann redet er hemmungslos. Und genau in diesem Zustand müssen wir ihn haben, wenn er offiziell vernommen wird.«

Henry Mansfield nickte schweigend. Dieser Offizier konnte

eiskalt überlegen. Es war gut, auf seiner Seite zu stehen.
»Mit Hilfe meiner Verbindungen in Paris«, sagte Mansfield schließlich, »konnte ich auf diskrete Weise eine Auskunft der Polizei von Lavandou erhalten. Der Besitzer des Hotels Roches Fleuries hat beobachtet, daß gestern abend um zehn Uhr ein Taxi vor dem Hotel vorfuhr, mit einem einzelnen Fahrgast, der sich umgehend auf Litacs Yacht begeben habe.«
»Das könnte Feldner gewesen sein«, sagte van Holden. »Zeitlich würde das genau hinkommen.«
»Und noch etwas, Phil. Ich habe mit Madame de Brissac gesprochen. Feldner hat sie gestern angerufen. Er vermutete Litac auf der Yacht, und sie hat es ihm bestätigt.«
»Wie lange wird unsere Fahrt dauern, Henry?«
»Zweieinhalb bis drei Stunden. Die Straße an der Küste wird später eng und kurvig. Wir kommen also zwischen neun und zehn an. Ich habe für uns unter anderen Namen Zimmer im Roches Fleuries bestellt. Sie heißen Smith und ich heiße Jones, unsere Vornamen blieben uns erhalten. Litac soll nicht wissen, daß wir kommen. Wir sind einfach da.«
»Wie stehen Sie eigentlich zu Jacques Litac, Henry?« fragte van Holden nach einer längeren Pause. »Sie sind doch seit Jahren sein intimer Freund. Können Sie jetzt gegen ihn Partei ergreifen?«
Mansfield sog hörbar die Luft ein. Es klang wie ein Seufzer. »Diese Frage habe ich von Ihnen erwartet, Phil. Ich will Ihnen offen und ehrlich antworten. Ja, ich bin Jacques Litacs Freund und Berater gewesen. Ich lernte ihn lange vor seiner Heirat mit Amanda kennen. Damals war er ein cleverer und charmanter Mann; er war ehrgeizig, aber hatte auch noch gewisse Ideale, die er in den folgenden Jahren allerdings mehr und mehr vergaß. Er war wie besessen vom Erfolg. Für manche Geschäfte konnte er sich richtig begeistern, und diese Begeisterung war ansteckend. So kam es, daß ich ihn einige Male bei Geschäften

beriet und unterstützte, die gerade noch im Rahmen des Erlaubten waren. Dafür honorierte er mich jedesmal großzügig, meistens mit Geld, das er mir auf ein Schweizer Nummernkonto überweisen ließ. Ich nahm es an, obwohl ich es nicht nötig hatte – mein Gehalt bei der United States Forge and Foundry Corporation ist sechsstellig. Ich fand dabei nichts Unrechtes – natürlich, es war Steuerhinterziehung. Aber welcher Geschäftsmann macht das nicht, wenn er Gelegenheit dazu hat.«

Nachdenklich blickte Mansfield auf die Hügel der Provence hinaus. Dann fuhr er fort: »Vor kurzem nun geschah folgendes: Wenige Tage vor unserer Abreise nach Rom mußte ich aus dem Tresor meiner Pariser Bank geheime Unterlagen holen, die ich für unsere Verhandlungen mit dem italienischen Generalstab brauchte. Es waren Angaben über die Stärke von NATO-Verbänden. Zu meiner Überraschung fand ich zwischen diesen Papieren die Abschrift einer Nachricht Litacs an die rotchinesische Militärdelegation in der Schweiz. Die Informationen stammten aus einem geheimen Dokument der NATO, in dem die amerikanischen Armee-Verbände an der Koreafront aufgeführt waren. Nun, Jacques Litac war es gewesen, der mich zu dieser Bank gebracht hatte. Es war einige Male vorgekommen, daß wir, wenn er oder ich von Paris abwesend waren, wegen des Zwei-Schlüssel-Systems beim Tresorverwalter versiegelte Papiere füreinander hinterließen. Sie sollten nach der Rückkehr des Betreffenden in sein Fach gelegt werden. Ob nun Jacques, der immer mehr zu Heimlichkeiten neigte, mich auf diese Weise zu seinem engsten Vertrauten machen wollte, soll dahingestellt bleiben. Aber folgendes spricht dafür: Als ich Jacques wegen dieser Abschrift zur Rede stellte, leugnete er nichts ab. Nicht einmal eine Erklärung gab er mir, wie das Dokument in mein Fach habe geraten können. Im Gegenteil: Er erklärte mir ausführlich, er wolle der erste und der größte Waffenlieferant der kommenden Großmacht China werden. Um sich den Weg

zu diesem Ziel zu ebnen, habe er den Chinesen bereits eine Reihe von Gefälligkeiten erwiesen, die ihm aufgrund seiner Beziehungen zur NATO möglich waren und die er für ein tragbares Risiko hielt. Er sei eben ein passionierter Spieler, der Risiken nicht scheue und auf die Zukunft setze. Auf diese Weise habe er sein großes Vermögen erworben, und er wolle seinen Stil nicht ändern. Es gehe ihm weniger um das Geld als darum, das Spiel mit der Gefahr zu gewinnen – und die Macht zu genießen.«
Henry Mansfield blickte wiederum aus dem Fenster. Im letzten Licht des Tages verblaßten langsam die Farben. »Jacques Litac ist wahrhaftig ein besonderer Mensch.«
Van Holden war betroffen von dem Geständnis seines Freundes. Er sagte nichts, denn er ahnte, daß das noch nicht alles war.
»Für mein Schweigen«, fuhr Henry Mansfield leise fort, »bot mir Jacques eine Summe an, die so groß war, daß ich sie einfach nicht ausschlagen konnte. Beweise dafür, daß ich sie angenommen hatte, gab es nicht – wieder ging die Überweisung auf ein Nummernkonto in der Schweiz.«
»Sie haben meine Frage noch nicht beantwortet, Henry. Sind Sie jetzt imstande, gegen Litac Stellung zu beziehen?« fragte van Holden behutsam. Mansfield war in der Stimmung, die Wahrheit zu sprechen – van Holden wollte sie nicht zerstören.
»Ich habe mich zu einem Entschluß durchgerungen, Phil, und er ist mir weiß Gott nicht leicht gefallen. Nennen Sie es wie Sie wollen: Scham, Gewissen, Patriotismus – fest steht jedoch: Ich werde Jacques das Geld zurückgeben, und ich werde in dieser Sache auf Ihrer Seite sein, Phil. Aber eins müssen Sie verstehen! Als Zeuge kann ich Ihnen nicht dienen. Was Ihre Entführung betrifft, so weiß ich davon nur das, was Sie mir erzählt haben. Und was das geheime Dokument betrifft, das ich in meinem Fach gefunden habe, so hat es Jacques wieder an sich genommen. Er würde es einfach ableugnen. Aber sagen Sie mir, wie ich Ihnen helfen kann, und ich werde es tun.«

»Ich werde Sie nicht als Zeuge benennen, Henry. Und zwar nicht aus Gefälligkeit, um Ihnen eine Aussage gegen Ihren ehemaligen Freund zu ersparen, sondern weil ich Sie dafür nicht brauche. Der Kronzeuge der Anklage wird Doktor Feldner sein. Wenn er zum Reden gebracht werden kann, sind andere Zeugen nicht nötig. Wird er nicht zum Reden gebracht, dann bleibt Jacques Litac ungeschoren wie ein Lamm. Nur eines wird sich ändern: Die Amerikaner und die Franzosen werden ihn aufgrund meiner Aussagen von nun an nicht eine Sekunde aus den Augen lassen. Damit wird seine Spionagetätigkeit ein für allemal zu Ende sein.«

Sie hatten Antibes und Cannes hinter sich gelassen und fuhren nun an der Küste entlang in Richtung St. Raphaël. Nur hin und wieder wechselten sie ein paar belanglose Sätze miteinander.

Van Holden überlegte: Lediglich auf seine Aussage hin würden sich die französischen Behörden kaum zum Eingreifen entschließen. Er mußte allein vorgehen und Mansfield als Zeugen zu den Gesprächen mit Litac und Feldner hinzuziehen. Wie würde sich Litac verhalten? Wahrscheinlich deckte er Feldner so lange, bis dieser zu reden begann und ihm den Schwarzen Peter zuschob. Dann könnte er möglicherweise behaupten, er habe im Interesse Frankreichs mit den Chinesen verhandelt. Falls Feldner dem nicht widersprach, würde es schwer sein, die beiden zu überführen – vielleicht war es sogar unmöglich.

Nach fast drei Stunden fuhr der Wagen mit den beiden Amerikanern vor dem Hotel Roches Fleuries vor. Sie trugen sich unter ihren falschen Namen ins Gästebuch ein und ließen sich auf die Zimmer führen. Van Holden trat auf den Balkon hinaus. Er sog die warme Luft ein, die nach Pinien und Meer roch, und reckte seine Glieder. Ein herrlicher Blick auf die lichterglitzernde Küste und das dahinterliegende dunkle Meer bot sich ihm.

Im Hafen sah van Holden eine große Motoryacht liegen. Sie

war am Quai festgemacht. Der Name am Bug war deutlich zu lesen: LA BONNE FORTUNE. Die goldenen Buchstaben leuchteten im Licht der Schiffslampen. Henry Mansfield stand auf dem Balkon nebenan und sagte: »Jacques Litacs Boot.« Plötzlich drang von der Yacht der gellende Schrei einer Frau herauf. Die Frau schrie weiter, dazwischen mischten sich Rufe von Männern.
»Kommen Sie, Henry, schnell!« Van Holden stürzte ins Zimmer zurück und rannte, von Mansfield gefolgt, die Treppen hinunter. Er lief den Quai entlang zur Yacht. Einige Sekunden später stand er auf dem Vorderdeck, wo mehrere Menschen zusammengelaufen waren.
Die beiden Amerikaner wurden gerade noch Zeugen eines Vorfalls, der den Tod eines Mannes zur Folge hatte.

23. Kapitel

La Bonne Fortune

Am Morgen nach Feldners Ankunft schickte Jacques Litac einen Matrosen ins Hotel Roches Fleuries, um den Wissenschaftler zum Frühstück auf die Yacht zu bitten. General d'Armand ließ er wissen, daß er ihn an diesem Tag nicht an Bord zu sehen wünsche. Kurz darauf erschien Feldner, sportlich gekleidet und mit einer Badehose unter dem Arm, am Quai.

»Bonjour, Jacques!« grüßte er gutgelaunt, als er aufs Deck trat. Litac zuckte bei dieser Anrede leicht zusammen. *»Tu as dormi bien?* Ich darf doch ›du‹ sagen? Es ist eigentlich längst an der Zeit, daß wir alten Freunde uns vertraulicher anreden. Aber das können wir ja bei einem Glas Champagner noch nachholen. Was gibt es Neues? Wo ist Amanda?«

»Amanda ist in ihrer Kabine, Doktor Feldner«, antwortete Jacques Litac betont förmlich. Den konventionell erzogenen Mann störte die zwanglose Art des Amerikaners außerordentlich. Aber nur jetzt keinen Streit, sagte er sich.

»Ich habe Sie hergebeten, damit Sie mit mir frühstücken. Anschließend möchte ich in Ihrer Gegenwart meine Anweisungen für Ihren Transport nach Algerien geben. Ich möchte sichergehen, daß Sie mit meinen Anordnungen einverstanden sind.«

Der Steward meldete sich und verkündete: *»Le petit déjeuner est prêt, messieurs.«* Er war Algerier und sprach Französisch mit starkem Akzent. Ganz in Weiß – und mit weißen Handschuhen – machte der große, dunkle Mann eine gute Figur. Litac hatte ihn einer englischen Herzogin abgeworben.

Nach dem Frühstück bat Litac Feldner in den Funkraum. Der Funker stand stramm, als sie eintraten.
»Von hier aus kann ich mich mit der ganzen Welt in Verbindung setzen«, bemerkte Litac stolz, als er die eingegangenen Nachrichten durchflog, die ihm der Funker gereicht hatte. »Bitte setzen Sie sich, Doktor Feldner.«
Zuerst ließ sich Jacques Litac mit dem Verwalter seiner Rinderfarm in Algerien verbinden.
»Ahmed«, sagte er, »hören Sie mir gut zu: In ein oder zwei Tagen wird ein Doktor Eric Feldner bei Ihnen eintreffen. Er wird für eine Weile mein Gast auf der Ranch sein. Betrachten Sie ihn als solchen, jedoch mit der einen Einschränkung, daß Doktor Feldner aus Sicherheitsgründen die Ranch nicht verlassen und auch keinen Besuch empfangen soll. Das entspricht seinem eigenen Wunsch. Die St. Spiridion wird morgen oder übermorgen in Oran einlaufen. Doktor Feldner befindet sich an Bord. Lassen Sie ihn dort abholen. Verstanden?«
Offensichtlich hatte Ahmed verstanden, denn Jacques Litac ließ bereits die nächste Verbindung herstellen. Feldner überlegte einen Augenblick lang, ob er gegen die Anordnung Litacs, ihn wie einen Gefangenen auf der Farm festzuhalten, Einspruch erheben sollte, unterließ es aber. Einmal an Ort und Stelle, nahm er sich vor, würde er schon selber die Hausordnung bestimmen.
Der Kapitän der St. Spiridion meldete sich über Funk.
»Wo befinden Sie sich zur Zeit, Kapitän?« fragte Litac. »Wann können Sie zehn Seemeilen vor Le Lavandou sein?«
Der Kapitän schien seine Seekarte zu studieren, denn es dauerte eine Weile, bis Litac fortfuhr: »Gut. Dann werden Sie heute nach Mitternacht Doktor Feldner, den Sie schon kennen, von der Bonne Fortune übernehmen. Verstanden?« Litac hörte sich an, was der Kapitän noch zu sagen hatte, dann antwortete er: »Das wird Ihnen Doktor Feldner selbst alles erklären. Er soll in

Oran an Land gehen. Ahmed von unserer Farm in Saint Barbe du Tlelat wird ihn dort entgegennehmen. Übergeben Sie ihn niemand anderem. Haben Sie verstanden?«
Litac drehte sich lächelnd zu Feldner um: »Der Kapitän war ziemlich erstaunt darüber, daß er Sie so schnell wiedersieht. Sind Sie mit meinen Anweisungen zufrieden, Doktor? Ein Zehntausend-Tonnen-Schiff bringt Sie zu einer der schönsten und größten Rinderfarmen in Afrika, wo man Sie wie einen Fürsten behandeln wird.«
Feldner war von Litacs weitreichender Organisation beeindruckt, aber er zeigte es nicht. Ausweichend antwortete er:
»Ich möchte jetzt schwimmen, aber nicht hier im Hafenwasser. Können wir nicht ein Stück aufs Meer hinausfahren?«
»Sie werden hoffentlich nichts dagegen haben, wenn wir auf Amandas Erscheinen warten, Doktor Feldner«, antwortete Jacques Litac nun seinerseits so arrogant wie möglich.
Als Amanda erschien, begrüßte sie Feldner mit einem Kuß auf die Wange. Sie hatte nichts gegen seinen Wunsch einzuwenden.
»Endlich ein vernünftiger Vorschlag, Jacques«, sagte sie zu Litac. »Auch ich habe Lust aufs Wasser. Wie schade, daß du nicht schwimmen kannst.«
Dr. Feldner drehte sich überrascht um: »Was? Was höre ich da? Sie können nicht schwimmen, Jacques? Ist doch nicht zu glauben. So ein schönes Schiffchen zu besitzen und nicht schwimmen können!«
Litac würdigte Feldner keiner Antwort. Verärgert wandte er ihm den Rücken zu.
Der Tag verging mit Schwimmen, Essen und Sonnen. Die Yacht war einige hundert Meter aufs Meer hinausgefahren und hatte an einer Stelle beigedreht, wo das Wasser von einem ganz besonders leuchtenden Azurblau war. Amanda hatte diese Stelle zu ihrem ›Schwimmbad‹ erklärt.
Nur Litac vermied die Sonne. Er hatte sich unter der Plane auf

dem Achterdeck in einem bequemen Liegestuhl niedergelassen und befaßte sich mit Geschäftspapieren. Schon in seiner Jugend hatte er das Schwimmen gehaßt. Sein Vater hatte ihn einmal, als er noch ein kleiner Junge war, einfach ins Wasser geworfen. Jacques wäre beinahe ertrunken und schwor Rache: Er weigerte sich, schwimmen zu lernen – und das galt auch heute noch. Die Yacht hatte er zu anderen Zwecken als für Schwimmausflüge erworben. Sie diente ihm als abhörsicherer Arbeits- und Konferenzplatz und bot nebenbei den Rahmen, den er bei Gesprächen mit Geschäftsfreunden bisweilen für vorteilhaft hielt. Im übrigen fühlte er sich an Bord einfach wohl. Zu seiner Überraschung war er sich bewußt geworden, daß er auf dem Schiff noch kein einziges Mal einen seiner gefürchteten Zornesausbrüche gehabt hatte.

Am späten Nachmittag fuhr man zurück zur Ankerstelle am Quai des Hotels. Die Litacs und Feldner zogen sich in ihre Kabinen zurück, um sich auszuruhen und sich für die Cocktailstunde umzuziehen. Nach dem Abendessen, etwa um 10 Uhr 30, sollte die Yacht auslaufen und Kurs auf die für das Zusammentreffen mit der St. Spiridion vorgesehene Stelle nehmen.

Jacques Litac lag auf dem Doppelbett in seiner Kabine und dachte über die Wendung nach, die die Ereignisse in den letzten Wochen genommen hatten. Da sah er durch sein Fenster, wie sich über den Teil des Vorderdecks, den er von seiner Kabine aus gerade noch überblicken konnte, die Silhouette eines Mannes bewegte. Um diese Stunde war die Mannschaft beim Essen. Litac fragte sich, was dort jemand um diese Zeit zu suchen hatte, und stand auf. Er ging zum Fenster und sah Feldner, der mit einem Werkzeug an der Reling hantierte. Nach einigen Minuten schien Feldner fertig zu sein. Er ging unmittelbar an Litacs Kabinenfenster vorbei, das von außen nicht einzusehen war. Litac konnte in Feldners Hand einen Schraubenzieher erkennen.

Er zog sich den Morgenrock an, ging auf Deck und direkt zu der Stelle, wo sich Feldner an der Reling zu schaffen gemacht hatte. Mit einem Blick sah er, was geschehen war: Ein Stück der Reling war nur noch lose mit den Teilen links und rechts verbunden. Die Schrauben an beiden Seiten waren so weit gelokkert worden, daß dieses Stück schon bei der geringsten Belastung herausfallen mußte. Nachdenklich kehrte Jacques Litac in seine Kabine zurück und legte sich wieder aufs Bett. Was hatte Feldner vor? Was bezweckte er damit, wenn er die Reling auf diese Weise präparierte? Eins war klar: Schrauben in einer Sicherheitsreling zu lockern – das konnte nichts Gutes bedeuten.

Wollte Feldner etwa einen Unfall vortäuschen oder inszenieren? Aber wer sollte das Opfer sein? Litac glaubte nicht, daß er es sein sollte. Hatte er nicht erst vor wenigen Stunden bewiesen, daß er ihm helfen wollte? Wie dem auch sei: Falls der Mann etwas gegen ihn im Schilde führen sollte, würde er ihm nicht unbewaffnet gegenüberstehen. Der Schlagring, den er immer bei sich trug, würde auch heute in seiner rechten Hosentasche stecken. Spiro Nr. I hatte ihm die Waffe einst mit der Bemerkung geschenkt: Der Schlagring in der Faust eines Mannes gibt ihr die dreifache Kraft. Was soll's, dachte er abschließend, als er sich für den Abend umzog. Heute nacht werde ich diesen Erpresser endgültig verschwinden lassen ... Denn aus Algerien sollte Dr. Feldner niemals zurückkehren.

Trotz des vorzüglichen Abendessens – Litac hatte seinen Küchenchef aus Paris auf die Yacht mitgenommen – war die Stimmung der Passagiere gedrückt. Sie alle empfanden ein Gefühl tiefer Beunruhigung, aber keiner hätte es den anderen gegenüber zu erkennen gegeben. Die ganze Zeit über redete eigentlich nur Amanda, und was sie sagte, waren Komplimente für Feldner. Sie lobte sein neues Aussehen, seinen Mut, seinen er-

finderischen Geist. Zwischendurch warf sie ihm teils verständnisvolle, teils bewundernde, teils verliebte Blicke zu. Auf Feldner wirkte dies wie ein Elixier, das ihm Kraft und Selbstvertrauen gab. Litac war von dem Theater nur angewidert – einen Augenblick lang stieg in ihm der Verdacht auf, Amanda sei mit Feldner gegen ihn im Bunde. Aber er schob den Gedanken rasch wieder weg. Das wäre wirklich absurd. Es war wieder einmal eine von Amandas Launen – weiter nichts, dachte er.
Die Nacht war mondlos. Auf dem Meer war es völlig dunkel, nur die Sterne gaben ein wenig Helligkeit. An der Küste, von der leise Musik herüberdrang, glitzerte die Lichterkette der Badeorte. Nach dem Essen ließ man sich auf dem Achterdeck nieder und trank nochmals Wein. Dann wurden Armagnac und Drambouie serviert.
Amanda erhob sich: »Ich werde euch beide jetzt allein lassen. Ihr habt sicherlich noch einiges zu besprechen. Ich bin müde! Ich bin heute länger im Wasser gewesen als sonst. Doktor, ich wünsche Ihnen eine angenehme Überfahrt und den Erfolg, den Sie verdienen. Auf Wiedersehen und gute Nacht.«
Sie reichte Feldner die Hand mit einem letzten, fast beschwörenden Blick. Dann küßte sie Litac auf die Stirn und verschwand im Gang, der zu ihrer Kabine führte.
Die beiden Männer schwiegen. Sie waren allzusehr mit dem beschäftigt, was die nächsten Minuten und Stunden bringen würden, als daß sie Lust auf irgendwelche belanglosen Gespräche gehabt hätten. Feldner ging noch einmal jeden Schritt durch, den er jetzt tun würde. Es mußte klappen – und zwar auf Anhieb. Litac durfte keine Gelegenheit mehr haben, den kräftigen Steward um Hilfe zu rufen. Sie würden ihn überwältigen – Litac würde nicht zögern, ihn töten zu lassen.
Litac war ziemlich sicher, daß sein Verdacht sich bestätigen würde. Er fragte sich, ob es nicht besser sei, den Steward zu rufen oder den Kapitän. Mit ihm könnte er noch einmal über die

Fahrt zur St. Spiridion sprechen und so verhindern, daß er mit Feldner allein war. Allerdings würde er dann nie erfahren, ob Feldner wirklich einen Anschlag auf ihn plante. Was konnte denn schon geschehen! Schließlich war er gewarnt, und seine Leute, die sich für die nächtliche Ausfahrt bereithielten, würden ihm sofort zu Hilfe kommen.
Nach einer Weile stand Dr. Feldner auf: »Kommen Sie, Jacques«, sagte er ernst, »ich will Ihnen etwas zeigen, bevor ich von Bord gehe. Kommen Sie«, wiederholte er, als Litac zögerte. »Ich möchte Ihnen etwas am Boot zeigen, das offensichtlich der Aufmerksamkeit Ihrer Mannschaft entgangen ist.«
Jacques Litac stand auf und folgte Feldner zu der Stelle auf dem Vorderdeck, wo er ihn an der Reling beobachtet hatte. Sollte Feldner ihn vielleicht nur warnen wollen, indem er ihm zeigte, daß die Reling locker war? Vielleicht hatte Feldner nur deswegen mit dem Schraubenzieher dort gearbeitet, um die Stelle zu reparieren? Von seiner Kabine aus hatte Litac ja nicht genau sehen können, was er dort machte. Vielleicht war ihm die Reparatur nicht gelungen, und nun wollte er ihn auf die schadhafte Stelle aufmerksam machen. Andererseits, der Mann wußte, daß er nicht schwimmen konnte ... Gleich werden wir wissen, um was es hier geht, sagte sich Litac.
»Sehen Sie her, Jacques«, sagte Feldner und forderte ihn mit einer Geste auf, näher an die Reling heranzutreten: »Dieses Stück der Reling ist locker. Hier kann leicht einer über Bord fallen – schon heute nacht, wenn wir ausfahren.«
Bevor er näher trat, umklammerte Jacques Litac den Schlagring in seiner rechten Hosentasche und zog ihn heraus. Er hielt ihn hinter dem rechten Oberschenkel verborgen. Was Feldner gesagt hatte, leuchtete ein, und die Sache schien völlig harmlos zu sein. Aber die Art, wie er es gesagt hatte, löste in Litac ein Warnsignal aus: Seine Stimme war plötzlich heiser geworden, und das Zucken unter dem linken Auge ließ auf eine starke in-

nere Erregung schließen. Jetzt mußte es sich entscheiden, ob Feldner es auf sein Leben abgesehen hatte. Angst schnürte Litac die Kehle zu, als er einen Schritt auf die Reling zutrat. Seine Befürchtung sollte sich in der nächsten Sekunde bestätigen. Feldner, der mit dem Rücken zur Bordkante stand, packte ihn plötzlich und ohne Warnung beim Jackett und zerrte ihn mit harten Fäusten zu sich. Mit haßerfülltem Blick zischte er: »Du Schwein, jetzt bist du dran!« Dann ließ er sich gegen die lose Reling nach rückwärts fallen und riß Litac mit sich.

Als Jacques Litac das Gleichgewicht verlor, konnte er gerade noch einen heiseren Schrei ausstoßen. Auch gelang es ihm, mit einem weitausholenden Schwung den Schlagring auf Feldners Kopf zu schmettern. Noch ehe sie auf dem Wasser aufschlugen, spritzte aus einer großen Platzwunde an Feldners Haaransatz Blut in Litacs Gesicht. Feldners letzter Blick auf seinen Widersacher zeigte eine Mischung aus Überraschung, Bewunderung und Haß.

Der Steward hatte Litacs Schrei gehört. Er hatte gesehen, daß die beiden Männer zum Vorderdeck gegangen waren, und die Gelegenheit wahrgenommen, den Tisch auf dem Achterdeck abzuräumen. Er lief zum Vorderdeck und sah sofort, was geschehen war. Er rannte einige Schritte zurück zum Kabinenfenster des Kapitäns, klopfte hart an die Scheibe und schrie: *»Venez vite, capitaine, venez vite!«* Dann lief er zurück und sprang ins Wasser.

Amanda war nicht zu Bett gegangen. Ungeduldig hatte sie auf die kommenden Ereignisse gewartet. Sie hatte das Aufklatschen der Körper im Wasser und die Rufe des Stewards gehört und war als erste an der Reling. Mit schriller Stimme schrie sie um Hilfe. Es war ihr Schrei, den die beiden Amerikaner auf ihren Balkons gehört hatten. Sekunden später war van Holden an Ort und Stelle, gefolgt von Henry Mansfield.

Sie beugten sich über die Reling und verfolgten die Rettungsbemühungen des Stewards. Van Holden wollte gerade ins Wasser springen, um dem Mann zu helfen, als langsam erst ein Kopf, dann die Schultern eines Mannes hochkamen. Noch konnte man ihn nicht erkennen. Als der Steward ihn zur Yacht zog, blieb Amandas Herz fast stehen. Der Mann war Jacques Litac. Von Feldner war nichts zu sehen.

Jacques Litac hielt sich an einem Rettungsring fest, den man ihm inzwischen zugeworfen hatte. Mit aufgerissenen Augen starrte er in die Höhe und rang nach Atem. Der Steward zog ihm ein Seil unter den Achseln durch, und so wurde er schließlich an Bord gehievt. Noch im Wasser hatte er seine Matrosen, die sich inzwischen an der Reling versammelt hatten, angeschrien, sie sollten sofort nach Feldner tauchen.

Inzwischen war auch General d'Armand eingetroffen. Er hatte den Tag mit seiner Frau in Canadel verbracht und war eben ins Hotel zurückgekehrt. Er stellte sich neben Amanda und legte seine Hand beschützend auf ihre Schulter. Die beiden Amerikaner würdigte er keines Blickes.

Van Holden trug Litac, der auf dem Deck völlig erschöpft zusammengesackt war, in seine Kabine. Es sah aus, als halte er nur ein Bündel Kleider in den Armen, so gewichtslos und mager schien der große Mann geworden zu sein. Amanda starrte sprachlos van Holden nach, als sie sich von d'Armand in Litacs Kabine führen ließ.

Jacques Litac lag, in große Badetücher gewickelt, aschfahl auf seinem Bett. Er zitterte am ganzen Körper. Der Küchenchef erschien in der Tür und brachte ihm heißen Tee mit Rum. Litac schlürfte ihn gierig. Niemand hatte bemerkt, daß er, als man ihn auf das Bett legte, einen Schlagring unter sein Kissen schob. Amanda, General d'Armand, der Kapitän und die beiden Amerikaner standen um ihn herum und warteten auf das, was er zu sagen hatte.

»Wir standen an der Reling des Vorderdecks«, begann Jacques

Litac, nachdem er seinen Tee ausgetrunken hatte. »Dr. Feldner wollte mich darauf aufmerksam machen, daß ein Teilstück der Reling lose sei. Als er mir die schadhafte Stelle zeigen wollte, verlor er das Gleichgewicht. Ich wollte ihn vor dem Sturz ins Wasser bewahren und zurückreißen. Aber er griff mit einer Reflexbewegung nach mir und riß mich mit. Während des Sturzes muß er sich am Kopf verletzt haben – vielleicht an der Ankerkette –, ich habe ihn noch ein paar Augenblicke leblos neben mir im Wasser treiben sehen. Ich konnte ihm nicht helfen, denn ich kann nicht schwimmen. Ohne Hilfe des Stewards wäre ich ertrunken.«

Jacques Litac mußte Atem holen. Er würgte; Wasser lief aus seinem Mund. Mit schwacher Stimme fuhr er fort: »Jetzt wünsche ich nur, daß man mich nach Paris bringt. Ich möchte mich zu Hause erholen und nicht mehr an diese schrecklichen Ereignisse erinnert werden. Mein Herz ist schwach, sehr schwach. Ich werde es nicht mehr lange schaffen. Bitte, lassen Sie mich jetzt allein.« Litac hatte die letzten Sätze nur mit Anstrengung hervorgestoßen.

Der Kapitän verständigte die Polizei. Amanda ließ einen Arzt kommen und quartierte ihn auf der Yacht ein. Auf ihren Wunsch blieb General d'Armand als einziger bei ihr. Sie erklärte, er sei Jacques' bester Freund und müsse in der Nähe bleiben. Für die beiden Amerikaner hatte sie kein Wort, nur die Hand reichte sie ihnen zum Abschied.

Van Holden und Mansfield gingen ins Hotel zurück und berieten sich. Dr. Feldner, van Holdens einziger Zeuge, war tot. Es wäre sinnlos gewesen, Jacques Litac jetzt offiziell der Spionage zu bezichtigen. Er würde alles ableugnen. Auch war er wohl in seinem Zustand für längere Zeit nicht vernehmungsfähig. Die beiden Amerikaner beschlossen deshalb, nach der amtlichen Untersuchung des Todesfalles Feldner abzureisen. Unter Umgehung von General d'Armand ließ Henry Mansfield Amanda über den Kapitän fragen, ob er oder Major van Holden ihr in irgendeiner Weise behilflich sein könnten. Ihre Antwort war kurz: Nein, danke. Zur Zeit nicht. Sie wolle sich nur um Jacques kümmern. Alles andere müsse warten. Van Holden war nicht gekränkt, er konnte durchaus verstehen, daß sie ihre Gründe dafür hatte.

Die polizeiliche Untersuchung am nächsten Morgen ergab, was die meisten erwartet hatten: Dr. Eric Feldner war das Opfer eines Unfalls. Er mußte auf die eiserne Ankerkette gestürzt sein. Man hatte seine Leiche geborgen und die Wunde untersucht. Sie konnte sehr wohl von der Kette stammen, die fast gerade am Bug hinunterlief. Obwohl das Schiff am Quai des Hotels vertäut war, hatte der Kapitän den Anker zusätzlich werfen lassen, für den Fall, daß Wind aufkam. Die morschen Holzpfähle, an denen es festgemacht war, hielten nicht viel aus.

Die beiden Amerikaner reisten sofort ab. Henry Mansfield kehrte auf seinen Posten in Rom zurück. Major van Holden buchte einen Platz in einer Maschine nach Paris und von dort einen Direktflug nach Washington. Denn jetzt mußte er unverzüglich seinen Vorgesetzten Bericht erstatten.

24. Kapitel

Le Bourget – Washington

Auf dem Flughafen von Nizza trennten sich die beiden Amerikaner. »Wir müssen in Verbindung bleiben, Phil«, sagte Henry Mansfield und reichte van Holden die Hand zum Abschied. »Doktor Feldners Tod hat uns einiges erspart, aber noch fehlt der Schlußstrich. Den Rest müssen wir gemeinsam erledigen. Sie verstehen, was ich meine?«
Van Holden nickte: »Ja, ich verstehe. Sie können mich über General Rileys Büro erreichen, Henry. Und ich werde Ihnen auch Bescheid über meine nächste Dienststelle geben. *So long and good luck in Rome.*« Er ging in die Abflughalle und stellte sich zu den wartenden Passagieren.
Van Holden mußte in Paris übernachten, denn seine Maschine ging erst am nächsten Morgen. Er wollte niemanden sehen, auch nicht Madame de Brissac. Philip van Holden hatte das Bedürfnis, allein zu sein. Er wollte im Flughafenhotel übernachten, um lange zu schlafen und die Zehn-Uhr-Maschine nach Washington ohne Hast zu erreichen. Es sollte anders kommen. Um Mitternacht wurde er von einem höllischen Lärm aus dem Schlaf gerissen. Er glaubte einen Augenblick, an der Front in Korea zu sein. Der Tag seines Rückflugs in die Vereinigten Staaten war der 14. Juli, der französische Nationalfeiertag. Die ersten Böllerschüsse und Raketen wurden schon um Mitternacht abgefeuert. In der Gegend des Flughafens Le Bourget am Nordrand von Paris und in den umliegenden Dörfern gab es genügend Franzosen, die den Sturm auf die Bastille ausgiebig fei-

ern wollten. Sogar Gäste im Flughafenhotel ließen Knallkörper krachen, sangen die Marseillaise, klopften an die Türen und forderten zum Mitfeiern auf.
Zuerst weigerte sich van Holden, sein Bett zu verlassen. Doch an Schlaf war nicht mehr zu denken. Und plötzlich fiel ihm ein, daß der 14. Juli sein Geburtstag war. Wie konnte man nur den eigenen Geburtstag vergessen! In einem Anflug von Sentimentalität erhob er sich, zog sich an und ging in die Bar des Flughafenrestaurants. Trotz der späten Stunde herrschte hier noch Hochbetrieb.
Van Holden setzte sich auf einen Barhocker und bestellte einen Piccolo-Champagner. Als der Barkeeper das Fläschchen öffnen wollte, spürte van Holden, wie sich eine Hand auf die seine legte. Ein hübsches Mädchen hatte neben ihm Platz genommen.
»Das ist nicht genug für zwei Personen«, sagte sie in gebrochenem Englisch und mit etwas schwerer Zunge. »Bringen Sie eine große Flasche von derselben Sorte«, befahl sie dem Barkeeper und lachte van Holden zu. Der freute sich, daß er nicht allein sein mußte. Da er nicht widersprach, kam der Barkeeper mit einer großen Flasche zurück, öffnete sie und goß drei Gläser ein.
»A votre santé«, sagte er grinsend. Van Holden amüsierte die kleine Unverschämtheit des Barkeepers. Es wurde angestoßen, und eine fröhliche Feier zu dritt begann. Sie tanzten zur Musik aus dem Radio. Zwei weitere Flaschen wurden geöffnet – die dritte spendierte der Barkeeper.
Um zwei Uhr früh war das Mädchen betrunken, der Barkeeper gähnte, und das Fest war vorläufig zu Ende. In der Frühe würde man weiterfeiern, auf den Straßen tanzen und die Republik hochleben lassen. Van Holden ging zu Bett mit dem Gefühl, daß es immer der kleine Mann war, in dem sich der wahre Charakter eines Volkes verkörperte – und nicht in Leuten wie

Jacques Litac, General d'Armand oder Marcel Palmer.
Als die Superconstellation von der Piste abhob, beugte sich van Holden nach vorn, um einen letzten Blick auf Paris zu werfen. Mit Wehmut blickte er hinunter auf diese Stadt, in der er vieles Neue erlebt hatte, wo er aber auch in einen erbitterten Kampf verstrickt worden war.
Paris versank schnell im Dunst der Hochsommerhitze. Behaglich lehnte sich van Holden in seinen Sitz zurück.
»Bitte, bringen Sie mir einen doppelten Whisky mit Soda«, bat er die Stewardeß. Ein interessierter Blick streifte ihn – er war der jüngste unter den männlichen Passagieren.
Seine Gedanken wanderten zurück. Es war am Pfingstsonntag, dem 24. Mai gewesen, als er vom 27. Panzerbataillon mitten aus einem Gefecht in Korea abberufen und nach Washington beordert wurde. Das war vor sieben Wochen und zwei Tagen gewesen. Was hatte sich in dieser kurzen Zeit nicht alles ereignet! Eine Woche im Pentagon, zwei volle Wochen in Paris, dann zwei Wochen in Rom. Nach seiner Entführung aus dem Hotel Excelsior die aufregenden eineinhalb Wochen als Gefangener auf der St. Spiridion und in Albanien. Schließlich die Flucht und die Reise über Korfu und Athen nach Südfrankreich.
Was hatte er in diesen sieben Wochen, die ihm wie sieben Monate vorkamen, gelernt, fragte sich van Holden. Er hatte gelernt, wie der Vereinigte Stab in Washington arbeitete, und einen Einblick in die Organisation von SHAPE bekommen, dem Supreme Headquarters Allied Powers Europe in Rocquencourt bei Paris. Als Gefangener eines totalitären Staates hatte er die Härte zu spüren bekommen, mit der Befehle ausgeführt wurden, aber auch feststellen können, daß ein Funke von Widerstand im Lande glühte. Er war chinesischen Offizieren begegnet und hatte ihre ehrenhafte, ritterliche Art schätzen gelernt. Er hatte gesehen, wie die reichen Leute in Frankreich lebten, die sich für die Hautevolee hielten, und war Zeuge der In-

trigen geworden, wie ein Waffengeschäft zwischen Nationen ehrgeizige Männer in einen erbitterten Krieg verstrickte. Er hatte gesehen, wie die Geldgier einen im Grunde anständigen Menschen wie Henry Mansfield zum Mitverantwortlichen für Verbrechen machen konnte und wie der Hunger nach Macht einen Mann wie Jacques Litac, der schon alles besaß, zum Spion deklassierte. Van Holden dachte an Voltaires Ausspruch: *»Le superflu, chose très nécessaire«* – das Überflüssige ist sehr notwendig. Das hätte Litacs Devise sein können. Und er hatte eine Frau wie Amanda erlebt. Unwillkürlich glitten van Holdens Finger über die Seide der Bronzini-Krawatte. Was hatte sie gesagt, als sie sie ihm in Rom schenkte? »Jedesmal, wenn du diese Krawatte anziehst, sollst du an mich denken, Phil.«

Van Holden zog seinen Notizblock aus der Tasche. Er wollte Bilanz ziehen. Was hatte er in den sieben Wochen erreichen können, und wo hatte er versagt?

Die Habenseite: Es war ihm gelungen, eine Geheimorganisation aufzudecken, die, von Frankreich aus gesteuert, der Volksrepublik China militärische Informationen zukommen ließ. Es war ihm gelungen, das Haupt dieser Organisation ausfindig und durch künftige Überwachung, wie er hoffte, unschädlich zu machen. Im Zusammenhang damit hatte er feststellen können, daß Offiziere der Volksrepublik China in Albanien bereits eine führende Rolle spielten und als Berater des regierenden Diktators wohl bald an die Stelle der Russen traten. Er hatte auch den Beweis dafür liefern können, daß eine Flucht aus diesem nach außen hin hermetisch abgeriegelten Land möglich war. Er hatte, um die Habenseite abzuschließen, eine neue amerikanische Waffe, die Panzerabwehrrakete Arrow, den Vertretern der NATO-Staaten mit Erfolg vorgestellt. Der zu erwartende Großauftrag würde der Zahlungsbilanz der Vereinigten Staaten zugute kommen. Van Holden empfand

Genugtuung darüber, daß er persönlich an der Entwicklung dieser Waffe mitgewirkt hatte.
Die Sollseite: Es war ihm nicht gelungen, die nötigen Beweise zu liefern, die Jacques Litac, das Haupt der chinesischen Geheimorganisation in Europa, vor Gericht und ins Gefängnis hätten bringen können. Dann der eklatante Mißerfolg des amerikanisch-französischen Verkaufsteams in Italien: Die Italiener hatten sich gegen den französischen AMX-Panzer entschieden. Der Mißerfolg ging zwar weniger auf Konto der Amerikaner als der Franzosen, aber es war Major van Holdens Hauptaufgabe gewesen, die Italiener von der Qualität dieser Panzer zu überzeugen – und hier hatte er versagt.

Major van Holdens Maschine landete pünktlich auf dem Rollfeld des Washington National Airport. Zu seiner Überraschung erwartete ihn General Riley, begleitet von seinem Adjutanten.
Durch den tödlichen Unfall an der Côte d'Azur war zuerst die französische, dann die internationale Presse wieder einmal auf Jacques Litac aufmerksam geworden, dessen Name schon öfters für Schlagzeilen gesorgt hatte. Auf Major van Holdens Namen stießen die Presseleute aus Frankreich in den Polizeiakten. General Riley war von einem ihm bekannten Journalisten am Morgen von van Holdens Rückkehr angerufen worden. Der Mann wußte, daß es General Riley war, der van Holden nach Europa geschickt hatte. Wieder eine undichte Stelle in seinem Büro, dachte Riley verärgert. Der Mann wollte wissen, ob Major van Holden der Verbindungsmann des Pentagons zu Dr. Feldner und Mr. Litac gewesen sei. Er hatte mit Hilfe der Passagierliste der Air France in Erfahrung bringen können, daß Major van Holden am Nachmittag in Washington eintreffen würde. General Riley wollte unbedingt vermeiden, daß van Holden unvorbereitet mit Presseleuten konfrontiert wurde,

und so hatte er sich die Erlaubnis geben lassen, mit seinem Dienstwagen aufs Rollfeld zu fahren und van Holden direkt am Flugzeug abzuholen.
Er und van Holden begrüßten sich herzlich wie Freunde, nicht wie Vorgesetzter und Untergebener. Die Offiziere fuhren in die Wohnung des Generals, wo Mrs. Riley sie zum Essen erwartete. Als die Cocktails gemixt waren, hob der General sein Glas van Holden entgegen:
»*Happy birthday, Phil.* Wir freuen uns, Sie wieder heil in unserer Mitte zu haben. Ich muß zugeben, wir hatten uns schon Sorgen um Sie gemacht.«
»Ich danke Ihnen, General, Mrs. Riley« – van Holden verbeugte sich leicht vor seinen Gastgebern –, »ich fühle mich geschmeichelt, daß Sie das Datum meines Geburtstags kennen.«
»Mein Adjutant kennt die Geburtstage all derer, die ich zu betreuen habe. Ich muß gestehen, ohne ihn hätten Sie heute keine Torte bekommen.«
Nach dem Essen ließ Mrs. Riley die beiden Männer allein. Gelöst saßen sie einander bei einem Whisky-Soda gegenüber.
»Ich werde Ihnen jetzt etwas sagen, Phil, was Sie sehr überraschen wird«, sagte General Riley, stopfte mit liebevoller Umständlichkeit seine Pfeife und zündete sie an, »und vielleicht sogar empören wird.« Einige Sekunden lang blickte der General van Holden an. Dann sagte er, als sei es etwas Nebensächliches: »Wir wußten die ganze Zeit, wo Sie waren.«
Van Holden stellte sein Glas hin. Er lehnte sich vor, als habe er nicht richtig verstanden.
»Doch, doch, Sie haben recht gehört, Phil. Wir wußten, wo Sie waren. Wir wußten, wann Sie auf die St. Spiridion kamen, und wann nach Albanien. Bis zu Ihrer Entführung hat uns General d'Armand auf dem laufenden gehalten. Er ist ein Doppelagent, wenn auch nicht sehr verläßlich – dafür um so habgieriger. Als unser Botschafter in Rom uns berichtete, Sie hätten sich ent-

führen lassen, wurden wir allerdings ein wenig besorgt. Sie entzogen sich sozusagen unserem Generalplan. Aber lassen Sie mich mit dem Anfang beginnen: Monsieur Litac war uns schon seit langem verdächtig. Wir wußten, daß er Kontakte zur Volksrepublik China unterhielt. General d'Armand gab uns einen Wink – aus Eifersucht, weil er nicht in Litacs Machenschaften eingeweiht worden war. Wir überwachten Litac, so gut wir konnten, und folgten ihm zweimal nach Dijon, wo er mit Chinesen zusammentraf. Wir haben unsere Leute in seinen Büros, in seinen Fabriken, sogar auf einigen seiner Schiffe, um die Fracht zu prüfen. Aber Litac war nicht zu fassen, er war ein schlauer Fuchs.

Wir verdächtigten ihn auch, mit anderen Ländern Geschäfte zu tätigen, die gegen die Interessen der USA verstießen. Wir wollten unabhängig vom Deuxième Bureau, dem französischen Geheimdienst, vorgehen: Zur Zeit ist es mit dem gegenseitigen Vertrauen nicht sehr weit her. Aber es blieb immer nur beim Verdacht, uns fehlten Tatsachen und Beweise, mit denen wir ihm endlich das Handwerk hätten legen können. Er war wie gesagt ein schlauer Fuchs, ein Meisterspion, der allein arbeitete. Das war seine Stärke. Wir mußten an ihn herankommen, und zwar nahe, um Einblick in seine heimlichsten Geschäfte zu erhalten. Mit herkömmlicher Schnüffelei war das nicht möglich. Er hätte sofort Verdacht geschöpft. Wir suchten eine Person, die ihm vertrauenswürdig erscheinen würde, die für ihn über jeden Verdacht erhaben sein würde. Diese Person konnte ihre Rolle nur dann überzeugend spielen, wenn sie selber sich dieser Rolle nicht bewußt war.«

General Riley machte eine Pause. Er drückte den Tabak in seiner Pfeife fest und nahm einen Schluck aus seinem Glas. Van Holden hatte ihm gespannt zugehört. Er ahnte, was nun kommen würde.

»Die Gelegenheit ergab sich, als die NATO-Staaten sich für das

Arrow-System interessierten und Jacques Litac die Produktion in Europa übernehmen wollte. Und als zur selben Zeit das AMX-Geschäft mit Italien aktuell wurde, das – falls erfolgreich – Litacs Vermögen verdoppelt hätte, sahen wir den richtigen Moment gekommen, jene Person in seine Organisation einzuschleusen.«

General Riley stand auf und ging zum Wandschrank, der die Getränke enthielt. Mit einer Flasche Johnny Walker Black Label kam er zurück. Er sprach weiter, als er die Gläser mit Whisky, Wasser und Eis nachfüllte: »Wir gingen äußerst vorsichtig vor. Colonel Percy, unser Mann bei der NATO – Sie haben ihn ja kennengelernt –, wurde beauftragt, seinen französischen Kollegen, den Brigadier Jean-Pierre de Bartholomy, der des öfteren in der Gesellschaft von Madame Litac gesehen worden war und von dem man annehmen konnte, daß er auch mit Monsieur Litac in Verbindung stand, auf geschickte, unauffällige Weise davon zu überzeugen, daß der Projektoffizier der Arrow-Rakete – das heißt Sie, Phil – nach Paris gebracht werden sollte, um den NATO-Offizieren die Waffe zu erläutern. Gleichzeitig ging von uns ein Schreiben an Monsieur Litac, in dem wir ihn von der Notwendigkeit zu überzeugen suchten, einen Offizier der Vereinigten Staaten, einen Panzerfachmann, in das französische AMX-Team aufzunehmen, um dem italienischen Generalstab *ad oculos* das Interesse des Pentagons an diesem für alle Beteiligten so wichtigen Geschäft zu betonen. Es sei ein glücklicher Zufall, teilten wir ihm später mit, daß wir den Arrow-Projektoffizier und den Panzerfachmann in ein und derselben Person gefunden hätten. Wir hatten Sie, Phil, Monsieur Litac so richtig schmackhaft gemacht. Und Sie waren – genau wie wir es wünschten – sich Ihrer dritten und wichtigsten Aufgabe nicht bewußt, nämlich mit Hilfe dieser beiden – nennen wir sie – ›Deckgeschäfte‹ das Vertrauen Monsieur Litacs zu gewinnen. Im gegebenen Moment wären Sie dann von uns auf-

geklärt worden. Sie hätten unsere Anweisungen erhalten, die – wie wir hofften – zu Litacs Entlarvung, Sturz und Bestrafung führen sollten, denn wir waren sicher, daß er unsere Waffentechnologie weiterverkaufte.
Wie wir alle wissen, kam es anders, obwohl anfangs alles nach Plan lief: D'Armand hatte uns berichtet, daß Litac Ihnen in seiner Firma eine Stellung geben wollte, was übrigens dem General gar nicht zu gefallen schien. Zwei unvorhergesehene Umstände warfen unseren Plan um: Ihre Affäre mit Madame Litac und Doktor Feldners unverständlicher Haß auf Sie. D'Armand, unzuverlässig, wie er war – wir benützten ihn nur, um Litac hin und wieder in unserem Sinne zu beeinflussen –, war eifersüchtig. Er meldete Litac Amandas eheliche Untreue und benachrichtigte uns erst später. Das Resultat war Litacs Racheakt an Ihnen, Ihre Entführung mit Doktor Feldners Hilfe. Da Sie sich dieser Entführung nicht widersetzten, wie wir erst später von unserem Botschafter in Rom erfuhren, entzogen Sie sich unserer Kontrolle. Sie waren von diesem Augenblick an auf sich allein angewiesen. Aus Ihrer Nachricht an Mr. Mansfield war zu ersehen, daß Sie wissen wollten, wer Ihre Entführung inszeniert hatte. Das mußte Sie früher oder später auf die Spur von Jacques Litac bringen. Deshalb überließen wir Sie für eine beschränkte Frist Ihrem Abenteuer, in der Hoffnung, daß Sie auf Ihre Weise hinter Litacs Schliche kommen würden. Tatsächlich gelang Ihnen das auch. Nur ist es leider immer noch ein Fall von *non liquet*, wie es im Rechtswesen heißt: Der Sachverhalt ist nicht und kann auch nicht geklärt werden. Uns fehlt das Beweismaterial, um Jacques Litac völlig das Handwerk zu legen. Die ›Operation Fuchsjagd‹ ist daher noch nicht zu Ende.«
»Wieso Operation Fuchsjagd?« fragte van Holden erstaunt.
»Ach richtig, das können Sie ja nicht wissen.« Der General lehnte sich zurück. »Das war der Codename der ganzen Aktion. Wir haben ihn uns sozusagen von Litac ausgeliehen.«

»Ich fürchte, General, ich kann Ihnen nicht ganz folgen.«
»Nun, Litac operiert unter dem Decknamen Fox.«
»Fox«, wiederholte van Holden nachdenklich, »kein schlechter Name. Er ist wirklich ein schlauer Fuchs. Wußten Sie, General, daß der Fuchs für den Menschen im Fernen Osten die Verkörperung des Abendhimmels ist, der Stunde des Zwielichts, der Ungewißheiten und Täuschungen?«
»Die Sache ist viel einfacher, Phil. Fox ist nur eine Abkürzung, und bedeutet nichts anderes als *Friend of Xanadu* – eine Anspielung auf den Khubilai Chan, der von seinem legendären Schloß Xanadu aus regierte und ganz Asien China einverleiben wollte. Der Deckname ist übrigens ein Einfall der Chinesen.«
»Und woher wissen Sie das, General?« General Riley hob die Schultern und lächelte: »Bedaure, Major, das ist *top secret.*«
Beide Männer schwiegen eine Weile.
»Aber vielleicht können Sie mir eine andere Frage beantworten«, sagte van Holden. »Warum hat man ausgerechnet mich, einen Berufsoffizier, der dazu ausgebildet ist, Soldaten im Krieg zu führen, mit einer so delikaten Mission betraut?«
»Sie waren für diese Aufgabe wie geschaffen, Major. Ihr ganzes Verhalten ist das eines Soldaten. Litac hat Sie zu keinem Zeitpunkt als Spitzel verdächtigt. Und um Sie unter gar keinen Umständen in Zusammenhang mit unseren Nachrichtendiensten zu bringen, wurde die Operation von uns hier gesteuert.«
»Wußten Sie, General, daß Doktor Feldner und ich wahrscheinlich am Morgen unseres Fluchttages in Albanien hingerichtet worden wären?«
»Natürlich nicht, Phil. Das Ärgste, was Ihnen nach unseren Vorstellungen hätte zustoßen können, war, daß Sie und Doktor Feldner nach China verschleppt worden wären. Aber da hätten wir Sie wieder herausgeholt.«
»Wußte Mister Mansfield Bescheid über meine dritte Aufgabe?«

»Erst nach Ihrer Entführung, als der Botschafter in Rom ihn darüber aufklärte.«

Van Holden war aufgestanden. Was er gehört hatte, war mehr als erstaunlich. Man hatte ihm einen Auftrag erteilt, über dessen Zweck er erst unterrichtet werden sollte, wenn der Fuchs gestellt war. Aber er durfte sich nicht beklagen. In die gefährlichsten Situationen war er durch eigene Schuld geraten. Sie waren nicht im Programm des Pentagons vorgesehen. Im Gegenteil, das war mit Absicht harmlos gestaltet gewesen.

»Wie wird es nun weitergehen, General?« fragte van Holden. »Was wird jetzt mit Jacques Litac geschehen?«

Der General hatte van Holden in seinen Gedanken nicht stören wollen. Jetzt antwortete er:

»Offiziell gar nichts, leider. Nur heimlich. Er wird Tag und Nacht beschattet werden. Er wird ohne unser Wissen nichts mehr unternehmen können. Zur Zeit steht es schlecht mit ihm. Es wird eine Weile dauern, bis sein Ansehen, seine Gesundheit und seine Finanzen sich wieder erholt haben – wenn überhaupt.«

Van Holden griff in die Tasche, holte einen kleinen Gegenstand heraus und hielt ihn dem General hin: »Goldene Pillendosen wie diese hat Jacques Litac den männlichen Gästen bei einem Dinner in seinem Haus in Paris geschenkt. Die Damen bekamen ungefaßte Brillanten. Soll ich die Dose an ihn zurückschicken?«

Der General warf nur einen flüchtigen Blick auf die Dose. »Typisch Litac«, sagte er kurz und lächelte. »Er hatte immer schon originelle Ideen. Ja, Phil, an Ihrer Stelle würde ich das tun. Aber jetzt sind Sie sicherlich müde von der Reise und etwas verwirrt von alldem, was ich Ihnen an Erklärungen schuldig war. Ich werde Sie in Ihr Quartier bringen lassen. Kommen Sie morgen in mein Büro und schreiben Sie Ihren Bericht. Der Direktor hat schon danach gefragt.«

»Sie haben recht, General. Ich bin müde. Könnten Sie mir nur noch sagen, was Sie mit mir vorhaben?«
Der General lachte: »Aber gern. Sie bekommen einen Monat Urlaub!«
»Ich meinte eigentlich meine nächste Dienststelle. Ich hoffe sehr, wieder das Kommando über eine Panzereinheit zu bekommen.«
»Wir werden morgen ausführlich über Ihre Zukunft sprechen, Major. Schlafen Sie sich erst einmal ordentlich aus. Gute Nacht, Phil.«

Als sich van Holden am nächsten Vormittag bei Riley meldete, begrüßte ihn der General mit einem Fernschreiben in der Hand: »Es ist nicht mehr nötig, Phil, daß Sie die Dose an Monsieur Litac zurücksenden. Er ist unmittelbar nach seiner Rückkehr in Paris einem Herzinfarkt erlegen. Die Beerdigung findet morgen statt. Tja, damit wäre die ›Operation Fuchsjagd‹ beendet.«
Philip van Holden war durch diese Nachricht wie vor den Kopf geschlagen. Jacques Litac hatte seinen Tod präzise auf den richtigen Zeitpunkt verlegt, wie alles andere in seinem Leben vorher, dachte van Holden. Er war im richtigen Moment gestorben – noch auf dem Höhepunkt. Perfektes Timing.
»Ich möchte wissen, wie sein Grabspruch lauten wird«, sagte van Holden langsam. »Etwa: ›Hier liegt Jacques Litac. Er opferte sein Leben dem Vaterland. Seine Weisheit und seine Großzügigkeit trugen dazu bei, daß die Republik Frankreich in den Jahren nach dem Krieg die Bedeutung errang, die ihr gebührte.‹ Ende des Grabspruchs.«
»Sie sind sarkastisch, Major. Aus Ihnen spricht die Enttäuschung darüber, daß Sie den Mann, den Sie gejagt haben, nicht ans Kreuz schlagen konnten.«
»Es ist interessant«, fuhr van Holden nachdenklich fort, ohne

auf Rileys Einwurf einzugehen, »daß diese beiden Männer, Doktor Eric Feldner und Jacques Litac, nicht für ihre Verbrechen zur Verantwortung gezogen werden können. Auch, daß die internationale Presse nie richtig einhaken konnte. Angefangen mit Doktor Feldners und Hauptmann O'Learys Entführung aus der Mojave-Wüste bis zu Doktor Feldners Tod in Südfrankreich hatte sie immer nur Randereignisse berichten können – niemals die ganze Geschichte. Und zwar aus einem einfachen Grund: Die Hauptdarsteller waren nicht mehr greifbar – sie waren entweder verschwunden oder tot.«

»Richtig, Phil«, stimmte General Riley zu. »Über die Darsteller und ihre Erlebnisse wird der Schleier der Verschwiegenheit fallen. Denn diejenigen, die noch am Leben sind, wollen mit Sicherheit ihren Namen nicht im Zusammenhang mit den Geschehnissen genannt sehen ... Aber nun zu Ihnen, Major van Holden: Mein Büro und mein Stab stehen Ihnen zur Verfügung. Halten Sie Ihren Bericht so ausführlich wie möglich. Kleinigkeiten können im großen Gefüge einen wichtigen Platz einnehmen. Aber vorerst wollen wir einen kleinen Rundgang machen. Fangen wir bei General Cobb an. Der freut sich, Sie wieder heil hier zu haben. Danach, Punkt 10 Uhr 30, sind wir beim Direktor angesagt, und um elf Uhr gehen wir in den Keller. Brigadier General Frank S. Sasson erwartet uns dort. Er wird mit Ihnen über Ihre neue Mission sprechen. Sie ist streng geheim. Deshalb werde ich Sie beide allein lassen. Wenn er mit Ihnen fertig ist, kommen Sie wieder zu mir. Vielleicht können wir zusammen zum Lunch gehen.«

Am Nachmittag saß Major Philip van Holden an einem Schreibtisch in der Abteilung des Brigadegenerals William J. Riley. Er diktierte seinen Bericht mit dem Titel ›Operation Fuchsjagd‹. Aber seine Gedanken irrten immer wieder ab. Ihn beschäftigte seine nächste Aufgabe, die ihm General Sasson erläutert hatte. Nach seinem Urlaub, hatte der General gesagt, habe er sich bei der Sprachenschule der US-Army in Monterey, Kalifornien, zu melden, um Türkisch zu lernen. Denn seine nächste Mission werde ihn in das osttürkische Kurdistan bringen.

Zuerst war van Holden enttäuscht gewesen. Er hatte gehofft, wieder den Befehl über eine Panzereinheit zu bekommen, da er von seinem letzten Kommando vorzeitig abberufen worden war. Aber General Sasson sprach mit fast leidenschaftlicher Begeisterung von dem tapferen Volk der Kurden und stellte ihr trauriges Los so eindringlich dar, daß van Holdens Interesse bald geweckt war. Der Major nahm sich vor, sich umgehend in die Geographie Kurdistans und in die Geschichte der Kurden zu vertiefen.

Ein Telefonanruf riß ihn aus seinen Gedanken. Es war Henry Mansfield aus Paris:

»Jacques Litac ist heute früh begraben worden, Phil. Einen Tag früher als geplant. Niemand außer den vier Totengräbern und mir hat ihm das letzte Geleit gegeben. Sogar Amanda fehlte. Sie hat angeblich einen Schwächeanfall erlitten.«

»Ich wußte nicht, daß er so unbeliebt war«, sagte van Holden. »Wird Amanda seine Geschäfte weiterführen?«

»Ich glaube nicht. Sie sagt, sie will alles verkaufen. Schön war sie immer schon. Jetzt wird sie auch reich und frei sein. Sie ist die einzige Person, die aus dieser Geschichte gut herauskommt.«

»Was kann ich für Sie tun, Henry?«

»Der Grund, warum ich anrufe: Ich möchte einen ergänzenden Bericht schreiben. Ich meine, es sollte einiges gesagt werden, was Sie, Phil, nicht erwähnen werden.«

Van Holden horchte auf. Glaubte man, daß er Dinge bewußt überging?

»Und was wäre das?« fragte er mit leichter Schärfe in der Stimme.

»Ich spreche von Ihrem Verhalten in dieser Affäre. Von Ihrer Opferfreudigkeit, Ihrem Mut, Ihrer Entschlußkraft ...«
»Ist schon gut, Henry. Sonst noch was?«
»Wissen Sie schon, Phil, wohin Sie demnächst kommandiert werden?«
»Ja, Henry. Aber ich darf nicht darüber reden.«
»Also, dann bis zum nächsten Mal, Phil – wer weiß, wann und wo. Ich wünsche Ihnen alles Gute.«
Henry Mansfield hatte aufgelegt.
Van Holden lehnte sich in seinem Stuhl zurück. Das also war das Ende eines Millionärs. Nicht einmal seine Frau hatte ihm das letzte Geleit gegeben, dem Mann, dem sie alles zu verdanken hatte. Einen Schwächeanfall sollte sie gehabt haben? Die kerngesunde, kräftige Bauerntochter? Van Holden schüttelte den Kopf. Vielleicht wollte sie nur an die Zukunft denken und die Vergangenheit vergessen, dachte er. Er wußte nicht, wie recht er hatte. Amanda wollte ihren Mann und das Verbrechen vergessen, zu dem sie Feldner angestiftet hatte, das fehlgeschlagen war und das sich schließlich als überflüssig erwies. Van Holden konnte nicht ahnen, daß ihr Gewissen ihr verbot, am Grab des Mannes zu stehen, dessen Tod sie so inbrünstig gewünscht hatte.
Major van Holden war am Ende seines Diktats: »Die ›Operation Fuchsjagd‹ wäre überflüssig gewesen, wenn man gewußt hätte, daß das Ende der Jagd so nahe war. Wir hatten einen ›Kill‹, wie man bei der Fuchsjagd sagt. Der Fuchs ist tot. Der Jäger sollte zufrieden sein.«